21世纪警官高等教育系列教材

# 中国治安史

主编　陈鸿彝

中国人民公安大学出版社

·北　京·

图书在版编目（CIP）数据

中国治安史/陈鸿彝主编 .— 北京：中国人民公安大学出版社，2002. 8 （2008.8 重印）

21 世纪警官高等教育系列教材

ISBN 978 -7 -81087 -072 -6

I. 中… II. 陈… III. 治安管理 - 历史 - 中国 - 高等学校 - 教材 IV. D691.6

中国版本图书馆CIP 数据核字（2002）第 061061号

中国治安史

ZHONGGUO ZHIANSHI

主编 陈鸿彝

出版发行：中国人民公安大学出版社
地　　址：北京市西城区木樨地南里
经　　销：新华书店
邮政编码：100038
印　　刷：涿州市新华印刷有限公司

版　　次：2008 年 8 月第 1 版
印　　次：2024 年 9月第 13 次
印　　张：13.25
开　　本：850毫米 x1168 毫米 1/32
字　　数：324千字

ISBN 978-7 -81087-072 -6/D. 066
定　　价：45.00元



E-mail: cpep@public .bta. net .cn

www.phcppsu.com.cn www.porclub.com.cn

# 中国治安史

主　编　陈鸿彝
副主编　李春华
编著者　（以撰写章次为序）
陈鸿彝　谢惠敏
孟庆超　李春华

# 前　言

在如火如荼的高等教育改革中，教学改革是核心，而教学内容和课程体系改革又是难点。作为教学内容改革的组成部分，教材内容的整合与更新的重要性不言而喻。

公安大学本科专业现行公安业务教材基本上是20世纪90年代初编写的。这些教材在确立公安学科的地位，培养合格人才以及指导公安工作实践等方面曾发挥过重要作用。然而，形势的发展使得这些教材必须修订或重新编写。其一，在1999年6月召开的第三次全国教育工作会议上，党中央和国务院作出《关于深化教育改革全面推进素质教育的决定》。1999年11月第二次全国公安教育工作会议就深化公安教育改革、全面实施素质教育作出了新的部署。我们的教材建设必须在此基础上重新定位。其二，我校许多课程的教材涉及到法律问题，而目前我国法律体系处于不断完善中，近10年来颁布和修订的法律比较多，教材的编写和修订必须与新的法律相一致。其三，由于近些年处于计划经济向市场经济转型时期，社会生活变化迅猛，公安机关面临的斗争形势非常严峻，而我们的理论却跟不上形势发展，有些理论严重滞后公安工作实际，无法指导公安工作实践，必须予以修正。鉴此，公安大学党委适时作出决定，编写这套“21世纪警官高等教育系列教材”。

此次教材编写与修订，将贯彻以下指导思想：从注重知识传授向重视能力培养转化；既充分反映当前公安工作和队伍建设的实际，贴近警务实践，又要具有前瞻性、预见性；从实践中来，又高于实践，形成比较科学、完整的体系，做到理论性、科学性与较强的针对性、实用性的统一。

本套教材将注重“高水平”与“适用性”的有机结合，突出编写质量和社会效益。首先，编写工作将以我校在全国公安系统具有影响的学科带头人领衔，约请各级公安部门业务领导、专家和骨干参加，形成实力强大的编写阵容。其次，在教材编写过程中，将注意吸收改革开放以来我国公安理论研究的最新学术成果，关注国际学术发展最新动向，使教材内容站在21世纪初的学术前沿。再次，针对本科教学和新时期本科学生的特点，将学术性、新颖性、可读性有机结合起来，注意运用比较生动的案例、简明流畅的语言阐释理论。最后，按照“编审分离”原则，聘请学术造诣高、实践经验丰富的学者、专家审稿，严把教材编写质量关。

我们期望并相信，经过编写者、审稿者、出版者的共同努力，这套21世纪公安业务新教材将以其质量和特色，成为新世纪奉献给读者们的精品。

中国人民公安大学
教材编审委员会
2001年12月

# 编者的话

为适应当前治安学专业的教学需要，中国人民公安大学治安系组织力量，编写了这本《中国治安史》，介绍我国古代治安和近代治安的历史概况。至于当代治安史，则另行编写。

我国有悠久的制度文明，有发达的管理文化，其中当然包括从未间断的警治禁卫安全管理文化。中国人历来十分重视国家的安全稳定、社会的有序发展，十分重视帝王警卫、京师禁卫、关卡守卫、要害护卫、要员随卫，十分重视人口管理、城市公共秩序管理、邮驿交通管理、危险违禁品管理、消防管理、监狱管理、医巫宗教管理，而且十分关注社会层面控制、违法犯罪防范、消极因素管束，等等。这是一种“大治安”的理念。在这个理念下，中国历朝历代一直实行“政刑不分，军警一体”的管理体制，各项治安业务，都由国家机器组织社会力量综合推进。因而，本书对古代治安的介绍，就力求从国家治理和社会管理的总体上作宏观把握，对历代治安思想、治安法理与治安体制、治安方略、治安措施给予了较多的关注。中国近代治安，则是在引进西方近代警察制度的基础上，根据我国百年近代史不同发展阶段的治安需要而构建起来的。在复杂的国内外斗争形势下，治安管理业务逐步展开，治安观念逐步明晰，治安法规逐步建立，治安机构日见强化。为此，本书相关部分就较多地注意介绍近代治安制度、治安机构、治安立法及治安管理业务。同时，必须指出，自从中国共产党创建工农民主政权之时起，就揭开了人民治安的新篇章，本书对它也作了初步介绍。不过，我们的学力毕竟有限，研究也有待深入，在整个治安史上，许多课题还没有真正展开，希望在今后的教学和科研活动中能逐步完善它，敬请专家们不吝指教。

本书的古代部分采用了陈鸿彝《中国古代治安史教材》的基本内容（1~10章）（该教材于1990年10月内部印刷，1998年6月群众出版社正式出版时，更名为《中国古代治安简史》）；近代部分的第11、12章由谢惠敏执笔，13章由孟庆超执笔，14、15章由李春华执笔，最后由李春华整理，陈鸿彝统稿。在编著过程中，吸收了学界前辈和当代学者的不少研究成果，参考了中国社科院法制史研究室编著的《中国警察制度简论》（群众出版社1985年版），韩延龙主编的《中国近代警察制度》（中国人民公安大学出版社1993年版），以及朱绍侯主编的《中国古代治安制度史》（河南大学出版社1994年版），戴鸿映编写的《旧中国治安法规选编》（群众出版社1985年版）等多部著作，特此声明，并致以诚挚的谢意。

本书的出版，受到校领导的热情关注，得到了学校教务处与公安大学出版社的鼎力支持，李坤生、王清淮、李健和等专家作了认真的审改，提出了许多珍贵意见。对此，我们表示诚挚的感谢。

编著者

2002年8月

# 目　　录

# 引 论

## 中国治安史与治安研究

我国有数千年高度发达的物质文明、制度文明和精神文明的发展史，其中包括高度发达的警治禁卫安全管理史。中国历代治安在中华民族安全生存与文明发展的长途中，起过十分重要的保障作用和粘固作用。研究我国自有文明史以来的国家治安管理和社会治安状态，探讨其中的规律性，将有助于全面把握中国的管理文化，强化我们的制度文明理念，加深理解从历史深处走来的今天，为当代治安事业的发展提供一种有益的借鉴。

数千年来，中华民族遇到过无数次内忧外患的严重袭扰，一次再次的全国范围、全体规模上的大分裂、大动乱、大破坏，有的为期数十年甚而数百年之久。但是，作为世界四大古老文明之一的中华文明，却是惟一的从未中断的文明。古老的中国在血与火的艰难竭蹶之中奋进着，总能挺立于世界民族之林，而且长久地处于领先地位，只是近代史的百十年间才落伍了。试想，早在公元 2 年（西汉平帝元始二年），我国中央政府掌握的在籍人口总数已达59 594 978人。要在极其复杂的历史背景下，在如此广袤的土地上，保证如此庞大的社会机体的安全存在与发展，假如没有强大的社会安全机制在起作用，假如没有国家强有力的行政管理，没有严密周到的安全防范警治禁卫措施，没有从未间断的人口管理、邮驿交通管理、公共秩序管理，以及消防管理、特种行业管理、医巫宗教管理，没有皇室警卫、京师禁卫、关塞城池护卫、边境防卫，一句话，没有对于良性政治秩序与正常社会生产生活秩序的有效控制与管理，怎么可能实现我中华民族几千年的存在与文明发展呢？我们理应重视对我国历代警治禁卫安全工作的研究，并作出科学的评价。

讲治安史，首先需要弄明白什么是“治安”。治安，是国家依靠警治禁卫力量，依照法律对社会实施的权威管理，其任务是保卫和维护国家的良性政治秩序，建设并维护社会的正常生产生活秩序，防范对人身权利和公私财产的不法侵害。它是国家长治久安的基础，是社会安全存在和有序发展的行政保障。它的运作，体现着国家意志，符合统治阶级的根本利益。国家是治安行为的主体，警治禁卫力量是国家治安运作的工具。国家通过法律赋予治安管理以权威性，要求全体社会成员（包括警治禁卫力量本身）服从并服务于这种管理，防止和取缔任何群体或任何个人对社会安全秩序的干扰与破坏。这符合国家安全存在与社会发展的根本需要，由此决定了治安管理的阶级性和社会必要性。在阶级社会里，凌驾于社会之上的国家机器，通过建立良性政治秩序对社会实施有效的行政管理和权威控制，来保证“国治民安”。其中，国家依法组建的警治禁卫力量对社会实施的治安管理，因其无时无刻不在直接面对每一个社会成员而显得十分重要，其地位十分突出。因此，我们对历代政府的治安职能、治安法理、治安方略，历代政府的禁卫机构、警治体制、管理法规、管理措施、管理经验和社会治安状况，都应给予相应的关注。

历朝历代国家权威管理的得以实施，国家治安业务的得以开展，取决于人类安全生存的本能需要，取决于社会安全机制作用的正常发挥。韩非说：“民之政计，皆就安利如避危穷。”西方学者也认为，食、色、安全是人的三大基本需要。凡有人群的地方，都需要有安全和安全管理。这是国家治安力量的生成土壤。中国人历来渴望长治久安，在漫长的历史中已经积淀为集体潜意识。当社会发生动荡时，它就会转化为强大的物质力量，来恢复和重建秩序。而各社会层面、社会群体、社会成员在长期的历史共生关系中所形成的相互制约、相互关联、相互矛盾、相互斗争的关系，又无时无刻不在自发地维系着整个社会的动态平衡，维持着宏观生活秩序，这就构成社会安全机制。这种机制是国家实施权威管理的基本依据和力量源泉。社会安全机制，是社会机体与生俱来的并历史地发展着的一种生存机制，是社会机体调节内部关系、保持平衡稳定、清除自身的危害性因素、抵御外来侵扰破坏的一种机能。这种机能，建立在社会机体的构成要素（社会成员、各经济利益不同的集团、阶层、阶级）之间相互关系的平衡稳定、有序生存的基础之上；而这种安全机能的耗损与破坏，必然导致社会的不安。这是我们研究历代治安的基本出发点和方法论。

然而，对于漫长而内容丰富的中国治安史，要作出科学的说明是并不容易的。毫无疑问，马克思主义的国家学说、阶级斗争理论，是我们研究工作的指导思想的理论基础，恩格斯关于国家机器必须维护社会的安全存在，“缓和冲突，把冲突保持在秩序范围内”的指示，更具有纲领性的理论指导意义。恩格斯说道：

“国家是社会在一定发展阶段上的产物。国家是表示：这个社会陷入了不可解决的自我矛盾，分裂为不可调和的对立面；而为了使这些对立面，这些经济利益互相冲突的阶级，不致在无谓的斗争中把自己和社会消灭，就需要有一种表面上驾于社会之上的力量，这种力量应当缓和冲突，把冲突保持在秩序范围内。”①

从上述恩格斯的论断中，我们可以得到什么样的启示呢？

第一，社会发展到“经济利益互相冲突的阶级”产生的时

① 恩格斯《家庭、私有制和国家的起源》见：《马克思恩格斯选集》（第四卷），北京：人民出版社 1972 年版，第 166 页。

候，阶级对立、阶级斗争就是不可避免的，社会自身无力摆脱这种对立与斗争。中国自夏代进入阶级社会以来，这种对立和冲突就从来没有止息过。研究中国治安史，就要研究从夏商周起的历代社会是怎样在这种对立和冲突中求得安全存在与发展的。

第二，对立阶级之间的冲突与斗争，对整个社会来说，并不都是必要的、有益的。恩格斯指出，有一种“无谓的斗争”，进行下去只能“把自己和社会消灭”。这是恩格斯对社会阶级斗争作出的最冷静的科学分析。我们有理由把这种斗争公平地称之为“自杀性的斗争”，“反社会的斗争”，因而是必须取缔的，或者必须给予控制、加以缓和的。我国历史上的宫廷内讧，军阀割据，昏官肆虐，兵匪闹事，黑势力作恶，等等，都属于这种“无谓的斗争”。取缔这种无谓的斗争，正是国家的职能之一，是维护社会治安秩序的必需。

第三，国家机器有责任维护社会的安全存在与安全发展，维护和平居民的正常生活秩序。因而，它必须努力“缓和冲突，把冲突保持在秩序范围内”，就是说，保持在国家权力所能够控制的范围内，保持在社会稳定所能承受的范围内，控制在广大民众得以生存下去的范围内；而国家一旦失控，让那种反社会的、自杀性的无谓的斗争继续下去，社会也就无秩序可言了。历代政府在控制性管理、“缓和冲突”、“维护秩序”方面的种种活动，便构成治安史的基本内容。

第四，为着实施上述控制，国家手中必须有“表面上驾于社会之上的力量”，一种凌驾于社会各阶级、各集团、各成员之上的权威力量，比如军队、警察、法院、监狱，等等，通过这种权威力量来实施管理。在我国古代，长期实行“政刑不分、军警一体”的行政体制，实际存在并且相当发达的警治禁卫管理工作，往往与各级政府的其他行政管理工作采取一体化综合推进的方式进行着。要把治安史的内容从中恰当地剥离出来，确是历代治安史研究的难点，但也正是这种研究的价值所在。必须说明的是，在国家权威的种种构成因素中，若就其直接面对全社会、直接对全体社会成员进行面对面的、经常的、无处不在、无时不有的安全管理而言，国家的警治禁卫力量具有特殊的重要意义，应该历史地给以必要的、恰当的评价。

第五，历代警治禁卫力量，只是“表面上驾于社会之上”，它实质上是控制在统治阶级当政集团手中的，它首先要维护的自然是统治阶级的根本利益。维护私有制，维护皇权，是一切剥削阶级统治下国家治安的核心任务。而被统治被剥削的阶级的存在与发展，又是统治阶级的根本利益得以实现的前提与基础。因此，我国历史上的奴隶制治安、封建制治安、近代治安也就理所当然地承担着确立正常社会生活秩序的任务（当然，他们不会也不能“正常地”完成这个任务）。它要求有一个相对稳定的社会结构，相对安宁的生产生活环境，不允许任何社会成员侵害公众的、他人的合法权益。对此，我们必须从马克思主义的阶级论入手，科学地总结其中的历史经验与历史教训，不作抽象肯定，也不作一般性的笼统否定。

中国治安史是一门自成体系的学科，它所指称的“治安”是广义治安，是历代治安的思想理论、治安体制与治安管理实践及其成效的综合，细分一下，它应该包含三个层次的内容：

第一，基础理论层次。含历代治安思想、治安方略、治安法理等。数千年从未中断的中华文明，突出地体现为思想文明、制度文明，它对历代治安管理作了理性导引和法理规范，是治安史的灵魂。在这方面，从秦始皇到孙中山，从周公、孔子到梁启超、沈家本，历代政治家、思想家、法学家、社会活动家为我们留下了丰厚的精神遗产。

第二，体制层次。含社会安全机制、国家禁卫体制、国家治安模式以及相关制度、法令、法规等，这是治安史的主干。国家警治禁卫制度直接维系着民族的生存和发展。当今要强化制度观念，发展制度文明，需要有这方面的历史研究，期待新的突破。

第三，操作层次。含历代安全禁卫工作，历代对人口、交通、消防、边防的安全管理，对城市公共秩序、关卡要塞、危险违禁品与监狱的治安管理工作，对弱势群体的救助和对危害性行为的防范、管束与惩处，以及这一切治安活动的经验积累与社会成效，是治安史的血肉。它从操作层面给人以实际教育。

对中国治安的历史回顾，我们就围绕这三个层次来展开。

对中国治安的历史考察说明，随着国家安全机制的形成与发展，随着政权建设的发展与强化，中国历代治安也在不断地发展变化着，而这种变化又呈现出它的阶段性。宏观地看，中国治安史包括古代治安、近代治安和现当代治安三个大的历史时期。其演变进程大致是：

其一，从上古到夏商周三代（公元前8世纪以前），是我国古代治安的孕育期。此时期中国式治安管理的基本因子开始出现，如以“生者著、死者削”为原则的户籍登录制，以“抱关击柝”为代表的警卫巡逻制，以“舟车击互、叙而行之”为内容的交通安全管理制等，这时都已出现，而且都由政府负责来运作。商周以来，以王权为核心的国家行政网络，已经有效地覆盖着中国大地上众多的人口，逐步形成了以城市管理为中心，以血缘关系为纽带，以家族户口为本位，以劳动力附着于土地为原则，实行分级管理、管理到人（户）的社会安全管理模式。这个模式，在此后数千年中华文明发展史上，起了长久的粘固作用。

其二，春秋战国时期（公元前8世纪—前3世纪），是我国古代治安的草创期。此时，各诸侯国相继制订了封建成文法，为治安管理提供了法律依据。齐秦楚魏等国推行与确立的“闾伍制”、“什伍制”、“户籍制”、“宵禁制”等，为社会层面控制提供了基本管理经验；同时，诸子百家对国家长治久安的学理建树，甚至表现出历史的超前状态，为后世治安事业提供了强大的理论支持和思想指导。比如儒家创建了礼制、仁政、德教学说，希望建成“道不拾遗、夜不闭户”的安宁社会；墨家提出了尚贤尚同的“贤人政治”方案，力图消除普遍存在的“大欺小、强凌弱、众暴寡、诈欺愚，以刀剑水火毒药相攻击”的混乱与丑恶，向往人人相爱、人人勤俭的平等社会；道家在抨击现存秩序的不合“人道”的基础上，阐释了“无为而治”的管理方略，憧憬小国寡民、甘食美衣、安居乐俗的古朴社会；法家打出了“以法治国”的旗帜，要求“法与时移、禁与能变”，致力于建定法纪、确立纲常，勾画出法制严明的秩序社会……而各家的理论核心则都是维护王权、维护私有制、维护社会秩序的安宁与稳定。

其三，秦汉时期（公元前221—公元220年），是我国古代治安的成型期。首先是统治阶级实现了治安指导思想的明晰化，完成了从秦始皇的“为治惟法”论到汉代“儒表法里”论的理论转换，这标志着封建治安事业的理论自觉。其次是国家治安体制的成型，确立了朝廷—郡县—乡里的“三级治安管理体制”，建成了以“尉”职官员为主干的覆盖全国的警治安全管理网络：①朝廷与京师一级有太尉、廷尉、中尉、卫尉之设，分头主管朝廷的、宫廷的与皇城内的禁卫与安全，主管全国及京师地面的警治安全；②郡县地方则有郡尉、县尉及关都尉、骑都尉、农都尉、分部尉等各色“尉”职之设，负责郡县政区及要害地点的安全防范与治安管理；③社会基层除乡啬夫、乡三老及游徼、里典之外，还有“十里一亭”的建置。“亭”的一项重要职责就是缉捕盗贼、维持地方治安。这是一个覆盖全国的纲目分明的警治安全网络。

其四，六朝与隋唐时期（公元220—907年），是我国古代治安的发展期。此时，我国的治安法理研究与法规建设均取得卓著成效，其标志就是晋人杜预、张斐对法律制定、法律解释、法律适用所作的理论贡献，和作为中华法系最高法典的《唐律疏义》的问世。同时，社会治安监控、治安管束、治安惩治的条规也更为完备。唐代对军人、宗教徒、贼盗、恶少年、游侠、刺客等社会成员的治安管束，规定了相应的限制、惩处措施；对复仇、斗殴、诬告、奸情、左道、警急以及兵器的管理方面，也都有明确的法律和法规；对皇帝、皇室、要害部位的禁卫力量配置更为周密；户籍登录与户口管理更为规范、详明。应该说明，先进的汉唐文明包含着先进的制度文明；先进的管理制度又保障了先进的社会文明。汉唐治安自有其历史贡献。

其五，五代宋辽金元时期（公元 907—1368 年），是中国古代治安的更新期。这时，封建机体内部的商品经济有了长足的发展，城镇与乡村的结构变了，周秦汉唐以来的“坊市封闭”变成了宋人的“街市结合”，这就激活了都市生活；都市消费文化空前纷繁，中外交往规模空前扩大；特别是大型手工工场里劳动力的社会组合方式发生了巨大变迁。为了适应这种形势，宋辽金元统治集团对治安管理作了针对性的体制性变革。辽金元在京都城市均设立了“警巡院”，主管全国治安、狱审事宜；元中央政府有兵马司之设，负责京师等重镇的弹压警备。宋朝廷在京师和州府有禁军、厢军、乡兵之设，军警一体，负责全国治安；宋代另有皇城司（前身为武德军），专司内部侦缉。从北宋初年起，全国各路、州、府、县又有都巡检、巡检（使）、驻泊巡检之设，江河航运水道还特设水上巡检等，负责地方治安秩序的监控。地方政府机关除行政首长全面负责治安外，另有判官、推官负责审理；文尉、武尉负责缉捕巡察，列曹参军通力进行各种行政管理。城市治安则分厢管理，在厢公事所下，有军巡铺、防隅巡警与专职灭火队的设置与组建，这使中国古代治安向专责化方向大大推进了一步。这些建制的确立与运作，都发生在上一个“千年之交”，远远超前于西方国家。

其六，明清时期（公元1368—1840年），是中国古代治安的终结期。这时，中国封建制度封建文明走上了终结之路，为之服务的古代治安体制也就走到了“集大成”的阶段。其具有历史特色的是：明代，中国自身的资本主义经济萌芽已在生长，市民阶层已经形成，民主思潮已在发育、奔涌。中国人开始起来集会结社，罢工罢市罢学，用和平斗争手段争取自己的权益。在这种形势下，明政府大肆推行宦官政治下的特务统治，在社会基层又推行保甲制，组建民团乡勇，与民为敌，镇压群众，钳制社会。明清政府还先后在沿海地区实施严厉的“海禁”，搞闭关锁国政策，截断中外民间交往；又实行严厉的思想钳制，制造“文字狱”，禁毁有民主思想的文化典籍，取缔民间集会结社活动，镇压有反政府嫌疑的社会人士，扼杀萌芽状态下的民主思潮。历史的发展在这里被扭曲了。特务横行，冤狱迭起，对内弹压，对外封锁，钳制思想，扼杀新机，成了明清治安的一个特色。

其七，晚清时期，即从1840年鸦片战争到1911年中华民国建国之前，这是中国古代治安向近代治安的蜕变期。这时，中国社会正陷入半封建半殖民地的深渊，未能实现向资本主义的自然过渡，腐朽的封建制度和入侵的帝国主义势力，扭曲了中国历史自身的发展轨道。相应地，中国古代治安也就未能实现与近代治安的正态对接。一些头脑比较清醒的中国人，看到日本明治维新的成功，在“警政为新政之基”的口号启发下，力图在封建国家机器的母体内建立起近代警察制度来。以1898年（光绪二十四年）6月湖南保卫局的建立和1908年（光绪三十四年）4月《违警律》的颁布为标志，可以看到封建治安向近代治安转轨的努力。

其八，民国时期（1911—1949年），从辛亥革命到中华人民共和国诞生之前，是中国近代警察制度的确立期，也是中国共产党领导的人民治安的创生期。辛亥革命后中华民国临时政府内务部的创建，标志着中国近代警察制度的正式问世；孙中山对警政的全方位构建与试验，为在资产阶级革命条件下的社会治安管理作出了艰辛的探索。相继掌权的袁世凯、蒋介石等集团，以西方法制为样板，更多地引进欧洲某些“警察国家”的“警察政治”，为支撑其军阀统治而完备其治安制度和治安力量。然而，历史终于迎来了它的大转折：1921 年诞生了中国共产党，1927 年中国大地上创建了共产党领导的军队，1927 年武汉中央军委特务工作科建立，1930 年上海中央特科开展工作；不久，根据地又成立了人民政权。1931 年中央苏区“国家政治保卫局”正式建立——这一切，宣告了我国历史上治安职能的历史性转变，从此拉开了人民治安的序幕。在中国共产党领导下的解放区的人民治安力量与国民党统治区的军警宪特势力形成了壁垒分明的两大对抗性警治组织。

以上的简略回顾告诉我们，中国治安史大致可以分为古代治安、近代治安和现当代治安三大历史时期。古代治安含六个阶段：远古至夏商周三代为古代治安的孕育期；春秋战国为古代治安的草创期；秦汉为其成型期；六朝隋唐是其发展期；宋辽金元是其更新期；明清为其集成期。至于近代治安，则从鸦片战争起到中华人民共和国建立前夕止。其中，1927 年以前为传统治安体制向近代治安制度的蜕变期；1927 年以后为近代治安制度的确立期和人民治安事业的创生期。当然，这样的划分只是为了叙述的方便。如何划分更科学，还有待于学术界的深入讨论。

毛泽东同志说过，今天的中国是由昨天的中国发展而来的。他希望我们不要割断历史，不要言必称希腊而忘记了自己的祖宗。这个要求，对于当代中国治安学的研究，应该说尤为贴切。在当代治安学的学科序列中，不能没有对于旧中国警察制度和治安管理业务的研究，不能没有对于数千年中国警治禁卫事业的介绍，也不能满足于依循别人提供的“理论构架”来“套”中国几千年的实际。今天，回顾我国数千年从未中断的治安历史，对历代治安管理的实践模式、实践经验及其理论表现、理论形态，作出合乎马克思主义基本原理的科学说明，应该是摆在我们面前的一项重要的课题。我们已经触摸到这个课题，并将继续探讨下去。同时希望有更多的同志加入到这个队伍中来。

# 第一章

# 上古：中国古代治安的孕育

从炎黄尧舜禹到夏商西周时期，我们称之为中国古代治安的孕育期。炎黄尧舜禹时期，我们的祖先由东西南北迁徙流移的生活逐步改变为按血缘亲族关系聚合定居的生活，有了最初的农牧业生产，有了最初的实物交换，也就有了公共秩序，有了公众利益的安全管理。夏商西周时期，奴隶制国家机器从确立到完善，国家对于社会的政治管理也就从简单而趋于复杂。《尚书·吕刑》说当时已从“大刑用甲兵，小刑用鞭笞”发展成“五刑之属三千”。许多属于治安业务的活动，如都市的宵禁，关卡的稽查，“痞民”的收管，户籍的登录，要害部位的警卫等，也都开展起来了。“政刑不分、军警一体”的中国治安正在孕育之中。“三代”统治阶级融神权、王权、族权为一体，对社会实行分级管理，十分重视人口的登录记籍与地著、都市的公共秩序管理、王室的安全禁卫，十分重视严刑峻法与伦理教化的相辅而行。这一切都对后世治安产生了深远的影响。

## 第一节　原始社会的公共安全及其管理

### 一、原始聚居体制的形成

人们知道，饮食、生殖与安全，是人类得以生存与发展的三项最基本的要求。原始人的生存条件恶劣，生存手段低下，对于群体生活的安全保障，也就更为迫切。邑落聚居，是原始群体的一种有效的安全保障体制。原始社会没有国家机器，但社会成员的安全意识、社会群体的安全管理，则是天然存在的。几十万年前，我国大地上生活的原始人，就懂得群体活动、群体自卫，逐步地学会了钻木取火、构木为巢、穴居洞处、弹射猛兽，后来又懂得了在居住区树栅栏、掘沟堑、筑围墙、加门闩等等。北京周口店的洞穴，西安半坡村的村寨，就提供了这方面的丰富实证。到四五千年前，即传说中的炎黄尧舜禹时期，我们的祖先已经开始了城邑聚居生活，有了以城邑建设为主体的群居安全保障体系。考古发现，今河南辉县孟庄、淮阳平粮台、登封王城岗等处，都遗存着建于4000年前的城垣。城体呈方城弧角，上窄下宽，外陡内斜，城外有宽阔的护城河，城内有贯城大道，城门口有门卫房，居民房有规则地分布在大道一侧，另一侧则为公用建筑与手工工场场地。这一切，确证了古代文献相关记载的历史真实性。如：《竹书纪年》中有关于“鲧作三仞之城”以抵御洪水对居民区的袭击的记述，《尚书》中记着：尧帝让大舜“宾于四门”，管理四门（全城）的交通秩序与送往迎来，结果“四门穆穆”、“宾至如归”，全城生活井然有序。《易经》中写着：上古神农氏“日出而作，日入而息，日中为市，交易而退。”《史记》中也有“黄帝邑于涿鹿之阿，以师兵为营卫”等史料。这一切说明，早在四五千年前，我国社会就已进入有序管理的发展阶段，部落联盟的“公共权力机构”已经承担起组织社会的有序生产、安排有序生活、保障群体的安全生存的任务了。我们注意到，远古时期，炎黄的部落、部落联盟，活跃于今黄河中下游流域，因其具有较高的社会文明——包括管理文明在内，对周边部族产生了强大的辐射、吸附、融合，以至征服的作用，从而形成了庞大的华夏共同体。我国大地上的历代各族人民，在“以炎黄为共祖”这一基本点上，都是认同的。炎黄成了中华民族内部维系与调节相互关系的重要精神纽带。

### 二、部落议事会议的职能分工

无论是村落聚居还是城邑聚居，原始群体生活的一切公共事宜，都交由“部落议事会议”或全体成员会议来议决；遇有矛盾和争端，由酋长们共同协商，“议事以制”，临时商定一个办法，共同处理。尧的时候便是这样。大舜一上台，就把酋长们统统召集起来，重新给以明确分工。经过协商，他让禹当了“司空”，主持平治水土；让弃为“后稷”，主管农事；任命益为“虞”，负责山林川泽的开发、管理与狩猎；任命垂为“共工”，负责统管百工制作；同时，又任命契为“司徒”，负责教化百姓，确立伦常有序的生活秩序；又任命伯夷为“秩宗”，掌尊卑等级之礼，任命皋陶为“士”。士即狱官，负责用“五刑”去惩治“蛮夷猾夏”、“寇贼奸宄”、“杀人越于货”的犯罪行为……这说明原始社会后期“部落议事会议”正在转化为“国家机器”。[①] 司马迁认为我们的文明史就是从舜的时期开头的，他说：“天下明德皆自虞帝始”。[②] 我们说：舜帝时期的城居体制与“设官分职”，是我国文明史的重要开端，是我国“政权建设”的最初模板。从而也就为我国古代治安史的揭开，作了有力的预告。

## 第二节　夏代：国家权威的形成

### 一、部落议事会议向国家机器的转化

夏禹因为有治水的功勋，得到人们的拥戴，被舜选为禅让的对象。这样的禅让本是很正常的。然而，大禹登位之时，却借助了身为“士”（狱官）的皋陶的力量。皋陶向与会的酋长们发布命令说：大家都必须服从禹，“不如言，刑从之”！谁不答应，他

① 《尚书·舜典》。用《十三经注疏》本，中华书局1979年影印。

② 司马迁《史记·五帝本纪》。用中华书局1959年点校本。

有权严惩。看来，这已经不是往昔的自然禅让了，已经需要借助强制性的权威力量了。皋陶的活动证明，历史已经发展到这样的阶段：只靠“自由的、自愿的”拥戴已经不能产生领袖了，还必须通过“权威力量”，即“士”（狱官）的惩处权力才行。在这里，阶级社会的政治秩序已经呼之欲出了，统治者要“用特别的法令来取得尊敬。由于这种法令，他们就享有特殊神圣和不可侵犯的地位了”。

## 二、国家行政管理的开始

夏禹在巡视会稽（在今浙江绍兴）时去世，他的儿子启利用禹在世时所积淀下来的权威，轻易地从临时继承人“益”的手上夺得了帝位，而且自号为“王”。在他的政府中，任命了掌管武装的六卿，掌管畜牧车马的牧正与车正，并动用武装力量，假借上天的意志，“恭行天之罚”，发动了远征有扈氏的“甘之战”，巩固了自己的特殊地位。夏启动用了暴力即武装与刑惩手段，又动用了神权和族权，从而确定了自己的王权地位，保障了自己的统治秩序。这在当时，可以说是一种破天荒的“创造”。至此，“国家”正式诞生了。国家从它诞生之日起，就伴随着血与火。从此，正如《礼记·礼运》篇所说，“大道既隐，天下为家，各亲其亲，各子其子，货力为己”了。原始公社制解体了，私有制产生了，奴隶制的社会秩序代替了原始公社的社会秩序。“大人世及以为礼，城廓沟池以为固，礼义以为纪”，政治上层建筑逐步发展起来，于是“谋用是作而兵由此起”，作为国家机器的最强大后盾——军队建立起来了，监狱出现了，刑惩开始了，一句话，用以维护“秩序”的暴力手段被人们发明出来了。在这里，我们可以看到中国治安史的序幕被拉开了。

夏政权作为我国历史上的第一个由少数人统治多数人的政权，从创立之日起，就遇到了来自内外两个方向的破坏与反抗。

《离骚》中说：夏启这个人天天追求享乐，“日康以自纵”；他的五个儿子搞起了内讧，被后羿趁乱篡了权。后羿同样淫逸自纵，结果被寒浞杀了，连妻子也被寒浞霸占了。寒浞却又断送于骄横的儿子浇手里，不久浇又被杀。大禹的孙子少康夺回了政权，重建夏朝。这样延续到夏桀，其暴虐统治遭到广大百姓的一致谴责，夏朝便灭亡了。可见，夏代也经历了篡弑频仍的混乱与厮杀，这个时期的社会治安秩序并不美妙。它说明，剥削阶级的统治机器，从一开始就不能真正解决社会治安问题。

## 第三节　商代：王权意识与治安管理

商代是我国继夏之后的又一个奴隶制王朝，统治中国六百年上下，控制着黄河中下游的广阔地带。商建国后，进一步强化了政治上层建筑，强化了王权意识，确立起全国上下都服从王权的政治秩序，从而在国家治安管理方面作出了新的尝试。而离开“服从”，当然就谈不上有任何“秩序”。

### 一、商人的王权意识

商的国家机器比夏代庞大而复杂。它拥有一支庞大的常备部队，兵士由奴隶组成；它建有监狱，并制定了《汤刑》，而且多次增订。《竹书纪年》上说，“祖甲二十四年，重作《汤刑》”，便是明证。这是公元前12世纪的事。商王有极强的王权意识。《尚书·盘庚》篇明确记载着盘庚要求全体臣民，都必须服从他一个人的意志，“若网在纲，有条而不紊”，大家都要“勉出其力，听予一人之作猷”。谁不听话，“罚及尔身，不可悔！”在商王身上，集中了国家祭祀、征伐、生产、刑赏、用人的一切权力，不许别人干犯。“王权是历史的进步因素”，它标志着国家机器的正式建成。

商代的国家机构基本上由两部分构成。一部分为王朝直接统治的中心地区，称做“内服”，一部分为中心地区之外的地区，称为“外服”。内服由百官组成统治系统，外服则由分封的“诸侯”形成统治系统。另外还有“亚”和“服”等，是保卫王朝和主掌征伐的武官，职掌讨伐叛乱、征伐外邦。在内廷事务官中，负责王宫安全的有“臣”；负责王室奴隶生产的有“小众人臣”、“小籍臣”等，他们是“奴隶头子”，严格监视奴隶们的生活、生产活动，维护着奴隶制国家的秩序。这就为后世政权建设与禁卫安全管理提供了雏形。

商王朝建立后，建立了一支强大的军队。军队负有治安职能，常被用来追捕逃亡奴隶和镇压奴隶的暴动，《殷墟甲骨卜辞》中就有“八日辛亥，允灾伐二千六百五十六人，在汸”的记述。中国治安史上的军警不分、政刑一体，是渊源有自的。

## 二、商代的行政管理：《官刑》

为了加强政权建设，保证王权的实现，据说商汤时代就制定了《官刑》，即政府成员的职责条例和行为守则，包括了“三风十愆”的丰富内容。《尚书·伊训·汤作官刑》中有这样的规定：

曰：敢有恒舞于宫，酣歌于室，时谓巫风；敢有殉于货、色，恒于游畋，时谓淫风；敢有侮圣言，逆忠直，远耆德，比顽童，时谓乱风。唯兹三风十愆，卿士有一于身，家必丧；邦君有一于身，国必亡。臣下不匡，其刑墨！具训于蒙士。

这就是说，商政府中，已经有巫风、淫风、乱风的存在，已经泛滥起征歌逐舞酗酒湎色之风，已经弥漫起财货贿赂、游猎无度和轻慢王法、拒绝批评、朋比为奸等丑行恶德了，统治阶级内部的生活秩序已经相当混乱，到了必须用刑罚来加以规范约束的地步了。这种“官刑”是否真的出现于汤的时代，我们且先置而不论。至于为维护私有制、维护统治阶级利益而建立的国家机器内部会发生“三风十愆”之类的丑行，则是毫无疑问的。用规约条令来整饬风纪，维护秩序，这种办法的发明，大概也不会太晚。商代的刑罚是很严酷的。在规定的“五刑”即墨刑（割破头皮，涂以墨色）；劓刑（割去鼻子，如果割耳朵则称为刵刑）；刖刑（砍去小腿骨）；宫刑（破坏生殖器）；大辟（杀死）等以外，还常常施行法外极刑，如剖腹，挖心，炮烙，醢脯等。据记载，这些极刑还是加于统治集团内部的“犯罪分子”身上的；广大毫无法律地位可言、被视为“会说话的工具”的奴隶，又生活在一个何等残酷的世界里，则是不言而喻的事。

商王很重视王室禁卫。河南安阳小屯村商代遗址发掘显示，每座宗庙遗址的大门口，都有成组的被活埋的奴隶遗骸。单门口，每组四具尸体；三联门的，每组七具尸体。他们的首领执一戈一盾，其余均各执一戈。在安阳武官村、侯家庄商王墓遗址中，除发现有执戈殉葬的奴隶外，还有狗。这是我国用奴隶与狗一起负责警卫的最早的实物显示（在西方，古希腊时期，王宫警卫起初也是由奴隶承担的）。春秋后期，人们不赞成用“刑余之人”当警卫，认为很不安全，这才逐步改由贵族子弟充任王室禁卫军，不再使用奴隶、罪犯或战俘了。

### 三、商代社会治安管理的萌芽

在社会治安管理方面，商政府也有一些行政措施。比如，商代就有筑护交通要道的重要举措。商中期的著名臣子傅说，原来就是在傅岩（今山西平陆境内）参加筑护东西交通要道的一名奴隶。此外，商人在其管理的周边地区，还普遍设立烽火、戍鼓，运用声光通讯原理，进行边防警备，保证边地的安宁。据《韩非子·内储说》介绍，商代还本着“轻罪重罚，以刑去刑”的指导思想，颁布了“刑弃灰于道”的律令：谁把灰烬垃圾抛洒在街上、大道上，谁就要受到法律的严惩。商代犯了法的人是要坐监狱的。监狱设在牖里。牖里在今河南汤阴县北。据《史记·殷本纪》:“九侯有好女，入之纣。九侯女不喜淫，纣怒杀之。……西伯昌闻之，窃叹。崇侯虎知之，以告纣。纣囚西伯牖里。”《竹书纪年》记载:“（帝辛）二十三年，囚西伯牖里。”综上可知，我国古代国家警察职能的出现，不会晚于夏商时期。警治禁卫、安全管理工作，早已提上国家议事日程了。

## 第四节 西周：社会群体的政治组合

### 一、周人的德政与礼教观

代商而起的是周（西周)。

西周政权存在于公元前11世纪到前8世纪之间。这时，奴隶制已经高度发展。西周统治者已经懂得，不能赤裸裸地依靠单纯的刑惩手段来维持其统治了。在这种历史条件下，他们开始注意炮制一种理论，用来解释自己之所以能够获得政权，用来解释自己为巩固政权所采取的各种暴力的与非暴力的手段，也用来指导自己的政权建设包括治安建设。后人把这时形成的理论与实践概括为“德政”、“礼教”。在德政理论的指导下，以食货领先，把物质生产放在首位；重视法刑与武装，兼顾礼法教化,强调国家机器对全社会的经济管理、政治管理、法纪管理。这对于调节各不同利益集团之间的利害冲突实在是必要的;对于建立良性政治秩序与正常社会秩序,以获得治安秩序的巩固,是非常必要的。

### 二、周代的等级秩序与刑罚观

为着对统治阶级内部实行有序管理，周人在宗法血统观指导下，将“王”确立为国家的最高代表，制定了公、侯、伯、子、男五等爵制，按五等爵制进行利益分配，使不同层次上的统治阶级成员，各守其位，各安其分，保持稳定的秩序。对于破坏等级秩序的言行就要“敬明乃罚”,[①] 而且要“制治于未乱，保邦于未危”。这体现了“预防犯罪”的思想原则，在上古世界史上也是罕见的。

周穆王时期，还召开了我国历史上第一次制订国家大法的朝政会议。《尚书·周书·吕刑》篇记载着：

王曰（周穆王说）：“吁，来（咳，过来）！有邦有土，告尔祥刑（有邦国有土地的诸侯们，我来教给你们如何正确用刑）。在今安尔百姓（在当今要想安定你的百姓），何择非人？何敬非刑？何度非及（要考虑哪些人事安排是不确当的？哪些事严肃办理了却并不合于刑律？哪些设想和策划还达不到刑律的要求）？两造具备，师听五辞。五辞简孚，正于五刑（诉讼双方都到场后，审理的狱官要听取双方的陈述；所有陈述经过验证若符合事实，就按国家颁发的刑罚去判处）。五刑不简，正于五罚。五罚不服，正于五过（五等刑罚不适用于该案的话，就按五等经济惩罚的法规去处置。倘若五罚还适用不当，就要追究审判者的五种职务犯过）。五过之疵，惟官、惟反、惟内、惟货、惟来（五过的错误是：只看官势、私仇报复、内亲插手、财货贿赂、关系托请）。其罪唯均，其审克之（五过的罪责与其所出入的罪名均等，将实施反坐，你们可要严肃对待它）！”

这里，周穆王讲明了建立法度的必要性，讲了立法原则、立法内容以及实施法律的主要原则，执行法律的方式方法等，讲得周详而明晰。周穆王主持了我国历史上第一次制订国家大法《吕刑》的朝政会议。这是儒家文献中明文记载的立法大会。而我国古代刑律中“五刑”、“五罚”、“五听”等概念，便系统地出现在该文中；关于“罪”、“罚”、“刑”、“折狱”等立法司法执法的基本概念也得到了法理意义上的阐释与运用，这在世界法制史、治

---

① 《尚书·康诰》，用《十三经注疏》本，1980年中华书局影印。

安史上也是弥足珍贵的史料。相对于商代来说，周代国家的刑法管理，是大大地前进了。

### 三、国野制与井田制的治安功能

周王为实现对国家的统治，在五等爵制下，向全国各地“封侯建国”，受封的大小诸侯们，便在其管辖的范围内，像周天子那样，选定一个中心城市，作为“都城”（周天子的都城特称为京城、京师），诸侯的都城周围也配以若干个“邑”。而都邑之间，城邑之外的广大地区，则统称为“鄙”、“野”。这就形成了以中心都会为核心的辐射式聚居结构。住在都邑中的人称为“国人”，住在鄙野的人称为“鄙人”、“野人”。国人与野人享有不同的政治权力、经济权力，有不同的社会地位。国人的主体是奴隶主贵族与“自由民”，其中最活跃的是他们中有文化、能射御的“士”，可以“执干戈以卫社稷”，可以“议国政之善否”，即有权参政议政。“野人”则以农业奴隶为主体，多为亡国遗民与战争俘虏组成，他们是没有议政之权的。他们平时生产，战时当兵。周天子的京师无论在建筑规模上，在经济、军事实力上，均优于诸侯国的国都；诸侯国的国都，又优于他们的卿大夫的采邑。这样，各国的卿大夫采邑拱卫着诸侯的都城，诸侯的都城又拱卫着周天子的京师，秩序井然。中国古代城市，从一开始就起着政治领导的功能，而且已经组合成网络，覆盖全国。从此，以城市为中心的治安管理体制便萌生了。

与国野制相伴而行的是井田制。

我国是一个以农立国的国度，幅员辽阔，人口众多，如何对广大农业人口特别是农业劳动力实行政治管理，从来就是国家行政管理包括治安管理在内的一个严重的课题。西周的井田制便是适应这一历史要求而产生的。井田制既是国家对于土地使用权的一种分配方式，又是国家对于劳动人口的行政组合方式。其基本精神是，将国家拥有的土地，分层级划分成井字格的方块，土地使用者就配置于井田之内，每八户组成一井，“开四道而分八宅，凿井于中”；然后按“井一为邻，邻三为朋，朋三为里”① 的层次编组起来，由大大小小的宗族首领进行管理，而宗族首领也就是政府基层的行政管理人员。这就是说，居民按井居住，按井管理，不得自由迁徙，便于国家控制。唐代学者杜佑说：“黄帝始经土设井，以塞争端；立步制亩，以防不足。”“始分于井则地著，计之于州则数详。”十分精当地概括了人户管理的中心在于“地著”，让劳动者紧紧地附着在土地上；“数详”，让国家对全体人户作有效控制，把人民组织在一个层次严密而分明的社会机体之中，同时进行政治教育、伦理教育、治安管理。

在这种以血缘为纽带、以地域为基础建立起来的社会机体中，聚族而居的人们把远古以来就存在的人与人之间的亲族关系政治化了。族权与政权的有机结合，正是周代人口管理能够渗透到社会基层的重要原因，也是古代社会安全机制得以发挥其功能的基础。这样，西周时期便逐步形成了以城市管理为核心、以家族为本位、以人口地著为原则，融政权、族权、神权为一体的社会治安机制与相应的管理模式。这种管理模式对中国封建社会的稳定起了长久的粘固作用。

## 第五节　西周的治安管理

### 一、版籍与人口管理

西周时期，人口管理的具体措施表现为版籍登录制，定期逐级汇报制，迁徙制与奖惩制等。早在武王伐纣时，对俘虏就进行过登录。《逸周书·世俘解》：武王得胜归来祭祀宗庙先祖，报告

① 唐·杜佑《通典·食货志》。用《四库全书》本。

战绩，说杀敌“亿有七万七千七百七十有九”，生俘“三亿万有二百三十”人。这种几十万人的登录工作，在当时是一项十分艰巨的统计工程。《国语·周语》上有关于“宣王料民于太原”的记载，证明周代进行过有组织、有领导的人口普查。按周制，国家设有司民一职，专门负责“登万民之数，自生齿以上皆书于版”。司民每年都要登下辖区的死生男女实数，并按城区人口、郊区人口、鄙野人口分别登录，每三年进行一次查核评比，并将民数逐级汇总上报朝廷，由司寇负责将全国人口数向国王汇报。全国人口版籍的汇总资料，则由“天府”统一收管，副本送交内史、司会与太宰，作为国家制定各项政策措施的依据。

又，周人“地著”、“着籍”之后，是不许随意迁徙的，甚至临时出外旅行也要接受政府的控制。宫殿门、城郭门、关卡、津渡甚至居住地的闾门，都有人负责把守稽查，随意出入者要受到惩罚。迁徙户如在“国中”或“郊内”迁徙，要有迁徙证明；如迁徙到附近地区，还得由闾伍的负责人亲自送到迁徙目的地，具体介绍迁徙户的情况。如迁徙到更远处，还得发给沿途通行证“符节”，没有通行证件的要被送入“圜土”、即狱城中去，视情节轻重，强制劳动一至三年。

**二、交通安全管理**

西周的水陆交通已经形成全国性的网络，并有相应的管理制度与管理措施。公元前11世纪中叶，周武王发动了讨伐商纣王的战争。他调集了本国戎车三百乘，虎贲三千，甲士四万五千人，大举伐商，从周都镐京出发，沿渭水东下，过三门峡，抵孟津，直捣朝歌。周武王雄师大集结和渡渭水、过黄河，是有史以来第一次明确记载的大规模水陆联运，标志着当时水陆交通“联网”的存在。

周灭商以后，为了加强对中原和东方广大地区的政治统治，采取了经营洛邑等战略措施。《史记·周本纪》载：周公姬旦说：洛水、伊水与黄河的交汇处，是天下的中心，“四方入贡道里均”，于是决定在这里兴建东都洛邑（洛阳）。同时，在镐京与洛邑之间，修筑了宽阔平直的大道，号为“周道”。这条大道的建成，为周王朝提供了一条大动脉，把关中与中原最紧密地联接起来了。从丰镐向西部的甘陇延展，从洛阳向东部的齐（临淄）、鲁（曲阜）、燕（蓟城）延展，向南部的荆楚吴越延展，形成了通达全国的交通干线。

周人对道路的修筑与护养、对交通设施的配置与维护，都十分重视。据《礼记·王制》篇说，周代的“途制”（筑路规范）是：“国中九经九纬：经途九轨，环途七轨，野途五轨。”一轨是8周尺，合0.23米。这样看来，周代京城的主要街道，就有16.5米多的幅宽，环城大道有13米左右的幅宽；野外的干线幅宽达9米以上。路面如此宽阔，难怪人们歌颂它“王道荡荡”。西周政府还发布了“雨毕而道除”，“列树以表道”等条令，要求每次大雨之后，必须清理和修整路面；道路两侧要栽上行道树，以便美化大道，并给行旅指示道路的走向。每隔十里修一座庐舍，准备好饮水与干草，以便过往人员休整喂马。京郊五百里范围内的交通管理、交通安全，由野庐氏负责。在舟车繁忙堵塞的地方，要负责指挥调度，“叙而行之”；国家官员和外宾所到之处，要负责清道，不许尾随围观；夜间要巡逻，防止事故；要负责稽查过往商旅或官员的通行凭证，严禁携带危险品、违禁品出入境内。周人还规定：“道路：男子由右，妇人由左，车行中央。父之齿随行，兄之齿雁行，朋友不相逾。轻任并，重任分，斑白不提携。”① 这就是说，走路要男女有别，车行中央，这叫“道分三途”，人车分流。周人还发展了夏商以来的声光通讯。从京

① 《礼记·王制》。用《十三经注疏》本。

城到四境，遍设烽火台，一方有警，举烽火相告，八方赴救，很是灵通。同时，街道、城门与关卡实行宵禁，晚上击柝巡逻，防火防盗，报告“平安”，保障在途人员的安全合法通行。

### 三、社会秩序管理

西周在继承商朝有关规定的基础上，对各种违反社会治安管理的行为作了惩处规定。比如：

(1) 制止侵犯官私财物和人身安全。《尚书·康诰》规定的犯罪有：“凡民自得罪，寇攘奸宄，杀人越于货。”这里说的“寇”，指“群行攻劫”；“攘”，是窃取他人财物，即聚众抢劫。“杀人越于货”，就是抢劫杀人。对上述行为，严惩不贷。《尚书·费誓》中，也有“无敢寇攘，逾垣墙，窃马牛，诱臣妾，汝则有常刑”的规定。可见，对于侵犯官私财物和人身安全的行为，要予以严厉的惩罚。

(2) 制止淫乱。淫乱是一种妨害风化、扰乱治安的行为，历代法律都加以禁止。《尚书·大传》：“男女不以义交者，其刑宫(阉割)。”为保障一夫一妻的婚姻制度，维护社会风化，对淫乱行为处以重刑。

(3) 制止酗酒。周初统治者认为，商纣王就是荒于酒德而灭亡的。酗酒，特别是聚众酗酒，会扰乱社会治安，因此严禁聚众酗酒，违者要处以死刑。《尚书·酒诰》：“群饮，汝勿佚，尽执拘以归于周，予其杀。”惩处十分严厉。

(4) 制止扰乱市场秩序。随着城市商业活动的日趋频繁，对市场的管理也成为治安管理的一项重要内容。在《礼记·王制》篇中，有一段关于市场管理的禁令：“有圭璧、金璋，不鬻于市；命服、命车，不鬻于市；宗庙之器，不鬻于市；牺牲，不鬻于市；布帛精粗不中度，幅广狭不中量，不鬻于市；奸色乱正色，不鬻于市；锦文、珠玉成器，不鬻于市；衣服、饮食，不鬻于市；五谷不时，果实未熟，不鬻于市；木不中伐，不鬻于市；禽兽、鱼鳖不中杀，不鬻于市。”这份禁令的目的，既用以维持当时的法纪，又用以防止商人的欺诈。其内容是十分具体而缜密的。

# 第二章

# 春秋战国：中国古代治安的草创

夏商西周之后，我国历史进入春秋战国时期（前770—前211年），跨越五个世纪，是我国古代治安的草创期。这一时期的主要特点，一是各项治安业务的粗具规模，初成体系；二是诸子百家对治安理论的认真探讨和建树。这个时期，从理论到实践，都充满了活力，体现着十分可贵的历史首创精神。各国为求得自身的生存与发展，都在寻求安定民生、稳定政权的最好方案。齐国管仲确立四民分居制、闾伍制，郑国子产在“大治安”思想下取得卓越成效，魏国李悝创制了封建法典《法经》，秦国商鞅制定了什伍制、户籍制与联保联防连坐措施，都为古代治安体制的形成奠定了基础。齐郑魏秦等国的治安管理，反映了春秋战国时期的治安特色。

## 第一节　管仲的四民分居和闾伍制

春秋时期（前770—前476年）首先强盛起来成为霸主的诸侯是齐桓公，他任用管仲为相（太宰），进行改革。管仲是春秋初期著名的政治改革家，他的治安方略是狠抓社会整合。他首先推行“四民分居”制，改革齐国的社会基层组合，搞兵农合一；又推行闾伍制，对居民实施封闭式管理，管仲把这一切概括为

"定民之居，成民之事"①。

### 一、改革行政体制，成民之事

商周以来，地方行政采取"分土封侯"制，形成了天子—诸侯—卿大夫—士的统治结构。在这种分封制下，诸侯享有邦国内的行政、军事、外交、经济、文化等全部权力，卿大夫也享有采邑内的统治权，形成一种"独立王国"的格局。管仲执政后，对地方行政体制进行了改革。《国语·齐语》与《管子·大匡》都记载着：管仲将齐国国都临淄分为二十一个"乡"：即三个工乡，三个商乡，十五个士乡。城市居民按身份职业分片居住，手工业工人世世代代居于工乡，商人则世居商乡，士农则永居士乡。十五个士乡又划分为三个片。这三个片内，以户为单位，五户组成一轨，十轨为里，四里为连，十连为乡。每家出丁一人为甲士；一里有甲士五十人，配备战车一辆。一连有甲士二百人，由连长率领，备四辆战车。一乡有甲士二千人，四十辆战车，称为一旅。五旅组成一军，临淄共组建三个军，分别称中军、上军、下军。京都以外的广大国土称做"鄙"，划分为五大政区，称为"属"。三十户为邑，十邑为卒，十卒为乡，三乡为县，十县为属，全国分为"五属"。这样，由下而上形成的五级地方统治网络，覆盖了整个齐国，齐国四十五万户居民就各有统属了。齐桓公发令说："各保治尔所，毋或淫怠而不听治者。"这是"领土国家"的意识在行政区划上的落实。齐桓公又让乡大夫与属正定期汇报辖区内"不慈孝"、"不长悌"及"骄躁淫暴不用上令者"，予以惩处。这样推行的结果，便形成了一种良性社会生活秩序；"匹夫有善可得而举，匹夫有不善可得而诛"，"罢士无伍，罢女无家"，社会风气走上了轨道。它是对社会基层治安的有序管理。

① 《管子·大匡》。用《诸子集成》本，上海书店 1986 年影印。

## 二、推行闾伍制，强化居民管理

为了更切实地把老百姓固定在土地上，使人人地著，世世地著，管仲还在齐国推行了一套“闾伍制”。其办法是：城邑居民户，不允许自择地建宅，必须统一住进国家建的“闾”中，一闾有二十五家至上百家的住户。闾设闾门，以供出入，由闾有司负责按时开闭，凡不从闾门出入，或不按时出入闾门，或非法携带与身份不符的物件出入，或“衣服不正，圈属群徒”结伙吵闹的人，闾有司都有权稽查并随时举报，即使是各级官长（贵族）的家庭成员及其属役宾客，连犯三次，也要查处。实行这种闾伍制之后，国家对人户的管理就一直落实到每家每户了。这在春秋战国那个大动荡时期，显得更为重要。管仲认为：“州里不隔，闾门不设，出入无时，早暗不禁”，就会发生攘夺、盗窃、攻击、残贼等扰乱治安的事件。所以要严加管束。在社会基层政治管理方面，管仲是颇有开创性的。

## 三、注重社情调查

管仲还十分注意对社情动向的及时掌握与具体了解。为了随时掌握社情动向，管仲还主张经常派员下到州闾作社会调查。在《管子》的《问篇》与《枢言》《八观》等篇中，都反复强调了这种社会调查的重要性与必要性。其《问篇》就提出了七十多个问题供调查用，而且每个问题一般都要求作量化说明，如：

问邑之贫人债而食者几何家？士之有田而不耕者几何人？身何事？外人之来从、而未有田宅者几何家？乡子弟力田为率者几何人？国子弟之无上事（没有公职公务），衣食不节，率子弟不田，弋猎者几何人？男女不整齐，乱乡子弟者有乎？若夫城郭之厚薄、沟壑之浅深、门闾之尊卑，宜修而不修者，上必稽之。问执都官者：其位事几何年矣？所辟草莱有益于家邑者几何矣？所筑城郭，修墙垣，绝通道，扼门关，深沟防，以益人之地守者何所也？所捕盗贼除人害者，几何矣？

这类问题，都直接关系到一个地区的治安状况。能作这样的普遍调查，即使在今天，也是有意义的。

## 第二节　子产的大治安思想与实践

春秋中后期的治安，可以郑国为例。

郑国地处中原腹心地带，东邻齐，南临楚，西近秦，北接晋，各国交争，都在郑培植有自己的代理人。时值春秋中晚期，列强争霸达到白热化的程度。子产在这么一个弱小而内乱不止的国度里执政达二十多年（前 543—前 522 年）。他一生为国家图存图强，所取得的突出成就，反映出春秋中后期的治安特色。

### 一、“必先安大”的治安方略

郑国在子产执政之前，始终处于周期性公族内讧之中，每隔八九年就发生一次动乱。政治秩序混乱不堪。《左传》明确记载着：公元前 578 年，发生公子班之乱，结果“七穆当政”；前 570 年，郑僖公被权臣杀死；前 563 年郑简公被劫持，发生“群公子之乱”；前 554 年，公族子孔勾引楚兵攻入郑都，造成“纯门之难”；前 543 年，又发生“伯有之乱”。此乱平定之时，子产登台执政。他所面对的是“国小而逼，族大宠多”的严峻形势。据《左传·襄公三十年》载：为了缓解国内矛盾，子产采取了“安定国家，必大焉先”的治安方略。首先采取措施，稳住了势力最大的公族伯石，然后便着手进行政治经济改革，“使都鄙有章，上下有服，田有封洫，庐井有伍，大人之忠俭者从而与之，泰侈者因而毙之。”这里的“都鄙有章”与“庐井有伍”，显然是整顿基层社会秩序的有力措施。不到三年便大见成效，国家政治走上了轨道。他还大胆地开放舆论，“不毁乡校”，让士人“朝夕退而游焉，以议执政之善否”。在四强凌逼、内讧不已的国度，敢于开放舆论，充分证明了子产对于自己的内政外交的足够信心，他终于使郑国振兴起来。

## 二、周到细致的治安对策

在发生重大自然灾害的情况下，尤见子产救灾防乱的治安措施的得力与严密有序。《左传·昭公十八年》载：当年五月，宋卫陈郑四国同时发生严重火灾。在出现火灾征兆的时候，有人曾要求子产祭天求神来“禳灾”，子产拒绝了；在第一次火灾高峰过去之后，又有许多人请求子产禳灾，他又拒绝了。他说：“天道远，人道迩，非所及也。”他不相信所谓天意神意能左右人间祸福。但在救灾过程中，他对“人事”的部署却是极端认真、极端周到的。比如：火灾一发生，他就委派司寇实行“戒严”；不让新的外宾入境，警戒府库，严防火险；命令司马司寇率队控制火场，全力扑救；命令城下居民五人一伍，登城防守，日夜警戒，以备不测；命令郊野征集人丁，准备调用；派专人日夜巡行于宫城内外，派专人负责疏散、转移宫内人口与国家宝物；又派遣特使向各国通报灾情，预防有人乘火打劫；宽免受灾地区的赋役，发放救灾建材等等。子产的得力措施，不仅保证了郑国内部的安宁，也有效地预防了他国可能发动的袭击——当时晋国就曾别有打算地派“边吏”至郑“观察”城防等情，并把子产的周密布署向国内汇报了。子产在突发性巨大灾难面前的治安对策，最大限度地控制了灾情，又预防了可能发生的外患。他在古代治安史上留下了可贵的记录。而同时受灾的宋卫陈等国则蒙受了惨重损失。

## 三、注重法制建设

首先是“铸刑鼎”，把国家刑律铸在大鼎上。大鼎，在当时是国家法权的象征。此事比后来魏国李悝变法著《法经》早了一个世纪。它对于稳定政局，维护社会秩序，起了重大作用。子产刑律的指导思想是“猛”，即体现轻罪重罚的原则。他的理论是：“夫火烈，民望而畏之，故鲜死焉；水懦弱，民狎而玩之，则多死焉：故宽难。”后来孔子加以发挥，提出了“宽以济猛，猛以济宽。宽猛相济，政是以和”① 的思想，对我国古代治安法理研究产生了深远影响。子产实行猛政，有一例可以说明：子产当政后，公族中又有人制造动乱，子产将主谋者的尸体“弃于市”，并加“明刑”，即在木板上写明罪人的姓名及其罪恶，让众人都来唾弃他。这在当时是破例的。子产治郑，是“大治安”思想的成功实践。

## 第三节　李悝的《法经》和战国的刑禁

### 一、《法经》六章

公元前403年，魏、赵、韩三家瓜分了晋国，史称“三家分晋”，历史进入战国时期。魏、赵、韩三国为了加强国力，都进行了旨在稳定统治政权的变法改革，其中以魏国最成功。当时，随着新兴地主阶级从“民”阶层中的崛起，以及地主阶级政治地位、社会地位、财产权力地位的日见上升，其法律认可与法律保护的问题也就提上了国家的议事日程。顺应这个要求，魏国的法学家、政治家李悝，第一个承担了使封建成文法规范化、法典化的历史任务。李悝（前455－前395）又名李克，据说是孔子弟子子夏的学生，魏文侯时任过司寇、国相，魏武侯时仍在职。他推动了魏的变法改革，主张“食有劳，禄有功，使有能，赏必行，罚必当”。主要措施是废除世卿世禄制；开井田，尽地力之

① 《左传·昭公二十年》。用《十三经注疏》本。

教；推行“平籴”政策，振兴农业；其突出贡献是“集诸国刑典”，制作了《法经》六篇。《法经》是我国历史上第一部初具法律体系的封建性法典。那时，郑有《刑书》、楚有《宪令》、韩有《刑符》、齐有《齐法》十三章，都各有特点。《法经》则以“王者之政莫急于盗贼”为指导思想，形成了以盗法、贼法、囚法、捕法、杂法、具法为体系的法典结构，把侵犯私有制、侵犯王权、危害社会秩序、危害人身安全的行为定为犯罪，将惩治犯罪定为国家法典的具体内容。《晋书·刑法志》追叙了《法经》的基本结构；班固《汉书·艺文志》和清人马国翰所辑的《李克书》保存了李悝的部分言论。《法经》奠定的法治基础在魏国产生了深远的积极影响，使魏国发展成战国前期最强大的国家。后来商鞅又拿着这部《法经》去了秦国，帮秦孝公实行了成功的变法。《法经》的精神在现今可见的《魏户律》和《秦律》中都有体现。《魏户律》中有这样一条：“至今以来，贾门逆旅，赘婿后父，勿令为户，勿予田宇。三世之后，欲仕仕之。”分析这一条可知，当时魏国法律是歧视商人、旅店主人、入赘女婿及后父等四种人的，不允许他们登录正式的户籍，不分给他们相应的土地和房屋。而春秋战国之际，各国都普遍实行一种“换土易居法”，有的称做“辕田法”，即把国有土地房屋分成三等配发给居民。每隔三年，国家将各户耕地、住房收回，调整更换一遍，借以求得上、中、下三等土地与房舍的公平使用。按魏国法律，上述四种人都无权获得国家分给的土地与住房；要经三代人之后，才可以与其他庶民一样“欲仕仕之”、享有“公民权”了。魏国的这条限制商贾的法律，后来在《秦律》中被沿袭下来了。

自从有了《法经》，封建国家的治安管理，就有了自己的法律依据，其基本精神就是维护私有制，保卫王权（皇权）；其基本原则就是“不别亲疏，不殊贵贱”和“轻罪重罚”。李悝《法经》，是春秋以来各国法典的集大成，又是此后两千年间我国

160余种封建法典的最初样本。魏国在战国前期是举足轻重的大国、强国，跟李悝的法制努力是分不开的。

### 二、刑、法与禁令

李悝把商周以来惯称的“刑”改称为“法”，进而把“法”与“禁”区别开来，这是治安法理建设上的一个突出贡献。（在《礼记·王制》篇中，也有“刑”与“禁”两个不同层次的概念）当时，“刑”指刑律、刑罚，其义侧重于用身体刑来惩治人；“法”强调的是“律令”和“法纪”；而“禁令”，则是指对轻微罪过的一种事先的约束条例或事后的惩戒措施。当时有所谓“五禁”，指宫禁、官禁、国禁、兵禁、野禁等。宫禁，是王室宫廷的禁令，如出入宫门的门籍法、守护宫门的轮值法等；官禁，是关于官府的禁令，如禁阑入官府、禁私用官府车马器材等；国禁，是关于城市生活的禁令，如禁止非时开闭城门、里门，禁止出入不时，衣服不正；禁止宵行，禁止径逾邪行、禁止喧呼呜叹于市，禁止扰乱市场等。野禁，是关于郊野农村的禁令与规约，如禁止非时焚荒，禁止非时砍伐渔猎，禁止毁损禾苗，禁止围观喧闹国宾等。这些禁令，大体上相当于后世的“违警律”即“治安条例”之类，为社会治安管理提供了法律依据，这是可贵的。

## 第四节　商鞅的治安实践与治安思想

秦的治安是战国治安的代表。商鞅活动于战国前期（约公元前390—前338年），他在秦孝公的支持下，两度主持变法，使秦国从僻处西戎的一个小国一跃而成为渭水流域的大国，为秦国后来的发展打下了坚实的基础。商鞅是封建生产关系在秦国得以确立的助产士。他的一切活动，都包含着培植封建社会的治安秩序的重要内容。商鞅在秦国建立的封建治安秩序，对于全国统一后的封建治安秩序的确立，起了先驱示范作用。他所草创的治安体制，他所提出的治安措施，他所概括的治安法理，后来在全国范围内都得到了推广与应用。

### 一、强化基层治安管理：什伍制下的联保联防与连坐

商鞅变法，是从推行什伍制入手的，就是说，是从改革社会基层结构入手的，这是社会治安管理的基础。

公元前 361 年，商鞅带着李悝所著的《法经》来到秦国，力劝秦孝公变法，得到信任。于前 359 年（孝公三年）开始了变法活动。其第一通变法令便是"令民为什伍，而相收司连坐"。商鞅对于社会治安管理的重视，就体现在这个"连坐"上，它突出了治安管理的核心要求。具体做法是：

（1）户籍登录。规定孩子生下来之后就要登录，成年之后要"傅籍"，承担赋税、徭役与兵役，逃亡、死亡要"削籍"，迁徙要"更籍"，登录不实的本人受罚，四邻受罚，里典也要受罚。

（2）明确立户标准，实行小家庭制。户口登录是以户为单位进行的，所谓"四境之内，丈夫、女子皆有名于上。生者著，死者削。"① 然而，如果保留商周以来家族聚居的大家庭制，那么户口登录将不胜其难。所以商鞅下令"民有二男以上不分异者，倍其赋"，又令"民父子兄弟同室内息者为禁"。这样，一家有两个成年男子，无论是父子还是兄弟，均应分居立户。对于户口管理来说，明确立户标准，十分关键。

（3）实行联保联防连坐，奖励耕战，严惩非违。在"连坐"制下，一家失火、失盗，户口报不实，四邻伍保和里典均负连带责任。如：贼入甲室，贼伤甲，甲呼号"有寇！"其时四邻、典、老（即里典与伍长）都不在家。四邻确实不在，不予追究；典、

---

① 《商君书·境内》篇。用《诸子集成》本。

老即使不在，也当论罪，因为是其职责所在。这样严厉推行联保联防连坐制，对于确立新兴地主阶级治安秩序是有利的。

### 二、改革地方行政体制：上计与集权

秦孝公十二年（前340年）迁都咸阳，“并诸小乡聚，集为大县”，县设一令，另有一丞。时全国共有县31个，后来发展到41个县。县以上设郡，形成两级地方行政管理体制。这就构成了全国行政网络。秦国自下而上各级地方治安负责人是：伍有伍老，里有里典，乡有乡啬夫，县有县令，郡有郡守。郡县制是对分封制的否定。从此以后，全国范围内的治安，就可畅通无阻地由中央统一部署、统一管理了。为了及时准确把握各郡县各乡各里的治安状况，秦国还实行了一套“上计”制度，要求地方政府每年向中央汇报一次本地粮食丰歉、土地垦殖情况、地方财政情况与治安情况，而且必须是量化反映，要用具体数字来说明。这当然有利于治安秩序的建立。

### 三、以刑去刑和弱民愚民的治安思想

商鞅研究了治安法理。他认为社会需要治理，人群需要法制。他说：“民丛生而群处，乱，故求有上也。然则天下之乐有上也，将以为治也。”① “法令者，民之命也，为治之本也。”② 为此，他主张“法与时移”，“以刑去刑”③。为使其刑禁能畅通无阻，商鞅又公开提出了“以吏为师”、“弱民”、“愚民”等一整套只讲严刑、不许百姓议政的极端措施。他认为老百姓“朴则弱”、“弱则轨”、“轨则有用”。商鞅认为只要用严刑峻法来推进其崇本

① 《商君书·开塞》。
② 《商君书·定令》。
③ 《商君书·开塞》。

抑末的国策，让老百姓都去务农，就可以使百姓永远愚昧质朴而守法了。他在《垦草令》中提出：国家要迫使农民世守其业，只要农民世世务农而不贵学，“不贵学则愚，愚则无外交，无外交则国安而不殆”。这是“愚民政策”。他又要求“废逆旅”，取消各地的旅舍。他认为没有旅舍了，人们就不出游，“奸伪、躁心、私交、疑农（蛊惑农人）之民不行”，国家就安定了。他还要求“重刑而连其罪”，这样，“褊急之民不斗，狠刚之民不讼，怠惰之民不游，费资之民（坐食之人）不作，巧谀恶心（险恶居心）之民无变”，国家就安宁了。他又规定“使无得擅徙”（私自迁移户口），“重关市之征”……商鞅提出的这些主张，在他执政期间，大都付诸实行了。据《史记·秦本纪》与《商君列传》载：商君之法“行之十年，秦民大悦，道不拾遗，山无盗贼，家给人足。民勇于公战，怯于私斗，乡邑大治。”他为秦国制定的各项政策措施，他所提出的法制主张，在秦国得到了贯彻、继承和发展，终于促成秦的统一大业。商鞅是封建治安的构建者、实践家。

## 第五节　关塞城防与王室禁卫

春秋战国时期诸侯各国为了国家安全，在国防线与国内险要地区，都建筑了长城或关塞，既用来防御敌国的进犯，也用于交通与商贸的管理。同时，各国的政治都会与商业城市、手工业城邑迅速发展起来，带来了城市防御、城市公共秩序管理的重要治安课题，而警卫皇室，守护官府，保卫要害部位，就成了治安管理的核心任务。与此相应的，各国的关塞管理，城市安全管理，交通秩序管理，人口登录管理，危险违禁品管理，旅舍管理，煮盐铸币等手工工场管理等，都积累了相应的经验，同时这些经验又得到了诸如《墨子》、《礼记》、《荀子》、《商君书》、《韩非子》、

《吕氏春秋》和《左传》、《国策》等著作的记载和总结。这里，我们就以这些文献为依据，就其时的关禁、城防、市管、皇室禁卫及刑惩措施等问题略作阐述。

## 一、关塞的建立与管理

关卡，是国家安全的第一道防线。《易经》上早有“抱关击柝，以待暴客”的记载。春秋战国时期，各国展开了修城防、筑关隘的大规模土木工程，并屯驻重兵予以把守，任命职官，配备隶役，进行稽查戒备。《左传·昭公二十年》载晏子说服齐王“毁关去禁，薄敛已债”，可见齐国腹地也已经有了关卡，不仅是边防线上有了。这是用于征收过境商品税、进行交通管理、维护一方安宁的重要措施。所以周游各国的孟子有“入国先问禁”的经验和“关市稽而不征”的要求。

先秦时期，综合《左传》、《国语》、《战国策》及《吕氏春秋》、《淮南子》等书的记载，约有这样一些主要关塞：

秦国：郑所塞（在今陕西华县东）、龙门关（在今陕西龙门山）、函谷关（在今河南灵宝）、殽关（在今河南洛宁）、蓝田塞（又名峣关，在今陕西蓝田）、武关（在今陕西商洛）、陇关（在今甘肃陇县）、萧关（在今宁夏同仁）、焉支塞（在今宁夏固原）。赵国：井陉关（在今河北井陉）、句注关（在今山西代县）、挺关（在今陕西榆林），高阙塞（在今内蒙五原）。楚国：鲁关（在今河南鲁山）、冥塞、大隧、直远塞（均在今河南信阳）、符离塞（在今安徽符离集·宿县境内）、昭关（在今安徽含山）、扞关（在今湖北枝城）、方城（在今河南方城）、九疑塞（在今南岭山头）。燕国：令疵塞（在今河北迁安）、句庸关（今称居庸关，在今北京昌平）。韩国：虎牢关（在今河南成皋）、轩辕关（在今河南登封）。齐国：阳关（在今山东泰安）。

人们要通过这些关口，十分不易。当年，伍子胥逃离楚国，投奔吴国，在过昭关时，一夜愁白了头发。齐人孟尝君不愿意继续留在秦国，借鸡鸣狗盗之徒之力离开秦国，赚得函谷关关吏深夜开关放行，保全了性命。综合起来看，当时关塞的功能大致有三：①设关尹、司关等专职官吏，配备驻屯兵，常年守卫国土，防御敌军进攻。②商旅行人通过，检验其符传（身份证明）后才能合法放行。③征收过境商品税。在所有这类作用中，稽查商旅是其经常性的治安功能。

## 二、城市建制与安全管理

战国时期，各国的都城都发展成本国的政治经济文化与交通的中心，城市管理任务越来越繁重。各国又都有一批工商业都市接踵出现，蔚成一派经济发展的景象。这些地方成了敌对势力进攻的重点，也是社会秩序管理的重点。当时，齐有临淄，赵有邯郸，魏有大梁，韩有洛阳，楚有鄂城、宛（南阳）与寿春，都是繁华城市，也为各国的治安事业带来了从未见过的繁难。《战国策·齐策》载：临淄七万户，“车毂击，人肩摩，连衽成帷，举袂成幕，挥汗成雨。”《魏策》载：大梁、新郑之间，“人民之众，车马之多，日夜行不休已，无以异于三军之众。”“人驰马驱，不待倦而至。”可见当时交通繁荣的一般情况。在这种历史条件下，城防设施与国内交通管理，就成了国家禁卫安全的又一项重大事业。

山东临沂银雀山出土的《齐法》十三章告诉我们，齐国对于城防与交通管理，有明细的法律规范。《齐法》中的《守法》、《市法》、《库法》等便是这一方面的专门法规。齐用法律形式规定了墙城的建筑规格，防卫设施，作战时的戒严办法，以及城内商业市场的配置、方位、规模等，连市场内治安秩序的管理也有法律管着。如《守法》规定的城郭规格是：“万乘之国：郭方十七里，城方九里，城高九仞，池方百步。千乘之国：郭方十五里，城方五里，城高七仞，池方八十步。”这就按封建等级制及城的重要程度，规定了城邑的面积、城墙高度与护城河的面宽。按规定城上还要修筑工事：“五十步而一楼……二百步而一出楼，三百步而一进行楼。”出楼下有“隔”，用以射击攻城之敌的后继部队。进行楼则用来“远视城下及城外”。当敌人攻城时，城内连老弱妇孺也动员起来，“女子负婴”备勤，实行军民总体战。城内所有官私财产、房屋家具，均得征用，“不听令者斩”。敌人发起进攻时，城内“杀鸡狗无令有声”，实行严格的戒严，“城中行者皆止”。《齐法·守法》中还明确规定：战争中，军官、伍人及随从兵卒不得任意通行。出入要有法定旗章标志，而且应原班人马出入，否则处斩。这里的战时规定，适用于所有百姓，它也就是战时的治安条例，体现出从严管理的精神。

在商业管理方面，《齐法·市法》条下也有相应规定，要求“为市之广狭小大之度，必令称邑”，市场的规模要与城邑的规模相称，并且“必居邑中”，以便利于百货财物的流通。每个市场都要有市墙，与普通居民区分隔开来。“外营方四百步，内宫称之”。商贾在市内必须划地分区、按指定列肆交易，所占列肆（摊位）的大小，要根据商品的精粗贵贱由市管人员统一安排。市管人员即市长、市啬夫，要管理场地、划分列肆、平抑物价、核查货物伪劣、核查度量衡具的准确与否，管理市场债务、合同等，维护市场治安如禁止哄抬物价、垄断交易与结伙哄抢、行凶斗殴之类，还负责征收摊位税、商品税。

城市治安管理，还体现在街道管理即居民日常生活秩序的管理上。齐国临淄城“车毂击、人肩摩”，魏国国道上“日夜行不休已，无异于三军之众”，在如此繁华的都会里和如此繁忙的大道上，没有交通管理，是不可想象的。关于城市居民生活还有很多治安条例，如：住在公家馆舍里，因失火烧去的公物，不令赔偿；因失火烧毁了借用来的公家车马，也不赔偿，但需办理报销手续。因自家失火而延烧里闾门、邦邑门以至城门的，要受罚一盾或一甲以上。私自翻越闾门与闾里之间的界墙、坊巷院墙都是犯禁的。甚至穿锦绣的鞋、用“乘车”即安车乘坐妇女，都是不允许的。至于盗铸钱、行贿、奸淫、偷盗、劫掠、凶杀格斗，更是明文禁止。由此可见先秦城市生活之一般。

### 三、王室禁卫

宫廷王室禁卫，是统治集团最敏感、最关心的问题。春秋战国时期，国王曾普遍设置专用的“禁军”，专司宫廷禁卫，并负责国王与王室成员及政府高级官员出行时的警卫安全。楚国国王有自己的亲军，称为“二广”，担当国王的卫队。王宫中设郎中令，专司国王宫内的守卫与上传下达任务。《战国策·赵策·触詟说赵太后》载：左师触詟对赵太后求情说：我老了，有个小儿子，我很疼爱他。请太后让他“得补黑衣之数，以卫王宫”。赵太后允诺了他的要求。这一史实说明：战国时，贵族子弟才能当上王室卫士。王室卫士由最高统治者选拔、直接掌握。为区别于其他武装力量，还有特殊的服饰——黑衣。自从宫殿、朝廷布满了这种黑衣警卫，连大臣求见国君也常被挡驾了。

总而言之，战国时代的警治禁卫安全工作已经有了一定程度的发展，尽管还没有体系化，在各国的表现方式也不尽一致，但对于草创时期来说，这一切已经相当进步了。

### 四、治安处罚

战国时期，随着有关治安管理的法律和措施的逐步完善，对违反治安管理行为的处罚手段，也有了一定的变化。中国古代治安处罚的一个突出特点，就是行政处罚与刑事处罚融为一体，没有严格的区分。战国时期的治安处罚方式主要是“刑惩”：

(1) 羞辱：使用“谇”(责骂)、“宪罚”(用文字公布以作警告）和“坐诸嘉石”或“拘于圜土”等方式进行戒饬惩处。据说这些办法“不亏财，不亏体”。

(2) 罚金：当时称为“赀刑”。“赀”是依法判处缴纳相应财物的处罚，另有“赎刑”，是允许缴纳一定的财物，用以抵充依法判处的某个刑罚。《法经》有“博戏，罚金三币”的规定，搞赌博要处以罚款；对撬窃未遂者，判盗窃罪，允许纳金以“赎”。

(3) 迁刑：迁是一种轻于流放的刑罚。

(4) 徒刑：徒刑是一种罚作苦役的处罚，有“城旦”和“城旦舂”，“鬼薪”和“白粲”等名目。

(5) 肉刑：肉刑是对严重危害治安管理行为的身体处罚手段。在《法经》中，有“窥宫者膑，拾遗者刖”的规定，在其他一些史料中，也可见“刖”、“劓”等肉刑的适用。兵法家孙膑在魏国被去了膝盖骨，向楚王献璧的和氏被砍了双足，是典型的酷刑。另外还有死刑。战国时期，最为常用的死刑有戮、磔、弃市、枭首、腰斩、烹、车裂等。商鞅就是被车裂而死的。不过，这不适用于“治安”惩罚。

总之，春秋战国时期的治安处罚，是复杂多样和残酷无情的。这是由先秦刑罚观决定的。

## 第六节　《周礼》：对国家治安体制的构想

春秋战国时期，是我国社会制度发生剧烈变动的历史时期。各国的政权结构都处于不停顿的变动之中，彼此不同，前后互异。但是，不论怎样的变动和互异，各国毕竟都处于相同或相近的历史发展阶段上，都处于华夏文明的覆盖区域内，因而相通或一致的地方总是主要的。《周礼》便是战国中后期人以记述周王室职官制度为名，对春秋以来诸侯各国的政权机构、职官设置，职官职责等进行了一番“整合”之后，勾画出来的朝廷结构，一种大一统的政权模式。

## 一、《周礼》：大一统政权的蓝图

据《周礼》的介绍，一个大一统朝廷的组成，应该是这样的：最高统治者为天子，统帅一切。下设的中央政府机构，一为天官冢宰府，由冢宰统率朝廷官员听命于天子，所谓“百官总己以听”；由他主管全国政务，直接对天子负责。二为地官司徒府，由大司徒主管，负责全国教化与土地人口赋税等方面的政策与政务。三为春官宗伯府，由大宗伯主管，负责王族与宫廷的内部事宜。四为夏官司马府，由大司马主管，负责全国的军政事宜。五为秋官司寇府，由大司寇主管，负责国家的刑法事宜。最后是冬官司空府，由大司空主管，负责国家土木工程与手工业生产。六府又设官分职，形成统一的职官网络，治理国家一切政事。后世王朝中央政府的构建，就是从《周礼》获得启发的。

## 二、《周礼》中的治安职官与职责

这里摘出与治安相关的职官及其职责简单介绍于下，从而勾画出先秦治安体制的总体轮廓。

### （一）天官府

（1）大宰，相当于后世的宰相、丞相，“佐王治邦国”，全面负责国家治安工作。

（2）小宰，大宰的佐官，负责朝廷各部各府内部的政治管理与纠察查禁事宜，是宫廷内部检察兼禁卫职官。

（3）宫正、宫伯，负责宫廷警治禁卫安全，所谓“掌王宫之戒令纠禁”，比如宿卫人员的名籍，宫殿出入的门禁条令，对淫怠邪恶犯禁人员的查处等。

（4）大府、司会、司书等，负责全国土地图籍、人口户籍及贡赋财货数字的搜集、登录、钩考、核计及资料保管工作。其档案资料，是中央据以考核官员、决定奖惩升迁的凭据。中国自古以来关于土地人口的统计资料的保管从未中断，跟这个制度是密切相关的。

（二）地官府

（1）大司徒，后世的户部，主要职掌全国土地图籍与户口登录、赋税征收等方面的政策法令，以宣传、教化为职责，所谓“以礼教让，以仪辨等，以乐教和，以刑教中，以俗教安，以世事教能”，等等。每年正月，还要派人去全国各地宣布国家政令与刑律。是国家治安的直接负责人之一。

（2）小司徒，主管六乡（即全国六大政区）的人口、六畜、车马之数，所谓“稽其夫家，辨其老幼、贵贱、废疾、马牛之数；辨其可任者、与其施舍者；掌其戒令、纠察，听其狱讼”等。

（3）地官府属官中有明显的治安职责者：①乡大夫。乡，是当时的行政区划名，直属中央，约相当后世之省级政区。乡大夫是一乡的最高行政长官，要负责向本乡官员传达国家政令，负责本乡城区与郊野居民的户口登录，审定免役、免赋的名籍。国家有大事故时，负责本乡治安秩序，“各守其闾，以待政令”，不许任何人乱说乱动。②比长。在城区五家为一比，设比长。比上为闾，闾上有族，族上有党，党上为州，州上为乡。各级均有长，分级负责本辖区的行政工作。在郊野，则划分为乡、遂、县、里、邻五级政权，各级均有长。邻长相当于城区的比长。比长的职责是落实联防连坐。③司谏、司救、调人之类，主管民间道德操行的教育训导、技艺技能的传授承继，并进行相应的检查考核。对邪恶害民或过失之人进行防闲救治，对民间的杀伤斗殴争闹等情进行调解处置。至于专门滋事扰民之徒，触犯刑禁者交由士师审罪。④司门、司关、掌节之类，分别掌管宫城、京城、都邑之门的门禁门卫、掌管关卡津渡的稽查征税，掌管道路交通的通行证件等各项事宜。⑤司市。专管市场秩序，处置商贸市场各项政教禁令如划分摊位，查验物价与度量衡具，主持商品契约、金钱往来；巡查违禁品、贵重品的上市情况；巡查扰乱市场秩序、市场治安者，如斗殴吵闹、出入凌犯、强买强卖，结伙掠食等情，按《市刑》给予惩处，“小刑宪罚，中刑徇罚、大刑扑罚，其丽于法者归于士师。”⑥另有遗人、廪人、仓人、舍人、委人、积人、土训、山虞、林衡、川衡、矿人等，分头掌管国家衣、粮、刍草的保管与供应，掌管山林川泽土地矿产资源的保护与开发等，与治安业务均有或多或少的联系。

（三）春官府

其天府、典命、大史、内史、外史、御史等职，都是“国家档案库”的工作人员或负责官员，保管着国家机要册籍，包括土地、人口及官员任免资料，国家制度史料、各种文书文告资料，等等，均与治安业务有些联系。

（四）夏官府

其大司马、小司马、行司马、军司马等职，掌管着国家军政禁令。其掌固、司险、司士、职方士等，有全国城郭沟渠的修治加固任务；有周知全国山川形势，修通道路、管理交通、控扼险要的责任；有考核官员、上报朝廷的职责；还有沟通四方邦国的职责等。先秦“寓军于民”，“寓军于农”，军警一体，政刑不分。因此军中的相关禁令，地方同样要执行。

（五）秋官府

(1) 大司寇，掌管全国刑法狱讼，贯彻“刑新国用轻典，刑平国用中典，刑乱国用重典”的原则，对于农桑、军旅、政务，本府都要区别情况，慎用刑法。要负责管教罢民、助理穷民；负责颁发和解释国家政令刑律，并监督国家盟誓条约的执行，负责国家大型政治军事活动中的警戒安全。

(2) 小司寇，具体负责朝廷及地方重要狱案的审理；负责

“八辟之议”，即亲、贵、贤、能、功、故、勤、宾八种有身份的人的议罪量刑。负责全国人户的登录汇总与汇报，具体负责政府军政活动中的警戒安全。

（3）士师，受理八种要案：即受理盗窃情报、为敌反间、谋图逆乱、冒犯王威、矫命擅兴、结党误国、窃取国库资财，政情报告失实等重大案件。同时负责灾情的查实与赈恤。

（4）乡士、遂士、县士、都士、朝士之类，分级主持各乡各遂各县各卿大夫之家及外朝的狱讼事宜，管理当方治安。

（5）司民，具体掌管天下民数的登录汇总工作，“自生齿以上，皆书于版”，而且要按男女和国中、都鄙、郊野区别登录归类，每年核计一次全国人口生死数，三年汇总向司寇汇报一次。

（6）司刑、司刺、司隶、司厉、司圜、掌囚、掌戮之类，具体掌管刑律执行中的各项业务。其中司圜管理罢民的劳作与管教，掌囚管理监狱罪犯。他们兼有后世的治安警、狱警等多种职能。

（7）司约、司盟，掌管各种盟约契书的兑现及由此而产生的狱讼事宜。

（8）布宪，具体负责张挂宣读政府法令公告等。

（9）野庐氏、司寤氏、司烜氏、修闾氏之类，负责郊野、中夜、居民点、交通要道的防盗、防贼、防火等类安全事宜，杜绝事故的发生。很显然，这是后世治安警、消防警、交通警的职能。如野庐氏要负责全国道路的“宿息井树”，要加强修除稽禁工作，要禁止野行径逾；当交通堵塞时，要负责将舟车行人“叙而行之”。

（10）大行人、小行人、司仪、环人、掌客、掌交、掌讶、掌察之类，负责出使他国，出使地方；负责送往迎来，保证客人安全舒畅，使“宾至如归”。另有穴氏、剃氏、翼氏、庶士之类，掌管驱除猛兽凶禽及砍伐荒草杂木之类。衔枚氏则在国家举行祭祀等活动时，负责禁止斗嚣；有军旅田役时，负责禁止“嚣呼叹鸣于国中者，行歌哭于国中之道者”。还有专管少数民族地区治安的职官，如蛮隶、闽隶、夷隶、貊隶之类，分别主管相应民族区域的治安行政。

（六）冬官府

《周礼·冬官》部分已佚去很久。现《冬官·考工记》部分，是后人辑补的。本章所述，基本精神是国家土木工程与手工工场管理。要求按法定规格，为国家定质定量定期完成各种防卫或进攻器械的监造。要求全国同一产品都用同一尺寸，实行“标准化生产”；工人实行“标准化消费”，衣粮刍草的发放均有定量标准。本章又规定“匠人营国”时，要注意城池的规格等级，不得僭越。包括城体、城门、宫门、御道、大道等各方面的等级尺寸，均有明确规定。

### 三、《周礼》是先秦管理文化的概括

《周礼》的上述设官分职，并不是某一国家、某一时期具体实行的官制，而是作者对大一统政权的组织方式的设想，但它有很强的实在性，有相应的社会生活依据，是我国先秦时代管理文化的一种概括与提炼。如司寇一职，春秋时鲁国就有，孔子曾当过鲁司寇；战国时也有此职，魏国的司寇李悝造了我国第一部封建成文法典《法经》。而《国语》中“司徒协旅，司寇协奸”、“司空视途、司寇诘奸”、“敌国宾至，关尹除门”之类的记述，也比比皆是。可见《周礼》不纯粹是设想之图，而是春秋战国国家政权机构的综合与概括，因而能大致说明当时的治安体制。它标示出当时国家机器分工的详明，表明了人们对国家警治禁卫职能的清晰认识。这是后世治安管理得以发展的一个基础。后世历代政权在制订其国家大法时，都以《周礼》为样本，依仿其体例格式甚而行文语气，这不是偶然的。

# 第三章

# 先秦治安的理论探讨

先秦时期，是中国古代治安的孕育与草创期，治安领域充满着活力，各项业务活动都处于起始阶段，迫切需要理论指导；而丰富多样的社会管理实践，又为这种理论探讨提供了充足的思考材料。尤其是春秋战国之际，新的经济基础、新的生产关系呼唤新的政治秩序，呼唤新的社会秩序。代表不同阶级、不同集团的思想家、理论家、政治家们，自然要对这一历史课题作出富有特色的回答。

这个时期，争鸣中的诸子百家，都发表了各自的治国理论，其学说中都包含着相应的治安法理、治安方略与治安对策。道、儒、墨、法、兵、名、农等各家学说，理论体系大相径庭，关注的重点各不相同，然而，若就国家治理和社会管理的总目标而言，各家又是一致的。他们的理论核心都是维护王权、维护私有制、维护社会秩序的安宁；各家提出的安民、富国、强兵的方案与蓝图，在力所能及的范围内所作的宣传鼓吹，都为创建一个强大稳定而统一的政权作了思想理论准备。无论哪一家从什么角度提出的治安法理、治安方略、治安对策，都会得到实践的机会，都会从社会实践中找到依据，因而理论战线上的争鸣与不相容，在实践领域中则往往被融为一体，互补互济。百家学说也可以说是一家，即“治民”家。他们考虑的都是如何把老百姓“治”好、“治”住。

## 第一节　先秦民本思想的治安学价值

治安，是国家机器依法对公众直接实施的秩序管理。在中国几千年奴隶制社会与封建社会中，公众始终只是治安管理的对象，他们只有义务，没有权力；只许守法，不能用法。其社会地位、政治地位、法律地位，始终是被蔑视的。这里仅从民本思想这一特定角度，来考察先秦治安中“民”的实际地位到底如何，有些什么变化。

### 一、奴隶本来是不成其为“民”的

在奴隶制社会里，最广大的人口是奴隶，然而奴隶在奴隶主贵族的政治视野里，却是毫无地位可言的，他们被置于“国民”之外，不看做“人”，只是“会说话的工具”，可以与马牛丝布等作“物物交换”。贵族们拥有奴隶的多寡，被视为奴隶主财富的多寡。因此，在奴隶主那里，奴隶是没有人格，没有意志，没有权力，也无所谓义务的。他们只能和牲畜一起，被任意买卖，任意转让，任意杀戮，用来劳作，用来殉葬，用来祭祀。夏代与商代的统治者们就是这样做的。在《尚书·舜典》中，有“百姓不亲，五品不逊，汝（按：指契）作司徒，敬敷五教在宽”一段话，其中的“百姓”这个概念，只是指奴隶主贵族们说的，因为只有他们才有“姓”有“氏”，奴隶们则姓氏也没有。

在周武王伐纣的战争中，历史上破天荒出了“前徒倒戈”的现象，商纣王调集起来的数万奴隶兵（徒）在前线倒戈了，他们反转来举着长矛，呼啸着向商都朝歌进发，使商纣王失去了他的天威与权力，成了丧身之鬼。这是奴隶力量的第一次大规模的展示，是奴隶意志的第一次有声势的表达，是奴隶们争取自己的“人格”被承认的第一次大规模的奋斗，这给了周的统治者以深刻的教训。他们必须以殷为鉴，着手扩大自己的统治基础，强化自己的统治力量，借以对付这足以动摇其统治的奴隶群。周人是“敬天”的，君主自称为“天子”，认为“王权天授”，自己的言行必须对“天”负责。而“天”又是通过“民”来考察自己的。周人心目中的“民”，是指“国人（城里人）”说的。这些国人中，有一般的奴隶主（农奴主），也有破落的奴隶主贵族，他们是周天子实现自己的统治的社会基础。对于这部分人的意见，周天子还是较为重视的。

## 二、民的概念的历史更新

春秋时期，礼崩乐坏，国人暴动，奴隶造反，现实政治使统治阶级重新认识天与民、君与民、君与天的关系。

《春秋谷梁传·成公元年》说：“古者有四民：有士民，有商民，有农民，有工民。”看来，这里的民的概念，已经历史地扩大了。它与周初民的概念不同了。农工商民与属于统治阶级的士可以相提并论了。《左传·襄公十三年》师旷所说：“夫君，神之主而民之望也。若困民之生，匮神乏祀，百姓绝望，社稷无主，将安用之？不去何为！”剥夺庶民的君主，过于骄奢，就要被庶民所剥夺。不剥夺他们，留着他干什么？至此，夏商周以来“天赋君权”的观念动摇了，“民”的地位提升了。

应该说明，到战国时期民的概念又实现了构成成分上的历史性更新，这个时代的“民”，其核心力量是新兴地主阶级；这个时候的“民意”，说到底，就是地主阶级走上政治舞台、主宰国家的要求。例如，战国前期，在赵国掌权的赵威后就说：“苟无岁，何以有民？苟无民，何以有君？”她公开宣布“民为本”而“君为末”，绝口不提“天意”、“神意”，听她的口气，俨然是民的代言人了。人们就把这种观点概括为“民本”思想。至此，民的政治地位是空前地提高了。

### 三、民的社会地位的法律规定

“民”有了一定的政治地位，也就相应地有了法律地位。奴隶社会流行着“刑不上大夫，礼不下庶人”的话，把刑和礼所规范的对象截然分开了。其实，它只是表达了统治者与被统治者的政治地位有天壤之别这层意思而已。事实上“刑”是要“上大夫”的，夏商周三代的刑案实例早已证明了这一点。至于“礼不下庶人”的“礼”，那是指贵族礼仪，庶人是没有资格实行的；又指国家政刑制度，庶人也是没有资格参与制定的；至于要庶人养活君子、孝敬君上的“礼”，则不但要“下庶人”，而且非下不可。新兴地主阶级上台之初，对此提出质疑。商鞅就公开提出：“赏厚而信，刑重而必；不失疏远，不避亲近。”《韩非子·有度》篇提出“法不阿贵，绳不挠曲”，换句话说，他们是主张“礼下庶人”而“刑上大夫”的。至此，民的法律地位，至少从文字上说是得到了某种认可。

这样的民本思想，在先秦法典中，也有具体的条文明确予以规定。我们从战国初年魏、齐、秦、楚各国公布的法令、刑律中均可知道。秦律《内史杂》有一条规定：“除佐必当壮以上，毋除士伍新傅。”意思是说：内史在任命自己的副职佐官时，要任命三十岁以上的壮年男子，不要任命没有爵级的士伍和新近成年刚刚入籍的青年男子。那么，秦国三十岁以上的士伍就有权当官了。当时，秦国设有 20 个爵级，战时能斩敌人一个首级，就可以赐爵一级，称为“士伍”。它向有能力的普通“庶民”开了一扇进入政府机构的大门，这标明地主阶级的代表可以合法地走上政坛。这在实行奴隶主世卿世禄制的夏商周时期，是不可想像的。这就是民本思想的法律体现。

在我国古代，一切进步的治安思想、治安法规中，一切进步的治安措施、治安手段中，都这样那样地体现出“民本”思想的进步因素、积极因素。但“民本”思想毕竟不是“民主”制度，在中国古代法律中，只有封建国家对民众规定的种种“义务”，少有封建国家给民众“权利”。

## 第二节　老庄学说：对社会秩序的哲理批判

老子是道家学派的原创者。他率先提出了哲学社会科学方面的一些基本论题，为整个先秦学术活动预示了研究指向和理论界域。老子提出了“小国寡民”的社会模式和“爱民治国，能无为乎”的治理方略。庄子则是道家理论的完成者和鼓吹者，他创立的“齐物论”、“逍遥游”，为抚慰、丰富人的精神世界作出了特殊的努力，提升了人的生命意识，却也否定了社会管理和国家治理的现实必要性。老庄向往古朴社会，倡导向原始共产社会的回归，这就为“治安”的换位思考拓展了思维阵地。

### 一、对现实政治秩序的批判

《老子·五章》：“天地不仁，以万物为刍狗；圣人不仁，以百姓为刍狗。”古人把刍草扎成犬形，用于祭祀仪式。使用它时似乎很重视，把它当成神物，谁也碰不得，但用了之后便随手扔去，任人践踏。老子指出，统治者从来不把老百姓当人看，只是其政治祭坛上的一把草。这就提出了老百姓的社会地位问题。这是我国学术界对庶民人身价值的首次揭示，它标志着“民”阶层意识的觉醒。离开“民”，还谈什么治安呢？

《老子·十八章》：“大道废，有仁义；智慧出，有大伪。六亲不和有孝慈，国家昏乱有忠臣。”老子敏锐地洞察了统治者的本质特征是“大伪”，于是他对统治思想、统治秩序和伦理规范作了全盘否定。《老子·十九章》：“绝圣弃智，民利百倍；绝仁弃义，民复孝慈；绝巧弃利，盗贼无有。此三者以为文不足，故令有所属：见素抱朴，少私寡欲。”老子把统治者的圣智仁义的伪饰与民的利益、民的德行、社会公正、社会安宁作了对立思考，向统治阶级提出了严正要求，要求其绝圣弃智，要求其绝仁弃义，要求其绝巧弃利，更要求其少私寡欲。他认为这是走向社会公正的必须。这是老子的一大贡献。

在老子的时代，儒学尚未出现，但“仁义”、“孝慈”、“忠”这些政治伦理概念已经形成。道家后学如庄子对它作了更激烈的批判，他的话越说越激烈：“绝圣弃智，大盗乃止；擿玉毁珠，小盗不起；焚符破玺，而民朴鄙；掊斗折衡，而民不争；殚残天下之圣法，而民始可与议论。擢乱六律，铄绝竽瑟，塞瞽旷之耳，而天下始人含其聪矣。灭文章，散五采，胶离珠之目，而天下始人含其明矣。毁绝钩绳而弃规矩，攦工垂之指，而天下始人有其巧矣。故曰大巧若拙。削曾史之行，钳杨墨之口，攘弃仁义，而天下之德始玄同矣。”表述得如此彻底，态度如此决绝，说明庄子对现实社会陷入了更为绝望更为愤恨的境地。当时，正是大国兼并白热化的时期，在庄子看来，“窃钩者诛，窃国者为诸侯，诸侯之门仁义存焉”的现实太让人寒心了，因为诸侯们不仅窃仁义圣智，而且并斗斛权衡符玺而窃之，那么，这一切“文明成果”对人民还有什么意义呢？索性把它们统统抛弃掉，老百姓倒可能活得安乐些，社会倒可能安宁些。语言似乎过激，却表现出一腔愤世救世的热忱。

## 二、老子的“爱民治国”

《老子·十章》：“爱民治国，能无为乎？”这是老子“无为而治”主张的最初表述，是老庄治国思想的总纲。老子讲的“无为”，是与“爱民”、“治国”联系在一起的，为“爱民”而“无为”。《老子·六十五章》说：“以智治国，国之贼；不以智治国，国之福。”这表明其主张的政治指向是当权者。老子“爱民治国”口号的明确提出，在我国思想史上是第一次。

《老子·六十章》提出："治大国若烹小鲜。"烹小鱼不能翻搅，搞管理不在于折腾。三天一个主意，两天一个办法，尽折腾人，是搞不出名堂来的。这是治国的诀窍。

《老子·七十三章》："天网恢恢，疏而不失。"老子的本意是："天网恢恢"，人世的一切都在无边的天网笼罩之下，而天网是"疏而不失"的，谁也别想侥幸。照他的说法，天老爷能不争而胜，不言而应，不召而来，不谋而成。既然天网解决了一切，"人网"就不必张扬了。他是不主张用"刑罚"来治国管民的——这是他大倡"无为"的又一个方面。他是针对当时的严刑峻法而发的。

老子的终极目标是要建设一个"古朴社会"。《老子·八十章》："小国寡民，使有十百之器而不用，使民重死而不远徙。虽有舟舆，无所乘之；虽有甲兵，无所陈之；使人复结绳而用之。甘其食，美其服，安其居，乐其俗，邻国相望，鸡犬之声相闻，民至老死不相往来。"在古朴社会里，人们行为端正却并不意识到它合乎"义"，一切的互爱互动都那么原始、那么自然、那么古朴，合乎"大道"。

## 第三节　孔孟之道：对国家治安的理性引导

孔子，出身于一个破落的贵族之家，放过羊，守过仓库，会算术，能驾马，会赶大车，也懂音乐，懂弹琴，会射箭，知道点军事知识，主持过别人的丧仪。当然，他最擅长的是当教师教学生。他对户籍登录很尊重，《论语·乡党》说他路上遇见背负版籍图录的人就行注目礼，能够"轼负版者"。孟子倡性善论，他的仁政学说，他的民本思想，都更具理论形态和进步意义，而且极善于宣传自己的思想主张。孔孟都以其特殊身份、特殊阅历、特殊才智，从近处观察统治机器的运转情况，从深处透视社会各阶层的生活现实，从而作出了独特的理论思考。孔孟之道是我国整个封建社会统治阶级的统治思想的理论源头和确立秩序的精神支柱，是古人“修身齐家治国平天下”的思想轨范。《论语》、《孟子》和《尚书》、《周易》、《礼记》等经典著作，提供了孔孟之道的文本依据，它构成了先秦儒学的完整体系，呈现着儒家学术思想的原创形态。其中关于礼制、德教、政刑的系统论述，是后人构建“中华法系”所依据的一种原型思想资料，它对国家治安的性质、目标、手段作了理性引导，有理由引起我们的特别关注。

## 一、儒家的社会管理目标

儒家社会管理的近期目标是“小康”，长远目标是“大同”。《礼记·礼运》篇说：在大同社会，“天下为公”，群体选贤与能，负责公众事务；人人“讲信修睦”，呈现一种和谐共处的秩序。社会成员各得其所，“老有所终，壮有所用，幼有所长，鳏寡孤独废疾者皆有所养，男有分，女有归”，没有什么社会问题如失业问题、老人问题等来困扰人们，社会秩序自然是好的。“是故谋闭而不兴，盗窃乱贼而不作，故外户而不闭”，这就叫做“大同”社会。显然，这是孔子学派对尧舜时期社会秩序的理想化概括。其要点是社会成员各得其所，“盗窃乱贼而不作”，其中心是“天下为公”。这一口号，在阶级社会里，在私有制条件下，具有一种特殊的魅力，吸引并启发着世世代代的思考与奋斗。然而，孔夫子们清醒地认识到这“大同”目标，是可想可望而不可及的，于是又提出了一个比较贴近现实社会的目标：“小康”。

在“小康”社会，“天下为家”，统治集团搞“家天下”，被统治者也是“各亲其亲，各子其子”，而且“货力为己”，一切社会财富，一切社会活动，都为着个人，归于个人。这样，因私利而起争端，小者亡身亡家，大者覆国灭族。为着保持社会的存在并求得发展，“大人世及以为礼”，用血统继承制来维护统治集团对于财产和权力的稳定占有；“城郭沟池以为固”，通过各种安全设施来保护本地区、本集团、本群体的现实利益；而且，“礼义以为纪”，用礼来调节人们之间的关系，调节各种矛盾和冲突，调节社会财富与权力的分配。这样，一整套政治制度，礼仪法规，都出现了。在私有制条件下，小康目标最符合统治阶级的根本利益与长远利益。所以历代头脑清醒的政治家们，对这一目标，同样推崇备至，希望自己当权执政的国度，能够“与三代同风”，做到“刑仁讲让，示民有常”，建立起一种稳定的、较为宽松的政治秩序与社会秩序，剥削与压迫都能有一个限度，不至于激发尖锐激烈的矛盾与冲突。这种秩序，是一种既能维护统治者的既得利益，又能保证统治者的未来利益的“秩序”，是一种能最低限度地保证被剥削者继续生存下去并不停顿地提供日益增多的社会财富的“秩序”。“小康”社会后来成了“盛世”的标准模式。在孔子向往的社会里，礼法周全、文化发达、安宁有序。

但“大同”也好，“小康”也好，都是“理想目标”，在现实生活中，孔子的具体要求则是实现“均平”。《论语·季氏》：“丘闻有国有家者，不患寡而患不均，不患贫而患不安。盖均无贫，和无寡，安无倾。”平均和安定，是儒家社会管理思想的指导方针。孔子把求均求平求安放在首位。中国社会一直在追求平均，却较少关注发展；追求安定，却更少关注变革，不可小视孔孟之道的深远影响。

## 二、孔孟治安观的法理基础

孔孟奠定了古代治安理论的基石。他们力倡“民贵君轻”之说，为君权定位；他们主张礼法并用，以礼先行，刑要适中。孔孟在中华法系的理论构建上有独特贡献。

《论语·颜渊》篇：齐景公问“为政”，孔子说：“君君，臣臣，父父，子子。”国家政治秩序是社会秩序的核心。政治动荡，社会就无治安可讲。在古代社会，维护君权是维护治安的第一要务。恩格斯说过，“王权是历史的进步因素”，因此要讲君君臣臣，强调君王的权威；要讲秩序，强调君臣父子各安其位，各尽其职。任何社会都不可能是平面结构，不可能绝对地“人人平等”，它需要“权威”，而秩序就是对权威的服从。然而，这样说，并不意味着君权是绝对的。《论语·乡党》篇说：“君使臣以礼，臣事君以忠。”这里，孔子为君权作了正确的定位，提出了处理君臣关系的基本原则，即：“君使臣以礼”是前提，然后才要求“臣事君以忠”；而所谓“忠”，是忠于职守，忠于理想，忠于事业，并不是绝对地忠于君主个人的意志或私利，倒是君主们应该“尊贤礼士”。孟子在《尽心》章中更进一步说：“民为贵，社稷次之，君为轻。”在《离娄》章写道：孟子告齐宣王曰：“君之视臣如手足，则臣视君如腹心；君之视臣如犬马，则臣视君如国人；君之视臣如土芥，则臣视君如寇仇。”在这里，“君权”的相对性被界说得更为明白。而《告子》章甚至说：如果为君者“不道”，就应该“易位”，就应该推翻掉。孟子宣称“汤放桀，武王伐纣”是合理的，因为“贼人者谓之贼，贼义者谓之残，残贼之人谓之一夫。闻诛一夫纣矣，未闻弑君也。”孔孟二人都周游列国，处处为“天子师”，何曾对君主个人讲“忠”？可见对君权的绝对化、神圣化，并不符合“孔孟之道”。又可见，建立良性政治秩序，基础在于民，在于民心，而不在君。如果说孔子的君君臣臣说多少还带点稳定不变的色彩，那么孟子的“民贵君轻”说则具有动态变革的思致。这是孔孟思想中的民主性精华。

礼法并用，以礼为主；德教先行，但不废刑罚。遵礼守法是实现社会治安的基础。刑要适中，“圣人不得已而用之”。《论语·为政》：“为政以德，譬如北辰，居其所而众星拱之。”孔子的“德”，首先是对在上者、在位者、有权行令者讲的。“德政”，要求在职在位者以德施政，以德化民，以德行法。有人把“德”与

"法"割裂开来、对立起来，以为强调"德政"就会淡化"法治"，这是误解。《论语·子路》："礼乐不兴则刑罚不中，刑罚不中则民无所措手足。"——孔孟所说的"礼"，首先是指国家的宗法等级制度，也包括刑法禁律在内。"刑"就在"礼"中，刑礼一体，而且要用征讨、诛伐、行刑来保证"礼"的贯彻实施，不允许任何人僭越违礼。"兴礼"，本身就包含着"行刑"的要求。这是问题的核心。

《论语·尧曰》：商汤对上天说："朕躬有罪，无以万方；万方有罪，罪在朕躬。"而且，"有罪不敢赦"。这段话在《尚书·商书》中也有记载。正是儒家经典率先明确提出了"罪"的概念，又进一步提出了"归罪"的问题。孟子在《告子》篇中也提出了"罪"的概念，"长君之恶其罪小，逢君之恶其罪大。"这是儒家在"罪行"、"罪责"问题上的重要论述，但人们往往注视不够。早于孔子的老子，竭力抨击社会不公，斥责仁、礼，但五千言中却没有"罪"的概念。"罪"、"刑"概念在儒家著作中的频频出现，为"中华法系"准备了最初的思想资料。

国家治安管理的依据是礼制、刑律与禁约、条规。儒家关于刑禁的学说，提供了中华法系的理论原型和结构框架。《尚书·尧典》："象以典刑，流宥五刑。鞭作官刑，扑作教刑，金作赎刑。眚灾肆赦，怙终贼刑。钦哉，钦哉，唯刑之恤哉！"这里，初步而系统地勾出了"中华法系"的萌芽形态：有官刑、教刑、赎刑、贼刑之别，有五刑之等，还有恤刑之说、象刑之方及赦赎之术。它展示着上古统治集团对运用刑律维护统治的极端重视。而刑律，正是治安管理工作的法理依据和权力源泉。孔子时的"刑"，是指黥劓刖宫大辟之类，受刑者终身大耻。因而以仁心为怀的孔子才会说"齐之以刑，民免而无耻"，受刑者只求免死，已无人格可言了。社会上处处有断足黥额之人，还怎么能清平？《孟子·尽心》章讲："仁言不如仁声之入人深也，善政不如善教之得民也。善政，民畏之；善教，民爱之。善政得民财，善教得民心。”仁言，指政教法度；仁声，指雅颂之乐。善政，指明法审令，不伤民力；善教，指礼乐教化，风移俗变。孔孟的治安方略正是：以德教为前导，加之以刑法；治心为上，重在防范。

### 三、儒家经典中的治安业务

孔子自己当过鲁国的司寇，有治安实践。《论语·为政》：“攻乎异端，斯害也已。”孔孟都严厉要求清除标新立异的奇谈怪论，免得危害人心。这为历代“以言论治罪”提供了“理论依据”。《论语·颜渊》：“听讼，吾犹人也；必也使无讼乎？”孔子说：审理诉讼案件，我跟别人一样，都得依刑律办理，都希望公平断案；我们的目的不在于审理了多少案件，而在于消除这种纷争斗讼的社会根源。本来，治安管理为的就是“防范”，孔子是有道理的。至若经常性的治安业务如防盗防火，警巡护卫，管理交通，惩治非违，救灾助弱，保护生态，倡导良风美俗……先秦儒家都很关心。现拣其要者列述如下：

#### （一）关于警巡护卫

《易·系辞》：“重门击柝，以待暴客。”《孟子·公孙丑》篇要求“关讥而不征。”《礼记·王制》篇要求“关执禁以讥，禁异服，识异言。”讥：稽查，是对“异服”、“异言”之人，对一切身份不明、形迹可疑者作的检查处置。把安全巡查列入政府职能，这在中国有悠久的历史，至迟始于西周。

#### （二）关于人户管理

周代即“五家相受相和亲，有罪奇邪则相及。”把人户一五一十地组织起来，让百姓“安土重迁”，紧紧依附在土地上。《孟子·滕文公》也要求：“死徙无出乡……乡田同井，出入相友，守望相助，疾病相扶持，则百姓亲睦。”国家把土地和人口统一管理起来，使国家行政管理一竿子插到底，这是中国社会长期稳定不变以至保守僵化的一个基本因素。

（三）关于道路交通安全

《礼记·王制》对道路修筑的规格、质量，平时对道桥及行道树的管理、维护，都有条例可供依循；并明确通行要求：“道路，男子由右，女子由左，车行中央。父之齿随行，兄之齿雁行，朋友不相逾。轻任并，重任分，斑白不提携。”这里，要求男女分途，当然不对；但提出人车分流，提倡礼让，则无疑是对的。《周礼·小司寇》：“凡道路之舟车击互者，叙而行之”；“禁野之横行径逾者。”“稽禁行作不时者，不物者”，“掌宿息井树”，“掌修除道路”。还要求“御晨行者，禁宵行者、夜游者。”这大概是世界上最早的“交通安全管理条令”了。

（四）关于社会基本情况与动态动向的调查研究

这也是先秦各国十分重视的事。《周礼·秋官·小行人》规定，代表王室到各地去的小行人（使者），要认真作社会调查，“其万民之利害为一书，其礼俗政事教治刑禁之逆顺为一书，其悖逆暴乱作慝、犯令者为一书，其札丧凶荒厄贫为一书，其康乐和亲安平为一书。凡此五书者，每国辨异之，以反命于王，以周知天下之故。”周知各地的社会现状与动向，是进行治安管理的基础。古人显然很明白这一点。

（五）关于防谍、防间和侦缉

《周礼·秋官·士师》：“掌《士之八成》：一曰邦酌，二曰邦贼，三曰邦谍，四曰犯邦令，五曰矫邦令，六曰为邦盗，七曰为邦朋，八曰为邦诬。”士师主持八大类涉及国家安全的“成案”审理，颁布执行“特案审理条例”：一是关于窃取国家行政机密者，二是阴谋推翻政府者，三是为敌国敌方刺探军情者，四是干犯国家政令者，五是假传政令、冒用威权者，六是窃取国家宝藏者，七是朋党阿比、破坏法制者，八是曲解诬报，掩盖危害性真情者。这类案件要从重从快审理。《左传》中记有大量实例。

（六）关于民风教化

孔子说：老百姓“既庶矣，富之；既富矣，教之。”他是十分重视教化的。民风归厚是实现治安的基础。《论语·学而》：“慎终追远，民德归厚矣。”古人讲究敬祖、讲究“慎终追远”，认为人活一辈子，婚丧嫁娶是大事，一定要办得慎重而严肃。如果连这些都轻率从事了，还有什么不可以随便处置的呢？他们把这看成是淳厚民风的一种标识，认为关系到培植民众的持恒心态。中国老百姓最懂这个道理。今天看来，婚礼丧礼固然不必那样操办，而培植良风美俗的精神则仍然有效。它也是综合治安的一个方面。

先秦儒学的经典对社会治安管理表现出巨大的关切，上述内容，只是摘取其一二例证而已。孔孟之道，博大精深。它的礼法并用的治安思想和对治安刑禁的法理阐述，它对“罪”、“刑”、“狱”、“讼”及“五刑”、“五禁”、“五罚”、“五听”等的系列性法理性阐释，为中华法系的构建提供了原型资料，值得我们予以关注。

## 第四节　兼爱与尚贤：墨子的治安方略

墨子是“春秋三子”中的最后一位，是老孔墨三人中最注重实践、最富于科学精神的一个。他关于兼爱、尚贤、非乐、非攻的思想，涵蕴着丰富的治安学精义。墨家对现存社会秩序的批判，对“民选天子民选官”的构想，对倡导人人相爱、救助弱势群体的急切关怀，对战时社会治安管理设施的说明，都为后世的治安提供了方略性的思考资料。墨子对平等社会的挚着追求是应予肯定的。其思想不似儒学的廓大而空，其理论不似老子的玄虚幽渺，其主张也不似后来法家的刻削无情，其文章也没有孟庄的采丽惊眩，很有一种只求实效不务虚名的特色。庄子夸奖说：

"墨子真天下之好也，将求之不得也，虽枯槁不舍也。"①

## 一、墨家的政治伦理观：兼爱与尚贤

墨家学派有自己的社会理想，其政治伦理观可归结为"兼爱"与"尚贤"。墨子认为，现实社会的秩序实在太坏，大国攻小国，大家乱小家，强欺弱，众暴寡，诈欺愚，贵傲贱；君不惠，臣不忠，父不慈，子不孝，兄不友，弟不悌；而且一般人都执其兵刃、毒药、水火来互相戕害。他认为这是"天下之大害"。要救治这种社会，从哪里入手呢？他希望从"交相爱，兼相利"的教导入手。墨家认为人类的互不相爱，是一切祸乱的根源。他所向往的平等社会，就是建立在"兼相爱，交相利"的基础上的。墨子的提倡"兼爱"，完全是为了救助弱势群体，他一生始终在满腔热诚地苦劝那些有权有势有财有力的人，放弃掠夺，放弃欺诈，放弃侵凌，转而去扶助弱小，救济灾患，维护社会的正义与和谐。他的学说，很有一些宗教苦行的色彩。有人指责墨子的主张是要把社会需要拉平，大家一起过苦日子。这是误解。墨子反对的仅仅是剥削者、掠夺者的虚耗国库民财而欺凌弱小，他希望通过"兼爱"而达到民富国强的目的。清人俞樾说："孔子贵公，墨子贵兼，其实则一。韩非以儒墨并为世之显学，至汉世犹以孔墨并称。尼山而外，其莫尚于此老乎？"② 春秋战国之际，儒墨并称"显学"，很有影响。

墨子提出了"贤人政治"的方案。"贤人政治"首在"尚贤"，他明确主张从"天子"起，就"选择天下贤良辩慧之人"任之；天子的助手、朝廷的三公和卿大夫们，都应该"选贤良"以任之；至于各地诸侯与其卿士、乡长以至里正们，一律"选贤

① 孙诒让《墨子间诂·序》。用《诸子集成》本，上海书店 1986 年影印。

② 俞樾《墨子间诂·序》，用《诸子集成》本，上海书店 1986 年影印。

任能”。《尚同》篇讲道：“选天下之贤可者立以为天子。天子立，以其力为不足，又选择天下之贤可者置立之以为三公；天子三公既已立，以天下为博大，远国异土之民，是非利害之辨，不可一人而明知，故划分万国，立诸侯国君。诸侯国君既已立，以其力为未足，又选择其国之贤可者，置立之以为正长。”这样，从天子到里正，都是“选天下贤可者任之”，保证级级皆贤，这是治国的根本。

他又提出：选用人才有一条原则，那就是“以德就列，以官服事，以劳殿赏，量功而分禄。故官无常贵，而民无终贱。有能则举之，无能则下之。举公义，避私怨，此若言之谓也”。决不能“亲戚则使之，无故富贵；面目佼好则使之”。显然，墨子的“贤人政治”方案是对世卿世禄制下的贵族政治的彻底否定。然而，他始终没有、当然也无法告诉读者，在当时的条件下，由谁来“选”天子，以及如何才能“选”到“贤良圣智辩慧之人”来当“天子”？又怎么去选择诸侯与乡长、里正？如何才能避免亲戚近臣、面目佼好而无能者在职在位？如何做到“不党父兄、不偏富贵、不嬖颜色”地在“农与工肆之人”中“举贤与能”？如何保证“官无常贵，民无常贱”，“农与工肆之贤者”也能掌管国家大权？又由谁去行使这种“选任”、“罢免”的权力？离开了这一切，他的理论也只能是异想天开，其主张就只能是一种“超历史”的善良愿望。

不过，我们敬重他的这一番苦心与智慧，他毕竟在两千五百年前就提出了“民选天子民选官”的要求。而且他认为贤才来自社会，来自“农与工肆之人”，不在贵族之家，这比起孔孟认为圣贤只能出自贵族（“君子”）的观点来说，就有天壤之别了。

### 二、非乐非攻，强本节用，创建平等社会

墨子《法仪》篇说：“今天下无大小国，皆天之邑也；人无

幼长贵贱，皆天之臣也。”在“天”面前，国无分大小，人无分贵贱，一律平等，有相同的权利与义务。人的一切行为，都应该符合“天”意。墨子这个“天赋平等”的思想其实是很可贵的。在先秦诸子中，墨家学者最关注社会财富的生产与积累，最痛恨统治阶级对社会生产力的破坏，所以主张“非乐”“非攻”。儒道两家，更多地是从伦理道德着眼去批判的；墨家的批判，则更具社会实践价值、经济价值。《非攻》篇讲：战争一发动，军旅一起，必废民之耕稼树艺、收获敛藏，百姓饥寒冻馁而死者，不可胜数；军用甲盾、戈矛、竹箭、帷帐、车乘、牛马之碎折靡弊而不返者，不可胜数；其道途遥远，饥寒疾疡、丧师失地而死伤倒毙者不可胜数。战争一开，千里之地，数百万人，血肉纷飞。入人之境，必刈其禾稼，斩其林木，隳其城廓，湮其沟渠，毁其房屋，夺其牲畜，焚其祖庙，又杀其万民，迁其重器……墨子责问道：这种不仁不义、伤己害人的事，为什么还要做下去呢？再拿统治者的骄奢挥霍来说吧，不仅活着的糜费无度，就是死了，还要厚葬，棺椁必重，葬埋必厚，衣衾必多，文绣必繁，丘垅必巨。如此，必虚其府库，然后金玉珠宝比乎身，车马戈剑鼎鼓埋于地，还要数百数十地杀殉！这是对社会财富的最无耻的浪费。民生艰难，祸根就在这里。《非乐》篇云：“仁者之事，必务求兴天下之利，除天下之害，将以为法乎天下。利人乎即为，不利人乎即止。且夫仁者之为天下度也，非为其目之所美，耳之所乐，口之所甘，身体之所安。以此亏夺民衣食之财，仁者弗为也。”墨子考虑问题的出发点与其归宿，都是“万民之利”，把“民”看得如此重要，如此切实，诸子中惟此一家。

### 三、墨子对“战时治安”的规划

春秋战国之际，战乱不休，墨家坚决反对不义的侵略扩张兼并战争，而十分用心于防守，特别是帮助小国弱国的防守。《墨子》书中，对于敌人种种进攻手段，如各种水陆器械——高车、云梯、铁钩、冲车、高垒、飞楼以及运用水淹、穴城垣、掘地道等手段来攻城，都设置了有针对性的防御设施。这些防御设施，运用了几何学、声学、光学、力学、机械学的原理与技巧，一一精妙无比，出神入化，当时曾取得显著效果。这里仅举其关于战时治安管理的一些条规、办法，以见其思虑之周、法规之严，其精神与内容，直可与《齐法》十三章相比美。

措施之一："葆民"，现在称做"坚壁清野"。《杂守》篇："先举（首先查明）城中官府、民宅、室署，大小调处（将大小宽窄事先调查配置好）。葆者（入城求保之人），或欲从兄弟、知识（旧相识，老朋友）者，许之。外宅粟米畜产财物诸可以佐城守者，送入城中。事即急，则便积门内。民献粟米布帛金钱牛马畜产，皆为置平价，与立券，书之。"《号令》篇也要求："去郭百步，墙垣树木小大，尽伐除之；外（郊外）空井尽窒（填塞）之，毋令可得汲也。外宅室尽发之，木尽伐之；诸可以攻城者，尽纳城中。令其人各有以记之。事已，各以其记取之。事为之券，书其枚数。不能尽入，即烧之。毋令客（敌人）得而用之。"

措施之二：防乱、防叛、防内奸。《号令》："火蔓延燔人（烧死人），断（砍头）；诸以强凌弱小，及强奸人妇女，以喧哗者，皆断（一律砍头）。""吏卒民无符节（官吏、士兵、百姓，没有通行证件），而擅入里巷官府，吏、三老、守闾者失苛止（失职不加禁止），皆断。诸盗守器械财物，及相盗者，值一钱以上，皆断。""诈为自贼伤（自残）以避事者，族之（株连灭族）。""若欲以城为外谋（通敌）者，父母妻子同产（兄弟姐妹）皆断。左右知不捕告，皆与同罪。""誉（宣扬）敌少以为众，乱以为治，敌攻拙以为巧者，断。客主人（敌我之人）毋得相与言，及相藉（相依仗、相借势）；客射以书（敌人用箭射来书信），毋得誉（不得宣扬）；外示内以善（敌人向我方表现其优势或伪善)，毋得应；不从令者，皆断。禁毋得与矢书（不得向敌方射送书信)，若以书射寇犯令者，父母妻子皆断，身枭城上(本人悬首城墙示众)。有能捕告之者，赏之黄金二十斤。”《迎敌祠》篇：“巫卜…其出入为流言，惊骇恐吏民，谨微察之（认真地侦伺查察他)，断罪，不赦。”规定是十分严明的。

措施之三：严控通行出入。《杂守》篇：“守节出入：使主节(让负责符节的人）必疏书（一定要一一登记)，署其情；令著其事，而须（等待）其还，报，以参验之。节出，使所出门者（守门人）辄言（当即说明）节出时操者名（掌管符节的人的名字)。”《号令》篇：“（城中）分里（里巷）以为四部，部一长；以苛（仔细稽查）往来不以时行、行而有它异者，以得其奸。吏从卒四人以上有分守者，大将必予信符。大将使人行，守操信符。信（符）不合，及号（口令）不相应者，伯长以上辄止之(扣留他)，以闻（汇报于）大将。当止不止，及从吏卒纵之，皆斩。诸有罪，自死罪以上，皆及父母妻子同产。”

措施之四：人口登录。《号令》篇：“县，各上（登录汇总）其县中豪杰若谋士，居大夫重厚（有财有势）口数多少。”

措施之五：防火灭火。《号令》篇：“诸灶必为屏，火突（烟囱）高出屋四尺，慎毋敢失火。失火者斩；其端（故意）失火以为事者，车裂。伍人（同伍之人）不得，斩；得之，除。救火者无敢喧哗。即离守绝巷（脱离岗位，横奔于街巷）救火者，斩。”

措施之六：巡逻。《号令》篇：“长夜五巡行，短夜三巡行。”“号（口令)：夕有号（夜间通行有口令)。失号（对不准口令)，断（斩首)。”

墨子的战时治安，内容极其丰富，可实行，易操作，上述例子足以证明他的学风特色。

## 第五节 隆礼重法：荀子对新秩序的呼唤

荀子师承孔子学术，但剔除其理想化说教成分，隆礼而重法，着眼于新秩序、新王权的构建，以其成熟而独特的理论体系与儒家的思孟学派分道扬镳。他对早期名家、法家的思想方法与理论观点，也多有吸收，并且自觉地以齐秦等国政治变革的实践相参验，所以他的思想理论，在先秦学术中带有总结性的特征。荀子为中华法系的构建提供了更为完整的学理基础。

### 一、为民立君：对国家机制的思考

国家机器应该具有这样的组织机能与力量：组织社会的生产和分配；保障国家安全；保证社会机体的有序发展；保护人民的合法权益；抵御和消除内外破坏因素的侵害，受害后又能迅速“康复”、重建。对此，老墨孔孟的认识都是不清晰的。荀子则从国家的起源和君主的职能出发，对国家机制作了深入的探讨。

荀子首先发现：人类的生存竞争必须是有序的、有组织的。在《富国》篇中，他说：“人之生不能无群，群而无分则争，争则乱，乱则穷矣。故无分者，人之大害也；有分者，天下之本利也。”这里，他正确地看到了“人”的社会属性与群体生存的特征：“人”是社会性的“动物”，“群”是“人”的抵御灾害、谋食保命的第一道安全屏障；但“人”在群体中，不论你愿意不愿意，总是处在一定的“位”上，有特定的“分”，即身份、职分、本分，即人在群体结构中所处的地位和应起的作用和个人从群体中获得的精神与物质消费的相应“份额”。它是社会群体在长期的共同生活中约定俗成又动态变化着的一种生存法则。它有赖于社会群体的组织性，要求社会成员自觉地“守分”，自动地服从群体利益，于是社会便形成一种领导与被领导、指挥与服从的立体有序结构。它是社会正常运转的必需，是国家机器存在的先决条件。

荀子进一步发现，为保证社会群体的有序状态，必须强调“君权”。在《大略》篇中，他指出：“天之生民，非为君也；天之立君，以为民也。故古者裂地建国，非以贵诸侯而已，列官职、差爵禄，非以尊大夫而已。主道知人，臣道知事。”君主的本分是管理人，臣下的本分是办实事。国家机器是为“天下之利用”而存在的，君主的职责在于维护天下之“利”。荀子理论的清醒度就表现在这里：当王冠一个个落地、老庄否定一切君权时；当诸侯们一批批堕落，孔墨等幻想着“先王”的复活时；当霸主们肆无忌惮地掠夺屠杀挥霍而遭到孟庄的无情咒骂与辛辣讽刺时，他不满足于在头脑中幻想“圣君贤相”带来“清平世界”，不满足于从感情上与现实君主们作决裂，而是致力于分析现实，揭示弊端，指出改革的方向，肯定变革的作为，从而在现实的土地上构建合乎要求的强势政权，让它去负责“平天下”。荀子认为“孔子之徒，羞谈五霸”的态度要不得，动辄称引三皇五帝、祈求“先王”更无济于事，至于回到上古去，更是不必要也不可能的。

## 二、隆礼重法：中华法系的学理基础

荀子力倡“隆礼重法”，曾亲自到齐国、秦国去考察法的施行。他对礼对法都有系统阐发，从而为中华法系的构建提供了学理基础。在他看来，治国首需“隆礼”：礼统帅着法，礼涵盖了法；以礼行法则通，以法代礼则蹶。《劝学》篇：“礼者，法之大分，类之纲纪也。”礼是最根本的。国法的基本原则在“礼”，判案的最后依据也是“礼”。《富国》篇：“礼者，贵贱有等，长幼有差，贫富轻重皆有称者也。”讲维护皇权、维护宗法等级制、维护私有制，就是讲“礼”。“法”能够脱离这个“礼”吗？绝对不能。然而，“礼”是原则，是精神，要让它得到严肃的贯彻，还得靠“法”的保障。明确礼法的辩证关系，隆礼重法，以礼行法，以法护礼，则国必治。这便是中华法系的学理基础。

**三、节威返文：对治安模式的最佳选择**

《儒效》篇说：“诸侯问政不及安存，则不告也。”如果当政者不关心社会安宁、人生安全，荀子就拒绝跟他论政。观察某个地区、某个邦国的治理情况，“安”是一项基本指标。《富国》篇说：“其耕者乐田，其战士安难，其百吏好法，其朝廷隆礼，其卿相调议，是治国矣。”荀子不爱架空立论，不搞驰骋想像，他是从列国的现实政治中筛选其治国安邦的样板的。经他的考察、比较，认为秦孝公、秦昭王时期的秦国，社会安宁，国家有序，百姓安生，其治理基本上达标了。《强国》篇记荀子入秦所见。他得出结论说：“逸而治，约而详，不烦而功，治之至也，秦类之矣。”对现实政权的赞美，尤其是对秦的赞美，在儒道名法各派中是从未见到的。——荀子这种由实地考察得出的真实结论，可信度强。而且，荀子并没有到此为止，他又进一步揭示秦政的内在缺陷，在于没有“大儒”治国，过于重暴力、重刑法、重威权，治得了一时，管不了长久。治好了标，未治到本。他希望秦人能够“案用夫端诚信全之君子治天下焉，因与之参国政，正是非，治曲直，听咸阳……殆可矣”。“假今之世，益地（开拓疆土）不如益信（扩大信义）之务也”。他把这一切概括为“节威返文”。

荀子重法，因而要求严格守法，护法。《富国》篇提出了要求：“不教而诛，则刑繁而邪不胜；教而不诛，则奸民不惩；诛而不赏，则勤属之民不劝。诛赏而不类（罪刑不当，赏罚失准），则下疑俗俭（人们不知所从）而百姓不一（失去统一标准）。”《大略》篇要求：“有法者，以法行；无法者，以类举。”法律有明文规定的，照规定执行；但社会生活是复杂多变的，任何法律都不可能覆盖一切生活现象，法律无明文规定的，就要“以类举”，运用案例法去类推处置。

春秋战国时期，面对无边的灾难，中国社会没有解体，国家机器依旧运转，还创造出了灿烂的先秦文明——不论是物质的还是精神的，其成果至今还在震撼着世界。这种奇迹真让人难以置信。它向我们提出了一个严肃的问题：我国古代社会的安全机制是什么？为什么它能顶住一次次如此持久又如此巨大的毁灭性灾难而生存下来，并且在运转中还产生了如此丰厚的精神和物质财富？中国人民的创造力能够凝聚能够再生的奥妙在哪里？从系统解读荀子等人的治安理论中，我们可以获得部分答案。强有力的治安管理，应该是因素之一。

## 第六节　纲常与法禁：韩非勾画的法制社会

战国诸子尤其是政治革新家、法家理论家对古代治安作了深入而系统的论理性思考与探索，他们关于国家治安职能、治安法理的论述，关于国家治安模式、治安体制的构想，关于国家治安对策、治安手段的设计，无不显示出高度的政治智慧，奠定了我国古代社会管理思想的基本框架。特别是韩非提出了法术势并用、以法治国的政治主张，提出了创建封建大一统中央集权制政权、组建覆盖全社会的治安网络的可行性方案，阐发了“法与时移，禁与能变”的治安方略。他的治安思想，指导并制约了我国两千余年的封建治安，其正面和负面的作用都不可低估。

### 一、“治安”概念的提出及其学理界定

治安，作为一个专用的政治术语，在我国思想文化史上，是由韩非率先提出来的。《韩非子·显学》篇明确指出：“急耕田垦

草以厚民产”；“修刑重罚以为禁邪”；“征赋钱粟以实仓库，且以救饥馑而备军旅”；“境内必知介而无私解，并力战斗以擒虏”，他说，“此四者所以治安也！”很明显，他在这里所说的“治安”，涵盖了国家机器的多种重要职能：①发展生产首先是农业生产，从而增殖民众财富，这是国家安定的基本保障；②推行法制特别是严刑重罚，禁止奸邪罪恶，这是国家治安的基本任务；③征收赋税充实国家府库，备战备荒，这是维护国家安全与社会稳定的必要条件；④举国上下并力对敌，消解、防遏民间私仇私斗，维持良性社会生活秩序，这是社会秩序管理的重要内容。——看来，韩非子所论述的治安，是从国家政治生活的全局加以考察的，这是一种“大治安”的理念。这就使他的思想不仅有宏阔的实践视野，又能获得深广的理论支撑。在我国几千年文化史上，它一直得到人们的认同。

治安，从语义学的角度去看，是由治而安，为安而治。治即治理、整治，安即安全、安宁。合起来说，是“通过治理而实现安全”。它既是一个动态过程又涵盖其运作结果。《韩非子·五蠹》篇说：“民之政计，皆就安利如避危穷”。就安趋利、避危去穷，这是人的本能需要，而安全则是其他各项追求的保障和前提。但是，安全并不是人类天然具备、与生俱来的东西，它要通过人们的管理、护卫和治理来实现。先秦时期国家对社会安全管理职能的认定，正是这种认识上的自觉。它促成了中国古代治安体制、治安模式的早期成型。

### 二、“纲常”的绝对化与“为治惟法”论

社会生活的有序状态，一是靠法律规范，二是靠伦理调节。中国古人十分重视纲常伦理。人们总觉得“三纲五常”是儒家提倡的，其实它是法家提出来的，法家更重视它。韩非认为，君主权威是绝对的，它凌驾于整个社会之上，全国臣民都必须服从于

他，不得有任何侵害与动摇。《忠孝》篇说，“人主虽不肖，臣不敢侵也。”“尧为人君而君其臣，舜为人臣而臣其君，汤武为人臣而弑其主、刑其尸”，都是“犯上作乱”，应该绝对禁止。他要求“忠臣不危其君，孝子不非其亲”。“臣事君，子事父，妻事夫，三者顺则天下治，三者逆则天下乱：此天下之常道也。”他甚至讥讽“孔子本未知孝悌忠顺之道也”。因为儒家的“忠”是有条件的，先秦儒家没有将忠君推到绝对化的地步，韩非则把“三纲”抬到了吓人的高度。

为了确保君主的绝对权威，韩非主张君主用权术威势去驾驭人，控制人，直至消灭人，包括兄弟、妻妾和子女，更不必说大大小小的文臣、武将、说客、侠士，及那些主张礼乐、诗书、孝弟、仁义、非兵、贞廉的“六虱”、“五蠹”们了。他把这些防范措施叫做“备内”![1] 君主能够做到备内，国家也就可以永久太平了——这当然是韩非们的一厢情愿。

那么，君主又如何施展其权威呢？靠刑法。如果说儒家的“忠孝”说教主要靠舆论鼓吹的话，那么，法家则是靠严刑峻法来强制推行的。《心度》断然主张：“治民无常，为治唯法”。他所说的“法”，指的是严刑峻法。维护绝对君权的“三纲”和严惩臣下“犯上”的法禁，是法家治国的“法宝”，是法家治安法理、治安思想的要害与核心。

## 三、治安管理的多层面展开

社会层面控制，是法家治安管理的着力点。在法家心目中，君主是惟一的治安主体，政府不过是其任意取用的治安工具；广大臣民都是治安客体、控制对象。“权制独断于君”，君把臣民视

---

① 见《韩非子》的《人主》、《八奸》、《备内》、《奸劫试臣》等篇，用《诸子集成》本。

同强敌，要施行愚民、制民、胜民政策。在商韩看来，“六虱”、“五蠹”都是要严加控制的层面。他们是危害君权稳固、国家安宁的祸害。一是“儒以文乱法”，他们惑乱舆论，动摇人心，妨害法制的贯彻，要管制这些人；二是“侠以武犯禁”，他们带私剑，聚徒属，犯五官之禁，与政府作对，当然要控制起来；三是“游说之士”，他们纵横驰说，朝秦暮楚，往往借外力以成其私，应予打击；四是“宦御亲近之人”，他们狐假虎威，招权纳贿，结党营私，淆乱纲纪。因其在君主身边，危害尤烈，更应严控；五是“工商游食之民”，这些人造假售劣，囤积居奇，奸利欺农，游走生事，因而也在严控范围。法家人物认为，只要使儒（知识分子）、侠（游侠刺客）、宦（宫廷亲信）、士（政府吏员）与工商，都处于皇帝的高压控制之下．社会也就安宁了。实际恰好相反。当秦始皇严刑御下之时，他的宝座也就不稳了。

### 四、治安立法的方针：法与时移，禁与能变

在治安立法方面，韩非子的贡献是提出了“法与时移，禁与能变”的口号。韩非在《心度》篇中说：“治民无常，为治惟法。法与时转则治，治与世转则有功。故民朴而禁之以名则治；世智而维之以刑则从。时移而治不易者乱，能众而禁不变者削。故圣人之治民也，法与时移而禁与能变”。应该说，这“禁与能变”四个字，是一条很重要的治安立法的方针。法家努力从理论上为新兴地主阶级的登台提供辩护，力争新兴势力的政治地位与社会地位的法律确认，力争有利于地主统治的社会关系和社会秩序的确立与稳固，并无情打击一切妨害、干扰、破坏这种努力的各种反对力量。在法家心目中，在一个治理得很好的国度里，应该是一切皆断于法的。即所谓“垂法而治，国富兵强”。值得注意的是，在“法与时移”的同时，法家人物还注意到一般的社会治安管理问题，提出了“禁与能变”的口号。法和禁，在先秦典籍

中，前者通常是指国家大法，可以涵盖各种禁令，而后者通常是指一些具体的条例、条令、规章，其中包括今天所说的“治安法”或“警察法”在内。随着时势的发展，上有政策，下有对策，国家出台的新政多，老百姓的针对性活动也必然增多。于是，“上”就必须用新的手段来对付“下”。新的生活现象层出不穷，那就必须有新的法规禁令来加以规范。法家的社会管理主张最贴近现实政治的需要，因而主张随时修订颁布新的法律和禁令。韩非子主张“禁与能变”，显然是切合时宜的。在《说疑》篇中他又进一步提出：“太上禁其心，其次禁其言，其次禁其事”，要求从思想、言论、行为上对人民实施全面的禁约和规范，从而实现统治者所需要的“秩序”。这是先秦其他各家所没有做到的。

春秋战国时期，各国统治者手中握有很强的国家力量，庞大的警治禁卫机构与设施，严厉的刑惩法规与手段，直接面对着每一个社会成员，迫使每一个社会成员的一举一动、一言一行都接受它的强制规范。诸子百家的学说，也就是对这种权威管理的辩护、阐释与张扬。他们的理论建树，甚至表现出对于实践的超前状态，指导并制约了我国两千余年的封建治安管理。

必须说明：法家要的是“法制社会”而不是“法治社会”。法制社会是要求“一断于法”的，但这“法”是由以皇帝为代表的统治集团制定的，其权威性来自“天子”的个人意志；是他们在“以法”控制国家、控制社会，因而，说到底这仍然是一种“人治”，而且是非常严酷的“人治”。至于“法治社会”，则要求全社会都依法办事，绝不允许任何个人、任何团体、任何阶层自外于法律规范之外，自居于法律规范之上。这才是今天人们所提倡的“法治”。我们这里则仅仅谈论韩非的“法制”思想。

# 第四章

# 秦代：中国古代治安的成型

我国古代治安在秦代走向成型。

经过从管仲、商鞅开始的长期实践和孔墨荀韩等百家的理论探讨，中国封建社会的治安法理、治安体制与治安方略，已经历史地积淀下来，秦始皇则将其全面制度化、系列化并推向全国，建立起封建中央集权制下的中国治安体制。秦始皇将国家一切活动都纳入法的轨道，要求全国“以吏为师，以法为教”，推行一种“为治惟法”论的政治管理。他确立了朝廷（中央）—郡县（地方）—乡里（基层）的三级治安行政管理体制；在基层普遍建立“亭”，承办社会治安管理业务。他明确了国家各级各类行政人员的职责与行为规范，规定了全国人民的行为准则与行为模式，开展了各种警治禁卫工作业务，如：皇室禁卫，要害护卫、户口管理，交通管理，城市宵禁，消防环保，边防查禁，关卡与旅舍管理，工程保卫，社会面控制，缉盗防奸，监狱管理及刑徒看管押送等。

秦代治安适应了秦代政治经济发展的历史需要，为尔后的治安事业搭建了基本的框架。

## 第一节　封建治安体制的确立

公元前221年，秦王嬴政灭掉了东方的最后一国——齐，统一了中国，立即着手建设一个封建中央集权制的帝国政权。他特别提出“大圣作治，建定法度”的治国方针[1]，将帝国的所有活动，都严格纳入封建法制的轨道。把国家管理推上了“为治惟法”论的道路。

## 一、秦中央与地方政府的建制

秦人贯彻中央集权、皇帝独裁的原则，确立了朝廷三公九卿制、郡县长官负责制的官僚政体。国家治安的行政职能，也就相应地分解为朝廷、地方与基层三个层次。这里作个简要说明：

### （一）国家元首：皇帝

嬴政自称皇帝，是全国最高首脑，享有绝对权威，“天下之事无大小，皆决于上”，“丞相大臣受成事，皆倚办于上”。[2] 他主宰着国家治安。

### （二）中央政府：朝廷

朝廷由丞相等“三公”与“九卿”及“列卿”一起组成。

1．丞相　朝廷百僚之长，总揽政务，当然就是全国治安的最高责任长官。吕不韦、李斯、赵高曾先后任过此职。

2．国尉　即太尉，军政首长。主管国家军事与治安，郡县尉职官员受他的节制，白起、尉缭曾任过此职。

3．御史大夫　仅次于丞相的朝廷大员。其职责为辅佐丞相，负责监察百官，兼管全国要案审理，追讨大奸巨猾。秦始皇时的坑儒事件、东郡殒石刻字“始皇死而天下分”的侦察工作，秦二世杀害大将蒙毅等事件，均由御史大夫一手经办。以上为“三公”。

4．九卿　①奉常：掌宗庙礼仪。②郎中令（光禄勋）：掌宫殿禁卫，是皇帝的亲信官。③卫尉：掌宫门卫屯兵（禁兵），主

---

① 《史记·秦始皇本纪·秦刻石》。用中华书局1959年点校本。

② 《史记·秦始皇本纪》，同上。

管皇城的治安禁卫。④太仆：掌管皇室车马。⑤少府：掌皇室财务与供养。⑥宗正：掌理皇室宗族名籍。⑦廷尉：司法长官，掌全国刑狱。⑧典客：掌理民族事务与外交礼仪。⑨治粟内史：掌管全国财政。

5．列卿　①中尉（执金吾）：掌管京师治安，巡警奸滑，统领武库事宜。在治安职官体制中，此职极为重要。②将作少府：掌宫城内的建筑修缮与工程管理。③詹事：掌皇后与太子宫中之事，包括安全。④主爵中尉：掌列侯爵禄与管理。

（三）地方政区：郡、县

秦代地方划分为郡、县两级政区，主要负责官员由皇帝直接任命。各部门官吏由郡守、县令聘任。

1．郡守　一郡之长，负责全郡政事，包括治安。

2．监御史　朝廷委派之监察官。

3．郡尉（又称都尉）　掌本郡武事，凡武装训练及巡逻、缉捕等治安事宜，均由他主管，负责指挥各属县县尉的治安业务。

4．郡丞　郡守在政务上的主要助手。

5．县令（县长）　掌一县政务。

6．县尉　掌本县武事。征集兵员、力役，巡捕盗贼，逮捕人犯。业务上受郡尉（都尉）节制，称做“承望都尉”。

7．县丞　掌一县文书刑狱事宜。

（四）基层单位：乡、里

治安管理是国家行政管理的基础，要靠基层来落实。《秦律》规定：国家实行郡县制，县以下的基层是乡，乡下又分成里、什、伍。乡设乡啬夫（乡长）、乡三老、游徼及若干乡佐（又名部佐），共同管理一乡治安。乡三老掌教化，负责一乡政事。有秩辅佐乡三老，五千家以上之乡设之。乡啬夫负责征收赋税，受理狱讼。游徼负责巡禁捕盗，维持本乡治安。里设里正（为了避秦皇“政”的嫌名之讳，后改称里典，又称里啬夫），什、伍则设什长、伍老等，负责所在区段的治安事宜。另外，族有族长，家有家长，他们也都承担着相应的管理任务。在县府相关治安官吏的指导下，乡长、里典等直接主管本乡里治安业务的开展，承担本地一切治安事故的行政责任。从《秦简》看，凡防火防盗、巡察捕亡、勘验、封守、清理户籍、管束社会闲散人员等等，他们都要出场出面，负责到底。可以看出，秦代治安，从朝廷开始到郡县地方、到乡里基层与关津要塞，都有吏员负责。这就形成了覆盖全国各社会层面的治安网络。人民的一举一动，都在治安职官的监理之下。这是帝国政治的根基。

## 二、治安职官及其业务活动

在警治禁卫的职官建制上，秦代的相应机构可以分为三个层次：一为宫廷禁卫与京师治安的中央责任机构；二为郡县与关塞等要害地区的地方禁察机构；三为乡里的基层治安管理机构。其中，中央责任机构的工作首先是宫廷禁卫，其主要服务对象是皇帝，此外是皇太子、皇太后与皇后等皇族人员。秦中央政府中有郎中令一职，他手下的郎中全面负责宫廷禁卫；另有卫尉卿掌管皇城禁兵的巡察、分区警戒与门卫等事宜；至于宫城外的禁卫任务则由中尉负责。又，秦中央政府设廷尉卿一职，主管全国的治安与刑法，由他领导主管皇城外部禁卫工作的中尉。至于京师地方的治安管理，则由内史与京县长官负责。各有自己的责任区段，禁察非违，保证京城的街道、城门、市场、府库、禁苑等一切地点（场所）的治安秩序。这三重机构既分工协作，又互相制约，共同确保国家中枢的安全。

秦朝警治安全制度的重心是皇帝本人与皇宫、皇城、京城的安全禁卫。

（一）皇帝的安全警卫

封建政权的安危是统治阶级的根本利益之所在，而皇帝又是国家的“元首”和象征，他的人身安全必须得到保障。皇帝平时居于皇城皇宫中，秦代严密的宫禁制度，尤其重视宫殿之内的安全。在宫殿之内，负责皇帝安全的是郎中令。《初学记》十一说：“秦初置郎中令，其属官有三署，署中有郎中、侍郎，无定员，多至千人，分隶三署。主执戟侍宫殿，出则充车。”郎中令属下的警卫力量是“郎”，分为中郎、侍郎。凡郎中都有秩级，统称为“郎官”。他们分别隶属于五官中郎将、左中郎将和右中郎将等“三署”，平日以宿卫为职责，出则打仗。秦时规定，为了皇帝的安全，殿上人不得持兵器，卫士皆执戟立于宫殿的廊下。郎中令的主要职责是守卫宫殿门户，日夜宿卫皇帝起居，责任非常重大，非皇帝亲信不得居此。郎中令属下除三署郎外，还有郎中车将、郎中户将和郎中骑将等“三将”，分别主管皇帝车辇、宫殿门户和骑乘。其中，郎中户将负责保卫殿中，郎中车将与骑将则在皇帝出行时随从护驾。郎中令的属官还有谒者，其职责是朝会时接待宾客、唱赞司仪并接受奏章。秦始皇时，由于发生了荆轲谋刺事件，规定谒者可以在殿堂上手执短兵器，胁持朝见者，以防不测。这样，在皇帝身边，形成最核心的一层防卫线。皇帝日常起居，由郎官日夜在殿内宿卫。在“五日一朝”会见朝臣和接见境外使节时，皇帝随身佩剑，谒者作为贴身侍卫手持刀剑监视上奏者，禁止其他人上殿身带兵器。

（二）皇宫的安全巡查

卫尉率领的卫卒是环卫皇帝的第二道防线，地位也十分重要。《汉书·百官表》说：“卫尉，秦官，掌宫门卫屯兵。”卫尉的属官有公车司马令，简称公车令，职掌皇宫的各个大门，凡是宫外臣民上书、纳贡及皇帝征召某人入宫，都由公车令负责签发入宫证件。公车令手下有各宫门的卫屯兵，白天警卫，夜晚则带兵在宫中各处巡视。卫尉的属官还有卫令。卫令的职责是白天巡行宫中，夜晚则将卫士屯驻于宫墙下的区庐（小屋，值班房）里备勤。卫尉率领卫士屯卫于皇宫大门，其官衙设于宫内。《史记》载“二世尽征材士五万人为屯卫咸阳”，可见是一支禁卫重兵。秦二世三年，丞相赵高阴谋作乱，其弟赵成时任郎中令。他们就利用这个特殊地位，安排赵高的女婿、咸阳令阎乐领兵千余人攻入望夷宫，至殿门，缚卫令，捕仆射，随手斩了卫令。赵高里应外合，杀了秦二世。

（三）皇帝出行时的安全护卫

由内及外，秦代的中尉负责皇宫之外的京城警备，这是拱卫皇帝的外围警备线。他“掌徼循京师”，主要任务是巡察京城，禁备盗贼，维护治安。中尉的一项重要执掌是皇帝出行时，率兵充任护卫及仪仗队。具体任务包括在车队前为皇帝开道，行进中保卫皇帝安全，返程时下令开宫门，送皇帝入宫。皇帝出行时，为保证皇帝在各种复杂情况下的安全，有一些严格的安全规定。比如：

首先，做好出发前的安全准备。由太仆负责确保皇帝乘坐的车马的完善，监督沿途修整道路河桥，并缮治宫馆。保证皇帝的夜宿之所绝对安全。对此，秦代制定了“厩置、乘传、副车、食厨之律”，有种种严格的法规。对于皇帝出行，还要做好保密工作，以防止有危及皇帝的阴谋出现，如秦始皇规定：“所幸有言其处者罪死”。

其次，皇帝出行要“警跸”。凡是皇帝将要进入的地区，都要实行警跸。“警”是戒肃，由左右严加警卫；“跸”就是清道，禁止其他人行走。“警跸”时将闲杂人员一概驱散赶远，与皇帝车队保持相当距离，是保障安全的一项有效措施。凡不躲避皇帝车队的称为“犯跸”，要受到很重的处罚。又，皇帝出行时各种性质车辆的有序排列，称之为“卤薄”，这当然有仪仗的因素，但更大程度上则是出于安全的考虑。“卤”，大盾，有护卫的含义。皇帝所乘的车叫乘舆或车驾，是整个队伍的核心。为了保证安全，陪同皇帝同乘一车的人叫参乘，直接护卫皇帝。参乘者一是最可信任，二是能随时采取应急措施，对皇帝安全负有直接责任。如秦始皇亲近大将蒙毅，使他“位至上卿，出则参乘”。[①] 走在皇帝前面的车辆称为先驱或前驱，是九辆蒙着虎皮的战车，上面有全副武装的战士。先驱以下，皇帝乘舆的前后左右，则有“属车”环卫着。属车也称副车，由皇帝的随从官员如尚书、侍从、御史等乘坐，其间也有皇帝平日在殿中的侍卫郎官，仍然警卫着皇帝的安全。副车为乘舆的屏障，冲突副车，也是干犯皇帝的犯罪行为。在副车的外面，又环绕千乘万骑，这是皇帝的外围警卫，由中尉统率，保证驰道的安全畅通。皇帝通行的“驰道”，是不许任何人跨越或进入的。

另外，遇故要“大索”。皇帝出行中，凡是对其安全构成侵犯的，则为“大逆”之罪，要速查严办，这就是“大索”，即长时间大范围地排查搜寻犯罪者。秦始皇二十九年（公元前 218 年），他“东游至阳武博浪沙中，为盗所惊，求弗得，乃令天下大索十日。”这一次是张良雇人杀他的，没有成功。

秦代京城治安的另一项任务是保卫皇家陵墓和宗庙的安全，规定严兵看护和责任官员定期巡视。秦二世为了始皇陵的安全，加固了陵墓建筑，运用机械装置射杀盗掘者，甚至把知情的工匠尽数埋入墓中，防止泄露墓内情况。皇帝本人的安全、皇宫、京城及帝王陵庙园苑的安全，构成了秦代禁卫安全制度的核心内容，这既是政权性质所决定，也与任何时代首先确保政权中枢安全的治安原则相一致。秦始皇开了历代皇帝与皇室禁卫的先河，后世则愈益强化、愈益苛严了。

---

① 《史记·蒙恬列传》。

## 三、地方与基层的治安管理

地方治安由郡县政府负责。郡有郡守、县设县令（县长），全面负责本郡、本县的行政、军事与治安管理。他们是由皇帝直接任命的职官。作为主要行政长官的助手，郡中有郡尉（都尉），掌武事与禁察、搜捕盗贼；还有郡丞，率领其所属的郡功曹，分头承办全郡的刑法、治安等各项政务。县令下有县尉与县丞。县尉主管军事训练，搜捕盗贼等，县丞率县功曹承办县内刑法治安事项。他们均由长官聘用。在基层，乡有乡三老、游徼与啬夫等员，对百姓进行教化或受理诉讼，巡察乡里，捕拿盗贼。其下还有里典、伍老等，直接对居民进行人户管理。当然，他们不在“职官”范围内，只是吏役，国家是不发薪酬的，但可以减免赋役。

秦代为着强化基层治安，除上述乡里什伍总管外，在驰道、津渡、城门等冲要之处特设“亭”的建制。城区街道有街亭，都门之外有都亭，城门口有门亭，政府机关有府亭，市场有市亭，边防线有戍亭，津渡口有津渡亭，交通干线与远郊、农村有乡亭，“大率十里一亭”。不同的亭，有不同的具体业务，但各亭都建有亭舍，负责治安。市亭、都亭等还建有亭楼，以便伺察。各亭均要负责责任区段、责任场所内的巡察警戒和追捕盗贼等。各亭由亭啬夫负全责，亭校长主管本亭范围内的武事或丁壮的军事训练。又有亭夫多人，管开闭扫除等内务；还有亭卒一批，执行上级交给的各项差遣，如迎送官员、邮递公文、查验过客、押送要件；在乡游徼率领下，亭卒要在辖境内巡逻警戒，求盗要执行缉捕追逃取赃报案等任务。为保障亭的正常活动，大的亭还要养马、种地，可按律征用当地夫役。亭长要选孔武有力、粗识文字、善用五兵（五种警戒兵器）之人。秦代亭长，往往找强横有力者担任。刘邦早年“不事产业”，放浪强横，他就当上了“泗水亭长”，曾押送役夫从彭城到咸阳，亲眼见过秦皇出巡的威风。

秦代设在基层的亭，任务很重。各亭有关人员在执行治安任务时，按规定着装，手持刻写着相关法令的“二尺版”，以示执法工作的严肃性与合法性，再带上绳索等。仅从这个意义上来说，秦代亭的工作人员，就很有点类似于后世职业化的“警察”了。为保证巡徼、求盗等履行其治安职责，《捕盗律》规定：“求盗勿令送逆为它（求盗，不得令其送往迎来做杂事）；令送逆为它事者，赀二甲。”如专职人员承担了非职务活动，则追究其上司或上级机关的行政责任，严肃查处。

## 第二节　国家治安的法律规范

### 一、《秦墓竹简》：秦人法制传统的见证

秦国具有长久的法制传统。从商鞅变法起，秦国对全体居民的所有政治生活、社会生活以至家庭生活，都一直贯彻“一断于法”的原则，依靠法、律、令、制来规范人的言行。1975 年冬，考古工作者从湖北云梦睡虎地秦墓中发现了一批竹简，经整理，发现其中有《编年记》、《日书》（甲、乙两种）、《语书》、《秦律杂抄》、《秦律十八种》、《封诊式》、《法律答问》、《为吏之道》以及附录的《魏户律》（两条）等多种秦人私存的文献，整理时总题为《睡虎地秦墓竹简》，世称《云梦秦简》。1976 年《文物》杂志第五、六、七期对全部简文作了认真释读。人们注意到，这批竹简抄录的都是关于秦国的资料，如《编年记》逐年逐月地写着秦统一战争期间的大事要事；《日书》则是当时占卜者用的两种“课本”；《语书》是秦国南郡的郡守“腾”发布的一份“公告”；而其中的《秦律摘抄》、《秦律十八种》则摘录了《秦律》中的《田律》、《仓律》、《金布律》、《效律》、《工律》、《工人程》、《徭律》、《关市》、《尉杂》、《置吏律》、《内史杂》、《行书律》、《司空律》、《傅律》、《军爵律》、《捕盗律》、《游士律》、《中劳

律》、《牛羊课》、《公车司马猎律》、《戍律》、《传食律》、《除弟子律》等二三十种法律的相关条文，涉及到当时社会生活的各个领域。《秦律问答》则就《秦律》的律文理解与法律实用作了明细的说明，共有190条之多；《封诊式》对司法执法的各个环节如“勘验”、“诊查”、“封守”、“鞫狱”、“讯狱”的操作原理与操作规程作了权威规范，提供了各式法律文书《爰书》的制作样本；《为吏之道》则以格言形式讲明了国家官员吏役的执法守法之道和区分官吏良否的政治与道德标准。上述这几种文献直接保存着秦代法制的原生性资料，十分丰富而可贵，它是我们今天研究秦代治安的最好依据。

## 二、“为治惟法”论的贯彻

秦始皇的活动，从积极的方面看，为国民提供了一套完整的治安规范，使全国上下都做到“举措必当，莫不如划”。统一思想，统一言论，统一行动，建立起与帝国政治相适应的社会治安秩序。他的立法活动，可以从两个方面来考察。

### （一）全面实施法制规范，颁发国家法令及各种单行条规

秦始皇总结秦国自商鞅变法以来的法制经验，吸收东方各国在封建化过程中积累的治国成果，于始皇三十四年向全国颁布了《秦律》这一帝国法典。就《秦墓竹简》所见之材料看，《秦律》内容极其繁富，可分为五大类：

（1）关于职官的推选任命考核及其职务管理与职事章程的，有《置吏律》、《除吏律》、《除弟子律》、《效律》、《内史杂律》、《传食律》、《行书律》、《游士律》等；

（2）关于户籍与赋税徭役的，有《田律》、《傅律》（户籍法）、《徭律》、《戍律》、《关市律》、《金布律》、《仓律》、《藏律》、《厩苑律》、《牛羊课律》、《公车司马猎律》等；

（3）关于兵刑的，有《军爵律》、《中劳律》、《敦表律》、《尉

杂律》、《捕盗律》等；

(4) 关于工程建设、科技文化管理的，有《工律》、《工人程》、《均工律》、《司空律》等；

(5) 为保证《秦律》准确实施而配套颁发，同样具有法律效力的有《法律答问》、《封诊式》、《为吏之道》等；又有临时颁发的各种条令，如《焚书令》之类。

看来，后人指责《秦律》苛繁，说是多如牛毛。多而苛细，这是确实的。秦始皇是认真实施了"一断于法"的原则的。如《行书律》就有这么一条："行传书、受书（接到文书邮件），必书其起及到日月夙暮（登记下邮件来历和收件的早晚时间），以还相报也（随时向上汇报）。书亡（文件丢失）者，亟告官（立即报告上司）。隶臣妾（官奴婢）、老弱及不可诚仁者，勿令。书廷辟（有关征召辟举的文书），有曰'报'，宜到不来者追之。"另外，《秦律·工人程》《效律》中都有规定：兴办大的工程时，秦皇将工程总体先逐级分解，每段任命一位"度者"（总工程师、工程师），由"度者"提出工程计划书《爰书》，计算出用工用料用时用财及其质量指标等，逐级核定汇总上报，最终由皇帝亲自审批，再以《命书》形式下达任务，然后按计划考核。所建工程凡无故提前或误期者都要受罚。如一年内墙垣坍坏而质量不合格者，需推倒重来，由"度者"负行政责任，由工程参与人员负工时责任。惩罚是严酷的。仅从这条法规，也可见《秦律》之严密程度了。

（二）重视法制宣教，重视对执法人员的教育

秦人讲究的是"一断于法"，一切社会规范，都只能纳入法的轨道。秦始皇本人认为执法就是爱民，能执法就是美德。所以，他一统华夏之后，就一再去山东，多次招聚齐鲁儒生博士，问礼论道，使之为他的"一断于法"服务。在秦代，道德是作为法的从属性工具存在的。离开法，道德也就无从谈起了。这里摘

抄两条《为吏之道》，以窥一斑。

“凡为吏之道，必精洁正直，慎谨坚固。审悉无私，微密纤察，安静无苛。审当赏罚，严刚无暴，廉而毋刖（要有棱角有原则但不要轻意伤害别人）。毋复期胜（不要总是期求压倒别人），毋以愤怒决（不要感情用事）。宽裕忠信，和平毋怨，悔过勿重（重复过错）。慈下勿凌，敬上勿犯，听闻勿塞。”——这里说的是为官原则、为吏轨范。至若“忠信”“慈下”“勿犯上”之类言辞，看来很似儒家的惯用语，其实，法家才真正提倡绝对的“忠君”、“敬上”，而严厉惩处任何违背纲常的言行。儒家讲“不迁怒”“不二过”，纯粹是对道德修养的提倡；而这里讲的“悔过勿重”“毋以愤怒决”，则完全出发于法律责任的考虑。这是很不相同的。至于“审悉无私，微密纤察”之类，在秦人“轻罪重罚”的总体氛围中，则意味着对社会的严密监控，意味着官吏的严肃职守。

“审知民能，善度民力（准确把握百姓的能量、能力），劳以率之，正以矫之。反赦其身，止欲去愿。”——本节不能光从字面看，应当另寻确解，要与秦始皇的实践相联系才能读懂。当年，秦王称帝，仅仅十一个年头，修长城、筑驰道、开灵渠，平毁六国城池，开发岭南地区，还修骊山墓、制兵马俑……不知耗费了多少民力。据考，当时全国人口不超过三千万，工具很简单，但奇怪的是，这些浩大工程都一一按期按质按量完成了。他本人是怎么“审知民能、善度民力”的呢？原来，秦始皇制订了《中劳律》，规定国家各级官员吏役，每人每日有法定工作量，完成一个定量即记一个“积劳日”，定期考核评比，优者“赐劳”一日、一旬、一月不等；劣者“罚劳”一月一旬一日不等。一年结算，三年考评，作为升迁留任或降职去职的法定依据。秦始皇对自己也严格要求，每天工作“不中程不得休息”，非常辛苦，所以他 51 岁时因中暑得病就去世了。这么想来，《为吏之道》所要求的“审知民能，善度民力”，“劳以率之，正以矫之”云云，就绝不是一般的泛泛号召，而是一项明确的法定要求了。“可操作性”是法家主张的传统特色，一切要求都以相应的法律条规来保障其落实，这便是例子。对于《为吏之道》的以下文字，我们都应该作如是观。

《秦墓竹简》中的《语书》，是秦代南郡地方官颁发的一份文告，晓谕本地官员如何执法行令。《语书》对良吏的作为做了如下规范：通晓国家律令，廉洁忠诚，为君上效力；有公正之心，能与同僚及下属协调工作，不争名夺利；有过错能公开纠正。而恶吏则相反。恶吏不明律令，不通习事务，不廉洁奉公，苟且敷衍，遇事推脱，出口伤人，争名争利。说大话，说假话，装腔作势，矫揉造作，蛮横倔强，不听使命。《语书》认为，这样的官吏不能不予以严惩。要求全郡吏民公开揭发检举这种恶吏，依情节轻重进行惩处。由此，我们知道，秦不仅中央政府颁发律、令，而且地方政府也颁发地方法规条令，要求臣民遵守。有了这些，对于养成规范的治安秩序，显然是有助益的。秦人真正贯彻了“一断于法”的治国方针。

## 第三节　户籍与交通邮驿管理

### 一、户籍登录的基本内容

人口管理，是国家行政管理从而也是治安管理的基础工作。国家为了对人口实行有效的政治管理，首先必须把人口有序地组织在一个相对稳定的社会机体之中，建立一个自下而上的管理网络，采取相应的管理手段，控制不同的社会层面，使其服从于国家的治安秩序。秦的改革是从推行什伍制、强化治安开始的。有了这个基础，就清扫了变法的基地，使不断出台的新令能较顺利地贯彻到基层。而为了真正落实“什伍制”，就必须确定“户”

这一逻辑概念。秦国以法令形式规定了“户”的法定内涵：一丁一户，或曰一户一丁。这样，家庭变小了，家庭人口关系就简化了；血统明确了，以成丁为标准的姓氏登录也就易于掌握了。秦国又通过法律限制赘婿、后夫的权力，从而控制血统家族的相对稳定。那么，如何登录？到哪里登录？登录哪些内容？商鞅曾在其《去强》篇中说过：“强国知十三数，境内仓、口之数，壮男壮女之数，老弱之数，官士之数，以言说取食者之数，利民（即商贾）之数，马、牛、刍草之数。”秦代不满足于仅仅知道全国人口总数，还要知道能反映人口质量、人口构成的具体数字。因而就将人分成壮男、壮女、老、弱、官、士、利民、以言说取食者等，这就要求从户籍登录上反映出来，并要求分类统计上报。显然，这便是秦国户籍的实际内容。目前还没有第一手资料，不能够看到秦国户籍的具体式样。所幸有湖北云梦睡虎地《秦墓竹简》的发现，给我们分析当年秦国的户籍提供了佐证性资料。《秦墓竹简》内容十分丰富，其中有《傅律》一条，规定公民有如实填报户籍的义务，不得隐瞒家内奴隶，不得未老报老，已老不报，不得以壮年报病废，已成丁报幼小等，如有违法，除本户受罚外，基层典老（里典与伍老）也连带受罚，同伍四邻连坐受罚，全部强迫迁徙到边地去。以如此严厉的措施禁止户口“报不实”，可见当时登报户口的难度之大与国家坚持推行户籍制的决心之大。《傅律》还有一条，规定百姓不得擅自迁徙，如果迁徙，必须办理“更籍”手续。如本户是合法迁徙，而“吏弗为更籍”，吏就要负法律责任。至于登录的内容，从《秦律十八种》的《工人程》《效律》等相关条文分析看来，秦人登录的“年龄”一项最初是以身高来表示的，其划分类别如次：①婴儿（缺）；②幼：五尺二寸以下（秦尺，下同）；③小：五尺二寸以上至六尺五寸之间；④大：六尺五寸以上；⑤老（缺）。

到秦始皇十六年（前 231 年），史书上有“初令男子书年”

的记载；证明秦代从秦王政十六年起才不以身高为登录内容，而正式登录人的年龄了。如将上述身高换算成年龄，那就是：①婴儿（缺）；②幼：七（女）八（男）岁以下；③小：七（女）八（男）岁至十六岁；④大（成年）：十七岁以上至六十岁；⑤老：六十岁以上。

到始皇三十一年（前216年）又有"令黔首自实田"的法令，即命令全国百姓自报实有土地数。参照各方面的材料，我们推知秦代户籍内容大致如下：

(1)【户主】

________县、________乡（里）、________（爵级）、________（姓名）、傅籍日期（出生年月）________，健康状况________，肤色特征________。（注：比如写成："某县某里士伍某某，身健、面白，多须"之类，这是为了便于识别）

(2)【家庭成员】

妻：（姓名）________、原住（娘家）乡________里________、身高________、肤色________。

子：大女子（姓名）________、身高（年龄）________、肤色________。

子：小女子（姓名）________、身高（年龄）________、肤色________。

子：小男子（姓名）________、身高（年龄）________、肤色________。

（注：大男子已分户，另录）

(3)【家内奴隶】

臣（男奴）：大男，名：________、身高________。小男，名：________、身高________。

妾（女奴）：大女，名：________、身高________。小女，

名：________、身高________。

(4)【家产状况】

房产：________（间数）。（结构）________。

土地：________。（注：有相应的“版图”，注明其四至、等级）

树木：桑：________（株），麻：________（亩）。

畜产：犬________、马________、猪________、羊________。（注：要求注明大小牝牡与数量）

(5)【要目登录】

租赋完成情况：________。徭役完成情况：________。

罪赦情况：（罪名）________、（日期）________。赦免日期________。

奖励情况：（原因）________、（日期）________。

(6)【具结】

户主________。里典________、伍老________。（画押）

本户籍登录的所有项目都要求保证绝对准确，有法律责任。

户籍登录由县负责组织，每年秋后（九月、十月）登录一次，乡（里）保存人户登录的简册，县里有户口汇总登录的簿籍。上报户籍的正本报存于丞相府，副本报存内史府。由丞相府汇总全国人口数后，再向皇帝统一汇报。刘邦打到秦都咸阳后，当过刀笔吏的萧何深知这种“籍帐”的用途，第一件大事就是收取秦内史府收藏的历年图书律令，即土地图册、公府文书、国家律令与户口册籍等，这些资料后来为刘邦打天下帮了大忙。那么，秦代户籍的用途是什么呢？从《秦墓竹简》与《史记》等书分析得出，大致有这样一些用处：①以户籍为基础，决定全国赋税、劳役、兵役的征发调用，作出国家财政收支的框算和全国工程进度的框算；决定国防开支。②进行人户管理，防奸、防盗、防逃亡、防一切诈伪、防偷惰，控制非农业人口与非生产性活动。③决定国家公职公务人员的薪俸，决定官奴婢、服役人员、官府手工工人等的衣服、口粮的分配定量与发放时期。

## 二、驰道、邮驿的建设与管理

在交通管理方面，秦政权也有详密的法律规范。秦帝国对道路尤其是驰道的管理，对车马等交通工具的管理，对在途在外的旅客、商人、使者的管理，对于旅舍邮传的管理，均有非常具体明细的条例规定。其管理效益之明显，从驰道本身的修筑完成及长城、灵渠等艰巨工程的按期完工上可以看出；从秦始皇本人的连续五次大巡游能够安全进行上也可以看出来。秦王称帝的第二年即前220年便下令修驰道。十年功夫便修成了沟通全国的交通干线。秦始皇每次出行，千军万马，浩浩荡荡，沿途允许百姓围观，项羽、刘邦、张良都曾杂在围观群众中看热闹，项羽因而起誓道“彼可取而代之！”刘邦因而艳羡说“大丈夫居宜如是！”张良则派勇士椎击秦始皇，不巧却击中了副车。然而，秦皇多次出巡，其人身却始终是安全的。这说明秦皇的禁卫工作与交通安全管理措施都是有效的。为确保各项工程的按期完工，秦制订了《徭律》，规定全国劳动力由中央统一调配使用。秦代全盛时全国人口不足三千万，修长城用三十万民夫，戍岭南用二十万民夫，建阿房宫、郦山墓等用七十万民夫，筑驰道用劳力不下于二十万。如此浩大的劳动大军，离开全国的统一调度与严密管理，是不可想像的。《秦律·徭律》规定：征调刑徒与民工，均得按期到达目的地，误期者惩。对于邮驿与亭的使用，同样有明细的规定。《秦律》规定，制止非法通行，保障合法行旅的食宿需要与安全。国家公务人员与平民出外，均要凭符传证明其身份；凡迁徙者要带名籍。商贾要交验身份证件，还要纳税，取得“市籍”后才能合法经营。旅馆要凭旅客身份证件接待，无证游民不许接待。若有伪造符传者，凡未发现而放行的路段一律查办。秦代在驰道线上，每隔十里有一座亭，负责接待过往官员，供应食宿条件与保证人身车马的安全。

关于驿传待遇的享用，《秦律》有明确的规定。其《行书律》、《传食律》便是相应的单行法规。如《传食律》规定。官员出差，凭符传向国家邮驿领取相应的伙食。御史府属员出差，每餐供应精米半斗，酱1/4升，另有葱、韭菜、菜羹之类；五等爵级以上者，另行定量供应肉食，供马料草。其随行人给糙米半斗，赶车仆夫给1/3斗糙米。凡有爵级者，2～4级的给精米1斗，酱半升，马料草半担。至于卜、史、寺、府等员，则配给糙米一斗，盐2/22升，并予菜羹。老百姓则自备路粮，服役者也应自备路粮。凡驿传吏不按规定发给，出差人不按规定领取者，都要受到惩处。在《行书律》中，明确规定公文在途的时间，各驿传要有到发登录，并检验真伪破损丢失情况，随时上报；规定不许用隶臣妾、老弱病残与政治上不可靠分子传递文书物品。为了保密，还规定不同文书用不同字体签发，还有加封泥印信等保密措施。外籍人员入境，要进行防疫检查，要消灭车上附着的骚马虫之类寄生虫。从上述这几个例子，可约见《秦律》的繁琐程度，以及其认真彻底的精神。

## 第四节　秦代的治安罚法

这里以《秦墓竹简》为依据，看看秦的治安状况、治安业务和治安罚法。

### 一、治安人员的职务活动

《秦律》中对各级治安执法人员的职责与义务有明晰的规定，对其执法原则、执法规程有具体的约束。

（1）读法　即宣讲律令。《秦律·尉杂律》规定：地方负责读法的官吏有责任定期向朝廷相关部门（比如御史府）查阅有无新法新令颁布。《内史杂》规定：各县要通知设在本县各地的都官，抄写该官府应遵用的律令。各级法官法吏，自己要精通熟悉法令，遗忘一个罪名，“各以其所忘之法令名罪之”，弄错律条一个字，也“罪死不赦”，十分苛严。法吏们要负责及时向辖区公众读法、讲法，正确解释法令，从而让民众“皆知所守”，依法办事；应满足民众知法懂法的请求，问而不答者要受“赀刑”；而且每次问答都得“各为尺六寸之符，明书年月日时，所问法令之名，以告吏民。”这“符”一式两份，一份由吏交机关存档备查，一份交百姓保管备用。百姓则应“以吏为师，以法为教”，不得听从法律以外的言论。

（2）诣　即报案。在《秦墓竹简》中，居民有义务向官府报案，称之为“诣”。执法吏员报案或汇报工作则称之为“告”。如《封诊式》载“男子甲自诣”事：男子甲自己到官府自首，说：本人是士伍身份，在这个月的某一天逃亡出去，没有别的犯法活动。今前来自首。又载：某里里典甲来告：“里人士伍乙经死其室，不知其故。”——某里的里典甲来告：“本里人士伍身份的乙在自家上吊自杀了，不知原因。”还有一例：某士伍甲发现邻人乙盗羊，当即缚送乙并携羊与牵羊之索“诣府”（到县府报案）。可见“诣”和“告”都是治安行为。

（3）诊　指现场勘验、侦查。《封诊式》规定了出现场“诊查勘验”的目的、原则、人员构成、方法程序及证据提取、物产查封和文书《爰书》的制作等各个勘验环节的基本要领与守则。比如对“经死”的现场勘验：《封诊式·经死》要求：①县府接报有人自杀时，县令史须立即约同牢隶臣与死者本里的里典、伍老，和死者的血亲一起出现场；②到现场后，令史应独立到尸体边亲自验视，首先仔细查看环扣痕迹，重点察看绳索的终端；如有圈束痕迹，应察看死者舌头出与不出；再查看头足离绳索终端和地面各有多少距离，是否有屎尿流出；然后解开绳索，放平尸体，注意口鼻有无出声“叹气”的样子；③看脖上绳印处是否有瘀血，看瘀痕形状是半圈还是圈满颈，试验死者之头能不能从索套中脱出；若不能脱开，即解开死者衣服，全面检查其身、头及发髻中有无异痕异物。如果舌不伸出、口鼻无叹息声、索痕处无瘀血或满圈瘀痕、绳扣紧死而头不能脱，那么，这种“自杀”就很难认定了——因为自杀者往往有上述表现，但倘若人死久了，口鼻或许就不出气了。④自杀的人必然先有缘故和表现，要查问其同居家人，来综合判断其死因。⑤这一切诊视勘验完成后，要制作一份《爰书》，供判案用。《封诊式》中还有对“穴盗”等各种现场的勘验记录。

（4）鞫　即受审取证。《封诊式》载有一则法律文书，内容为：“敢告某县主：男子某有鞫”云云。意思是：我谨负责通知某县主管，男子某某在案受审、需要取证。请查实其姓名、身份、居住地，了解其所犯之罪过，曾有什么前科、有何罪赦，有无避税逃役情况？情节怎样？什么时候发生的？审验过没有？请派熟悉情况者前去依法封守其家。当抄报者，请逐项抄报。谨此告知贵县。——取证是十分重要的断案环节，相关方面有责任提供所有证据、资料。

（5）封　即查封。《封诊式》载有一则“查封书”即《爰书》的式样。其大意是：根据某县之县丞某某所来公函，要求查封有案受审之某甲的家产、妻子、奴、婢、衣物、家具、畜产等。现经查：计得甲之室、人情况登录如下（略）。又依律查问当地里典某人，以及甲之同伍某人、某人，对他们严肃交待：“甲是否还有其他在封查范围内的房产人头？若使甲得以脱漏，不给登录封存，你等要负法律责任。”某人等均一致证实：“甲应查封者全部在此，没有别的应封的了。”于是就把已封的甲之室、人交付某人等，着安排同里伍人轮流看守。等待县府通知。谨报告如上。

(6) 讯　讯问、审问。《封诊式》规定：审讯以“无笞掠而得人情为上，笞掠为下，有恐为败。”秦人认为鞭打刑讯不可取，恐吓则是失败。审讯时，按规则，要让原告被告“各展其辞”，“必先尽听其言而书之”。虽然明知其有诈，也不得马上反诘，要待“其辞已尽书而无解，乃以诘者诘之。”要等双方说完、且记录无误后才能对有疑问的地方进一步追问，“诘者又尽听、书其解辞，又视其他无解者复诘之。”如果一再追问而对方总是巧辩诈伪而不断翻供，不服判决，那么，“其律当笞掠者乃笞掠之”，由此可见秦律又不反对刑讯。不过有规定：在笞掠时，一定要作好《爰书》，记明“以其数更言，无解辞，笞讯某”等情，作为判决时的量刑依据。这种“尽听、书其解词”的规定，实在是治安审讯中应予注意的经验之谈。

(7) 捕亡　缉捕现行犯、潜逃犯、越狱犯、隐匿犯等一切已经或正在实施犯罪行为的犯罪人，而不论其是否受过审判、有无罪名。据《法律答问》载：凡县丞以上的国家命官、任官都有义务随时参与捕盗；官府得委派专责吏役即“有秩啬夫”去防盗、侦缉和追捕犯罪人；同时，国家高额奖励民众参与捕亡，捕得一名“刑徒”即可得其随身财物，国家另奖给捕亡者金二两。再就是严惩纵盗、藏盗；责罚不尽义务去救助受害人者、不尽力尽责支援执行公务的捕盗人员者。这一切，都有助于官府法职人员的捕亡、侦缉、防盗等执法活动。《法律答问》有一例：一户的丈夫、妻子、儿子五人共同盗窃，依法都判“刑城旦”之罪。现某甲将其全数捕获来告。问应给他多少赏金？依法照所捕人头给予每人二两。

(8) 检验　对伤残人员、对病体死体的检验。《封诊式·出子》提供了一则检验某女性被殴流产的例子。女甲送来一团用布包裹着的凝血状物体，称是被邻妇丙殴打而流产的六个月胎儿。

县府令史当即作了检验，并以《爰书》记录下来：经仔细察看血块状物，有从手指至手肘的长短，但难以判明是胎儿；便投入一盆清水中轻漾之，看出胎儿的头、身、手臂、手指、脚、大腿以下到脚、脚趾，都已像人，但看不清眼睛、耳朵、鼻子和性别。从水中取出，又呈凝血状。于是确认是流产胎儿。又专派“隶妾”（即女性检查人员）检查女甲阴部的流血及伤情，确认该流产胎儿为其人因伤而出。特报告检验结果。

（9）验　对在途人员的身份验证。《秦律·游士律》规定：“游士无符居县，赀一甲；岁终，责之。”流动游说之士没有符传而居留者，所在之县受罚金处罚，为一领衣甲之价。年终考核时，要追究县府的职务责任。法律规定：政府官吏、军士因公出行，凭相应证件享用国家驿站、候馆的食宿方便及相关服务，但需交验证件，不得超级使用。一般商旅在途，过关历卡，投宿借住，都必须接受查验，包括查验其身份、出行目的地及其途经、所携物品是否合法等情。拒查、不查或查不实，双方均要负法律责任。

（10）备警　秦军事统一全国的进程中，往往发布“备警令”。战时治安在当时备受重视。《大事记》写着南郡的一次备警活动：秦始皇十九年，准备南攻楚国，于是“南郡备警”。这是战时的治安活动，对全体军民实施治安强控制。在备警期间，《法律答问》说：“誉敌以恐众心者，戮。”意为：夸说敌人力量以动摇军心者，杀头。这是从严不贷的。备警期间一切言行都是从严监控的。《墨子》中也有相关记录。

（11）调解　秦人大倡遇事诉诸法律，不主张民间调解。这方面《秦墓竹简》中也就未见实例了。这从另一个侧面说明了秦人“为治惟法”的彻底性。

## 二、社会生活中的“违警”现象

荀子曾说过：“秦人，其生民也狭隘，其使民也酷烈。劫之以势，隐之以厄，狃之以庆赏，蹴之以刑罚；使天下之民，所以邀利于上者，非斗无由也。”[①] 在这种情况下，犯规违警直至触犯刑律，就是必然的了。在“轻罪重罚”的原则下，人们一举手一投足都可能犯“罪”而遭严惩重罚，尤其是被视为“贱民”的人更易于触犯刑律而受惩。凡社会治安中的“不稳定分子”，《秦律》均视为“贱民”，是治安管理的重点对象。在秦统治者眼中，凡战俘、逃犯、罪犯、罪犯家属、私门臣妾奴婢、国家隶臣妾、刑徒、谪戍之人、迁徙之徒、赘婿、后父、事末业而贫者等等，都属于“贱民”，连同贾人、以言说取食之游士、恶吏、废吏等等，都是治安秩序的破坏者，商鞅称之为“乱化之民”的人，《邮驿律》中称之为“不可诚仁者”，都是要从严戒备惩治而绝不能予以信任的。

这里例举一些“违警”现象，以窥一斑。

(1) 逃役　秦代男子16周岁开始服兵役和劳役，服役期间，须自备衣粮和常规兵器，负担很沉重，而且要限时到达，误期即予严惩，因而就有逃役现象。《徭律》规定：“失期三日五日，谇；六日到旬，赀一盾；过旬，赀一甲。”还规定：服役期间如果逃亡，则“黥为隶臣”或“刑为城旦”。陈涉起义时说是“秦法：失期者斩”，那就更加其严酷了。

(2) 为盗　《秦律·盗律》对侵犯财产罪特别详列，因为这是最普遍的罪行，是私有制下治安管理中最大量的社会现象。就犯罪主体说，《法律答问》的187条中，有求盗盗、公士盗、士伍盗、臣妾盗，还有子盗父、父盗子、奴盗主之类；就侵害对象物而言，有盗人牛、马、羊、猪、衣、丝、钱币、桑叶，还有占

---

① 《荀子·议兵》。用《诸子集成》本。

骗孤寡，盗人祭具、印信，盗移界碑、界石等等。这些，《秦律问答》都立专条解答，可见情况是严重的。以至李斯对秦二世说："关东群盗并起，秦发兵诛击，所杀亡者众，然犹不止。盗多，皆以戍（戍守边境）、漕（漕运）、转（转输）、作（作业，如筑城、建宫殿之类）事苦，赋税大也。"承认了"盗多"的社会现实，也承认了它的政治根源。

(3) 盗铸钱　《封诊式·盗铸》条记着：某里士伍甲乙二人，缚住男子丙丁及其新铸的110钱和两盒铸模来报案。盗铸钱，是一种严重犯罪，要从严惩治。

(4) 罢（瘔）　《语书》中说：对私斗、拾遗、私徙、游食、非时砍伐林木，还有投递匿名信、巫蛊、户籍报不实、向大街抛秽物、灰烬等各种"罢"的行为，均视为违反治安秩序，官吏"知而不举"，甚而"养匿邪僻之民"，就要严加追究，严加管束。

(5) 废令　法律要求的公民义务、职官职责，凡应作为而不作为者均称为"废令"，法律予以惩戒。如路上捡拾到公私财物，必须在规定期限内上交或上报，否则"准盗论"，作为盗窃减一等论罪。又如，邻居失火失盗，四邻明知而不报不救，均要受罚；里典、伍老是职责所在，即使不知情，也要受罚。另，遇见官吏追捕逃犯而不协助者，罚；"有贼杀伤人冲术，偕傍人不援，百步中比野。当赀二甲。"遇见大街上有贼杀伤人而不救止，一百步内的人都要受惩，比照野外伤人判罚两领衣甲。这是很重的处罚。

(6) 犯令　不应作为而作为称为犯令。

(7) 酗酒　《田律》规定："百姓居田舍者，毋敢酤酒。田啬夫、部佐谨禁御之。有不从令者，有罪。"

(8) 去署　即擅离岗位。如：《秦律》规定见烟冒火起者，必须前往扑救或报告当方典老、循徼等，但"守库吏"任何情况下不得脱岗，脱岗就是“去署”之罪。

(9) 诬告 《法律答问》载：“甲告乙盗牛、若贼伤人。今乙不盗牛、不伤人。问甲何论？端为，为诬人；不端为，为告不审。”——故意诬陷人要反坐，非故意的错告人要罚金，区别论处。

(10) 擅杀子 《法律答问》载：今生子，子身全也，无怪物。直以多子故不欲其生，即弗举而杀之。当何论？为“杀子”。——不肯养活健全的新生儿而处死他，作“杀子”论处，应该黥为城旦舂；若婴儿肢体残缺、有异物，杀之，则不作杀子论。

### 三、《秦简》中的治安罚法

秦代治安惩罚的手段名目繁多，有时一罪同时适用多种罚法，如“黥为城旦舂”，又是“黥”又是“城旦”又是“舂”，严酷有加。如《傅律》规定：登录户口时，如隐瞒未成年者，登录疾病伤残情况不实者，身为基层负责人之里典、伍老均应承担法律责任，处以耐刑，但可给以罚赎的机会；又，百姓不当报“老”，即未满法定的六十岁时即报“老”，或已老而不报，不论是冒报还是漏报，凡敢于蒙骗政府者，本人罚两领衣甲；里典、伍老不论是否知情而不予报告者，各罚一领衣甲；其同伍之人，每户罚一面盾，并全部迁徙到边远地方去。《秦律》又贯彻“轻罪重罚”原则，只要有犯罪故意，不论实施与否，一律判罪；即使小奸、细过、微行，也不放过。如《法律问答》载：“或盗采人桑叶，赃不盈一钱，皆赀徭三旬。”偷得了价值不足一钱的桑叶，要罚三十天的强制劳动。《贼律》中规定：拔人胡须、提人发髻，只要对方感知到疼，就构成犯罪，一律按“伤人身体”论罪，与用针刺人、用剑截髻一样，应服“完城旦”之刑。查《秦墓竹简》，这类大体相当于后世“治安罚法”的惩罚，名目非常之多，真的是“秦律多如牛毛”。

(1) 谇　责骂羞辱，警告。《秦律十八种》称：国家征发役夫，不应征者罚二甲；应征而误期3~5日者“谇”。《秦律答问》另载一例：“甲贼伤人，吏论以为斗伤人。吏当论不当？当谇。”法吏把“贼伤人”误判成“斗伤人”，该不该给法吏惩罚呢？应该。依律给予谇的责骂。谇，形式上罚得很轻，但按《秦律》须“记录在案”，此人从此即终身背上有“前科”的包袱了。

(2) 循　公布过恶，巡游示众，作严重警告。在市场上哄抬物价，就给以循罚。

(3) 赀　罚款，通常以甲、盾的价值来计量；或用罚劳作、罚戍边来冲替。上述偷采桑叶不值一钱，“赀徭三旬”，是用三十天的强迫劳动来充罚。交不出钱者，还有用“赀戍”、即以限期守边来充罚的。

(4) 赎　用出钱的办法来赎已判之刑。这需有一定条件：①相应身份；②按不同的罪名付给不等的金（黄铜）、钱（钱币）或布（一“布”幅宽8尺，广2.5尺，钱11当1布）来赎。也可以用服劳役、守边境来折算充抵。

(5) 饿　专门用于惩罚不守狱规的囚犯，只供应正常定量的1/3，使其饥饿。这也是一种身体刑。

(6) 耐　又称“完”，剃去胡须、鬓毛以羞辱之，但保存头发。如《秦律杂抄·傅律》载：隐藏可服役之少年户口不报、病残登录不实，则“典、老赎耐。”判里典与伍老耐刑：剃掉他们的胡须，但允许出钱去赎。《法律答问》：“或斗，啮断人鼻，若耳、若指、若唇。论何也？议：皆当耐。”斗殴时咬伤对方耳鼻唇指等，皆受“耐”罚，即剃去他的胡须鬓毛。

(7) 髡　剃光头发，重于耐刑。

(8) 黥　墨刑，额上刺墨痕。

(9) 笞　鞭打责辱。如《秦律十八种》载：“城旦舂折毁瓦器、铁器、木器，为大车折鞣，辄笞之。值一钱，笞十；值二十钱以上，熟笞之。”

（10）迁　强迫迁居。这比流放刑在性质上要轻。《秦律杂抄》：“五人盗……不盈220（钱）以下到1钱，迁之。”五人共偷不满220钱，哪怕只有1钱，也全部外迁。“故大夫斩首者，迁。”大夫本人被执行了死刑的，其亲属要迁居边荒之地。

（11）没、籍没、收孥　没收犯人的家产，包括家内奴隶。没收罪犯之妻妾子女家人以至亲友生徒为奴为婢，取消其“良民”户籍，使入于“贱民”之列。《法律答问》载：“夫盗千钱，妻所匿三百。”妻知是赃，则按“盗三百”论罪；若不知是赃，就依“没”论处，给予“没收”的处罚。

（12）城旦　在严密监视下罚作筑城、挖沟等苦力称为“城旦”。《法律答问》有“求盗盗，当刑为城旦”的规定。如城旦在服役期间逃亡，捕获后“黥为隶臣”。

（13）舂、白粲与鬼薪　在监视下罚舂粮食；罚做筛白米、择白米的劳作或上山砍薪柴。

（14）隶臣妾　罚为公家当男奴、女奴。这种人往往是罪犯家属或战俘之类。所谓“隶臣”，即终身在官府作奴隶。女性称为“隶妾”。

（15）连坐　因血统关系、乡里关系、职务关系等牵连而坐罪而受罚。所谓“盗及诸它罪，同居所当坐。”“尉计与尉吏即有劾，其令丞坐之。”属吏有了案子受弹劾，作为其主管上司的令或丞要受连坐处罚。

（16）削籍　削去名籍、宦籍，注销其公民（士伍）身份或官吏身份，剥夺其相应权力。见《游士律》等。

总之，秦的治安罚则是严酷的、苛细的，而且以身体刑为主，任何微罪细过一受罚，终身肌体残损受辱，没有人格，没有悔过机会，这不能不激起愈益强烈的社会反感，蕴成社会不安与动荡。

# 第五章

# 汉代：封建治安的体系化

中华文明在汉代发展到了它的一个高峰。第一流的文明孕育了第一流的治安，第一流的治安保卫了第一流的文明。

汉代，完善并强化了由朝廷的太尉、京师的中尉（执金吾），地方郡国的郡尉（又称都尉）及关都尉、骑都尉、农都尉、分部尉等职构成的治安网络，连同县的县尉，基层乡里的啬夫、巡徼、亭长等均受到重视。他们组成了具有相对独立性的治安管理行政体制，为古代治安的成型提供了组织保障。

汉代在古代治安的成型方面，突出贡献还在于治安法理的健全化，治安官员配置的制度化，治安管理经验的配套化。汉代明确了“儒表法里”、“霸王道杂之”的治安指导思想与法理基础，汉代吏治特别强调明法教育，大量的名吏出身于法职。汉代在各种治安业务领域中，涌现了一大批善于管理、敢于管理的官吏，积累了诸如记籍、灰线、耳目、跟踪、奖励告密等具体治安经验，更走出了一条在开发民智、开发经济、讲究思想道德建设基础上强化治安管理的路子，因而能够创造出更高的社会文明。

## 第一节　汉初的治安形势

公元前206年，强秦垮台了。陈涉、吴广的大起义，砸碎了秦的政治构架，表现出巨大的历史开创精神；但它却以“张楚”

为号召，也就是为早已灭亡的楚国复仇——这标示出它无力设计新的政治蓝图。乘风而起的项羽的造反军，倒是歼灭了秦王朝的军事主力，但项氏满足于“霸王”的强势地位，把恢复诸侯争霸的旧秩序作为本集团的政治目标，同样无法引导社会向前跨进一步，无力构建新的政治体制，却造成了六国旧有势力纷纷复活的态势。这样，真正结束旧时代、开辟新时代，创建大一统封建新王朝、实现社会生活的全面变革的历史任务，便落到刘邦集团的身上了。

## 一、汉承秦制

公元前206年刘邦称王，前202年刘邦称帝建立汉政权，刘邦继承了秦始皇的政治遗产，搞“汉承秦制”，自任国家元首，将国家政治经济军事人事大权集中到个人手中，以三公九卿为核心组建朝廷；又推行郡县制，编织起覆盖全国的行政网络。在推行郡县制的同时，他又在一定规模上分封了一批“异姓王”。此举暂时抚慰了那些协同他举兵反秦灭项的军事实力派如韩信、英布等人，也限制了这些人的手脚。同时，他向社会宣布要“废秦苛政”，“与民休息”，决心扬弃秦朝苛政急政的外在形态，给了动乱社会以一线生机。就这样，刘邦搭建起了一个新的大一统中央集权的政治框架，规划出了汉帝国的发展蓝图。然而，草创之初的汉家政治，一时还走不出秦末战祸的历史阴影，它面临着极其严峻的局面。

### （一）经济凋敝

经秦末战争与楚汉相争，“天下共苦战斗不休”，其时全国人户只剩下秦代全盛时的十分之二三。据推算，当时全国只有区区800万人口，[①] 还不及而今一个天津市多。而汉中央政府直接控

---

① 杜预《通典·食货志》。用《四库全书》本。

制的土地，也仅仅只有汉中、关中及中原的部分地区而已，这里恰恰是承受历史灾难最为深重的地带。那个时期，九州之内，人烟稀少，而且很穷，“自天子不能具均驷，将相或乘牛车，齐民无盖藏。”[①]当时，关东转输运至关中的粮食，照《汉书·食货志》说，“岁不过数十万石”，连养活朝廷官兵都很艰难，况论其余？国民经济已经全面崩溃。

（二）异姓王生事

汉初，太行山东西、济水南北、淮河两岸、江汉表里，实际上都控制在协同刘邦举兵、反秦灭项的各家“异姓王”手中。楚王韩信、彭越、英布等军事强人，一个个自成体系，都跟项羽一样，承袭着春秋战国四百年积淀下来的“强者为王”的惯性思维模式，向往着各据一方争霸争王的旧秩序；有的还与境外势力相勾结，比如韩王韩信。在这种事实上的“独立”态势下，“大抵强者先反”，成了必然事态。贾谊在《亲疏危乱》一文中讲：从刘邦称帝起，“其后十年间，反者九起，几危天下者五、六”，“高皇帝不能以一岁为安”。

（三）强敌压境

当年，北方强敌匈奴（周秦时期称为“胡人”）不断南侵，形成了“亡秦者胡”的严重态势，秦皇便修筑万里长城来抵挡。汉初，匈奴乘中原凋敝之机，加上侯王们的招引勾结，其军事势力直逼太原、陇上一线。前200年，刘邦就被困于平城七天七夜；直到汉文帝时，甚至还兵临长安，胁迫文帝出面签约求和。内忧外患的交结，使初生的汉王朝岁无宁日，动荡难安。稍有不慎，将全盘倾覆。

刘邦称帝后的几年里，和匈奴、黜韩信、捕贯高、杀彭越、击英布、驱卢绾，几乎把全部精力都投在平定异姓王、与匈奴周

① 《史记·平准书》。用中华书局1959年点校本。

旋的艰苦斗争中了。他左冲右突，总算初步厘定了汉家江山，至若内政建设、经济恢复、民生改造等等，一时还无从措手，社会治安难以保障。刘邦死后，吕后掌权，十几年间，她对外继续与匈奴周旋，屈辱地支应着；对内却用心于剪除刘氏羽翼，着力培植吕家集团，制造了新的政治动荡，使汉政权面临又一轮致命的危机，存亡难卜；但社会生活总算开始走上了轨道。

总之，当时，汉朝廷还无力树立自己的权威，实力单弱的汉家朝廷，也只能“无为而治”了。指导思想上的“无为而治”和政治实践中的“汉承秦制”相冲撞，国家政治体制与政权建设只能在无尽的困惑中摸索。

## 二、文帝之治

公元前 179 年，刘恒为帝。刘恒（史称汉文帝）大力推行“与民休息”的治国方针，尽力避免引发新的宫廷矛盾和朝廷斗争，避免与匈奴之间的战祸，更力避与各地同姓诸侯王的磨擦与争斗，往往以宽容、让步去换取对方的“守纪”于一时。他把精力放在发展中原经济上。他明文废止了先秦以来的肉刑，又废“诽谤妖言之令”、废“收孥相坐之令”、废“盗铸钱令”、废“出关用传令”等等，营造出一种宽松的政治空气。他推行“三十税一”的最低税率，用心培植农业生产力，滋养社会健康发展的元气，取得了显著成效。然而，在这种宽松氛围中，文帝刘恒的伯叔子侄们、各地的“同姓王”们在迅速地蓄积着自己的实力，毫无忌惮地膨胀着政治企求。同时，随着社会经济的发展，也就自然地伴生出一批批地主豪强、奸商巨贾。这些人一面巧取豪夺，一面拚命寻求政治庇护。新的经济实力与地方政治权力的集结，便酝酿成新的政治冲突和社会矛盾，于是中央跟地方在权力的分配与再分配上又生成了另一场尖锐斗争。而匈奴南下的势头又一直没得到有效的遏止。国势如此，不能不引起政治家、思想家们的深切关注。总结强秦兴亡的历史教训，改善和强化中央集权的政治体制，化解危机，缓和冲突，寻求大一统封建帝国的新的实践模式，推动整个社会的有序发展，营建新社会的治安秩序，便成了当务之急。

## 第二节　儒表法里的治安术

适应汉初形势，为了稳定政局，改造社会，使国家走上秩序轨道，以贾谊为代表，设计了一套“儒表法里”的治安术，后来又得到董仲舒的理论阐释，成了汉家一代的治安指导思想，收到了明显成效。

### 一、澄清国制，改造社会

汉初，统治集团标举“清静无为”的黄老思想，以便“与民休息”，尽力让民生安定下来。这时为统治阶级生产精神产品的思想家们，已经在进行着儒墨道法阴阳等各家学说的糅合融会工作。陆贾、贾谊开其端，叔孙通、公孙弘致其用，董仲舒总其成，完成了对先秦儒学在理论建设与世俗应用两个方面上的改造工作，发展出“新儒学”来，为“儒表法里”的治安术提供了强大的理论支持。

前179年，汉文帝召任贾谊为博士，听取其治国安民之策。贾谊以敏锐的政治嗅觉，洞察政局的深层变化，对潜在的政治危机作了深切的剖析，写出了著名的《过秦论》三篇，论述“攻守之势异也”的道理，要求朝廷上下变建国以来“争天下”的思维定式为“安天下”的革新方略；告诫人们“牧民之道，务在安之而已”。他尖锐地提出了治安问题，他上书“论定制度兴礼乐”，主张“改正朔、易服色、制法度、定官名、兴礼乐”，促成了一系列的制度变革，营造崭新的治安局面。

针对现实政局，贾谊揭示出潜在的社会矛盾和政治暗流。他指出，国家“大数未宁”，首在“国制抢攘”，国家体制未定，政权建设没有走上轨道，于是矛盾百出，抵触时起，左支右绌，穷于应付，治安自然混乱。贾谊认为政治体制问题不解决，一切变革都是白费。当时，文帝对前代分封的同姓王们，让步再让步。他曾明令在王国中也“一用汉法”，公开声明“事诸侯王乃事皇帝也!”把各地侯王抬高到与朝廷相齐平的地步，侯王与天子拥有同等的法权。不仅如此，还特许吴王等自铸铜钱，自营铜铁与食盐，享有极大的经济特权。结果，侯王们一个个骄恣不法，肆意妄行；臣民们也都视听淆乱，不知道上有国家而只知道忠于侯王……这怎么能不上下相疑而驯至天下大乱呢？贾谊认为这不是某个侯王的道德问题，而是“国制”不对，是体制性的问题，应该及时改弦更张。这就触及了国家治安的核心。

可贵的是，在澄清国制的同时，贾谊又急迫地提出了社会改造的严重课题。《贾谊新书·时变》篇尖锐地指出了当时世风恶化的严重程度：

“今者何如？……胡以孝悌循顺为？善书而为吏耳；胡以行义礼节为？家富而出官耳；骄耻偏而为祭尊，黥劓者攘臂而为政。行惟狗彘也，苟家富财足，隐几盱视而为天子耳。唯告罪昆弟，欺突伯父，逆于父母乎？然钱财多也，衣服循也，车马严也，走犬良也。矫诬而家美，盗贼而财多，何伤！欲交，吾择贵宠者而交之；欲势，择吏权者而使之；娶妇嫁子，非有权势，吾不与婚姻；非贵有戚，不与兄弟；非富大家，不与出入。因何也？今俗侈靡，以出伦逾等相交，以富过其事相竞。今世贵空爵而贱良，俗靡而尊奸富：民不为奸而贫——为里骂，廉吏释官而归——为邑笑；居官敢行奸而富——为贤吏，家处者犯法为利——为材士。故兄劝其弟、父劝其子，则俗之邪至于此矣！”

这是一个拥有钱财就拥有权势也就拥有一切的社会，有了钱，可以不要伦理，不讲道德，骄诬淫逸，行若猪狗；有了钱，可以获得权势，为官为吏，出官行政，安富尊荣，甚至“隐几盱视而为天子”。为了钱，可以攀富欺贫，窃盗攘夺，行奸卖爵，无所不为。政风民风窳败至此，必然带来严重的社会治安问题。因此，《贾谊新书·瑰玮》惊呼道：“世淫侈矣，饰智巧以相诈利者为智士，敢犯法禁、昧大奸者为识理，故邪人多而日起，奸诈繁而不可止，罪人积下众多而无时已。君臣相冒，上下无辨，此生于无制度也！”“故不可不急速救也！”然而当局对此乱局却是麻木不仁，口口声声说什么“无为”“无动为大”，这客观上是在纵容养奸。贾谊的眼光是锐利的。他适时地提出了社会改造的伟大工程。的确，经济发展并不自然地带来社会进步，如不加以强力规范，必致权钱交结，道德沦丧，骄诬淫逸，浊水横流，而大奸巨猾，便会由此滋生。因此，他提出了以礼行法、儒表法里的“治安术”。

### 二、儒表法里，《春秋》决狱

贾谊之后，进一步论述并亲自实行“儒表法里”的人物是董仲舒。他结合现实，对先秦儒学作了新的阐释，他把廓大而空的儒学原则与道家和法家所倡言的制驭人的权谋法术结合起来，发展成“儒术”，为儒表法里的治安术提供了理论支持和实践模式。

首先，董仲舒就义利关系作了一番全新的解释。在《春秋繁露·身之养重于利》中，他说：“天之生人也，使人生义与利。利以养其体，义以养其心。心不得义不能乐，体不得利不能安。”强调了义利并举的必要性。在《春秋繁露·对胶西王论仁》中说：“仁人者正其道不谋其利，修其理不急其功”。董仲舒本人是重利的，他把“利”提高到“仁”的位阶上来看待。《春秋繁露·仁义法》：“《春秋》为仁义法：仁之法在爱人，不在爱我；义之法在正我，不在正人。我不自正，虽能正人，弗予为义。人不被其爱，虽厚其爱，不予为仁。”这就说得再明白不过了：如果不能给人民带来切实的利益，那所谓仁就是假的、空的。自身不正，而想正人，再多的办法措施说教动员，也通通是不义的。值得注意的是：他还联系预防犯罪来论述这个问题。《春秋繁露·俞序》：“绝乱塞害于将然而未形之时，《春秋》之志也。”“爱人之大者，莫大于思患而预防之。”在人性善恶与犯罪和教化的关系问题上，他更不拘守孟子“性本善”或者荀子“性本恶”之论。《春秋繁露·实性》：“善如米，性如禾。禾虽出米，而禾未可谓米也。性虽出善，而性未可谓善也。米与善，人之继天而成于外也，非在天所为之内也。”这个绝妙的比喻，把荀孟之间水火不相容的人性善恶之论巧妙地加以折中，提供了人可教育、罪可预防的哲理依据。董仲舒是脚踏实地的，他并没有放言高论什么“人性善”、“仁义之道”之类。他甚至把予民以利跟统治权威直接联系起来，《春秋繁露·保位权》：“民无所好，君无以权；民无所恶，君无以畏也。无以权，无以畏，则君无以禁制也。无以禁制，则比肩齐势而无以为贵矣！”君主要“势”要“权”，就必需承认小民之“利”，否则“势”和“权”就没有施行的对象了。“故圣人之治民，使之有欲，不得过节；使之敦朴，不得无欲。”没有比这说得更直率的了。因此，他希望“兴利除弊”“绝乱塞害”，公然把法家的“势利”概念引入了“仁义”说教，此之谓“儒术”。这就为“儒表法里”的治安求提供了论理基础。

在刑狱问题上，他一变孔孟羞言决狱的迂执态度。《春秋繁露·精华》公然声明：“折狱而是也，理益明，教益行；折狱而非也，暗理迷众，与教相妨。教，政之本也；狱，政之末也。其事异域，其用一也。不可不以相顺，故君子重之也。”为了申明他的这个“君子重狱”论，还郑重地在其《天人三策》中说：“阳不得阴之助，亦不能独成岁。”在刑狱实践上，他发明了“《春秋》决狱”的实践模式。并以多条案例说明他是如何本着

《春秋》精神来决狱的。他崇奉《春秋》，把“春秋大一统之义”推衍到十分神秘、绝对神圣的地步。然而，正是他在搞“经义决狱”，把最“神圣”的经义拿来处理最“世俗”的刑务。这就意味着他在寻求一条将“廓大而空”的孔孟学说用之于社会实际的道路，其“经义决狱”的牵强与隔碍，只是表明这种初始寻求的历史困惑而已。它理应被视为法理思想发展的一个阶段性问题。

经过从贾谊到董仲舒几代人的努力，终于完成了先秦儒学的“当代化”，于是“儒表法里”的治安术也就成形了。从此，法学经典，法律条令，披上了儒学的外衣，人们力求用儒学语言去表述法学要求。什么“德主刑辅”论、“出礼入刑”论，不过是它的变通说法而已。班固在《汉书·循吏传》中称赞董仲舒“通于世务，明习文法，以经术润饰吏事，天子器之”。在这个思想背景和政治背景之下，汉代形成了“儒表法里”的综合治安术。当然，就孔子而言，他本来也是重礼而不废刑的，“治狱，吾犹人也；必也使无讼乎？”他并不绝对地排斥刑狱与法制。

### 三、儒表法里治安术的实际应用

我们倘若历史地看待这个问题，应该说，“儒表法里”的治安术，确实比秦始皇“为治惟法”论的社会效益要好得多。在为治惟法论指导下，只讲刑惩，加剧了社会集团之间的磨擦，激化了人与人的矛盾，扩大了刑惩后果的社会震动，因而不利于长治久安。在儒表法里的思想指导下，为解决社会矛盾增加了可供选择的手段，为“缓和冲突，使冲突保持在秩序范围内”（恩格斯语）提供了可资利用的条件，这是有利于社会治安的。

汉代的一些名吏，提供了以儒表法里思想为指导进行地方治安管理的大量实例，这里以《汉书》为依据，略举数事予以说明。武帝时，文翁就任蜀郡守，很注意开发民智，养育人材。他遴选出郡县小吏中“开敏有才”者十余名，派往京师，从太学博士受业，“学习律令”。他宁可减省政府开支，也要拿出钱来购买土特产，馈送给太学里的博士们。几年后，这些开敏有才的小吏学成归蜀，用为郡县有头面的要职，协助文翁治好了蜀郡。汉武帝推广文翁模式，下令各地均建郡学。这是儒生们所艳称的史例。其实小吏们所学的是“律令”，并非是儒家的“五经”。黄霸“少学律令”“喜为吏”，曾任钱谷计吏。此人“为人明察，又习文法”。汉宣帝用他为廷尉，后特命为颍川太守。他一上任，立即选派郡吏向全郡官民宣布诏令律条，“令邮亭乡官皆有条教”，普遍设置父老、师帅、伍长，劝以为善防奸耕桑蚕织。他的管理，“米盐靡密，初若烦碎”，但坚持推行，不两年，收效显著。由于他能“力行教化而后诛罚”，治绩考核为天下第一。召信臣为南阳太守，“为人勤力有方略，好为民兴利”。他在南阳修了不少水利工程，灌田多至三万顷，他“为民作《均水约束》，立于田畔，以防纷争。禁止嫁娶奢靡……府县富家子弟好遨游不以田作为事，辄斥罢之，甚者按其不法，以示好恶”。这也是在开启民智、开发国土基础上实行法治的一个好例。韩延寿为东郡太守，“治城郭，收租赋，先明布告其日，以期会为大事，吏民敬畏，趋向之。又置（乡）正、伍长，相率以孝悌，不得舍奸人。闾里阡陌有非常，吏辄闻知，奸人莫敢入界。其始若烦，后吏无追捕之苦，民无棰楚之忧。”这又是一则外儒内法的治安实例。

汉初政治家思想家们一面张扬仁义，搞礼乐教化，一面施行刑律制裁，搞帝王专政。汉文帝自己“本好刑名之学”，却下令征用儒生。汉武帝一面“罢黜百家，独尊儒术”，一面欣赏“好黄老言”的汲黯，夸他“治官民好清静”，却被汲黯讥刺为“内多欲而外施仁义”，真所谓“儒术尊而不独，百家罢而未黜”。还是汉宣帝说得好：“汉家自有制度，本以霸王道杂之。”由此可见，西汉思想家和政治实践家们，从不搞纯粹的儒家或法家那一套，而是如《史记·论六家要旨》所说：“采儒墨之善，撮名法之要，与时迁移，应物变化。”

## 第三节 朝廷与京师的治安管理

秦代所确立的中央—地方—基层三级治安管理体制，在汉代得到了充实与完善。

### 一、朝廷的治安职官

西汉与东汉职官制度有所不同，这里只就其基本情况作一概述。京师，由内到外，可以分成皇宫、皇城、京城、京畿几个层次，层层套设。皇帝住在宫中，朝廷（中央政府）设在皇城里面，中央行政官府、官僚贵族府第与其他重要部门分布在京城中心主干道两侧。居民住在一个个封闭管理的“坊”中，依“前朝后市”的规矩，手工工场和商业区则设在城内指定的“市坊”里。京畿除乡邑外，有皇家园陵与行宫，有禁军屯驻的坊、里，还有京城的卫星集镇。因为各区居住对象情况不同，警治禁卫工作的任务大小与侧重点也就不同，警治禁卫的力量配置自然就有所不同。

#### （一）丞相、太尉和御史大夫

在皇帝集权的条件下，汉家朝廷直接协助皇帝主管全国政务的是三公：丞相、太尉和御史大夫。丞相，汉朝一度称相国，后期又改称过大司徒、司徒等。丞相之职，一般要选德高望重、功业卓著之人担当。西汉时期，萧何、曹参、周勃、张苍、王嘉、丙吉、孔光、朱博等名人都任过丞相之职。丞相负责全国大小官员的诠选、考课，按劾，提出建议，由皇帝核准。为此，他要听取每年一度各郡国关于土地、人口、钱谷与治安的“上计”汇报。他还有权组织朝廷会议，集议国家大事，有权向皇帝进行谏争封驳。在他的主管下，由廷尉负责全国狱讼刑法与治安，另有丞相司直负责监举百官。御史大夫是丞相的主要佐职，也接受郡国“上计”，他主管国家图书帐籍，御史府因而与丞相府并称“两府”。他还负责督查各州刺史，举按地方官员，领导内廷职官直接为皇帝服务。因此，其爵级虽比不上丞相与太尉，但比二者都更接近皇帝，是皇帝意旨传宣下达的关键人物，是“承旨办事”的权威人物。西汉时，晁错、公孙弘、周昌、张汤、杜周等皇帝亲信都任过此职。太尉（又称大司马），这是全国军政首长，皇帝的主要军事助手。太尉对于皇帝最为重要，也最具“威胁性”，最受重用也最受猜忌。周勃、灌夫、周亚夫、田蚡等重臣曾经短期地任过此职。

（二）九卿

据《通典·职官二》载：汉中央政府里，三公之下有“九卿”，其中负责宫廷、朝廷、京师安全禁卫的太常卿、光禄勋、卫尉、中尉等均由太尉直接领导。这些都是警治禁卫的要害之职，兹详述如下：

（1）太常卿　掌宗庙陵寝的礼仪，主管宗庙陵寝的巡狩禁卫等，汉廷是极端重视的。

（2）光禄勋　又称郎中令，取“在廊庙之中值勤”之义，其勤务一为宿卫，二为侍卫。其工作范围是皇城内各座宫殿的门禁、宿卫与宫内侍卫三方面，因其居于禁中，贴近皇帝，所以地位特殊，能总领宫内一切，有时还参与最高机密决策。当年，刘恒（汉文帝）以代王身份至京即皇帝位，当晚就拜贴身亲信张武为郎中令。其重要性于此可见。光禄勋手下属官，以五官中郎将、虎贲中郎将、羽林中郎将为最重要。五官将带部属武装宿卫于宫殿内；天子出行，武装护卫于行宫。虎贲将所属之郎，皆为父死子代的“子弟兵”，职在皇帝出行时“掌送从”，是皇帝贴身警卫。五官、虎贲、羽林之“郎”，编制都很庞大，讲究“家庭出身”。时日一久，成为贵族子弟入官的阶梯，猎取荣誉的门径，也就不能“称职”了。汉代，宫殿禁卫宿卫侍卫之事，有极繁琐的条例禁令，如单行法规《越宫律》、《朝律》、《宫卫律》之类，一举一动都有条例条令严格地约束着。

(3) 卫尉　掌管皇城与宫门的宿卫、稽查与巡察。比如长乐宫四面皆有公车司马门，每门都有两司马屯卫着。凡住在宫中的人，在司马门都有自己的名籍，出入要查对名籍。若非本宫之人，而由外进入者，要交验符传印信，符合之后，才能放行。按《宫卫律》要求，凡出入宫殿，都要下车，“不如令，罚金四两”。非法进入叫“阑入”，要查明惩处。卫尉所领兵士成千上万，是汉中央政府的一支庞大的武装禁卫力量。

(4) 中尉　汉武帝时改称执金吾，列卿之一。其职责是主管京师治安，直接领导京辅都尉、左辅都尉、右辅都尉的业务活动。另，皇帝出巡时，其威严盛大的仪仗队，即由中尉所率之“彍骑”组成。彍骑，穿丹黄色衣，出行时尤为引人注目。其属官有中垒、寺互、武库、都船（狱令）等，分别负责京城门的守卫启闭稽查任务，负责在交通要道口、官府门外的约禁任务、国家兵器库的守卫禁察任务及水牢的管理任务。中尉的属官还有京辅都尉、京县县尉之类，分片巡察地方治安，缉捕盗贼，戒备非常，纠察嫌疑，梳理街道交通，执行宵禁，晚六时至次日晨六时之间禁止居民无“符传”的通行，禁止未经申报的用火。逢节日或皇帝恩准的特殊日期，开放夜禁，允许百姓上街游乐，称做“金吾不禁”，平时是被禁锢在坊里内不许任意活动的。执金吾威风，执金吾好弄权，执金吾的工作也难做。自古京师难治，汉代的长安与洛阳尤称难治，因此人选颇费商量。西汉时，郅都、宁成、減宣、王温舒等有名的酷吏差不多都由此起家。

## 二、京师治安

汉统治集团是怎样管理京师长安的社会治安的呢？

第一，对京畿地区加强行政管理。京畿从行政区划上分为三部分：京兆尹、左冯翊、右扶风，合称“三辅”。三辅治所均设在长安城内。三辅长官位同九卿，可以参与朝政，所以均选地方郡吏中的“高第”之才来担任，而且往往要经过试用，合格后才“转正”。三辅的下属行政单位为县，京师之县特称为京县。时京兆尹所属京县为长安县、长陵县与兰田县、华阴县等，长官分别称长安令、长陵令等。右扶风辖今陕西秦岭以北，户县、咸阳以西直至陈仓一带；左冯翊辖今陕西渭河以北，泾水以东黄河以西一带，辖高陵、云阳、夏阳等县。京辅、京县两级行政长官全面负责京城和三辅地区的治安。

为了加强三辅地区的治安，三辅又分别设有京辅都尉、左辅都尉、右辅都尉之职，其职权大于一般地方都尉。表现是：①三辅都尉各有治所，都尉府所在地不与三辅治所相同。京辅都尉治华阴，左辅都尉治高陵，右辅都尉治眉县。这就更便于控驭一方了。②三辅都尉是三辅地区的专职治安官员，但都尉往往可以兼理三辅长官之职。其任务是“治郡内盗贼、甲卒、兵马”。治盗贼，制豪强，管兵马，是三辅都尉的主要职责。三辅都尉府中，有尉丞、有兵卒，皆直属朝廷列卿的中尉（执金吾）调度。西汉王章、王尊、赵广汉等名吏，都曾先作三辅都尉，而后才任京兆尹之职的。可见政府对都尉一职的重视。在三辅都尉之下，还有巡街御史。作为基层治安的承办单位，街有街亭，市有市亭，城门有门亭。“亭有亭长，主求捕盗贼，承望都尉”，即接受都尉的业务领导。这样，汉代京师治安，从中央到基层，就构成了两个平行而又交织的网络：一是一般行政网络；二是治安专职网络。现列表如下：

| | 朝廷 | 京畿 | 京县 | 乡里 |
|---|---|---|---|---|
| 行政网络 | 丞相<br>太尉<br>廷尉卿 | 京兆尹<br>左冯翊<br>右扶风 | 县长<br>县尉<br>县丞 | 乡啬夫<br>里正<br>伍长 |
| 治安专职网络 | 中尉<br>（执金吾）<br>司隶校尉 | 京辅都尉<br>左辅都尉<br>右辅都尉 | 巡街御使<br>南部尉<br>北部尉 | 亭啬夫<br>亭校长<br>亭卒 |

第二，长安城的建制适应了治安的需要。汉代沿用周秦以来的“街市分离制”来修建长安城。长安城内，居民区与商业区严格分开，居民住在一个个由坊墙包围的“坊”里，居民户不得向大街开门，坊门由专职人员把守，按时开闭。全长安160个坊，“屋室栉比，门巷修直”，堵塞隔断所有坊里间的邪径偏道，不准翻越墙头，坊里不得进行任何商贸活动，入夜实行宵禁，也不允许在未经许可的情况下动用火烛。商贸市场集中在指定的几个坊里。市坊设坊墙，中设当市楼，有市长等管理人员主管市场的行政与治安。全城坊市配置匀称，街衢巷陌，四通八达。全城八条主要通道，平坦宽阔，两头与城门相连。城外护城河上的大桥桥面与街道等宽齐平。中心大街幅宽50米，全长5公里，称为驰道。驰道中间7米为皇帝专用御道，任何人不得逾越。一般官民通行，走两边各5米的路面。驰道两旁，开挖排水沟，遍植榆树、槐树和青松，形成绿色林荫。其外侧又有各宽13米的人行道，作为公众用路。城中，皇宫、宗庙、政府机关与达官府邸均为高墙深院，层层套设，戒备森严。这样的城建体制，有利于社会层面控制，有利于城市治安管理。直到唐代安史之乱前，这种“街市分离”的城建体制始终维持着，不曾打破。

第三，采取强力的治安措施，解决重大治安问题。据《汉书》各篇传记所载，大批名吏、酷吏都有“猛”的一手。如张敞为京兆尹例：时长安九市，偷盗特多，害苦了商贾，连着几任京兆尹都处置不了。张敞上任后，向长安父老作调查，得知偷盗团伙各有首领，他们平时总是以一副温厚长者的面貌出现，其实坏事都出自他们之手。张敞弄清情况后，便召见这些“长者”，一一揭发其罪孽，责令他们戴罪立功。这些人情知无法逃脱罪责，便请求张敞给他们大小一个“名分”，然后分头回家召集偷盗，设酒宴庆贺。小偷们闻讯都来致贺，等他们喝醉后，全数收擒，审明之后罚以重金。长安市中一时偷盗绝迹。尹赏为长安令，时长安出现职业杀手，闹得全城死伤横道，桴鼓不绝。尹赏一上任，便召集全城乡吏、吏长、父老、里典（正）、伍人，将长安中“轻薄少年恶子及无市籍商贩”共数百人全部登录下来，然后命人“分行搜捕”，一网打尽，并收用其间某些人为爪牙。这些人“甘嗜奸恶，甚于凡吏”。尹赏到任数月，“盗贼不敢窥长安”。赵广汉为京兆尹，对于“郡中盗贼，闾里轻侠”，恩威并用，“其根株窟穴所在，及守吏受取请求铢两之奸，皆知之”。因而能及时破案。尹翁归守右扶风时，右扶风府中有各种记籍，但凡奸邪罪名、贤士不孝子，均登录在上。这样，一有案子发生，尹翁归便能指示手下人到某坊某里去捉拿，十拿九稳，被人尊之为“神”——归纳他们的办法：一是依靠基层，掌握社会动向；二是建立治安档案，“县县有记籍”；三是大刀阔斧，惩治奸恶，绝不容情；四是利用灰线、耳目等手段，及时破案，等等。这样做了之后，长安社会治安，曾有过一段相对安宁的日子。而为了京师治安这个大局，汉代有些能吏是敢于执法的。他们不仅敢于得罪权贵，甚至敢于阻止皇家的“非法行动”。东汉初“强项吏”董宣便敢于直面刘秀的皇威，严惩长公主的不法家奴。《后汉书·王球传》载：汉灵帝时，宦官王甫、曹芦等肆虐弄权，正直官吏王球说：“若得为司隶校尉，决不轻饶此辈！”司隶校尉是专职京师街面治安管理的朝官。后来王球果然作了司隶校尉，他一上任，即捕获王甫等宦官，将其击毙于刑杖之下，并陈尸于夏城门，揭榜大书“贼臣王甫”。京师为之震慑，豪右一时屏声，洛阳秩序安稳下来。

在具体治安措施方面，汉代一些地方长吏也积累了不少经验，仅《汉书》里就记载了黄霸、赵广汉、韩延寿、张敞和尹赏等一大批“能吏”处治地方治安的许多成功经验。如记籍、钩稽、类推、跟踪、耳目、灰线、奖励告密、分化瓦解、一网打尽等等。西汉中期以后，直到东汉灭亡，社会治安始终呈现严重不稳状况。当时，刺客侠士到处活动，地痞流氓为非作恶，职业杀手活动猖獗，偷盗集团此灭彼起，方士神巫胡作非为，帮闲食客造谣惑众。社会渣滓与统治阶级中最黑暗的势力汇集为一种反社会力量，他们以向社会作恶为快、以对无辜行凶为业。对于这些反社会活动，国家自然有责任予以处治。从这个意义上说，上述手段有其合理性的一面。然而，这种反社会活动猖獗之时、之处，又恰恰是在封建政权失控、半失控的环节上，是在封建官吏有意无意地纵容包庇下进行的，所以真正受害者还是老百姓。这就是汉代治安，尤其是京师治安始终未能真正彻底解决的症结所在。京师历来是天下“首善之区”，也是“重法之区”。西汉长安、东汉洛阳的治安，集中反映了当时全国社会治安的基本面貌。宏观地说，汉代有较秦完善的治安体制，有较秦成熟的治安经验，因而有较秦进步的治安成效。

## 第四节　地方郡国的治安机构

汉代实行郡县制，同时分封了一些王国（或侯国）。王国政府的长官称做“相”，是由朝廷直接任命的，对皇帝负责。一般“郡”“国”并称，“国”在其地位上相当于地方政府，但享有许多特权。在这些王国里，其职官设置大体仿照朝廷，一样设有相、内史、御史大夫、卫尉、廷尉之类的职官。而一般的郡则设郡守（尹）、郡尉（都尉）、郡丞等职官。郡（国）以下为县。西汉中期之后，地方搞“监察区”,若干郡(国)组成一个“州”,任命州刺史去监察郡(国),但不构成一级行政单位。王国的治安管理,我们一面可视之为帝国政府治安管理的“具体而微”,是帝国治安机构的压缩;另一方面又可以把它视之为郡一级的地方治安机构,它与全国各郡治安机关一起,构成地方治安网络。因此,我们可以略去王国治安不说,而专论郡的治安。郡府中有哪些与治安相关的职官呢?请看下表:

**汉代郡（王国）政府的职官配置表**

一、郡守：又称太守，一郡长官，全面负责全郡政务。由皇帝直接任免。
　　（王国国王由皇帝册封，但不管理政务。由皇帝任命之国相主管政务）
二、都尉：又称郡尉，主管本郡治安。由朝廷考核，皇帝任免。可代行太守之责。
　　（王国中尉、属国都尉：则负责王国内的治安与安全）
　　关都尉、骑都尉、农都尉、分部都尉等：视需要设于特定部位。
三、郡丞：主管郡府政务。郡守辅佐职官，由朝廷考核任免。
　　长史：主管本郡兵事。郡守辅佐职官，由朝廷考核任免。
四、属吏一（右职）：由郡守直接聘任、考核。
　　功曹：负责组织人事。
　　五官掾：负责礼宾事宜。
　　督邮：代表太守巡察属县县政。
　　上计吏：向朝廷汇报本郡土地、人口、收成与治安等郡情。
　　属吏二（列曹）：由郡府任免、考核。
　　户曹、比曹、田曹、水曹：分头处理一郡民政、户政事宜。
　　仓曹、金曹：分头处理本郡财政事宜。
　　漕曹、法曹、集曹：分头处理水陆交通、运输与邮驿事宜。
　　兵曹、尉曹、贼曹、决曹、辞曹：分头处理军事、治安与刑狱。
　　医曹、学官：分头处理医药、文教事宜。
　　散吏：随事而设，视需要临时聘用。
　　属吏三（门下亲近吏）：由郡守任用、考核。
　　主簿：太守的咨询、参议。
　　计室：太守的簿书、会计。
　　门下督盗贼：郡府内部的安全保卫。
　　府门亭长：负责政府机关所在地的治安管理。
　　书佐：文书。
　　小史：杂使。

汉代郡县命官，由朝廷直接考核任免；郡县吏役，则由郡守自行选拔委用或升迁、罢免。郡守全面负责一郡政事，都尉主管全郡治安，有时兼理郡务，级别高于其他属官。在郡守的属吏中，督邮代表郡守巡视下县，上计吏则一年一度代表本郡向朝廷汇报户口、耕地、钱谷、治安情况，两者均享有很大权威。列曹中与治安业务密切相关的是户曹（人口管理）、比曹（户籍稽核）、漕曹（漕运）、法曹（邮驿）、集曹（公共场所管理）、贼曹（巡警、缉捕）、辞曹（狱审）等。至于太守门下亲近吏中，则由"门下督盗贼"主管府的内部保卫工作，府门亭长主管治所（郡城）城门与公府安全。而记室则要随时搜集、登录、汇总、统计全郡各方面的簿书、图籍、数据，以备查核。汉政府机构的严密配置，保证了国家机器的正常运转，所以有时朝廷虽是孤儿寡妇在位，但国家对社会并未失去控制。

汉代太守有自立条教、发布地方法令之权。《汉书》载：黄霸为颍川太守，曾"为条教，置父老、师帅、伍长，班行之于民间"。薛宣治左冯翊，"用法平而必行，所居皆有条教"。秦彭为山阳太守，"每于农月，亲度顷亩，分别肥瘠，差为三品，各立文簿，藏之乡、县。于是奸吏无所容诈。"汉政府还推广了他的经验。郡太守还有监察属县、生杀属吏的权力。太守每年春季巡行所属县，考察县政，进行罚过赏功，遇有猾吏、奸民、豪绅为非作恶，可以先斩而后奏。郅都在济南杀豪猾，王温舒在河内捕杀大奸，义纵在定襄掩杀奸恶等，都是有名的例子。这一来，也就出现了因缘比附、故意杀人立威、无视国法、无视民命的现象。乔玄敢于在汉阳杀县令，王弘在弘农敢杀二千石官，"小民"在其刀下丧身，更是不足为怪的了。可见郡守人选是一个关键。

郡尉（都尉）的主要职责是维护境内治安。吾丘寿王，有才干，适逢"东郡盗贼起"，朝廷就拜他为东郡尉，"不复置太守"，让他兼行太守之事，结果东郡治平。都尉也要巡行辖区各县，目的是考察治安状况。为了一郡的治安，当局面复杂、治安责任繁重时，一郡也可能配备两个甚或三个都尉，分片管理。如会稽郡有西、南两部都尉；朔方、五原、云中、辽东等郡皆设中、东、西三部都尉各一人，分区主管一方治安。另外，函谷关、玉门关等要塞设有关都尉。边境地区都尉之下，还有烽候、障候、寨尉、亭啬夫之类，分别负责境内的戍守与安全。

督邮受太守领导,经常巡察属县县政。一郡之中,视属县之多少与任务多寡,有一、二、三、五位名额不等的督邮,各自分管巡查一片。管片内上自王侯,下至豪右,中含县府属官,都在其督察审查之列。同时,还催租点兵、追案盗贼、捕拿罪犯、押送囚徒、完成某项临时机要差遣,颇有点后世巡警长、检察长的职能。

上计吏，包括上计掾、上计史及其他上计随员，其职责是代表本郡向朝廷汇报本年度土地垦殖实绩、钱谷收支实数、人口增减动态、治安狱政动态，要求以具体详实的数字登记为依据，并说明发生变化的原因。政府将依上计情况决定官员的升迁、罢免、罪罚等，有时朝廷还要询问其他相关政情，因而此职极受重视。东汉名流郑玄曾经当过上计掾，彭漾当过上计史，邴原当过上计佐（随员），赵壹也曾当过上计吏。上计吏到京，可受到皇帝的接见，参与国家大典。这一职务之所以引起我们的注意，是因为他的上计项目中，包括了治安统计在内，是要按年度逐年上报的。这类“档案资料”，对治安史研究尤为珍贵，可惜难以一睹了。

## 二、县级治安吏役

《汉旧仪》说：秦代实行郡县制，汉因袭之，大致百里一县，万户一县。每县设县令（长）一名，县丞一名（京县设两名），县尉一至二名（京县多至四名，分部管理）。县令（长）是一县之长，主持县政：①讲善劝义掌教化；②禁奸罚恶管治安；③审狱平乱主兵刑；④劝课农桑惜农时；⑤征租催赋给夫役；⑥按年上报县政情。县丞是县令的主要辅佐官，分管全县仓、狱二事，这是县府要务中的要务。县尉则与县令（长）、县丞分府办公，在县廷之外另设官署，其职掌主要是本县治安。《汉书·百官志》说："尉主盗贼。凡贼发，主名不立，则推案行，寻案奸宄，以起端绪。"这就是说：县尉主管缉盗之责。当发生大案时，若人犯尚未归案，主名未立，县尉就要巡行管区，负责侦查、缉捕，追索凶犯，向县令（长）提交人犯与案情报告和罪证，以便审理。——为此，平时县尉就得经常巡视各地，特别是交通要道、乡里邮亭，以便掌握社情动态；还要在要害地区布置监察。此外，全县劳役、兵役的集中管理、轮番当值等组织工作，也由县尉主管。县尉在治安业务上受郡都尉的领导与支配，并负责指导县亭与乡亭的治安业务。在国家警治安全系统内，他处在一个承上启下的重要部位。加上他与县令（长）分开办公，因此不完全受县令（长）的节制，有一定的独立性，有时并有资格署理县令的工作，其地位比县丞还高。

### 三、乡里吏役的治安工作

秦汉国家命官只到县丞为止，乡里什伍的公务人员统归县府管理，由县令选择"乡里有财力者任之"。因而他们只是一些带义务性的职役，算不上"官"了。但乡里处于国家的最基层，国家一切赋税、徭役、征兵、教化、狱讼、治安等方面的事宜，最后都要落到乡或里的这些公职人员身上，而乡里吏役又总是以国家公职人员的身份、用政府的名义去面对百姓处理业务，因而有"乡官"的习惯性称呼。《史记·陈涉世家》说，陈涉起义，攻下陈郡后，"数日，号令召三老豪杰与皆来会计事……当此时，诸郡县苦秦吏，皆刑其长吏，杀之以应陈涉"。可见当时起义军是把乡三老们作为争取的对象的。

一乡之长（也称乡啬夫），有职务补贴，享受免役免赋的特权，管理乡的全面工作。每乡设一位年高有德的"三老"，由他主持教化，主管社会教育，有较高社会地位，但不在乡吏的序列之中，并不"治民"。每乡派驻一名或多名游徼，直属县尉管理，负责所驻地段的"禁盗贼"等治安事宜。为此，任乡啬夫者必须有财力，任三老者必须有威德，任游徼者必须有才干。有时，乡啬夫可以兼三老、游徼之事而不另外选派。当然，在乡一级班子中，有财有德有能三者具备，通常是做不到的。汉制：乡下有里，里下有什、有伍。五家为伍（习惯上称邻伍，每一家都有"四邻"），十家为什，十什为里，十里为乡。里有里正，或称里典、里魁。"其有辩护伉健者为里正"。[①] 里正必须是百户人家中的强者，否则他不能完成征税、征役、治安之类的任务。凡郡县办案人员下乡办案，所在地的里正都必须到场；案情报告书上必

**汉代治安体制表**

| | 朝廷 | 京师 | 郡（国） | 县 | 乡里 |
|---|---|---|---|---|---|
| 政府主要官长 | 丞相 | 京兆尹<br>右扶风<br>左冯翊 | 太守（国相） | 县令<br>（长） | 乡啬夫<br>里正 |
| 治安主管职官 | 太尉<br>廷尉 | 京辅都尉<br>左辅都尉<br>右辅都尉 | 都尉（郡尉）<br>关都尉<br>骑都尉 | 县尉 | 亭啬夫(长)<br>游(循)徼 |
| 承办治安的官佐吏员 | 中尉<br>卫尉<br>率尉 | 巡街御使 | 督邮　上计<br>比曹　户曹<br>贼曹 | 列曹<br>上计吏 | 校长<br>求盗 |
| 治安组织 | 郎<br>禁军 | 屯驻兵士<br>更番隶役 | 驻屯兵<br>更番隶役 | 弓手 | 亭卒<br>隶役 |

① 《公羊传·宣十五年注》。用《十三经注疏》本。

须有他的签名画押才算数。可见这个芝麻官是不能小视的。当然其差使也是极艰苦的。居民办户口迁移手续，或出外经商旅行，都要由里正出面办理证件，承担行政责任。

需要特别交待一下的是亭。秦汉两代都有亭的建制。前已说明，秦代郡府县廷所在地有都亭，城门、府门有门亭，街道有街亭，市场有市亭，乡有乡亭，津渡口有守津亭，边防线上有戍亭。据统计，西汉 1587 个县中，有 6622 个乡，29635 个亭，平均每乡 4 个亭上下；东汉有县 1180 个，乡 4000 余，亭 12442 个，平均每乡 3 个亭左右。亭的设置遍布全国。东汉洛阳 24 条街，每街 1 亭；12 个城门，每门 1 亭。长安 8 街 9 陌，有 17 个亭。[①]《风俗通》说："汉家因秦，大率十里一亭。亭，停留也……盖行旅宿食之所馆也。"《后汉书 · 百官志》说："亭有亭长，以禁盗贼。本注曰，亭长求捕盗贼，承望都尉。"《急就篇》说："斗变杀伤捕伍邻，游徼亭长共杂诊（侦查、判断）。"《汉官仪》说："尉、游徼、亭长皆习五兵：弓弩、戟盾、刀剑、甲铠、鼓。吏赤帻、行縢，带剑、佩刀、持盾、披甲、设矛戟，习射。……设十里一亭，亭长、亭侯；五里一邮，邮间相去二里半，司奸盗。亭长持二尺版以劾贼，索绳以收执贼。"综合上述各项看来，汉代亭是设在地方交通要道上的，除邮递公文，维护其安全快速，迎送过往官员，保证其安全无事之外，主要职责是社会治安管理。它在业务上归县尉领导，在乡村，与游徼协作维持治安，游徼在乡与里的面上工作，亭长在交通线上工作，分工是明确的。亭有亭舍，大城市市场的市亭，还有市楼，"以候望也"。有专门办公地点，是基层的公共建筑，过往人员必经之点，因而亭舍也用来张贴文告，组织草市（集贸市场），劝勉生产，收系人犯，执行宵禁等。任务繁重，职役配备就比较多，除亭长外，还有亭

---

① 《汉官仪》，转引自《历代职官制》。用《丛书集成》本。

佐（亭长之副）、亭候（职司候望）、亭掾（主管亭务）、求盗（职在逐捕盗贼）、亭父（掌开闭扫除）、亭校长（掌亭卒的五兵训练）。另有许多亭卒，负责邮送公文，载送公差行李，亭卒要维护市场治安，检查衡器物价，征收摊位税、商品税、交易税等。亭长、亭卒执行任务时，要着装，持二尺版，带五兵，敢于出现场，能侦缉嫌疑，捕获凶犯，很有点像后世警察。

汉代各级政府中的治安职官执行任务时，有法定手续，上下治安机构之间有业务上的“承望”关系，即指导约束关系。因此，从治安这一专职领域看，它有相对独立性。郡都尉的治所，县尉的公署，街市与乡村的亭，与郡府、县廷、乡公所机构是分开设置的，有相对的独立性。发案时，它们负责侦破、收捕，但不参与审理，无权结案。在这个意义上说，汉代治安是成型了，而且初步具备了后世警察的某些形态。

## 第五节　汉代的户籍登录

### 一、汉代户籍是秦代户籍的发展

秦代户籍登录程式、内容、法律要求，为整个封建社会的户口管理提供了模式。汉承秦制，汉代户籍是秦代户籍的继承与完善。

汉代户籍登录内容与秦相比没有多大变化，但“记籍”的类型繁复了，种类增多了，为各种专业甚至专题服务的记籍出现了：汉代商人有市籍，宗室成员有名籍，官僚有宦籍。地方大员为着治安目的，还可以在辖区搞各式记籍，如东海郡就有登录本地豪猾、黠吏、奸邪罪名的记籍。仓库厩苑有簿籍，连牛马兵器都有登录号，载入帐籍。可以说汉代记籍已经体系化了。

可惜的是，我们迄今没能见到汉代户籍的原样，但从《居延汉简》和史书记录上可以看到汉代人户与土地登录的大致情况和统计结果。公元2年即西汉平帝二年，全国人户登录数为：59 594 978人，12 233 062户。这符合一般规律：人户相比约为5∶1。这个人口水平，连唐代极盛时期都没有突破——唐代在籍人口的最高登录数为天宝十四年(755)统计的数字：52 919 309人。

汉代人口统计表

| 公元年代 | 汉代帝王纪年 | 在籍人口 |
| --- | --- | --- |
| 前202年 | 高祖五年 | 8 000 000人（估算数） |
| 2年 | 平帝元始二年 | 59 594 978人 |
| 57年 | 光武帝建武中元二年 | 21 007 820人 |
| 88年 | 章帝章和二年 | 43 356 367人 |
| 105年 | 和帝永元十七年 | 53 256 229人 |
| 140年 | 顺帝永和五年 | 49 150 220人 |
| 157年 | 桓帝永寿三年 | 56 486 856人 |

［说明］1．资料来源：《汉书·地理志》《后汉书·郡国志》《晋书·地理志》。
2．秦代全盛时，人口约达30 000 000之数，秦末人口损失惨重。
3．晋武帝太康六年（285年），全国人口仅剩16 163 863人，损失惨重。

## 二、汉代户籍的登录过程

汉政府对户口的登录与管理十分重视，有一套具体制度。首先，在户口管理方面，实行分级管理。在基层，汉代五家为伍，十家为什，百家为里，十里为乡。伍长、什长、里长与乡啬夫们要具体管理户口，户口的申报、登录、迁徙，由乡啬夫们办理。凡欲变更、迁移户籍，需完成本年度更役、赋税任务，并在迁移证明中写清楚。汉政府规定每年秋后（夏历八月，公历九、十月之间）以县为单位核查人口。全县居民都要按期到县廷接受审查。县令要对每一个登录的人逐一审视、核实，称为“貌阅”。

《后汉书 · 江革传》载：江革因母亲年老受不了路途颠簸，每年县里按比人口时，他就自己在辕中拉车，不用牛马，把母亲平安地送到县廷登录、审查、阅视之后再拉回家里。老乡们都称他是"江巨孝"。可见当时全国上下对于户口登录工作的重视。各县登录审阅完毕后，要进行总计。《后汉书 · 百官志》："秋冬岁尽，各计县户口、垦田、钱谷入出、盗贼多少，上其籍簿。"县报至郡（王国），郡再委派上计吏至京师汇报，"天下郡国计书，先上太史令，副上丞相。"[①] 因此，汉代人口、土地、钱谷收入、治安状况这四大项，政府均有系统的资料保存着。应该说明，有了这四大指标，对一个地区的发展状况也就有了评价的基本依据了。正因为史官参与保管这类资料，所以《汉书》、《后汉书》对汉代不同时期土地人户数字及其地域分布，都能清清楚楚作出记录，甚至精确到个位数。尤其令人惊讶的是公元 144、145、146 三个年头，东汉顺帝、冲帝、质帝走马灯式相继上台下台，政局变化如此之大，而这三年的统计数字仍然很明细，史载：

| | | |
|---|---|---|
| 顺帝建康元年（144） | 垦田：6 896 271 顷 56 亩 194 步 | 人口：4 973 055 人 |
| 冲帝永嘉元年（145） | 垦田：6 957 676 顷 20 亩 108 步 | 人口：4 952 418 人 |
| 质帝本初元年（146） | 垦田：6 930 123 顷 38 亩 0 步 | 人口：4 756 677 人 |

［说明］本表内容见《汉书 · 地理志》所引伏无忌统计数。

可以看出，这期间国家直接控制的人口与耕地数字能具体到亩、到步，到户、到人，说明当时尽管皇帝换了又换，各级行政机构始终在不断运转、正常工作，维持着很高的行政效率。

各地的户口、田土、钱谷、治安动态汇报到朝廷后，经统一整理汇总，要上报皇帝。皇帝每隔三年接受一次汇报，届时要举

① 《汉书 · 职官志》所引《汉仪注》。用中华书局 1962 年点校本。

行隆重仪式来“受计”，以示重视。汉武帝就曾在封泰山时亲自“受计”，又曾在明堂、甘泉宫等地“受计”，可见其重视程度之高。光武帝刘秀曾于建武十六年（公元40）因“度田不实”处死河南尹张某等十余人，宗室竟陵侯刘隆也一度被捕下狱，免为庶人，因为他派遣的上计吏不肯如实汇报河南与南阳的垦田数。“河南帝城（国都）多近臣，南阳帝乡多近亲”，这些皇室的近臣、近亲们争相占有土地，其所依附的人口，地方政府是无法确切掌握的，上计吏自然也就无法如实汇报了。而光武帝的这次惩处，却是向全国表明了帝国政府希望准确掌握土地人口基数这一强烈要求。事实上，不仅是帝城、帝乡，各地的人口土地数字，都不可能是真正准确的，尤其是在发生战争、天灾与动乱的时期和地区，不可能有很准确的统计数字。后人只是知其大概而已。

## 第六节　社会治安的严重败坏

汉代人民创造了当时世界的第一流的物质文明、精神文明和制度文明，这是尽人皆知的；汉代人民也承受了无法想像的深重灾难，这是连官方正史也有所记载的。下面从京师难理、天灾兵祸与吏治的腐败、社会黑势力的猖獗等方面，看看汉代社会治安的严重性。它在两千年封建社会中是有代表性的。

### 一、京师难理

封建国家的治安，难度最大的是京城。了解了一代京师治安，也就把握了当时社会治安的基本状况。西汉定都长安。长安，位于渭水南岸，终南山北麓。周秦以来，一直是国家政治、经济、文化、交通最称发达的地区。西汉立国之后，经过改建扩建，它不仅成为全国最大都会，拥有百万人口，而且随着丝绸之路的开通，又成了举世闻名的国际都会。相应地，都市的治安管理的重担，也就压到了汉政府身上。而且，长安城的人口构成极为复杂。首先，皇室宗亲，贵族官僚，以及其门下的大量依附人口，本身就构成了一个突出的治安难题。如西汉立国后，为着“强干弱枝”，不断地从全国各地迁来富商大贾，豪强地主，充实长安，试图由朝廷直接控制，以免在地方生事。然而他们一来到京师，必然要忙着重建自己的天堂，编组权力关系网络。他们的集结，形成又一支庞大的消费力量，给长安的社会管理与社会服务带来了巨大的困难。另外，全国各地求官求学求业观光的人员，也不间断地涌入京城，各少数民族、各边远地区人员，也要到京师来谋生求业或观光旅游。国外客商、游人与政府使节，同样往来不止。政府为着有效控制都市治安，又屯驻了大量兵士。为着皇宫等巨大工程的建设，又要召集各地来的民夫或徒役。此外，还有一批混水摸鱼者混迹其间，浮浪于京师。这些人，各有其特殊的需要，特殊的服务，特殊的困难，正如《汉书·食货志》所言：“五方交错，风俗不纯”，“郡国辐辏，浮食者多”，“长安炽盛，闾里各有豪侠”。要让成分如此复杂的百万人口各安其位，各守其分，维护住长安城的治安秩序，谈何容易！因此，我们看到：《汉书·百官公卿表》记载：景帝、武帝年间所任用的专司京师治安的中尉如郅都、宁成、张敞、王温舒、尹赏、杜周等人，几乎都是《汉书·酷吏传》中的人物。于此也就可见当时治安问题的严重程度，统治集团只有动用暴力手段才能维持其“秩序”。再看《汉书》对于成帝时长安社会秩序的记载：“南山盗贼阻山横行，剽窃良民，杀奉法吏，道路不通，城门至以警戒。步兵校尉使逐捕，曝师露众，旷日烦费，不能擒制，二卿坐废。群盗浸强，吏气伤弱，流闻四方，为国家忧……长安宿豪大猾如东市贾万某，城西章剪张，禁酒赵放，杜陵杨章等皆通邪结党，挟养奸宄，上干王法，下乱吏治，并兼役使，侵渔小民，为百姓豺狼。”“朝廷更数任二千石（京兆尹），二年莫能讨。”又，

“永始元延间，上（汉成帝）怠于政。贵戚骄恣。红阳长、仲兄弟交通轻侠，藏匿亡命，而北地大豪浩商等抱怨，杀义渠长妻子六人，往来长安中。丞相御史遣掾求逐党与。诏书召捕，久之乃得。”“长安中奸猾浸多；闾里少年群辈杀吏，受赇报仇。相与探丸为弹，得赤丸者杀武吏，得黑丸者杀文吏，得白丸者主治丧。城中薄暮尘起，剽劫行者，死伤横道，桴鼓不绝。”由这几条史料即可看出：上自公侯贵戚，下到地方豪绅大猾，奸商大侠以至闾里少年，窃贼亡命等等，已经拧结在一起，构成一股凶顽的反社会黑势力，他们甚至有职业杀手，专以向社会报复、向良民逞威为能事。

**二、深重的天灾**

两汉时水灾旱灾地震山崩海啸霜灾虫灾风灾，几乎无年无之，加之政府组织无力，措施有限，救治不时，老百姓受尽了苦难。下面从皇家正史中摘录一些尤为惊心怵目的史料。

（一）汉武帝时

◆ 建元三年（前 138）春，河水溢于平原（郡），大饥，人相食。

◆ 元狩元年（前 122）十二月，大雨雪，民冻死。

◆ 元鼎二年（前 115）夏，大水，关东饿死者以千数。

◆ 元鼎三年（前 114）三月，水冰，四月雨雪，关东十余郡人相食。

◆ 元封四年（前 107）夏，大旱，民多饿死。

（二）汉元帝时

◆ 初元元年（前 48）五月，渤海水大泛滥，六月，关东大饥，民多饿死。琅琊郡人相食。

◆ 初元二年（前 47）六月，关东饥，齐地人相食。一年中地震两次，北海水溢，流杀人民。

◆ 初元五年（前 43）夏，齐地人相食。

◆ 永光五年（前 39）秋，颍川水出，流杀人民。

（三）新莽时

◆ 天凤元年（公元 14）七月，沿边大饥，人相食。

◆ 地皇三年（公元 22）关东人相食。

◆ 同年夏，蝗从东方来，飞蔽天，至长安，入未央宫……流民入关者数十万人，乃置“养赡官”廪食之。使者临库领食，与小吏共盗其仓廪，饿死十之七八。

◆ 更始二年（公元 24）民饥饿相食，死者数十万，长安为虚，城中无人行。

以上材料均摘自《汉书》。《汉书》是官修史书，尚且有如此频密的“人相食”的记载，而且动辄数郡、十数郡地“人相食”，当时人民的痛苦可想而知了。很难想像在灾祸连年的情况下，还有什么治安可言。再看东汉，更是每况愈下了。

（四）光武帝时

◆ 建武二年（公元 26）三辅大饥，人相食，城廓皆空，白骨蔽野。

◆ 建武三年（公元 27）人相食，黄金一斤易豆五升。山东饥馑，人庶相食。兵所屠灭，城邑丘墟。

（五）桓帝时

◆ 建和元年（公元 147）荆扬二州人多饿死。

◆ 元嘉元年（公元 151）春正月，京师疾疫；二月，九江、庐江大疫……

◆ 元嘉元年（公元 151）任城、梁国饥，人相食。

◆ 永寿元年（公元 155）二月，司隶、冀州饥，人相食。六月，洛水溢，南阳大水……流失尸骸，败坏庐舍。

◆ 延熙四年（公元 161）春正月，大疫。

◆ 延熙九年（公元 167）三月，司隶、冀州饥，死者十之四、五，至有灭户者。长沙、桂阳、零陵等郡岁不登，民多饥死。

以上材料摘自《后汉书》。东汉末年，民难更重。汉献帝兴平元年（公元 194）三辅大旱，“人相食啖，白骨委积”。献帝使人拿出太仓谷米煮粥救饥，而死者相继。有新丰县民鲍生者，与老母、两个哥哥、两个弟弟家居，饿极，出外搜集草籽，得数升。他让兄弟们先回家作食喂母，自己与小弟继续采集。不意兄弟回到家里，“啖人贼数十人已掠其母，以绳贯其手掌而去。”这类惨剧的一再出现，表现出当时人民的深重苦难。

## 三、深巨的兵祸

西汉初期的楚汉相争，中期的与匈奴战，末期的农民起义；东汉初的军阀混战，末期的天下大乱，都使全国人口大起大落，民众受尽了苦难。

### （一）楚汉相争

《史记 · 项羽本纪》：项羽攻襄城，襄城无遗类，皆坑之。攻城阳，屠之；坑秦降卒二十余万人于新安城南。引兵西屠咸阳，杀秦降王子婴。烧秦宫室，火三月不灭。伐齐，烧夷齐城郭，所过者尽屠之。攻彭城，杀汉卒十余万人；追击至灵璧，汉军十余万人皆入睢水，睢水为之不流。

### （二）与匈奴战

《汉书 · 五行志》载：

♦ 元光四年（前 131）武帝自此开始征伐四夷，师出三十余年，天下户口减半。

♦ 元狩四年（前 119）卫青、霍去病兵出漠北，围困匈奴单于。杀虏八九万，汉军死者数万，马十余万匹。

♦ 征和三年（前 90）贰师将军李广利所率七万人败没匈奴。

### （三）光武争天下

《续汉书》载：

♦ 新莽地皇四年（公元23）光武起兵，破南阳，杀其士众数万人。

♦ 同一年（刘玄更始元年，公元23年）昆阳之战，王莽兵自践死数万人，赴水死者数万人。

♦ 更始三年（公元25）与赤眉战，死者三万人。

♦ 建武二年（公元26）杜陵之战，死者十余万。昌平之战，“斩首十万”级。

♦ 建武四年（公元25）张步军覆没于巨马水上，八九十里僵尸相属。

♦ 建武十二年（公元36）攻灭公孙述，所杀数万人。

（四）董卓暴行

《续汉书》载：“董卓遣军至阳城。时民正会于村社下，卓悉令就地斩之，驾其车重，载其妇女，以头系车辕，歌呼还洛阳。其婿遣将掠陈留、中牟、颍川诸县，杀掠男女，所过无复遗类。董卓迁都于长安，徙洛阳人数百万西行。步骑驱逐，更相蹈藉；饥饿寇掠，积尸盈路。烧洛阳城外百里，又烧城内南北宫及宗庙、府库、民家，城内扫地已尽，二百里内无复孑遗。于是山东牧守大兴义兵，名豪大侠，富室强族，飘扬云会，万里相赴，大者连郡国，中者婴城邑，小者聚阡陌，以还相吞灭……百姓灭亡，千里无鸡唱。帝西入关时，三辅户口尚数十万，自董卓将李傕郭汜相攻之后，长安城空四十余日……二三年间，关中无复人迹。”

### 四、黑势力的猖獗

汉代四百年间，社会治安问题从未真正解决过。所谓道高一尺，魔高一丈，用以说明黑势力倒是很适当的。

（一）黑暗势力，充塞社会

皇族、贵戚、宦官、昏官、奸吏、豪绅、大侠、恶霸、兵痞、盗匪、无赖子弟……构成了汉代社会的一股黑势力，无时无刻不在吞噬着小民。他们是比天灾比兵祸更为经常、更为普遍的祸患，是社会治安中更难解决的祸胎。西汉末，大臣鲍宣说过一段话，载于《汉书·鲍宣传》："凡民有七亡（逃亡）：阴阳不和，水旱为灾，一亡也；县官重责，更赋租税，二亡也；贪吏并公，收取不已，三亡也；豪强大姓，蚕食毋厌，四亡也；苛吏徭役，违失农时，五亡也；部落鼓鸣，男女遮道，六亡也；盗贼劫掠，取民财物，七亡也。七亡尚可，又有七死：酷吏殴杀，一死也；治狱深刻，二死也；冤陷无辜，三死也；盗贼横发，四死也；怨仇相残，五死也；岁恶饥饿，六死也；时气疾疫，七死也。民有七亡而无一得，欲望国安，诚难！民有七死而无一生，欲望刑措，诚难！此非公卿守相贪残成化之所致邪？郡臣幸得居尊官，食重禄，岂有肯加恻隐于细民，助陛下流教化者欤？志但在营私家、称宾客、为奸利而已！"

（二）大案冤狱，杀人无限

汉武帝时期，迭兴大狱。《史记·平准书》：元狩元年（前122），淮南王刘安、衡山王刘赐"谋反"被诛，党羽死者数万人。江充制造"巫蛊"一案，受牵连而死者前后万人。又，武帝令以银锡为金，造成五铢钱，又下令"盗铸金钱，罪皆死"，而吏民之盗铸白金者不可胜数。《汉书·食货志》："后五岁，赦吏民之坐盗铸钱死者，数十万人，其未发觉而相杀者，不可胜计；赦自首者百余万人。然自首者无半数，天下大抵皆为盗铸矣。"

王莽时，每改铸一次钱，百姓必破业而大陷刑戮。莽法：私铸钱死，诽诅"宝货"（小钱）者流放四裔。伍人相连坐，没入为官奴婢。[1] ——因而犯法者多，不可胜治。于是又轻其法，而犯陷者愈众。郡县传送长安铁官，其男女槛车，儿女子步行，以

---

① 《汉书·王莽传》。用中华书局1962年点校本。

铁锁琅铛其颈，到者以十万数，又易其夫妇。愁苦死者十之六七。时法禁烦苛，百姓无以措手足。耕田力少，不足以征赋税；闭门自守，又因邻伍铸钱而连及，奸吏从而弊民。民不聊生，不得不起而为“盗”。

（三）豪强兼并，腐败成风

这种兼并，是汉朝立国之初，从开国勋臣开始的，萧何带了这个头。汉初，萧何为相国。他在建国过程中，功勋第一，很得关中民心，引起刘邦的猜忌。他于是设法“自污”，大放高利贷，低价强买民田宅数千万，以此来“贬损声名”。这样，贤相萧何成了汉初首先致富的豪门。百姓遮道挡驾向刘邦控告萧何的大肆侵夺，刘邦将吏民所上书全都交给了萧何，笑着说：“你相国也沾老百姓的光!”不但不责备他，反而喜欢他这么做。自此浸染成风，权势者兼并不已。东汉仲长统著《昌言》，其《损益篇》《理乱篇》都揭示说：汉兴以来，同样的编户齐民，而以财力相君长者，成千累万。而“清正廉洁之士，徒自苦于蓬蒿之间，于世风毫无所补。”“豪人之室，连栋数百，膏田满野，奴婢千群，徒附万计，车船贾贩，周于四方……妖童美姬，填于窟室；倡讴伎乐，列乎深宫。”可见腐败之风何等地猖獗!

（四）轻侠横行，民不聊生

武帝时，功臣灌夫好任侠，所与往来，尽为豪强大猾，其宗族宾客横行于颍川，所在吏民畏避。又，宁成被解职还乡后，租佃附郭田千顷，役使贫民数千家，不几年间，产业达数十万。他任侠行权，威重于太守，而且持吏短长，莫敢谁何。汉宣帝时，涿郡有东高氏、西高氏，横行于州里，郡吏以下无人敢问。其宾客为盗贼，郡县案收，则藏匿于高氏，吏不敢追。于是更为放肆，闹得“道路张弓拔刃，然后敢行”。百姓传言：“宁得罪二千石，不能得罪高氏家。”元帝时，北地大豪往来长安中，长安中奸猾越来越多，闾里恶少受贿报仇，城中薄暮尘起，剽窃行者，死伤横道，桴鼓不绝……

汉代，处于封建社会发展的前期，两汉先后四百年，在中国历史上是个很兴盛的王朝，但仅从本节所举事实看，也可以了解到当时老百姓是生活在怎样一种水深火热的境遇中了。我们揭出这一切，意在说明一个问题：封建社会的社会治安，是由统治集团来管理的，而破坏这种治安的，恰恰就是统治集团本身。这是一种阶级的、历史的真实。在讲汉代文明与汉代治安管理时，这一切更不应该被忘记。

# 第六章

# 六朝：动荡年代的社会治安

三国两晋南北朝时期（220—589 年），除了西晋有一段短暂的统一外，我国始终处于分裂动荡之中，为期四百年之久。然而，中华文明经受住了这一严峻考验，仍然保持着自己的发展势头，我国中原以外的周边地区得到了更多的发展。恰恰是在这四百年间，中华民族体现出举世无双的生命力、融合力与凝聚力、向心力。其间，周秦两汉以来形成的共同民族心理素质与管理文化，无疑起了强大的纽带与粘固作用。就管理文化来说，魏晋南北朝时期，无论哪个政权，都十分注重人口的登录记籍与管理，十分注重城市安全秩序的管理，借以确保政权基础的稳固；十分注重交通管理，借以发展不同政权之间的经济文化往来；十分注重秦汉法制基础上的法理建设，使秦汉治安在特殊历史条件下得到了多方面的充实与提高。其中删繁就简的西晋《泰始律》，体例明晰的北齐《北齐律》，为隋唐的法律制定奠定了基础。

综观六朝治安，自有其历史特色。各族各政权在治安领域内，保持了相互沟通、相互对接的历史融通性。这是古代社会秩序破坏了又能重建的社会文化与政治基因，是国家能最后趋于统一的社会历史机制，从而也为隋唐新的大一统政权更高层次上的治安事业打下了根基。

## 第一节　治安法理的新收获

六朝时期，又有一批政治家与学者，进行着刑名法术之学的理论研究与社会应用，有不少创获。在治安法理的研究与应用上，曹操、诸葛亮、杜预、张斐、葛洪等人，都各有特定贡献。

曹操早年曾任洛阳北部尉，负责京师洛阳北部地区治安。他一上任，便修缮四门，造五色棒，四门各悬十余根。有犯禁者，不论其势力多大，一律棒杀之，京师豪强敛迹，再也无人敢于犯禁了。曹操一从政，便表现出他的治安才能。曹操“揽申商之法术，该韩白之奇谋”，他施政的指导思想是“治定之化，以礼为首；拨乱之政，以刑为先”。[①] 因时制宜，迭用刑礼，对于结束汉末大动乱，将黄河流域的社会重新引上秩序轨道，起了重大作用。他令出法随，用信赏必罚来推进教化，用“清识平当，明于宪典”之人来推进法制建设。又，东汉以来，绑架人质事频频发生，因顾及人质安全，劫持人质成风。曹操便著《令》：“自今以后有持质者，皆当并击，勿顾质。”——由是劫质者遂绝。这在《三国志·魏书·夏侯淳传》有记载。中国人质问题不算尖锐，与此时形成的政风传统有关。

陈寿《三国志·蜀书·诸葛亮传》介绍：诸葛亮治蜀，“抚百姓，示仪轨，约官职，从权制，开诚心，布公道……善无微而不赏，恶无纤而不贬……政刑虽峻而不怨者，以其用心平而劝戒明也。”他认为“宠之以位，位极则贱；顺之以恩，恩极则慢”，不若“威之以法，法行则知恩；限之以爵，爵加则知荣”，从而形成“恩荣并济，上下有节”的政治秩序。在治安事业方面，诸葛亮之突出表现在处理民族关系方面。西蜀民族关系汉代以来一

① 《三国志·魏志·高柔传》。用中华书局 1959 年点校本。

直是国家政治中的一个重要课题。诸葛亮以“心战为上”，七擒七纵西南夷的民族首领孟获，使之心悦诚服。诸葛亮在战胜之后，并未驻军留守。而是选用当地能人，进行自治，并超拔其英杰，参与蜀中大政。孟获本人就很受重用，任蜀汉御史中丞，负责纠弹监察。在民族矛盾空前激化的魏晋南北朝，诸葛亮的思想和实践是很有启发意义的。

在治安的理论建设方面，西晋杜预、张斐都作出了贡献，而张裴特别值得一提。张斐，晋武帝时任明法掾，参与注释《泰始律》。在律法原理与律文适用方面，作过较深入的研究。《晋书·刑法志》收入了他的《进律注表》，其内容有：

知而犯之谓之“故”，意以为然谓之“失”。违忠欺上谓之“谩”，背信藏巧谓之“诈”。亏礼废节谓之“不敬”。两讼相趋谓之“斗”，两和相害谓之“戏”。无变斩击谓之“贼”，不意误犯谓之“过失”。逆节绝理谓之“不道”，陵上僭贵谓之“恶劣”。将害未发谓之“戕”，唱首先言谓之“造意”。二人对议谓之“谋”，制众建计谓之“率”。不和谓之“强”，攻恶谓之“略”，三人谓之“群”，取非其物谓之“盗”，货财之利谓之“赃”……

明确了这类法律术语，在执法过程中，就能有所遵循了。它对于维护法律的统一与权威，显然是十分重要的。然而，社会生活是纷繁复杂的。无论怎样详尽明细的法律，都不可能穷尽一切生活现象。何况作案犯罪人员还要千方百计地伪装自己的行为呢？因此，在执法过程中，如何准确地理解律文、适用律文，便是一个更为关键的问题。张斐对此也作了辩证的思考。他对法律适用提出的指导性意见是“慎其变，审其理”。他说：“卑与尊斗，皆为贼；斗之加兵刃水火中，不得为‘戏’，戏之重也；向人庐室道径射，不得为‘过’，失之《禁》也；都城人众中走马杀人，当为‘贼’，贼之似也；过失似‘贼’，戏似‘斗’；斗而杀伤傍人，又似‘误’……如此之比，皆无常之格也。”

他特别说明：

“不承用诏书，无‘故失’之刑，当从赎；谋反之同伍，实不知情，当从刑。”“‘八十非杀伤人，他皆勿论’，即诬告谋反者反坐；‘十岁不得告言人’，即奴婢悍主，主得谒杀之。”“‘殴人，教令者与同罪’……即令人殴其父母，不可与行者同得，重也。”

综上，不难看出，张斐在法律适用上是十分强调维护封建伦理秩序的。凡侵害君上利益者一定要从重惩处，而侵害一般人的利益则可以从轻；凡直接违背封建律条的明文规定者，一定要从重惩处，而律无明文时，则要权衡轻重，随事取法，以理断之。守法而不拘法，明法更要明理，便是张斐执法思想的特征。他认为：“通天下之志唯忠也，断天下之疑唯文也，切天下之情唯远也，弥天下之务唯大也，变无常之体唯理也。”忠于国家利益是法律的制定与执行的最高原则；而依律文断罪，从深远考虑，从大处着眼，明理权变，随事取法，则是法律适用过程中的行为准则。应该承认，张斐的思考，是符合当时的实践要求的。张斐的研究，反映了也代表了晋代法学研究的新水平。

晋武帝时，鉴于汉代法令的苛繁琐屑，命贾充、杜预、羊祜、郑冲等名儒重臣修成《泰始律》，对秦汉以来的律文进行了一次清理，删繁就简，编为二十篇，体系严整，文字简约。《泰始律》20篇的篇目是刑名、法例、盗律、贼律、诈伪、请赇、告劾、捕律、系讯、断狱、杂律、户律、擅兴律、毁亡、卫官、水火、厩律、关市、违制、诸侯，计620条，再加上“令”2 300余条，近3 000条，后来张华、张斐、刘颂等人，又结合实施情况，加注释疏解，成为六朝时代沿用最久的一部法典，直到齐梁时期也无改易之举。《泰始律》制成后，西晋政府采纳张华等人的建议，“抄新律诸死罪条目，悬之亭传，以示兆庶”。利用亭传，对社会进行法制宣教，是秦汉以来的惯例，晋代君臣自然是懂得其功用的。

魏晋以后，南北朝各政权在法学上有较大贡献的是北齐。《北齐律》是《泰始律》的进一步简约，只有12章，940条，这就完成了汉魏以来封建法典由繁而简，由杂而清的改革。在罪名规范上，《北齐律》明确强调"十恶大罪"，以打击危害皇权、破坏宗法等级制的"罪行"。十恶大罪是：①谋反：以各种手段反对皇权（皇帝）及封建国家的统治；②谋大逆：损毁皇家陵墓、宫阙、宗庙的行为；③谋叛：背叛本国、投奔敌对政权的行为；④恶逆：谋杀殴打长辈亲属；⑤不道：残杀无辜，肢解尸身；⑥大不敬：侵犯君王的尊严如名讳之类；⑦不孝：不赡养父母、祖父母者；⑧不睦：侵害血亲利益者；⑨不义：侵犯尊长者；⑩内乱：家族内部的奸私行为。隋唐以后的所谓"十恶不赦"就由《北齐律》而来。当然，这"十恶"也就是社会治安管理中必须从严监理缉拿的十大重点了。

综上可见，封建治安法理的周延化与治安任务的明晰化，是六朝治安法理研究的主要收获。

## 第二节　六朝的治安行政

六朝时期治安行政分为三个层次：一是朝廷与京师治安；二是地方与关津要塞治安；三是社会基层治安。各朝大致承袭秦汉，又各自有所因革。

### 一、朝廷与京师治安行政机构

三国两晋与南朝，沿袭汉制，宫殿门内的警卫由光禄勋负责，宫殿门外的警卫由卫尉负责。皇城以外的京师治安，三国时仍由执金吾与司隶校尉负责，东晋宋齐梁陈则改由京尹与京令兼理。光禄勋属官不少，有五官中郎将、左右中郎将、南北中郎将，虎贲（武贲）中郎将、羽林中郎将等名目。又有奉车都尉、驸马都尉、骑都尉、守宫令、暴室令、掖庭令、华林园令及虎步监、虎骑监、绕帐督、帐下左右都督等名色，各有职司，是皇帝的警卫与皇宫的禁卫人员，编制很大。卫尉统领武库令、公车令、卫士令等，掌管宫中巡察纠查及宫城卫屯兵与宫城管钥。特殊的是，晋代卫尉卿属下，有诸冶令一职，专管全国矿冶。仅江北就有冶令39所，管5 350户矿冶之家；江南有二冶，即梅根冶与冶塘冶两处，划归扬州刺史管辖。这大概是中国历史上对矿工实行专门管理的早期记录。执金吾与司隶校尉是三国时的京师治安主管人。司隶校尉对京师直辖区内的犯法者与朝廷百官中的违法人员均有察举之责，比执金吾的只管京城巡查又有不同。司隶校尉属官有都官从事、武猛从事、督军从事，他们分管刑法与军事。另有城门校尉、市长等执掌都门与市场的管理。晋宋齐梁时期，废除了执金吾与司隶校尉之职，京师治安直接由京尹（州郡级）京令（县级）兼理，分曹办公。另有“台军”屯驻建康台城，弹压京师地面。为了强化京县治安，西晋洛阳，南朝建康，均分设“六部尉”，各管一区治安。这是汉代城市治安分区管理的强化。北朝的京师治安管理，在城门校尉、分部尉之外，又特设“径途尉”，负责京城主要街道的治安管理与巡查。

北朝宫廷禁卫职官与三国两晋及南朝有所不同。北魏、北齐宫廷禁卫不归光禄勋管，而由尚书省之殿中曹主管，有卫尉寺、城门寺、领军府，掌管禁卫甲兵，其领军府下的左卫府与右卫府，各设将军一人，掌朱华阁以外的左厢与右厢的禁察稽查。中国警治史上“厢”的概念从此出现。隋唐朝廷禁卫的“卫府制”也起源于此。

就中央机关而言，六朝时出现了尚书省、中书省权力增大的趋势。尚书省的主要负责人为“录尚书事”，一切政令必经其手，“军国大事，总而裁决”，为全国治安管理的最高负责人。尚书省的常务长官为尚书令及其副职左、右仆射。尚书令主管各项军国政务，同时“参议律令”“弹纠见事”，为治安的主管官员。左仆射“领殿中、主客二曹，诸郊庙、园陵、车驾行幸、朝仪、台内非违、文官举补满叙疾假事。其诸吉庆瑞应众贺、灾异贼发众变、临轩崇拜、改号格制、莅官铨选。凡诸除署、功论、封爵、贬黜、八议、疑谳、通关案，则右仆射主。”[①] 左仆射分管的事务，主要是负责皇帝殿内和出行安全，纠举中央政府内部的非违；右仆射则掌管全国各地“灾异贼发众变”等治安事件的预防和平息，主管大案要案重案的审理，可谓责任重大。在治安方面的另一个重要部门是皇帝直接领导的监察机构御史台，南北朝时又被称为南台、南司或宪司。其长官为御史中丞，北魏称为御史中尉。它专门督察中央和地方各级官吏，“掌督司百僚”，从统治集团内部防止违法犯罪，而不处理一般的治安事件。按萧梁制度，御史台对“皇太子以下，其在宫门行马内违法者，皆纠弹之。虽在行马外，而监司不纠，亦得奏之”，权力不小。行马，一种交通安全管理设施，如木栅木杈之类。

## 二、州郡县三级地方与关津要塞的治安行政

三国两晋南北朝时期，地方分州郡县三级，设有州刺史（分领兵刺史或单车刺史两种）、郡太守、县令（分令、长两种）等主管官员。州刺史、郡太守、县令均设有尉职佐官，同时又分曹办公，制度一如东汉。郡的长官是郡守，负本郡的守备治安之责；但在边郡或重要地区，也设都尉，有的还不止一人，以专典兵马与治安。如魏晋时魏郡设有东部都尉和西部都尉，江夏郡有南部都尉，襄阳即有南部都尉，徐州有淮海津都尉，敦煌有宜禾都尉、伊吾都尉等，均根据治安的需要而设。蜀国和吴国的郡都设置太守和都尉二职，其属官与曹魏略同。县的长官为县令或县

---

① 《南齐书·百官志》。用中华书局1972年点校本。

长，全面负责县内治安。县丞责在“兼主刑狱囚徒”。除县丞之外，县的重要官职是县尉，重要之县还不止一尉。如南朝建康县置6尉，有的县分置左、右尉。北齐每县置3尉。县尉的职责与汉代无异，“主盗贼，案察奸宄”，是专司治安的官员。地方政府中的户曹、法曹、贼曹及狱丞等，则负责相关法禁与治安业务。关津设关令、关丞。有市场的地方也设市长、市丞等职役。

北魏地方官设置有民族特色：每州有三刺史、每郡有三太守、配三都尉，县有三令长。其一为鲜卑族皇室成员，其二为汉族成员，其三为异姓异族成员。北魏政府把地方治安的好坏作为官吏升迁的主要依据，凡能定安一县一郡一州者，即令其兼理二县二郡二州，领双俸；能理两地者，又令其兼理三地，三年迁升。这一制度，对于稳定汉魏以来、经五胡十六国之乱的中原经济文化与社会生活，显然具有重大作用。我们说动荡年代的社会治安更易引起当局的注意，这便是一个显例。

### 三、基层的社会治安管理

终三国两晋南朝之时，其乡里基层组织，皆如秦汉：五户为伍，伍长主之；二伍为什，什长主之；十什为里，里魁（正）主之；十里为乡，乡三老、有秩与啬夫、游徼共同管理，由乡三老主之。每县三千户以上置二乡，五千户以上置三乡四乡。乡官是县令的属下。乡三老、有秩由郡任命；乡啬夫、游徼由县任命。游徼是专职治安工作人员，在乡里缉捕盗贼。这时，仍然有亭的建制。亭是在县尉的直接指挥下专管地面治安的。设有亭长、亭候及求盗等隶役。亭长多由退伍老兵担任。他们熟悉业务，有军事常识，较便于行动。

北魏在基层实行三长制。在广大乡村，五户为邻，设邻长一名；五邻为里，设里长一名、五里（或四里）一党，设党长一名。邻里党合为“三长”，负责清理人口，催征赋税与当方治安。

在城市则有“三正”：比正（管五户）、闾正（管一个坊里）、族正（四个里），由他们管理所属人户。外设“隅老”四名，由闾、里自行推举、义务服务，分头负责坊里四边的治安巡查等事务（见《通典·食货》）。这是一种民间的自治治安组织。当值的隅老不算公务人员，国家不给补贴或豁免徭役之权。若就其发动民众自理治安来说，未尝不可称之为创举。

封建国家治安，是由政府负责，通过行政、警治、禁卫力量来实施管理的。这就有一个前提：政府必须是强有力的。在政府未能控制、失去控制或不想控制的地方和环节上，治安秩序就无法依靠政府来维持了。然而，一个社会要想维护自己的存在，就总得依靠自身的安全机制，在政府失控的环节上发挥作用。六朝豪族世家就在一定意义上起了这个作用。如，晋代永嘉之后，中原陷于兵火之中，豪强势力乘时而起，纷纷占山立寨，筑土围子建坞堡，搞私人武装，逞雄一方。在“自卫”的名义下扩张势力，在其势力范围内建立其本身所需要的“秩序”。有这样一件事：北魏末，“盗贼蜂起”，行旅极不安全。而冀州大户李元忠，却有很高“威望”，能保证行旅安全。有一次，一支500人的退役戍卒队伍来投奔他，请求庇护，并送上千余匹绢作为酬谢。李元忠答应了。他委派向导，在队前引路，沿途遇有截道的，只要声言一下“是李府的客人”，对方便乖乖地让道，退避惟恐不及。这500人自然是顺利通行了——但我们仔细一想：李元忠的如此威信是怎么建立起来的呢？如果人家不去投奔他寻求庇护，那么，在他的势力范围内走动，岂不要遭殃？李元忠的这种活动方式，既有先秦侠客为知己而舍命相助的色彩，更有后世保镖得酬金便报效雇主的意味。从根本意义上说，他们是社会治安的破坏者，但又是特定时期、特定条件下的社会治安的维护者。

在政治秩序动荡时期，社会上各种宗法的、宗教的、地域的、行业的势力就会抬头，发挥其对于社会治安的正面或负面的作用。

## 第三节　黄白籍与土断

### 一、动乱年代对户籍的重视

户口流失，是国家治安的严重课题。失去户籍，即失去国家管理的对象，失去国家大政赖以制定的基础。因此，六朝时期各族各统治集团，都高度重视人口管理，把户籍登录看得十分重要。

《三国志》注延兴元年（471）载：三国时，魏灭蜀，刘禅投降，他便专派尚书郎李虎到魏都送上《士民簿》："领户28万，男女口94万，带甲将士1.2万，吏4万人"。同书天玺四年载：晋灭吴，大将王浚"收其图籍，领州4，郡42，县312，户52.3万，吏3.2万，兵23万，男女口230万。"《晋书·符坚载记》载：前秦符坚攻克前燕都城邺时，"坚入内宫，阅其名籍，凡郡157，县1 579，户2 458 969，口9 987 935。"这样的战利品使符坚心花怒放。

攻灭一个政权，必"收其图籍"，这是从《左传》与《史记》以来都有明文记载的。图，版图，指土地；籍：名籍，指人口。各政权对土地户籍的重视，还可从下述资料得到证明：《晋令》中规定："郡国诸户口，黄籍，皆用一尺二寸札。已在官役者，载名。"连名籍的长短规格都以法律形式予以规范。南朝宋元嘉中，光禄大夫傅隆，年过七十，"犹手自书籍，躬加隐校"，亲手抄录户籍，进行核对审查。南齐萧道成命虞玩之、傅坚意负责审定全国籍簿，严厉打击籍簿上的巧伪者，使其谪赴淮河戍边。在大批户籍中，梁代还保有刘宋明帝时期扬州等九郡所上的"四号黄籍"：

泰始三年（467），丁未年，未字号黄籍；

泰始六年（470），庚戌年，戌字号黄籍；

元徽元年（473），癸丑年，丑字号黄籍；

元徽四年（476），丙辰年，辰字号黄籍。

可见三年造一次户籍的制度，即使在动荡激烈的刘宋后期也是坚持了的。

《晋书·石勒载记》说：后赵曾委派右常侍霍皓等大员“巡行州郡，核定户籍。”《开元释教录》说：后秦户籍周全，曾用四十纸民籍来测试佛经翻译专家佛陀耶舍的记忆力。南燕建平年间，委任尚书韩𧁩“巡郡县隐实，得荫户五万八千。”为了这次户口清理，南燕政府还派其车骑将军慕容镇统率骑兵三千，“缘边严防”，禁止百姓逃亡出境。由此可知：中国历代各族政权，无论其处于怎样动荡的政局下，又不论其文化背景、种族背景、地域背景如何，统治地域大小、时间长短，无一例外都十分重视土地与户籍。在这样的背景下生活的高僧法显，西游进入印度（中天竺时）时，发现那里“无户籍官法……欲去便去，欲住便住”，感到特别新奇，特予记载。[①] 当时的户籍法，不同政权有不同内容，大致上是：由乡里基层查对人户，进行登录，报送县令（长）。县里不加检核，即汇总封缄后报送州郡，州郡加以查对核实，发现隐漏差错，给予“却籍”，发还重审，并给予当事人相应的惩处，比如削籍、罚金、服役等。州郡将审核过的籍簿报送朝廷。正本存尚书省，副本存左民曹。同时，为了限制门阀特权，政府还特设谱局。编制世族谱牒，使家谱行政化，成为与户籍相参证的重要依据。《通典·食货》：晋太元中，有贾弼者，曾广泛收集18州110郡士族谱，进行排比校正，“专心治业”，写成712卷《世族谱》，正本存尚书秘阁，副本存左民曹。“该究精悉，当世莫比”。贾弼的子孙直至南齐时仍然“世守其业”。

---

① 法显《佛国记》。用《学津讨源》本。

## 二、六朝户籍的基本内容

从所发现的“敦煌西魏户籍残卷”中，我们可以看到北朝户籍的大致情况，其登记内容为：

（1）户主姓名、出生时间、年龄、身份和户等。如：①“户主王皮乱，乙巳生，年伍拾玖。白丁。课户：中。”②“户主刘文成，己丑生，年叁拾玖。荡寇将军。课户：上。”

（2）家属姓名、出生时间、年龄、与户主关系，包括出嫁女的婚配状况。如①“妻那雷处姬，辛卯生，年叁拾陆，丁妻”；②“息男安庆，丁巳生，年拾壹”；③“息女女亲，辛丑生，年两拾柒；中女，出嫁某郡民某某”等。

（3）人口总计。包括已死亡和出嫁的人口，还要在现存人口中分出不课（免赋役）和课见输（现纳租调）的人各有几口。

（4）该户交租调的粮、草、布、麻的数量。

（5）受田的数量及田亩所在方位。

（6）作为家庭资产的奴婢、耕牛数量。

除上述内容外，家庭成员的犯罪及处罚情况也载入籍注。北朝普遍规定：“经为盗者，注其籍”；“盗贼及谋反大逆，皆甄一房配为杂户，悬名注配，一身永配下役。”这里，户籍的治安功用是明显的。北魏规定：“盗门同籍，合门不仕”。[①] 有一人注籍为盗，则同籍全体家庭成员都不能任官。

六朝簿籍品类繁多，各有专用。有所谓：①士籍，用以登录世家门阀，包括其父、祖、曾祖三代的官品爵级，要夹注其任职年月，连同该任职诏令的颁发年月，均须详明记载。②民籍，用以登录一般民户，要求写明户主及家属姓名、性别、年龄、身体状况，并夹注其服役、征赋、功罪情形。这是政府直接控制的纳税人户籍，自然十分重要。③吏籍，是在各级政府任职者的名

① 《隋书·刑法志》。用中华书局1973年点校本。

籍；④兵籍：世代行伍、谪戍之人和“带甲将士”的名籍；其中“带甲将士”而参与改朝换代、有建国之勋者特有一种“勋籍”，可以获得较多的特权。⑤客籍：世族之家的依附人口如门客的记籍。⑥僧籍：僧尼的专门户籍，他们是不纳税、不服役的。⑦另有“杂户籍”等，登录各种工匠役户之籍。从虞玩之、沈约、韩濋等人所指斥的户籍巧伪中，我们可以推知六朝户籍的具体内容：

南燕韩濋说：“百姓因秦晋之弊，或百室合户，或千丁共籍，依托城社，不惧薰烧，公避课役，擅为奸伪。”齐武帝说：“氓俗巧伪，为日已久，至乃窃注爵位，盗易年月，增损三状（按：指父状，祖状，曾祖状），贸袭万端。或户存而文书已绝，或人在而反托死版，停私而云隶役，身强而称六疾。编户齐民，少不如此。”户籍要登录父祖三代，而假冒的却不少。虞玩之说：“自孝建（刘宋年号，454—456年）以来，入‘勋’者众，其中操干戈卫社稷者三分殆无一焉。《勋簿》所领，而诈注辞籍，浮游世要，非官长所拘录，复为不少……天下合役之身，已据其太半矣。又有改注籍状，诈入士流……生不长发，便谓‘道人’；填街溢巷，四处皆然。或抱子并居，竟不编户；迁徙去来，公违土断。属役无满，流亡不归。宁丧终生，疾病长卧。法令必行，自然竞反！又，四镇戍将，有名寡实，随才部曲，无辨勇懦；署位借给，巫媪比肩；弥山满海，皆是私役。行货求应，其途甚易！”户籍登录的每一个项目，几乎都在作假。这正是动乱年代的一个特征。梁代沈约又说：“凡粗有衣食者，莫不互相因依，竞行奸货。落除卑注，更书新籍，通官荣爵，随意高下。以新换故，不过用一万许钱。昨日卑微，今日仕伍。凡此奸巧，并出愚下，不辨年号，不识官阶……又诏书甲子，不与长历相符。如此诡谬，万绪千端。”如此巧伪百端，治安的基础工作就无从作起了。北魏李冲说：“民多隐冒，五十、三十家方为一户。”

除上述之巧伪外，对于东晋南朝政权，还有一个更为严重的黄、白籍问题。原来，魏晋以来，民户户籍均为黄色册籍。即《晋令》所谓“郡国诸户口，黄籍。籍皆用一尺二寸之札”。北齐《河清三年令》也称“十家，邻长一人；五十家，里正一人；百家党族，副党一人：掌黄册户口之政。”可见六朝时南北通用黄册户籍，这是国家法律认可的正式户口簿。另有所谓“白籍”，与黄籍并行于东晋南朝。东晋立国之初，北方世族纷纷“携民渡江”，到江南寻找合适地方“聚族而居，烟火连接”。东晋政权为了获取他们的支持，便承认其世族特权，让他们在所居之地设置地方“流亡政府”，称为侨置州县。如郡望原为兖州者，便在流亡侨居地设置南兖州政府，原为通州者，则设南通州政府，管辖各自的南迁之户。为了区别于本地土著著籍（黄籍）的居民，便让他们以白籍登录，以示其临时性、特殊性；豁免其租税劳役。这样一来，南迁世族及其依附人口，都成了不税不役的特殊人户，而且侨置政府的行政开支，侨置地面的国税，又必然转嫁于土著人户。这样，侨户日增，侨置州郡日增，对于晋政府及后来的南朝政权必然是个沉重负担，又是激起社会矛盾的重要诱因。于是，有政治远见者纷纷要求废除侨置和白籍，实行“黄籍土断”，按人户所在的行政区划，统一实行对于人户和土地的行政管理。然而，终东晋齐梁之世，一面不断地下令要推行土断、一面又不断地设置侨县，招诱北方人，给予白籍优惠，因而根本无法实行真正统一的户籍制。

六朝时期，对于户籍管理的重要性的认识，无过于汉末魏初的徐干，他的《中论·民数》篇作了最透彻的理论说明。他认为户籍是“治安之本”；“使其邻比相保相受，刑罚庆赏相延相及，故出入存亡，臧否顺逆，可得而知矣。”及至“户口漏于国版，夫家脱于联伍，避役者有之，逋迹者有之，捐弃者有之”，必然出现不良治安状况：“奸心并生，伪端并作”，“小则盗窃，大则攻劫。严刑峻法，不能救也。”他进一步阐述“民数周，为国之本”的道理，认为：“民数者，庶事之所自出也，莫不取正焉；以分田里，以令贡赋；以造器用，以制禄食；以起田役，以作军旅；国以之建典，家以之立度。五礼用修，九刑用措者，其唯审民数乎?”徐干的见解，为六朝正反经验所证明，是传统的中国式户口管理制度的理论说明。此后历朝历代对人口、对户籍的管理便愈加自觉、愈加周密了。

**三国两晋南北朝与隋的人口统计表**

| 统计年代 | 政权 | 户数（万户） | 口数（万人） | 资料来源 |
|---|---|---|---|---|
| 263年 | 曹魏 | 66.3423 | 443.2881 | 《晋书·武帝纪》 |
| 263 | 蜀汉 | 28.0000 | 94.0000 | 《册府元龟》(卷486) |
| 242 | 孙吴 | 52.3000 | 240.0000 | 《通典·食货》(七) |
| 280 | 西晋 | 245.9840 | 1616.3836 | 《晋书·武帝纪》 |
| 316 | 前赵 | | 19.0000 | 《十六国春秋·辑补》 |
| 370 | 前燕 | 245.8969 | 998.7935 | 《晋书·载记》 |
| 464 | 刘宋 | 90.6870 | 468.5501 | 《通典·食货》(七) |
| 589 | 陈 | 50.0000 | 200.0000 | 《北史·隋纪》(上) |
| 519 | 北魏 | | 500.0000 | 《通志·食货略》 |
| 550 | 东魏 | 200.7966 | 759.1654 | 《魏书·地理志》(上、中) |
| 557 | 北齐 | 330.2528 | 2000.6886 | 《周书·武帝纪》 |
| 580 | 北周 | 359.9604 | 900.9604 | 《册府元龟》(卷486) |
| 609 | 隋 | 890.7546 | 4601.9956 | 《隋书·地理志（序）》 |

## 第四节　强化治安的若干措施

六朝治安领域是充满活力的，在治安实践上多有创获。现简列一些条目如下：

### 一、加强城防设施，强化安全防范

六朝战争频繁，城防尤为重要，其措施非常严密，管制也严厉得很。

（一）缮固城池，谨守城门

《三国志》卷47《吴志·吴主传》载：三国时东吴孙权下诏："诸郡县治城郭，起谯楼，穿堑发渠，以备盗贼"。城墙是城市的屏障，要修得坚固。十六国时赫连勃勃甚至下令"蒸土筑城，锥入一寸，即杀作者。"[①] 城墙之外，还要开挖护城濠沟。《晋书》卷104《石勒载记》：后赵石勒"时城隍未修，乃于襄国筑隔城重栅，设障以待之。"城隍就是护城河。城门是城邑咽喉，上有谯楼，又称望楼，平时瞭望城门内外，战时为指挥之地。城门定时启闭，夜晚禁止任何人出入。遇有紧急，必须有相当一级官府发放的通行证件，否则不能放行。《晋书·元帝纪》载：西晋末年，司马睿要逃离邺城，开始"夜月正明，而禁卫严警，无由得去"，他很着急，但不久雷雨暴至，徼巡人员放松了巡警，这才得以逃脱，后来成了东晋第一任皇帝。

（二）巡徼城中，禁断夜行

三国两晋的城邑之中仍然实行街巷市里分隔封闭的管理方式，居民住宅在里中，周围封以高墙，出入经由里门，里门晨启晚闭。城中设置街亭，大的都邑每街一亭，很小的县邑也有一个

---

① 《晋书》卷一三〇《赫连勃勃载记》。用中华书局1974年点校本。

街亭。晋代县令属官中有都亭长一职。都亭长的任务就是监视行人，禁备盗贼，处理治安事件，维护街区秩序。当时，全国各地城邑普遍实行宵禁制度，夜晚禁止无故行走，否则以奸人对待。这时由治安官员组织巡行，“有犯夜者，为吏所拘”。在街上负责守望巡逻的兵士，北魏时称为“白鹭”，“取其延颈候望之意”。①

(三) 击鼓报警，实施戒严

北魏孝文帝时李崇创设悬鼓报警之制，于是各州皆置楼悬鼓。后来隋唐街鼓之制就由此发展而来。以鼓声统一号令城门坊门市门的关闭，有水火劫盗又可以集众救援。隋唐严密的城邑治安体系多源于北朝制度。城中用钟鼓报警，便是其一例。

在非常时期，为维护京城治安，当时还经常采取“戒严”的紧急措施。中国古代作为治安措施的戒严，是从郑子产救火灾开始的。《墨子》书中对此也有明晰记载，而在魏晋时期被普遍施行。前文已有交待。《晋书·褚裒传》“(后赵)石季龙死，褚裒上表请伐之。即日戒严，直指泗口。”这是治安戒严。戒严时全城严密警戒，增设警卫，加强巡察，限制人员和车辆通行。对奸人组织搜查。这是“战时治安”措施。

## 二、强化思想意识管理，重视对宗教的利用与控制

曹魏禁止“诽谤”“妖言”。曹操对左慈之类的“妖言”是严密监控的。《三国志·魏志·高柔传》载：魏文帝规定，“有妖言辄杀，而赏告者”，这叫做“妖谤赏告之法”。还禁止民间私自讲习图谶内学，禁止私藏兵书。除法定的神灵外，禁止民间受巫祝迷惑而祭祀“怪力乱神”，否则以“执左道论”。这是防止扰乱人心，危害统治秩序的一种治安规定。晋代禁止民间私学天文图谶，有犯者最初判二岁刑，后来又森严其制，罪至诛死。东汉以

① 《魏书·职官志》。用中华书局1974年点校本。

来风行于世的图谶迷信至此有所收敛，到隋代才被禁绝。

秦汉之后，“天人感应”“君权神授”的学说成为巩固皇权的精神支柱，在社会矛盾尖锐时，反对力量也会利用天象的变化来鼓吹“天命改授”之论。于是天文学成了一门官方的政治学问，要尽量避免民间染指。《北史》卷三《魏本纪三》：北魏孝文帝太和九年（485）“诏禁图谶秘纬及《孔子闭房记》，留者以大辟论。又诸巫觋假称神鬼，妄说吉凶，及委巷诸非坟典所载者，严加禁断。”控制舆论正是为了控制政权。《北史》卷四《魏本纪四》：北魏宣武帝永平四年（511）“诏禁天文学”，孝明帝熙平二年（517）“重申天文禁，犯者以大辟论”。处罚得很严厉。

南北朝时期，中国本土的宗教道教有了新发展，佛教传入中国后更迅速风靡全国，产生了严重的社会问题，带来了严重的社会危机。范缜《神灭论》中说：在佛教的狂风迷雾之下，人们宁可倾家荡产去求僧拜佛，动辄向和尚捐赠上千石的粮食，却不肯怜惜穷困，照顾孤老。在佛教荒诞言词的引诱下，人们脱下儒者的服装，披上僧人的袈裟，以致骨肉分离，子嗣绝灭。士兵得不到补充，官府吏员缺额，粮食被僧众吃光，财富被寺院耗尽。坏人充斥，劫盗横行。所有这些，对封建国家的行政、风俗、人口、生产、军事、财政等都带来恶果。要制止祸害，就要禁绝佛教。但是，不仅南朝，就连北朝皇帝和权贵也大部分笃信佛教。佛教的发展，使寺院集聚了大量财富和土地，也分割了国家人口。于是北魏太武帝拓跋焘和北周武帝宇文邕相继发动了“灭佛”事件。他们坑杀僧侣，烧毁佛经、佛像和佛塔，迫使数百万僧人还俗为“编户”，没收大量寺产送归官府。《北史》卷二《魏本纪二》：北魏太武帝于太平真君五年（444）“诏自王公已下至庶人，私养沙门、巫及金银工巧之人在其家者，皆遣诣官曹。限今年二月十五日，过期不出，巫、沙门身死，主人门诛”。两年后，又“诏诸州坑沙门，毁诸佛像”。《北史》卷十《周本纪下》:周武帝“断佛道二教，经像悉毁，罢沙门、道士，并令还俗。并禁诸淫祀，非祀典所载者，尽除之。”这两次全国规模的灭佛活动，连同后来唐武宗的灭佛，佛教史上称之为“三武之难”。

## 三、强化伦理纲常，把婚姻家庭管理纳入法制条规

地方官员还注意礼义化民，强化等级礼制，从思想上禁锢人们的反抗情绪。如晋代在地方普遍立社，用春秋两次致祭社神的方式，团聚民众，以宗族之情掩盖和消弭阶级对立。这种“立社”的办法，让人联想到上古周代的“乡饮酒礼”和后来明代搞的“十家牌法”，要求民众定期集会，举行极端严肃的仪式，要让相关的人公开检查自己和身边亲人有无过错，发誓恪守忠孝伦理。否则就要受到“家族乡党”的惩罚。为了维护封建纲常秩序，在婚姻方面南北朝法律也有严格规定。一是禁止同姓之婚，犯者以不道罪惩处。北周还禁娶与母亲同姓的妻子，扩大了性禁忌的范围；不仅同父姓，而且同母姓也一例禁止。二是禁止逾越社会等级的婚姻。如《魏书》卷七《高祖纪》：北魏时对“皇族贵戚及士民之家，不惟氏族高下，与非类婚偶”都为之科禁。三是禁止乱伦。如《魏书》卷十七《安定王传》：北魏安定王之弟拓跋愿平因“裸其妻王氏于其男女之前，又强奸妻妹于妻母之侧”，被当局以“不道”罪名处以绞刑。

南北朝法律还禁止毁坏坟墓。《魏书》卷五《高宗纪》：北魏规定“穿毁坟垅，罪斩”。掠卖人口罪也适用于亲属之间。《通典》卷一百六十七《刑》之五：北魏规定：“卖子，一岁刑；五服内亲属、在尊长者死，卖周亲及妾与子妇者流。”卖亲生子女为奴隶的，罪处徒刑 1 年；假如所卖为五服以内的尊亲，则犯死罪；如果所卖为儿媳、妾及其他同类亲属，则处流刑。同样，如果买人口者明知其为良人，也有罪处刑。如《魏书》卷一百一十

一《刑罚志》：北魏冀州阜城民费羊皮因“母亡家贫，无以葬，卖七岁子与同城人张某为婢”，结果费羊皮因他“孝诚可嘉”，被皇帝赦免了；而张某因将该女孩转卖了，被处以五年的徒刑。

另外还有禁赌、禁斗殴、禁私盐、禁酒之类的条例。总之，北朝的治安条令，贯彻着革除陋俗、趋向文明的基本精神，对促进民族融合是有积极意义的。治安作为社会粘合剂的功能于此得到了体现。

# 第七章

# 隋唐：中国封建治安的大发展

公元589年，隋政权结束了国家的南北分裂，重新构建了大一统封建政权，进一步完善国家行政管理体制，为中华文明的统一发展清扫了基地。代隋而兴的唐帝国以空前气魄、空前规模发展国家的经济文化，我国封建社会又一次出现鼎盛局面。适应于这种发展，也服务于这种发展，唐代治安事业更展开了它丰富多彩的一页。以《唐律疏议》为代表，我国古代治安的法制建设达到了它可能达到的高峰；以“刑礼道迭相为用”的理论为标志，我国古代的治安思想也发展到它可能实现的健全程度。

隋唐历史告诉我们：对于社会民生的安宁的主要威胁，正是来自人类自身尤其是统治阶级内部的破坏性因素。例如皇室内部的篡弑、宫廷朝廷的争吵，文官武将的角斗，中央与地方的磨擦，各族军政集团间的火并，以及由此而带来的灾变迭起、兵荒马乱、盗匪横行等等，都会把社会引向崩溃。因此，建立良性政治秩序，处理好统治阶级内部的财产权力再分配，协调好社会各阶层各集团的关系，给民生以基本保障，并不断培植百姓的守法意识，增强国家行政管理力度，这才有民族的兴旺发达与民生的安宁有序。唐前期在这方面做得较有成效。

这一期间的治安体制完善了，治安法规完备了，治安活动全面展开了，社会治安机制获得了高度发展，治安职能也得以强化。宏观地说来，汉唐文明中包含着汉唐治安的进步，汉唐治安保证了汉唐文明的发展。中华民族表现出巨大的凝聚力、向心力、融合力，中华治安也表现出对于全社会的巨大组合力、沟通力、约束力、控驭力，维系了中华民族的生存与发展。

## 第一节　封建治安体制的进一步完善

隋唐行政体制有别于秦汉，治安体制也就有较大变化。当时，中央政府体制变了，军事体制变了，治安体制当然要随着变，向着进一步完善的方向变。

### 一、朝廷的建制

隋唐中央政府（朝廷）的组织，是以“三省六部”为主干的。它当然有个演变过程，这里仅据《新唐书·职官志》介绍一下它的典型形态。

皇帝是国家元首。朝廷由尚书省、门下省、中书省（即内史省）三省构成。其长官有尚书令、左右仆射、纳言（即侍中大夫）、内史监、内史令等。其分工是中书省决策，门下省审议（封驳），尚书省负责执行。尚书省是实际政务机关，下设六个部：吏部、礼部、户部、刑部、兵部、工部，每部均由尚书一人负责。其中兵部、刑部与户部的职事，与治安关系最密切。另有秘书省与内侍省，它们接近皇帝，有时权势很大。秘书省掌艺文图籍与天文历法。其图籍当然与治安有关。

上述五省外，还有二台：御史台与都水台。御史台负责监察，设御史大夫 1 人、御史中丞、治书侍御史 2 人、侍御史 8 人、殿中侍御史 12 人、监察御史 12 人等员。殿中侍御史与监察御史率左右巡使，分头巡察长安城东城、西城各坊的治安。此制可视为明清巡城御史之兆端。都水台掌管河堤谒者、都水尉、诸津尉等，与河道治安有密切关系。然后就是“九寺”，其中：

太常寺：其所属郊社、太庙、太医、太卜等署，负有相应单位的治安禁卫任务。

宗正寺：其所属崇玄署负责全国宗教事务管理。

大理寺：其所属律博士、明法掾、狱掾等立法司法官员，自然与治安密切相关。

光禄寺：掌管皇家酒醴膳食、宴会朝享与祭祀等，参与皇室安全管理。

卫尉寺：其所属公车署、武库署、守宫署等，皆管领相应单位的治安防范任务。

鸿胪寺：主持外宾（外番）的接待，当然有涉外的治安管理任务。

司农寺：其太仓、平准、钩盾、华林（园）、上林（苑）等署，均主管本部门治安业务。

太府寺：其左藏等署，收管重要图籍；其两京诸市署则掌管市场秩序。

以上各寺外，另有国子监、少府监与将作监、军器监等，都有相应的治安管理任务。如少府监所属之互市监管对外贸易，其掌冶署管理全国矿冶。

## 二、京师禁卫

隋唐朝廷与京师禁卫警巡事宜，由内至外可分为七个层次：

（1）御在所（门）：皇帝日常生活和办公的具体处所，如御书房之类；

（2）殿（门）：如大成殿，皇帝正式办公、主持大政的大殿；

（3）宫（门）：如长乐宫，皇帝及皇族成员居住之处；

（4）皇城（门）：皇族与朝廷所在地；

（5）京城（门）：国都所在城池，即西都长安城、东都洛阳城以及北都太原城；

（6）外廓（门）：京城外廓，在三辅范围内；

(7) 关中（关门）：京畿周边，即为“关中地区”。四方的关塞（门），驻军守卫。

保卫皇权，警卫皇帝，历来是封建治安的中心课题，是最要害的业务。不难看出，隋唐警治禁卫安全力量的部署，正是突出了这个中心。其力量配备的情况大致如下：

唐代禁卫宫廷的机构有南衙与北衙，是两支禁军组织。

北衙是“禁兵”，由武臣主管，皇帝直接指挥北衙。驻守皇城与禁苑，因在宫城北部，故名“北军”。终唐之世，先后有所谓左右羽林军，左右龙武军，左右神武军，左右神策军，左右神威军等“北衙十军”。其中羽林军和神策军最受委重、最有威势。北军与南衙禁卫军交叉安排宿卫。南衙指“十六卫”，属“府兵”系统，由宰相节制，驻守宫城以南，又名“南军”。

南衙十六卫，指左右翌卫（左右卫府），左右骁骑卫（左右骁骑府），左右武卫（左右武卫府），左右屯卫（左右威卫府），左右御卫（左右领军府），左右侯卫（左右金吾卫）……

以上为“领兵十二卫（府）”，各领一支府兵，称为十二军，平时分头驻扎在关中“十二道”，即万年、长安、富平、礼泉、同州、华州、宁州、岐州、邠州、泾州、西麟、宜州等十二道。军下有坊。军有军将，坊有坊主，以检察户口，劝课农桑。这是唐王朝驻扎于腹心地区的警卫部队。各军屯驻于所在州县城内的坊中，有专门的军籍。平时，他们轮番上值，到皇城担任宿卫任务，战时出征。又，全国各地府兵，也有轮值宿卫的任务，由前十二卫具体负责安排。另外，太子宫的“六率”同时安排东宫宿卫。还有：左右千牛卫（左右备身府），左右监门卫（左右监门府）。这二府（四卫）不领兵，只有备勤任务。

十六卫的分工是：

大朝会时，天子坐正殿，左右贴身侍卫是“左右千牛卫”即“左右备身府”，负责保卫皇帝安全，维持朝会秩序。然后是殿门，分列左右翌卫；廊下，阶下，两厢由左右骁骑卫、左右武卫、左右屯卫、左右御卫分列夹坐，朝会时则各著黄白黑青等服饰与铠甲，并执其旗仗器械肃立。皇帝出行时，由左右金吾卫前导清道及殿后；左右监门卫负责临时门卫。北衙兵则夹殿环卫，为“内仗”。

皇城与京师宿卫的分工情况：左右监门卫负责宫门城门的禁卫，检验入宫官员的门籍，皆左入右出。门籍注明官员的姓名、年龄、体征、职级，一月一换。左右金吾卫负责宫中及京城街面的昼夜巡警，并负责帝王外出时的营地警卫，负责烽候道路水草之宜，大型工程的安全巡察，城内各坊的修缮事宜。左右金吾卫下有左右翌府中郎将与左右街使，督察京师治安，巡警京城六街，按时启闭坊市之门。城门与坊角均设有武候铺，每门有20至100人不等，每铺有5到30人不等，配有卫士、彍骑、武官，循行传呼，暗探密查。有折冲都尉、果毅都尉等，昼则率队远巡，夜则率队远望，发现“有众而嚣”的情况，要立即上报。遇有违反宵禁之人，先弹响弓弦以警告之；不应，则旁射以严重警告之，再不应即可射杀之。此外，由左右卫府、左右骁骑府分别在皇城四面及宫城内外“助铺”。京师皇城以东由左右武卫负责“助辅”，京师皇城以西及京城、苑城诸门的守卫，则由左右领军府负责“助铺”。而“助铺”云云，其实也是一种相互牵制、相互监督之意，当然有强化京师治安的作用。

又，京师治安任务繁重，除上述南衙十六卫与北衙十军之外，御使台还派了左右巡使负责巡查坊内治安，执行宵禁与禁查坊户向大街开门、或违章侵街建筑等事；门下省所属城门郎，则专门负责京城门、皇城门、宫殿门的启闭与保管锁钥，不得无诏非时启闭。而京师治安则有行政长官、京兆尹与长安县令、万年县令协同“尉”职官员共同负责。府、县政府中，有户曹、兵曹、法曹之类的职官，分掌各种治安业务如户籍、缉盗、门禁、收赃等事项。京兆周边有蓝田关、子午关、骆谷关、库国关等，关中地区还有潼关、蒲津关、龙门关、孟门关、散关、大震关、陇山关、渭津关等，直属朝廷尚书省刑部之“司门郎中”管辖，有驻军屯守。行旅商贾过关要凭“过所”，不得随意通行。

### 三、州县地方及基层的治安体制

隋唐地方实行州县两级制，州以上有道，仅是一种监察区性质，不是正式的地方行政单位，县以下的乡保坊里，不属国家职官范围，只是一种职役，所以隋唐是州县两级制。与州同级的，另有所谓“府”，如京兆府、河南府、太原府、凤翔府、江陵府、河中府、兴元府、兴德府等。在一定意义上说，它们是朝廷“直辖州”。州城府城之内，甚至县城，均有大小不等的“市”，以贸易有无，国家设市令（长）主管其事。州的长官称刺史，府的长官称府尹。西都（长安）、东都（洛阳）、北都（太原）的长官又特称为都牧。京县、畿县、上县、中县、下县长官均称之为令。“掌导风化、察冤滞、听狱讼。凡民田收授，县令给之；每岁季冬，行乡饮酒礼，籍帐传。仓库盗贼堤道虽有长管，皆通知之。”[①] 另有“县丞为之贰，县尉分判众曹，收率课调。”州县的“众曹”是指：司仓（仓曹）、司户（户曹）、司兵（兵曹）、司法（法曹）、司田（田曹）、司功（功曹）、典狱等。其治安职掌是十分明确的。具体地说，功曹掌考课，考核项目为人口增减、土地垦辟、钱粮收入，治安良否等项；仓曹掌仓库市肆；户曹掌户籍计簿、道路“过所”，蠲免逋负，及刍蒿田讼、婚姻旅舍等事；田曹负责均田；兵曹负责门禁、管钥、烽候、驿传、军防、田猎等；法曹掌盗贼赃贿狱审，典狱管狱囚等；工曹掌道桥舟车宅舍工艺与建造事宜。

---

① 《旧唐书·职官志》。用中华书局1975年点校本。

在社会基层，隋唐时期，乡村设里正，城市设坊正，其“案比户口，检察非违”之职，便是治安职责。同时，推行“邻保制度”，这是一种民间自治性质的治安措施：“四家为邻，四邻为保”，① 保证本邻保内成员不发生非法出入或非法留住外人等情况，同时防火防盗。

综上可见，隋唐时期，社会治安特别是京师治安比前代更为条理化了，重兵驻于关中，亲兵禁军屯卫京畿，禁兵府兵共同负责京师安全，轮值宿卫交叉配置。这些，都可见其用心良苦。然而，从根本上破坏皇室安宁，破坏京师治安、政权稳固者，恰恰就在统治集团内部。李唐皇家所依恃的十六卫，到唐玄宗后期便告衰退。北衙亲兵，在高宗武后时便有凌驾十六卫之势，并由当年的皇帝亲自统帅、武臣主持而蜕变为宦官把持、悍将左右之兵。警卫君主的力量，变成了君位的最大威胁。到北衙十军的最后一军神策军废除时，唐王朝也就被颠覆了。

## 第二节　唐代的治安思想与治安宣教

### 一、治安思想

在治安指导思想方面，第一位大一统封建帝王秦始皇，搞的是“为治惟法”论。汉武帝推行“多欲政治”，搞内法外儒、儒表法里那一套，他的子孙们懂得不能纯用仁政，要“霸王道杂之”才能成功。这的确是历史的经验之谈。然而，“儒表法里”治安术还是反映出一种历史的困惑：到底怎样建立地主阶级的统治思想的理论基础？到底怎样制定符合地主阶级政治需要的治安方略？到底应该怎样处理儒与法、礼与刑、仁义说教与刑杀措施之间的矛盾对立关系？

---

① 《资治通鉴·唐纪》。用1956中华书局点校本。

历史发展到唐代，这个问题又一次提上了日程。贞观年间，唐太宗一再告谕群臣："为国之道，必须抚之以仁义，示之以威信，因人之心，去其苛刻，不作异端，自然安静。公等宜共行斯事也。"① 又说："可爱非君，可畏非民。天子者，有道则人推而为主，无道则人弃而不用，诚可畏也。"魏征应答曰："自古失国之主，皆为居安忘危，处治忘乱，所以不能长久。今陛下富有四海，内外清晏，能留心治道，常临深履薄。国家历数，自然灵长。臣又闻古语云'君，舟也；人（民），水也。水能载舟，亦能覆舟'。陛下以为可畏，诚如圣意。"魏征在《理狱听谏疏》中说道："凡立法者，非以伺民短而诛过误也，乃以防奸恶而救祸患，检淫邪而纳正道。"唐代开国君臣都是主张实行宽政的。而贞观、开元年间，又是唐代政治走上轨道的时候，其治安思想自然值得认真总结；尤其是安史之乱后，有了正反两方面的经验，总结唐代的治安思想，就具备了充分的条件。

白居易就生当其时（772—846 年）。白居易于贞元年间擢为进士，以"试判三条"（即应试时所写的三道《判词》）合乎要求而被授为校书郎。元和元年，他又对"才识兼茂，明于礼用"之策问，因答题合格而被调任周至县尉，直接主管治安。后来又曾在朝中任左拾遗，在杭州等地任地方长官，晚年又出任刑部侍郎、太子少傅等职。这样的人，不是坐而论道者，是一位能够起而行之的一代大吏，故其关于治安的见解，不拘执于一端，而能应时变化，切合实用，符合封建政治的需要。最能反映其观点的是《刑礼道迭相为用论》。② 他认为："刑者可以禁人之恶，不能防（约束）人之情；礼者，可以防人之情，不能率（导向）人之性；道者，可以率人之性，又不能禁人之恶。"因此，必须"循

① 吴兢《贞观政要》卷五。用上海古籍出版社 1978 年点校本。

② 《白居易集·策林》。用中华书局 1979 年点校本。

环表里，迭相为用”，做到“举有次，措有伦，适其用，达其宜。”废一不可，并举共用也不可，视情况不同而有所先后，一般说来，刑以惩恶，礼以导廉，道以修德，分而述之各有其用，合而用之则功效一致。

唐代治安，其实就体现了这种“迭相为用”论。在思想界，唐政府允许儒道佛“三教”并存，不绝对地排斥某一家，便是一种通脱而不拘执的做法；在汉族与少数民族关系上，唐王朝“颇有胡气”，不搞排他性的民族政策，也有一种兼容并包的气魄；在用人问题上，搞“学而优则仕”，谁科举合格就用谁，不讲门第出身，也是一种有魄力的表现。在国家根本大法的修订上，能广泛吸收前代法理研究的成果，在融合儒法道的理论基础上，完成了封建法典《唐律疏议》的修订。至今看来，仍然是封建社会中一部宽严适度的法典。上述治安思想很宝贵、很富启发意义。它是秦代以来“为治惟法”论的拨正，是“儒表法里”说的发展，是大一统政治理论的组成要件。此后各代帝王的治安思想，都没有突破这个“刑礼道迭相为用”的理论框架。它带有动态管理的色彩。

## 二、治安人才的养成教育

秦代以吏为师，以法为教；汉武帝搞罢黜百家，但他在征召人才、授官命职时，却设有四科，一为德行高洁、志节清白科；二为学通行修、经中博士科；第三为明习法令、足以决疑科；四为刚毅多略、遭事不惑、明足决断科。其中第三科，便属法学范畴。然而，自从魏晋之际玄学清谈成了士族知识分子的时好之后，“摆落世务”以自命清高，将“敲扑喧嚣犯其虑，牒诉倥偬装其怀”（嵇康语）视为尘容中的尘容、世俗中的世俗而加以排斥以后，律学也就不被一般知识分子所重视了。正如南朝孔稚圭在《上疏请兴律学》一文中所揭示的：“今之士子，莫肯为业，纵有习者，世议所轻。”即使有一二人留心于此，也是“空勤永岁，不闻一朝之赏，积学当年，终为闾伍所嗤”。地方长吏，便都是不明法学之人，“或以军勋余力，或以劳吏暮齿”，这些人“犷情浊气，忍并生灵；昏心狠态，吞剥民物”，本来就不把民命放在心上，于是积冤遍于域中，于是狱政更为混乱而昏暗。于是执法行法也就被世人视为卑污之职……律学宣教的破坏，魏晋时的玄学清谈与门阀政治有其不可推卸的责任。从此，“轻法学，贱法吏”便成了历届封建学者与政府的通病。

唐代实行科举制，要求州郡每年向中央“贡士”，所贡之士，分为四科：一秀才，二明经，三进士，四明法（另有书法与算术两个专科）。各有定额。唐政府命令京师与各郡各县都要兴办学馆，按此四科培养人才。每到年底，由学监负责考核，合格者与上计吏一起送到朝廷。有未入学馆而有所成者，同样推荐。其中明法一科，国家考试时，分为四等。基本做法是：“其判问，皆问以时事疑狱，令约律文，断决其有。”以时事疑狱为题进行策问，答案要以国家法律为依据，视答卷情况判断应试者的法学知识与条令的适用能力，分四等录取。头等：“既依律文，又约经义，文理弘雅，超然出群”，其答案既能遵依国家律条，依法断案，又能引用儒家经义，阐明大道，文章写得弘雅得体，当然是优等，是首先应予拔擢的；其次是“断以法理，参以经史，无所亏失，粲然可观”，答卷能依照律文判案，引用经史文句进行说明，没有失误差错，文字通顺，这是第二等；第三等，判断依法，有文采；第四等，“颇约法式，直书可否，言虽不文，其理无失”，就是说，答卷总的来说还能依律断事，简单地将律文与狱案相对照表明应按某律某格某式某例办理，不讲文采，法理上也没有失误，这样的人才也是可用的。把律学作为重要学科之一，注重法学人才的养成教育，是唐代的有用经验。由于唐代科举中有“明法”一科，知识分子们对此也能稍加留意。王维的集子《王右丞集》中，就有不少《甲乙判》，即为应试而练习写的判词；白居易的《白氏长庆集》中也收录了大量《甲乙判》，说明当时知识分子是把律学看做是一门重要的学问的。白居易曾上书请"升法科，选法吏"，以澄清吏治与狱政。唐代由科举而入仕的知识分子都是"明法"的。

唐代重视律学，重视社会治安宣教，还表现在《唐律疏议》的问世和《通典》的问世上。这两本书，前者是封建法典的高峰之作，后者为历代行政典章的汇编。是从政知识分子所必读的基本教材。其《通典》一书，贯通历代史志，独创专门的典籍文化专史，将上古直至唐天宝年间历代食货、选举、职官、礼、乐、兵、刑、州郡（沿革）、边防（设施）作了系统的论述，考索历代制度源流演变，翔实可征，其序志议论，时有卓见。今天看来，仍是不可多得的文献。要了解古代治安警卫禁卫沿革，此书是绝不可少的。

## 第三节　《唐律疏议》中的治安法规

《唐律疏议》是古代成文法中最为完备的一部国家法典。它所包含的治安法规在稳定社会秩序、巩固统治基础方面，发挥过不可忽视的作用。

唐代建国之初，形势非常严峻，据《旧唐书·食货志》载："丧乱之后，户口凋残"。《通典·食货志》也说："末年离乱，至武德有二百余万户"，贞观之初，仍"不及三百万"。魏征在贞观六年时还说："今自伊洛之东，暨乎海岱，萑莽巨泽，茫茫千里，人烟断绝，鸡犬不闻，道路萧条，进退艰阻。"[①] 在这种条件下，安定民生，发展生产，便是巩固政权的第一要义。唐政府推行

① 吴兢：《贞观政要》。上海古籍出版社 1978 年点校本。

"均田"的土地政策，让广大农业劳动者与土地重新结合起来，为社会治安管理准备了前提条件。在这种情况下，唐政府以隋《开皇律》为样本，经多次修订，终于在唐高宗时制定了空前完备的封建法典——《唐律疏议》，用以规范全国上下的政治生活与社会生活。

唐代修律的指导思想与立法原则是秦汉立法思想的继承与发展。唐太宗说："惩奸禁暴，弘风阐化，安民立政，莫此为先。"要惩奸禁暴，当然需要用刑，也要讲道；弘风阐化，应该用道，也离不开刑。于是，把封建伦理道德方面的要求上升为法律，凭法的约束力来维护封建伦理；把属于国家行政管理中要求百姓应尽的义务纳入依法奖惩的范围，用法的形式强化百姓的义务感，就成了《唐律疏议》的一个重要特色。其治安法规则更清楚地表现出以礼导刑、以刑护礼的特色，即以礼的原则——封建等级制度为指导制定刑惩法规，以刑惩的权威来维护和保证礼的贯彻。这就解决了秦汉以来礼制与法制的矛盾与冲突，使封建法制达到一个新的高峰。

治安法规，是对国民日常生活中的"应为"与"不应为"的法律规范，其目的在于协同道德伦理规范，遏止或减少犯罪危害，确保刑法的威胁力，以稳定社会生活秩序。这里，我们将《唐律疏议》中与治安相关的一些法规，钩稽出来，略作说明。

《唐律疏议》治安法规，可归纳为五大方面。

### 一、皇宫与其他要害部位的禁卫法规

《唐律疏议》将私自非法进入宫门、殿门、祖庙陵寝门的行为称为"阑入"。宿卫人员掌握着允许进入者的名籍，凡无门籍或冒用门籍而私自进入，或门卫私放进入者，都是"犯禁"，均处以刑罚。犯禁又可细分为五种情况：①徒手翻越宫墙或闯入宫城门、宫殿门者；②持器械闯入宫门殿门者；③闯入宫内诸门与

禁苑者；④闯入大殿各门与御膳处者；⑤携带器杖闯入皇帝居处者。有上述情况之一，视情节处以徒、流、斩、绞等刑。另外，凡登高望宫中，误入皇帝军队、仪仗队间者，都在处罚之列。至于其他要害部位，如州镇戍及武库的城垣，官府、宫廨及坊市的垣篱等，私越者均要受到相应惩处。这种惩处，是为了维护皇帝的人身安全与皇权的至高无上的权威，它是封建治安的核心任务，客观上也维护了公共建筑与公共场所的安全。对此，《唐律疏议》中的相关规定是十分繁琐的。全书十二篇，除第一篇为《名例篇》，是全书的总则外，第二篇即为《卫禁律》，就是关于宫殿、武库、城垣、关津的警卫禁察的条例，可见统治者对它的高度重视。

## 二、户籍登录管理法规

户籍管理是户口管理工作的核心，是治安管理的一项重要内容。《汉书·食货志》说："理民之道，地著为本"，历代统治者深明其中奥妙。《唐律》严禁"浮浪它所"，严禁脱漏户口。严禁相冒合户或私行析户，严禁私入道籍为僧为尼等。这方面的法规，我们将在"户口管理"章节中另作说明，此处从略。

## 三、社会秩序管理法规

所谓社会秩序管理，主要是指公众场所的秩序管理，比如街道坊市管理之类。其中，宵禁是一条重要措施。唐代宵禁比秦汉有过之而无不及。尽管城市经济已经相当繁荣，唐代城市仍然实行封闭式坊市分离建制，居民住在一个个建有坊墙的坊院内，不得向大街开门；坊内不得进行任何商贸活动；全城的商业活动，在指定的几个"市"中进行。"市"的四周也有坊墙，有坊门，实行严格的启闭制度。按《唐律·宫卫律》要求："五更三筹，顺天门击鼓，听人行；昼漏尽，顺天门击鼓四百迄，闭门；后更击六百，坊门皆闭，禁人行。”而“闭门鼓后、开门鼓前有行者皆为犯夜”；因公或私家有婚丧疾病需夜行者，必须事先申请，获得允许，才得在相关区域沿必经路线走动。夜间用火也严格控制，未经申请而有光烛者，也叫“犯夜”，一律查处。

在街道管理方面，《唐律疏议》中还有一系列禁令，如禁止“博戏赌财”，禁止“无故私入人家”，禁止“在市及人众中故相惊动”，禁止“侵巷街阡陌种植垦食”，禁止“穿垣出污秽”，禁止向城内及官宅、私宅、街道、大路投掷瓦石，射击弹丸，禁止斗殴，禁止在城里、在街巷中、在人众中“走马”，禁止赌博、禁止聚众吵闹……以故杀伤人者要论罪。

## 四、对应作为而不作为，不尽法律义务者所加惩处的法规

《唐律疏议》规定：“诸追捕罪人而力不能制，告道路行人；其行人力能助之而不助者，杖八十。”“诸邻里被强盗及杀人，告而不救助者，杖一百。闻而不救助者，减一等治罪，力势不能救助者，速告附近官司；若不告者，亦以不救助论（罪）。”显然，这样的治安法规，对于迅速养成民众的治安意识，是有好处的。同样，《唐律疏议》还要求，“诸在他人地分内得宿藏物”，或检得公家“阑遗物”，或他人遗失物者，均需在相应时日内交还（或送官），凡隐而不送、过期不交者，均视情节轻重比照偷盗条例论罪惩罚。人们执行这样的法规，久而久之，会养成一种习惯，一种道不拾遗的风俗。

## 五、对家庭生活进行秩序管理的法规

在《唐律疏议》中，大量的伦理规范、道德规范被赋予法的形式，成为具有法定效力的条规，使家庭强制、宗族强制、乡党强制即父权、夫权、族权等具有了刑法的强制性，发挥出“刑罚为政教之用”的社会效果。如《唐律疏议》禁止以妻为妾，以婢

为妻，以妾为妻，以客女为妻；禁止“养杂户男女为子孙”，禁止通奸，悔婚，冒婚；禁止卑下斥骂长上。这是为维护封建等级制、维护封建特权基础而订的法规。封建统治阶级是不允许紊乱其等级伦理秩序的。

### 六、交通与消防管理法规

唐代消防管理法规，含预防失火、处置失火、强制救火等。如规定库藏仓储内不得燃火；在官府廨院及仓库内失火者，“徒二年”；“非时烧田野者，笞五十；延烧人宅舍及财物者，杖八十”；在行道上燃火不灭而致失火者，减纵火罪一等处罚。另外，“诸见火起，应告不告，应救不救，减失火罪二等”惩罚。这样的消防管理条令，于公于私都是有益的。在交通方面，有关驿站的管理条令尤为苛繁，如“诈乘驿马，加役流”，惩处是相当严格的。律文规定，在驿站乘马牛驴骡驮私物不得超过十斤，乘车运私物不得超过三十斤，乘舟船载衣粮不得超过二百斤。凡超载者，均予惩处。关于行船，也明确规定开船、行船、停泊、装卸、安标、回避、损伤、事故等情的处治条规，不执行者予以惩治，如摆渡时事先不讲明价钱而中途勒索，明知水情险急而超载运行，都要受到严肃的处治，造成人身伤亡的，还要负刑事责任。

总之，《唐律疏议》中的治安法规，内容极为丰富，涉及当时社会生活方方面面。它的执行，对于维护社会稳定，发展经济，发展文教，都起了相当的作用。唐代创造了第一流的封建文明，这与唐代第一流的治安法规是有密切关系的。

## 第四节　对社会层面的治安控制

### 一、控制门阀世家

隋唐时期的社会层面控制很严。这里，先说对门阀世家的控制。魏晋以来，门阀世家垄断政治、经济，在六朝政权更迭过程中，他们始终“随例变迁”，不论皇帝如何更换，门阀私利却能一贯地维护着，从而形成一股根深蒂固的社会惰性力量。西晋永嘉之后，留在北方的“豪家大族，鸠率乡部，托迹勤王，规自处置”。不仅私立田庄坞堡，且而署置郡县长吏。至于南迁的士族，更处处“占山护泽，保家为利”，处处群集，侨立州郡，其势力之大，可想而知。他们的动向如何，对于地方治安以至国家安危，影响深巨。如：《唐书·韦师康传》载：韦氏“世为关右著姓”，“宗族数千家，多以豪奢相尚”。宋孝王《关东风俗传》载：“瀛冀诸刘，清河张宋，并州王氏，濮阳侯族，诸如此辈，一宗将近万室，烟火连接，比屋而居……若遇间隙，先为乱阶。”这种势力的集结，自然有碍于封建中央集权制的推行，即有碍于皇权的巩固，有碍国家的政治大一统。隋代曾用“大索貌阅”和“输籍法”、“分户法”、“相纠法”等措施在全国范围内检括人口，从世家地主手中夺回了大量的劳动力，维护了封建经济赖以持续发展的根基。这些，唐王朝都在更大规模上承袭了下来。唐太宗还有意从社会心态上打击世家大族的优越感。比如，当门阀世家以高门望族相标榜，用编制世族谱牒的办法来维系其家族特权时，唐太宗便下令另编《氏族志》，果断地否定汉末以来世家大族的积威，高宗时又重修《姓氏录》，纯以李唐王朝现居五品以上职官姓氏为准。此后，门阀世家作为一种特殊的社会阶层，便在政治舞台上、从权力核心中消退了。可以说，唐初统治者，有效地实现了对门阀世家这一社会层面的控制。

## 二、对庶族地主及其知识层面的控制

科举制是一项一箭双雕的政策，它在发挥控制门阀世家的作用的同时，也对李唐王朝控制其政治基础——庶族地主起了极大的作用。唐人赵嘏说：“太宗皇帝真长策，赚得英雄尽白头。”李世民自己也得意地说："天下英雄尽入吾彀中矣！"① 科举制向地方知识分子打开了入仕之门，白衣而为卿相，唐代不绝其例。这些入仕者，便成了政府与各地各阶层地方势力的纽带，对于稳定各种政治势力，稳定政局，显然起了重要作用。这对提高政府执法水平也有好处。

## 三、对农业人口的控制

现在说到唐政府对农民的控制。控制农民的办法：一是使之与土地结合起来，不使其流移失业；二是将其组织在一个政治网络之中，使之"安分守己"；三是由政府直接控制农户，不让地主豪强、官僚世族、富商大贾与寺庙等私自分割国家人口，占有劳动力，占有财富源泉。当然，这是历代封建政府希望做到而终于无法真正实现的目标。隋唐政府为此曾经作出过努力。其主要措施，就其荦荦大者而言，便是"户籍制"与"均田制——租庸调法"。这里仅从治安角度，就户籍制略说一二。

隋代曾推行大索貌阅与输籍法。具体一点说：隋文帝开皇初年，命令全国州县"大索貌阅，户口不实者，正、长远配，而又开相纠之科。大功以下，兼令析籍。"② 同时，采纳大臣建议，制定标准户籍式样，明确户等评定条件，"遍下诸州，每年正月五日，县令巡民，各随便近依样定户上下。"③ 隋政府通过这次全国性户口彻查，得新附 1 461 500 口，即获得了一百五十万户口。其办法是：以闾、里、族、党为单位，一个县一个县地进行人口普查，县里要逐个验视本人相貌，这叫"貌阅"，再作户口登录。如有不实，闾正、族正与里长、党长要负法律责任，被远

---

① 王定宝《唐摭言》卷一。用《丛书集成》本，古典文学出版社 1957 年点校。
② 《隋书·食货志》。用中华书局点校本。
③ 《隋书·食货志》。用中华书局点校本。

远地流放；政府鼓励民间相互告发，纠出隐漏户口者，由被纠人代替揭发人供税服役；又命令三代以上亲属分家立户；禁止发生“千丁同籍”，“三十五十家为一户”之类脱漏诈伪等情，为了使赋役负担相对合理平允，国家颁布了户等条例，让百姓自报公议每户的户等，政府按户等征税。而一般说来，政府征收的税额低于富豪之家私收依附人口的租税额，减轻了纳税人的负担。于是老百姓都乐于向政府“输籍”而纷纷脱离豪门大户或寺院。就这样，隋代通过貌阅之法，分户之令，相纠之科，输籍之策，空前地增加了国家直接控制的人口数，即直接的剥削对象。这一措施，后来形成定制，至唐代每遇人户变异而更动册籍时，仍须“貌阅”。由县官当面察貌之后再登录更改户籍。

唐代户口登录有严密程序。户籍三年一起造，从正月下旬到三月底止造讫。一式三份，一送尚书省，一存州，一存县。州县籍簿保存五比，即 15 年，尚书省保存九比（27 年），依次清除出库。造籍时，先由户主依式填写《手实》，申报户口、田产、户等。乡里搜集报县，以县为单位汇拢各乡手实计账之后，赴州统一造册。新析新附之户，造于原户之后，以次编订装潢。户口凡应入“丁”“老”“疾”者，由县令亲自察看本人形貌，予以注册，不得隐漏。必须说明的是，在户主申报户口、田产、户等的《手实》上，还须附上这样的保证：“本户新旧口，田段的亩数、四至，具状如前。如后有人纠告隐漏一口，求受违敕之罪。”又，《唐六典·开元职官令》中规定：县令“所管之户，量其资产，类其强弱，定为九等。其户皆三年一定，以入籍帐”。“若五九、三疾及丁中老幼，贫富强弱，虫霜旱涝年收耗实，过貌形状，及差科簿，皆亲自注定，务均齐焉。”案：“五九”指 19 岁与 49 岁、59 岁、79 岁、89 岁。唐代规定 20 岁成丁，50 岁免役，60 岁免老，80、90 岁给予优赐，因此“五九”的登录是重要前提。当时 3 岁以下称黄，15 岁以下称小，16 至 20 岁为中，21 至 59

岁为丁，60 岁以上为老（这个规定不同时期有所调整）。根据上述材料，可以看出唐政府户籍登录的严密程度。“三疾”指残疾、废疾、笃疾。凡秃疮无发，一目盲，两耳聋，手足缺二指为“残疾”；凡痴哑、侏儒、脊折、一肢废为“废疾”；凡癫狂，两目盲，两肢废为“笃疾”。这“三疾”享有相应的免役、免税权利，所以要严格查验，由县令亲自逐一审视检验。

隋唐推行均田制，是为了让农民牢牢地附着在小块土地上。隋唐在社会基层推行邻保制，让老百姓自己组织治安保障。规定“百户为里，五里为乡。西京及州县廓内分为坊，在田野者为村。坊有正，掌坊门管钥，督察奸非；村有正，掌同坊正。四家为邻，五邻为保，递相检察。”有人在保内出入，必须向保长申报；如有长年外出或迁徙，里正要负责调查外出者的户等、奴婢驴马的去向及谁人代承其户的交税服役义务等，查实上报县司。县司据报发给迁徙人《过所》（通行凭证）。从治安角度讲，对农民这一社会层面的控制，最艰难的是对其中的流民的控制。流民问题，始终是困扰历届封建政府的严重课题。在封建史家所艳称的开天盛世，也是“今天下户口，亡逃过半”。唐政府用“摊逃”的办法来对付，将逃户“应赋租庸课税，令近亲邻保代输”。这一来，代输者也索性逃亡，“或因人而止，或佣力自资”，投靠地主豪门后，成了佣工客户，就不受封建政府的节制了。更多的是逃向山林江海，酿成武装反抗的风潮。史载，唐德宗建中年间（780—784 年）初行两税法，清理人户得土著户 180 余万，客户 130 余万。土著户与流亡客户之比竟是 3∶2。可见逃亡现象之严重程度。

### 四、对其他社会阶层的治安管束

除了对世族豪门、庶族地主及其知识分子，以及对广大农民的控制外，隋唐政府对兵士、僧尼、商贾、手工业工人及归附的

“化外人”，也多方进行管理，尽力将其控制在政府权力范围以内。唐代对官户、杂户、官奴婢有总管机构，由刑部都官郎中主管。由都官将官户、官奴婢分配给政府各司和掖庭，或依令分赐官僚；每年冬进行检查阅实，点造簿籍，4 岁以上的奴生子都要“印臂”以防逃亡。次年春，各衙将其所有之官户、官奴婢造册上报，一式两份，按口数、性别、年龄分组，领取衣粮。奴婢男女成人后，只能按“本色配偶”。私家部曲、客奴，不得入道观为僧为尼；若有奴婢依令出家者，犯规则还俗，仍发还原主，各依本色。《大唐六典》中说，奴婢“一免为番户，再免为杂户，三免为良人”，而事实上，极少有官奴婢能够获得“三免”释放而升为平民的。至于私奴婢与部曲、客女、浮民、没外番而归来者、四夷“归化”者，则皆可“依律”“附宽乡”，“给复”三年至十年不等。“复”，复除，即免除三至五年的赋役负担，使其安家立业。奴婢放良时，由主家出具《放良书》，以作凭证。

军人之于治安，有正负两方面的作用。《新唐书》卷五十《兵志》讲得很清楚：“夫置兵所以止乱，及其弊也，适足为乱，又其甚也，至困天下以养乱，而遂至于亡焉。”因此，唐朝采取一系列的措施，加强对军人的控制。《唐律·擅兴》对其严加管束。全国的兵士都造册登记，称为名籍，实行多重管理。每个季度，名籍都要上报中书省、门下省。左、右卫中的长史负责掌握卒伍、军团的名数。调遣府兵时，中央要下发敕书和鱼符、木契，地方州刺史和折冲府长官同自己保存的一半合符勘契后即行派兵。并将应行的兵士列为名籍，上报尚书省兵部。如果是出征，朝廷派遣大将率军作战，事后将归于朝，兵散于府，互不联系。如果是番上，则将名簿上报左、右卫，由左、右卫大将军分配至各卫执行宿卫京师的任务。

唐代势力最大的宗教是佛教和道教。道教是中国本土的宗教。唐统治者奉道教之祖老子李耳为自己的始祖，道教便在名义上占据了优势地位。武则天时期崇佛抑道，道教的地位一度下降。而佛教发展到唐代，中国化程度愈益加深，宗派林立，教徒众多，实际上处于主导地位。统治阶级看到了佛道二教对于维护治安、巩固统治的微妙作用，同时也注意到它们相反的一面，因而时时加以管束。祠部、鸿胪寺和功德使，是国家设立的管理佛教的机构和人员。国家对僧籍实行管理，《唐会要》卷四十九《僧籍》说："每三岁州县为籍，一以留州县，一以上祠部。新罗、日本僧人入朝学问，九年不还者，编诸籍。"政府企图把僧尼的活动限制在纯粹的宗教生活范围内，从而把他们的行止固定在寺院中。《全唐文》卷三十载唐玄宗《禁僧徒敛财诏》规定："自今已后，僧尼除讲律之外，一切禁断。六时礼忏，须依律义。"但是，僧徒"因缘讲说，眩惑州闾，溪壑无厌，唯财是敛……无益于人，有蠹于俗。或出入州县，假托威权；或巡历乡村，恣行募化。因其聚会，便有宿宵，左道不常，异端斯起。"《禁僧俗往还诏》说：僧人"或寓迹幽间，潜行闾里，陷于非辟，有足伤嗟。如闻远就山林，别为兰若，兼亦聚众，公然往来。或妄托生缘，辄有俗家居止。"如此等等，严重妨碍了治安。因此，政府对僧人实行严格的管束，并不断打击他们的不法行为。终唐一代，游侠、刺客横行天下。游侠既有除暴安良的一面，又有随意行杀、劫货掠财、赌博宿娼的一面，因而对社会治安构成危害。在唐代，政府对他们实际上失去控制，社会上长期崇尚游侠之风。

### 五、对社会生活的治安管束

唐代的制度文明，表现在社会生活的方方面面。杜甫有诗《忆昔》曰："忆昔开元全盛日……远行不劳吉日出。"人民的安全感很强。社会的有序状态正是靠一系列的制度措施来维系的。

#### （一）对城市居民生活秩序的管束

唐代长安城中，处处"分街立铺"，街道设立武候铺，由卫士与彍骑（弓箭手）分守。大城门 100 人，小城门 20 人。大铺 30 人，小铺 5 人。街上建有街鼓。发现情况，击鼓报警。每天日暮之时，击鼓 800 下，从宫门到外廓门依次关闭，禁止通行；第二天清晨（五更两点）击鼓 300 下，各街街鼓齐发，坊门由外而内，依次开启，放人通行。从黄昏到清晨，整夜有街使带领骑卒巡行呼喝，有武士伏路暗探，侦察非、违。

唐代仍维持古老的日中为市习惯。市场与居民区严格区分，商业活动只能在特定的市场进行。市门的启闭与坊门的启闭时间不一样。当时规定：日中击鼓 300 下，市场才允许开业；日落前七刻击钲 300 下，便闭门散市，停止一切交易。由于居民区不许买卖，而市场管理又如此严格，所以城镇居民的经济生活是限制得很死的。在市场内部，设有市署，由市令、市丞、录事等专职吏役管理市场交易，维护市场治安。市署要负责规划行、肆、铺、摊位的安排，要负责评定与检查物价，核定度量衡器，检察处理纷争、斗殴、扰乱秩序的行为。唐代长安有东市、西市，仅东市就有二百二十行。东都洛阳有南市、北市两个市，南市有一百二十行，三千多个肆，四百余丬店。商业活动是相当繁盛的，而管理空前严密。原来，隋唐时期，我国城市仍然实行“坊市分离”建制。一个都会，无论是商业都会还是一般都会，其中心部分都有高大的城墙包围着，对外起防御作用，对内起拘管作用。城门有重兵把守，按时启闭。城内居民分坊居住，以坊为单位进行管理。坊有坊长（里正），坊门由专人专管，按时启闭，凡出入不时、所携不物、衣冠不整、横行喧呼、径逾邪出等，都在查禁之列，居民不得向大街开门。平民与官府分坊居住。民坊与市坊截然分开，街坊中不得经商设铺摆摊及背负叫卖。唐代，特别是中唐以前，城市除寺庙旗亭外，没有市民的公共娱乐场所，入夜即行宵禁。这样，尽管长安为当时世界一大国际都会，白天中外游人学子商贾塞巷填街，但一入夜，便万籁俱静了。这时，巡街御史、武候铺、各营卫士之轮值者，在每街每坊每角隅进行巡察、守候、侦查，发现可疑，立即采取措施。在如此严密而严厉的控制下，城市市民的生活秩序自然是平静的。

（二）对奸、盗的惩处

《唐律》对不同身份、关系的人之间的奸情作出不同处分的规定。具有良人（平民）身份的男女和奸为“凡奸”，双方各判处一年半徒刑。妇女若有丈夫，不论是妻还是妾，都加一等处分，徒二年。杂户、官户、官私奴婢，统称“贱民”。良人男子以及官私男奴同官私女婢和奸，各杖九十下。部曲、贱民同良人妇女和奸，并加良人凡奸罪一等，徒二年。良人男子同他人的部曲妻子以及杂户、官户妇女和奸，杖一百下。男子强奸妇女，依受害者的身份各加一等处分，妇女无罪。若女方抗拒强奸被殴击折伤，男子各加斗折伤罪一等处罚。监临主守在自己所监守内奸良人妇女，加凡奸罪一等处分，徒二年；若是有夫之妇，再加一等，徒二年半。在为父母和丈夫服丧期间男女和奸，以及道教、佛教的男女教徒有和奸行为，各加监临奸一等处分，即加凡奸罪二等。“贼”和“盗”是两种身份的人。“贼”指谋反、谋大逆、谋叛的犯罪，唐律规定当事人处斩，株连范围较广。贼人之父及16岁以上的儿子绞死，未满15岁的儿子以及母女、妻妾、祖孙、兄弟、姐妹等人，一律没为官奴婢，田宅、财产没收，伯叔父和侄辈都流三千里。“盗”指劫窃财物的犯罪，有强盗和窃盗两类。强盗指以强暴手段劫掠他人财产的人。这有多种表现，诸如，先强后盗或先盗后强，即在劫掠财产的事前或事后，对物主口头威胁或动用暴力，以达到目的；或者让物主饮食放有药物的酒食，使其神志狂乱，以取其财物；或者故意纵火烧掉物主的房舍和积聚之物，乘混乱劫掠其财产；或者因其他缘故发生争执，借机殴斗，强夺对方财物等等。窃盗指潜行隐面偷窃他人财物的人，均依律惩处。

（三）对“左道旁门”的惩治

左道有多种表现，《唐律》明确作出处分规定。《唐律疏议》卷十八解释“蛊毒”时说：“蛊有多种，罕能究悉。……或集合诸蛊，置于一器之内，久而相食，诸虫皆尽，若蛇在，即为蛇蛊之类。”蛊可以用来害人，谋取财物。蛊毒罪行有自造、传畜和教令他人两种情况，发现后一律处以绞死。自造、传畜者的同居家口，不论是否分籍，即使不知情，也要判处三千里流刑。里正、坊正、村正知而不纠，也判处三千里流刑。若遇上大赦，造畜蛊毒者、同居家口和教令者，也要流三千里。80岁以上，10岁以下，笃疾，无家口同流者，予以放免。蛊毒造畜已成，尚未作恶，向官府自首，也不能完全赦免，依旧判处流刑。

与此同时，法律惩处“厌魅”、“符书咒诅”、“妖书”、“妖言”、及妄谈“休咎”、“吉凶”等。对于自造和妄说者，一律绞死。传播妖言，使用妖书，蛊惑三人以上者，也处以绞死；蛊不满三人者，处以三千里流刑。妖书、妖言虽然涉及灾异，但若是与政治无关，只是预言自然灾变，有关人员处以杖刑一百。如果保存前人所作的妖书，自己即使不曾行用，也要处以两年徒刑。与此同时，还严禁“玄象器物”等。如“象天为器具，以经星之文及日月所行之道转之，以观时变”。即根据日、月、五星（金木水火土）及二十八宿的运行来预测时局变化。“谶书”指“先代圣贤所记未来征祥之书”，“兵书”指《太公六韬》《黄石公三略》之类，“七曜历”指“日月五星之历”，《太一式》、《雷公式》指“占吉凶”的书。这些书籍，私家不许保存，违者判处二年徒刑。如果传播、使用，言涉不顺，从“造妖言法”处分。私家虽无此类书籍，但转相学习者，也处以二年徒刑。

对此，朝廷曾不断颁发诏敕。唐玄宗《禁百官交结匪人制》说：百官“皆合守其正道，无宜听彼异端。至如卜祝之流，妄陈休咎，占候之辈，假托征祥，诳惑既生，愆违斯作。因构谗慝，遂行讪毁，攻陷网罗，良增叹息。……自今以后，各宜谨慎，并不得与如此等色及无职人交游来往，仍令御史访察，有即弹奏，当加严罚。”《禁左道诏》说：“如闻道俗之间，妄有占筮，诳惑士庶，假说灾祥，兼托符咒，遂行左道。……宜令所司申明格敕，严加访察。”其他如《禁百官与僧道往还制》、《禁僧徒敛财诏》、《禁卜筮惑人诏》、《严禁左道诏》等，都重申了类似的精神。

总之，唐代对社会层面控制、对社会生活的治安约束是有效的，但“安史之乱”之后，就每况愈下了。唐朝灭亡后，出现了五代十国的分裂割据局面，长达半个多世纪。这个时期战乱频仍，外族入寇，刑罚酷滥，治安极其败坏。直到五代后期，后周王朝着手整顿，制定了一些制度，治安状况才得以好转。

# 第八章

# 宋元：中国封建治安的更新

在古代治安史上，五代宋辽金元时期，是一个重要的转折期、枢纽期。秦汉隋唐的治安体制，在这时发生了重大跃迁，实现了体制性的更新，宋代“巡检制”是这种更新的一个重要标志。宋人对历代典章文献的汇编，国家法典的注释诠解，案例判牍与法医知识的社会普及，通俗读物中对刑法题材的重视，都具有开风气的作用。史有“盛唐隆宋”之说，宋代社会生产力与科技文化都远超前代，国土面积小于汉唐，人口则超过了汉唐，对外经济文化交往的内涵与频率、规模也超过了汉唐。宋的治安管理是值得重视的。

辽金两代，曾先后长期统治黄河流域、长城内外及戈壁、白山黑水之间；元代更实现了辽阔国土的空前大一统，它们为中国西部、北部的大开发、为中华民族的空前壮大，都作出了特有的贡献。金元两代，吸收宋人的“巡检制”，使治安领域更具活力。元代的村社制也令人注目。在治安体制上，辽金创建的警巡院制，是中央一级的国家治安专职机构，很有首创性。元代除警巡院外，又特设“五城兵马司”，使警治工作进一步专责化，并为明清所承袭。

## 第一节　宋代经济文化的新发展

宋代（960—1279），随着东部沿海经济区的大力开发，城市经济与居民文化生活空前活跃，对外经济政治往来更为频繁，因而京师等重要都市及沿海商埠的治安管理，也就采取了新的管理模式。

宋代的经济文化不但不比前代萎缩，而且在生产领域、交换领域还有较大幅度的发展，封建经济文化保持着隋唐以来的发展势头，而且大有进展。因而，虽有强敌压境，仍然维持了数百年的统治；两宋三百余年间，农民起义的规模与频率，军阀割据与混战及其对于社会的震动、破坏程度，均不见比前代或后代更大更激烈，这是很能说明问题的。就国家治理来说，宋政权一手抓伦理教化，一手抓治安管理，使社会生活秩序保持了相对的稳定。应当承认，宋代治安是有特点、有成效的。

北宋建都于开封，政治中心东移了，又由于隋唐以来大运河与长江航运的开通，中国经济文化的重心逐步由周秦两汉的“关中——中原”一线，东移为江淮与东南沿海地区，十万人口以上的商业都会，在唐代只有十来座，两宋时期发展到四十多座。沿海一带对外贸易的港口空前繁华，“天城”（杭州）、“广府”（番禺）与“刺桐”（泉州），发展成世界著名都会，南宋时即跻身于世界重大港口城市之列。早在宋太祖登基的第三年，即建隆三年(962)，即下令拆除坊墙，沿街允许开设店铺，实行“街市结合”的城建体制。因此，宋代城市经济文化生活比唐代更为活跃、更为兴旺。开封城人口达百万以上，城中沿街店铺林立，计有六千四百余家，一变秦汉隋唐时期居民区与商业区截然分隔的状况，实现了街与市的有机结合，尤其是主要大街两侧，允许开设店铺。著名的《清明上河图》便典型地反映了这一空前的城市生活画面。京师坊、市界限的突破，带动了各地城镇经济生活的活跃。洛阳为北宋西都，繁华略如汴京。扬州控扼东南水陆运输的要冲，商业尤为发达；杭州在北宋时已发展成东南第一州，广州更发展成东方大港；鄂州居长江中游，成都居长江上游（当时人们以岷江为长江上源），都是商品集散地。而且，京师与各地的营业时间，也彻底打破了周秦汉唐以来的“日中为市”的传统，日夜经营，有早市、晚市、夜市之称，而供各阶层人士聚会娱乐的酒肆、茶楼、勾栏、瓦舍，夜间依然营业……

在宋代，造纸、印刷和指南针（罗盘）的科技成就，真正变成了社会生产力，并推动了世界范围的经济文化交流。

南宋定都临安（杭州）之后，对旧城进行了大规模的改造与扩建，使之成为一个有六十平方公里的大城，人口达一百万以上。像汴京一样，临安城区建设，也采用了街市结合式：取消居民区的坊墙，允许百姓向大街开门，允许商贾在居民区经营，大街两侧可以摆摊设铺开商店。街道空旷处，江湖艺人可以聚众献技。供市民娱乐的勾栏瓦舍处处兴建；酒楼茶舍歌馆以至妓院，一个连着一个，日夜经营；展示着这个封建都会一派消费繁华的景象。正因为这样，汉唐以来在街市分离体制下形成的那套治安管理制度、管理手段失效了，社会控制弱化了，引发出许多新的治安问题，影响着社会的稳定。公共秩序混乱，恶性案件频频发生，火灾不断，是宋代城市治安中的突出问题。适应这种形势，古代治安实现了体制性的更新。

## 第二节　宋代治安的双轨制

宋代治安实行双轨制，一是传统的行政管理系统，由各级政府首席主管官员负责当地治安，并配备文尉武尉分管治安；一是宋代创建的军事性质的专责治安系统，即与各级地方政府相平行的“巡检”系统，由都巡检、巡检组成覆盖全国的专责治安网，负责大都会、关津要塞、河道、海防、边防及广大乡村的社会治安。这是宋代治安体制上的重大更新。

## 一、朝廷的禁卫警治力量

宋代最高政务机构是政事堂，负责长官为尚书和参知政事，享有宰相地位，掌握国家行政权，总理政务；而全国兵权则归于枢密院，由枢密院使主持，掌握国家军机大政；另有计相掌全国财政。这样，负责全国治安的就是枢密院使了。它指挥全国禁军与巡检。

当时的中央警卫部队称为“禁军”，驻守京师，禁卫京城、皇城和皇宫。禁军由殿前司、侍卫亲军马军司、侍卫亲军步军司等“三衙”统领。另有“皇城司”负责皇城各门的门禁。它又承担京师各部门的内部保卫、内部侦缉伺察任务，成为直属于皇帝的特务机构。

## 二、专责警治系统

宋代地方设路、州（军、监、府）、县三级政府，各级政府除行政长官外，特设相平行的巡检官，每路设一名都巡检（或称都巡检使），负责全路治安。每州（府、军、监）设一名巡检（或称巡检使），负责本州（府、军、监）警治工作。在人烟稀少、治安任务不重的州（府、军、监），则由两三个州合设一员巡检（或巡检使）。在县一级，一般是数县合设一名巡检，专门负责本地治安。京师是重法区，治安任务尤其繁重，北宋政府在汴京地区更注意强化巡检制。十八个京县每县设一名巡检；两三个相邻京县再设一名“驻泊巡检”，负责来往巡逻查察协调；汴京城内，设“京城四面巡检”，分头负责左、右、南、北四大片治安。开封府又一分为二，成东西两路，各设都巡检使一员，统率开封地区所有巡检。京师全城地面又划分为若干厢，分厢管理所辖区段的治安。厢下设军巡铺；街坊设防隅巡警，各自在负责地段巡察非违，防止烟火盗贼与斗殴闹事等。

除路、州、县设置巡检外，宋代还在重要河道如黄河、长江、淮水、汴水上分段设置专责巡检，在沿海、沿边、驿道上，也分段设置专责巡检，凡“控扼要害及地分阔远处”、“往来接连合相应援处”，都特设一名都巡检（或巡检）。在少数民族杂居地区，也设有本族巡检，主管本地本民族的治安事宜。这就组成了全国性的巡检网。它们具有后世军事警察、刑事警察的职能。

巡检系统的组织关系是：各级巡检均接受上级巡检（巡检使）的领导，同时受同级行政长官的节制。其下设军巡铺，并组建专责灭火队。由一定数量的武装士兵组成。宋代士兵分为三种，直属中央（皇帝）的称禁军，这是天子的亲兵；各州所属的部队称厢军，是地方部队；另就是基层的乡兵即土兵了，在乡里和县衙服役听差。巡检所统的兵士主要是禁军，有些地方也掺杂部分厢军或乡兵。每位巡检带领的兵士，有数十名至二三百名者。有这样一支武装队伍，专司各路各州各县治安，专司水上、边防、海防、要塞、关津、驿道、都会的治安，其权威自然是很高的。这支队伍，军事素质强，机动性大，随时可以调遣，去执行巡逻、追捕、缉私、消防、禁盗直至弹压、剿匪任务。宋政府在使用这支队伍时，是颇为得心应手的。巡检制对两宋三百年封建统治的稳固起到了支柱作用。值得注意的是，巡检有缉捕人犯的权力，但没有审判权。所缉人犯必须交由地方行政长官去审理。这种权力限定，很像后世对警察权的限定。

宋代巡检系统的创建，使警治工作专门化、专责化了，这在治安史上是一个很大的体制性的进步。后世的水上警察、边防警察、消防警察之类的分工分类，后世警察的只管查察缉捕、不管审理的职权限制，也都可以从宋代巡检制中看出其发端的形态。这个制度早在宋太祖时就确立了。当然这种“专责巡检”或“巡警”，是由禁军厢兵承担的，还不是“专职巡检”或“巡警”队伍，因而它还不是“近代警察”般的组织；不过它距近代警察制度也只是一步之遥了：它正在向“专业化”方向发展。

## 三、宋代地方政府的治安职能

秦汉时，郡（州）县两级的尉职官员，是在郡县长官的节制下，分管地方治安的主管官员，自己在郡县衙门之外，另设官府，有相当的权力，甚至可以代表州县长官主持地方行政。这一点在隋唐时期被弱化了。五代十国时期，军人镇守地方，尉职官员的职权被并吞，这个建制也就被取消了。宋建国后，宋太祖于建隆三年（962）下诏说："贼盗斗讼，其狱实繁。逮捕多在于乡间，听决合行于令佐。"[①] 因此，恢复了县尉的建制。每县一尉，统率十几名到几十名弓手（衙役），辅佐县令，处理贼盗斗讼之类的警治事务。在京师等重法区，还增设一员县尉：文职官员充任县尉者，号为文尉；武职官员充任县尉者号称武尉。县尉的职权是捕盗与缉私，调解斗讼纠纷，预审刑事案件。他和巡检不同。不负责大都会与关津要塞治安，只负责县城、集镇治安，负责社会面的控制。它和巡检系统一起，构成覆盖全国的严密的治安网络。

## 四、宋代基层的治安管理

在基层，北宋初实行乡里制，乡设书手，里设里正，户设户长，其职役是督征赋税。乡里治安则由耆长率领本乡弓手、壮丁负责。王安石变法之后，推行保甲制，将周秦时期的兵农合一体制与什伍联保联防连坐措施结合起来，负责基层治安。保甲的编制是：10家为1保，设保长1名，由户主中有力者任之。5保为1大保，选大保长1人；10大保（五百户）为1都保，选都保正、副都保正各1人，其人选必须是材勇有物力者。在保内，不论主户（有田产）客户（无田产），每户两丁以上，选1人为保丁，共置一保牌，登录本保人户及保丁姓名。每一大保内，逐夜

---

① 徐松辑《宋会要辑稿·职官·县尉》。用中华书局1957年缩印本。

有保丁轮番值勤，巡警盗贼。发现情况，击鼓报警，保内居民即应前往捕贼。遇有身份不明之过客，也收捕送官处置。同保居民中，有强盗、杀人、放火、强奸、拐卖人口、传布妖教、造作巫蛊等情，必须举报；逾期不报，要论罪；即使不知情，也科以失察之罪。保—大保—都保的治安建制确定之后，原有的耆老、弓兵系统便失去了存在的意义，于是又有“甲”的编组，使相邻的二三十户为一组，“排比成甲，迭为甲头”，负责催收赋税与出公差，轮番服役。这就是王安石设计的保甲制，其治安职能非常明确。它为后世统治者取用，明清时更有所加强。

## 第三节 宋代城市的分厢管理

北宋建都于开封，相对于周秦汉唐来说，政治中心东移了，江淮沿海地区的经济文化也以前所未有的速度和规模发展起来了，社会生活出现了新的气象。随着都市生活的发展，滋生出新的治安课题。

### 一、汴京与临安的治安新课题

汴京作为人烟浩穰之区，人物辏集，作伪百端，流氓无赖，横行于街巷之中，滋扰生事。一些游手好闲之徒设立美人局，用娼优作为诱饵，引诱浪荡子弟，趁机诈取钱财；至于“京师无赖辈相聚赌博，开柜坊，屠牛马驴狗以食，销铸铜钱为器用杂物”者更为严重，如此等等，不一而足。

繁华的商业区，公共秩序也十分混乱，一些商贩买卖货物，以假充真充好，骗取钱财，被群众痛斥为“白日贼”。靠商业为生的牙人也遍布东京，他们勾结官吏，侵渔百姓，哄抬物价，走私漏税，滋扰市场。一些官吏也常借助权势发财，他们相互勾结，在东京市场上形成一股强大的势力，有的武装走私，偷税漏税；有的贱买贵卖，牟取暴利。《续资治通鉴长编》卷四四九记载：知青州资政殿学士王安礼，“在任买丝，勒机户织造花隔织等匹物，妄作名目，差兵搬担，偷侵一路商税，上京货卖，赢掠厚利，不止一次。”另外，商业区比比皆是的茶楼、酒肆也为无技无能、好吃懒做之辈提供了生存场所。

此外，茶馆、酒楼为了招揽生意，公开在店内安置妓女，以吸引顾客。安置妓女的茶馆，当时称为“花茶坊”。大的酒店有“浓妆妓女数百，聚于主廊槽面上，以待酒客呼唤，望之宛若神仙。”一般酒店则有下等妓女，“不呼自来，筵前歌唱，临时以些小钱物赠之而去。”由于安置了妓女，便有一些浪荡子弟，为妓女而来，追欢买笑，搞得茶楼酒肆乌烟瘴气，一片混乱。勾栏瓦子作为娱乐场所，也成为“庶士放荡不羁之所，子弟流连破坏之门”。（见《梦粱录 · 瓦子》）纨绔子弟、市井无赖、闲散军卒，聚集于此，滋扰之事频频发生。

南宋初，几万、几十万的北方灾民一批批流向江南、流入临安；中原地方贵族豪门三教九流人士都涌入这个临时都城，于是流氓无赖，滋扰生事，大街小巷，怪事丛生。据《武林记事》等书记载，元宵佳节，满城笙歌，灯火繁华，车马阗拥，不可驻足。于是有无赖子执五色印，上刻“你惜我，我怜你”数字，专门打印在姿色年轻女子背上，羞辱游玩士女。奸黠之徒，设美人局，招引浪荡子弟，诈取钱财。有柜坊赌局，结党作弊，巧伪百端，勾聚赌徒钱物；有水功德局，以求官、觅举、迁转、交易为名，假借声势，坑骗群众。至于剪脱衣囊环佩，穿窬（音 yú，洞穴）窃箱，更是不可胜数；而且结成团伙，“各有称首”。市场经营，也是“以纸为衣，铜铅为金银，土末为香药”，公行诈骗。牙人市侩勾结吏役，侵渔百姓，走私漏税，结伙生事。“破坏尤甚于汴都”——这类治安问题，是宋代消费经济、市井文化迅速发展的衍生物，带有明显的时代特点。

又，据《宋会要辑稿·厢巡》记载，“近者都城内外，有白昼攫人饮食者，有掠夺妇女钗环者，又有暮夜在街巷剥人衣裳、劫人财物至死伤者，听闻骇异，动摇人心。”一时间贩卖流民，拐骗民女，胁良为娼，往往而是。尤为骇人者，僧庙道观也趁善男信女烧香拜佛赶庙会之机，引诱姿色女子入暗室污辱。据《西湖游览志余》载，有湖州士子之妻，被僧诱入暗室，原是一座艳窟，宽广十余丈，先有三十多名女子在其中，多是官宦人家妻妾，有到此数十年者。她们永远不能再同家人团聚，老病者相次引去，不断补充新人，夜间则有二十余男子来此“欢饮”。

火灾，是宋政府面对的又一重大治安问题。

宋代城市打破了市坊界线，商品交换发达，但街道狭窄，人口稠密，居住拥挤，疏忽大意或蓄意作案的火灾常有发生。据《宋史·五行志》记载，两宋三百余年，京师与全国各州县城发生特大火灾达二百多次，其中开封发生了44次。南渡后的临安火灾更多。宁宗嘉定元年（1208）三月，临安一场大火，连续烧了4天，烧了御史台、司农寺等9个中央机构，“延烧58097家。城内外亘十余里，死者59人，践死者不可计。城中庐舍九毁其七，百官多僦舟以居。”地方不少州府城市往往毁之于一炬，如乾德四年（966）二月，岳州大火，把衙署、仓库烧完后，“燔市肆民舍殆尽，官吏逾城仅免”。再如大中祥符二年（1009年）四月“升州火，燔军营民舍殆尽”。正因为火灾的损失如此惨重，宋统治者对防火工作不得不倍加重视。

## 二、宋政府的治安对策

面对严重的治安问题，必须拿出强有力的对策来。这方面宋政府是有些创意的。

措施之一：分厢管理。组建和完善治安管理网络，首先是设置厢的管理机构。北宋汴京有“内十厢、外八厢”之制，分片管理地方治安。各厢“分置厢官，治烟火盗贼公事”。厢的办事衙门称“厢公事所”，设巡检使一员，属员有厢典、书手、都所由、所由及街子、行官等。各厢人数二、三十人不等。厢下设军巡铺，大抵二百步设一铺，每铺有押铺一名，军兵四、五名。临安街头总共有二百三十多个军巡铺。据《梦粱录·防隅巡警》说，“遇夜巡警地方盗贼烟火，或有吵闹不律，公事投铺，即与经厢察觉，解州陈讼。”在建筑物转角拐弯易出事处，又设有防隅巡警，负责疏理交通，处置斗殴，夜晚则巡警伏望，防盗防火，保护官府商号安全。为了防火救火，还成立了三支专业救火队，当时名为“潜火队”，专职消防。南宋定都临安之初，就将原钱塘城的东西两厢，改组为行都四厢，后来又陆续增至九厢，即宫城厢，左一南厢，左一北厢，左二厢，左三厢；右一厢，右二厢，右三厢，右四厢，另外，郊区也设了城南厢、城北厢，稽查地方治安。后又设城东巡检使，城西巡检使，加强管理。①

措施之二：养济难民。加强人口管理，重点是流民问题的解决和城市住户的户籍管理。宋金对峙的时期，北方人民大量迁徙到江南，大量流民涌入临安。他们衣食无着，露宿街头，少数人便铤而走险。南宋政府采取一系列接待安置措施，缓解了这个矛盾。当时，在江河码头，交通要冲之处，设立了接待处，安置流民，发给他们建屋材料和必要的生活用品，并支给一定粮米，用以度日；鼓励收养流离儿童，据《湖壄小志》载，仅临安府就在城内设立了二千余处“接待站”。另外，作为常设单位，还遍设慈幼局、养济院、安济坊等，收容养育了一些病残孤老与儿童，官府按月支给钱米。

措施之三：依街立户。对于常住户口的管理，则实行户牌制。“户牌制”是两宋时期城市户口管理的首创。其办法是：打

---

① 周密《武林旧事》。用《丛书集成》本，西湖书社 1982 年标点。

破原先的坊巷界限，改为以街道为基础作人户登录。街两侧居民住户，依次排列，每户门前墙上置一户牌（粉板、粉壁），上面书写本户户主姓名，主妇、子女、奴仆及暂住亲友姓名、年龄等，成员如有变动，须及时更改。有来客离去，必须及时注销其姓名。“厢巡检使”每月派员挨户查察记清，随时掌握人口动态。街道建有街楼，街楼上列有本处坊巷名称、住户状况等，一目了然。法律禁止私度僧道以规避赋役，禁止无证无照的住宿勾留和经营，也禁止外地人冒用京师户籍。《夷坚志》（甲）载：湖南书生沈持要为了参加京城登科考试，由其亲戚设法办成京师户籍，花费银钱二千贯，而当时朝官一个月的伙食费为四十贯，宰相月俸为三百贯。户籍黑市的昂贵，反证了户籍管理的严格。

措施之四：流动巡警。为适应城市经济文化生活需要，宋政府下令，改变宵禁传统，缩短宵禁时间，缩小宵禁范围。“三更断夜，五更依旧许人行走”，由防隅巡警和居民保甲进行联巡，发现问题，随即处置。在南宋孝宗时，曾一度取消城中的宵禁与保甲联巡制，但不久便恢复了。宋代公共娱乐场所很多，茶楼酒肆，瓦子勾栏，处处皆是。还有街市宽敞处随时摆设的“场子”，都是士庶放荡不羁之所，子弟流连破坏之门，军卒纵欢荡游之地。于是《宋刑统》明文规定，禁斗殴，禁赌，禁群行不法，禁纵犬伤人，禁人群中故相惊扰，禁街道上走马（跑马）驱车伤害人众，禁行道设机关陷阱。街坊盗贼事发，由伍保负责报告与处置，不告发者予以惩处。

措施之五：市场管理。宋代不搞封闭式市场，市场四围没有坊墙，只建敞开的牌楼作标志，因而市场管理较前代为难。政府规定，不准有行（不坚牢）、滥、短、狭的商品上市；由司市负责审察度量衡，评议物价；禁止买卖双方不合议而强取强索；禁止故意哄抬或强压物价，扰乱市场；禁止在市场喧闹，群行不法，结伙为非；买卖活口（奴婢与牲畜）时要立卷，三个月内若发现病状，可以悔约，无旧病者方为有效。禁止私造买卖危险违禁物品，如禁兵器、妖书、巫蛊、官府印信符节车服，禁止私铸钱，禁止邸店货栈容留逃犯等。

措施之六：交通监管。《五代会要》载："后唐明宗长兴二年(931）八月敕准《仪制令》："道路街巷：贱避贵，少避长，轻避重，去避来。宣令三京，诸道、州、府，各遍下县、镇，准照仪制。刻碑于要会坊门及桥柱，晓示行人。委本届所由、官司共加巡察，有违者科违敕之罪。"到了宋代，在京师及各州城与冲要路口，便普遍榜刻此《仪制令》，提倡道路礼让之风。《宋人轶事汇编·官政治绩》中载《榜刻仪制令》一事：太平兴国年间(976—980年)，大理寺丞孔承恭奏明宋太宗：在两京（汴京与洛阳）诸州道路要害去处及街衢列肆皆榜刻《仪制令》，即把《仪制令》刻在标语牌上，"以为民告诉行之"。这样来"兴礼让而厚风俗"。这个"交通管理条规"，除"贱避贵"一条外，皆符合当今国家交通监理法规的基本精神。1965年与1974年，江苏盱眙县先后发现了两块《仪制令》石碑。1981年9月在福建松溪县也曾发现一块宋代开禧元年（1205）石碑，所刻文字即此十二个字。可见宋代确实把它推广于全国了。这在我国交通管理史上，应该视为一件重要措施。宋人又要求各地保证驿传桥道的完缉，保证夜中更鼓分明，道路肃清。城内道路两侧修造阳沟，以便排水，沟坎种上树木花草；中心街道与两旁人行道用红黑漆的木叉子隔开，人车分流，保证交通秩序。水上交通，禁止船只非法超载、停靠、中流索要钱财、明知风浪有险而强行开船等。

措施之七：专责灭火。为了统一指挥全城消防，宋政府设有帅司专门节制兵马（厢军）加强消防工作。《梦粱录·帅司节制兵马》条："遇有救扑，百司官吏，听行调遣，不劳百姓余力。"淳祐年间，成立三支专责灭火队，其中水军队266人，搭村队118人，亲兵队202人。各队备有消防设施，分工明确；到开禧年间，又在临安府前增设“一帐前四队”计350名专责消防人员，“听号令扑救”。一有火警，他们便奔赴现场，首先封锁火场四周，不许百姓闲杂人等进入，然后有组织地分工扑救。宋代的京城和大小州府的巡检司下，都有一支专管日常烟火治安的“潜火队”。失火时，巡检要维持火场秩序，防止坏人乘机偷抢财物；如果是故意纵火，还要现场勘查和搜捕纵火犯。宋初救火，都依赖巡检，不劳百姓。到天圣九年（1031），宋仁宗下令“京城救火，若巡检军校未至前，听集邻众赴救。”① 遍布城区的军巡铺，有巡警烟火的职责。各坊巷设立防隅望楼（防隅官屋），实行分隅负责制，日夜巡警本隅管片的烟火；如发现烟焰之处，白天以旗为号，夜晚以灯为号报警：朝天门内，以旗（灯）者三，朝天门外，以旗（灯）者二；城外郊区，以旗（灯）者一。立于望楼高处，互相通报。一旦有警，立即行动，迟缓不救者负法律责任。当时城内有12处官屋（望楼），城外有4处，城内每隅一百多人，城外望楼共有军兵1200人。各隅均备有常用灭火器材，以供急需。——由于措施得力，到元军攻克临安前的火灾记录，只有4次，说明宋代消防确实是卓有成效的。

总之，宋代城市的治安管理，在封建社会中期，是具有一定的典范性的。

## 第四节　辽金元的“警巡院”制

### 一、辽的五京警巡院

辽（916—1125年）开国于耶律阿保机，始称契丹，公元747年后改称大辽，统治疆域全盛时北抵今俄国贝加尔湖以北，东到库页岛，西到阿尔泰山，南到河北、山西的北部。辽代以临

① 《宋会要辑稿》刑法二之一七。用中华书局1957年缩印本。

潢府（在今内蒙巴林左旗内）为国都，号上京，以大定府（今内蒙宁城县境）为中京，辽阳府（今辽宁辽阳）为东京，以析津府即幽州府（今北京境内）为南京，以大同府（今山西大同）为西京。五京就是辽国的政治和军事重镇，也是最重要的工商业都会，是各地区的政治中心。辽代五京为辽国政治经济重镇，辽人特设警巡院专司五京治安，其名称分别为上京警巡院、中京警巡院、东京警巡院、西京警巡院和南京警巡院。每京警巡院都设一名警巡使与一名警巡副使。辽代地方上又有军巡使，有巡逻之责，主管各地治安。警巡院的创制，是我国契丹族在古代治安史上的一大贡献。因为五城分布在全国各地区，五城警巡院的建立，实际上相当于各地警巡院的建立，也就是全国各地中心城市警治安全专职机构的建立，这是史无前例的。

## 二、金的六京警巡院

金（1115—1234年）开国于完颜阿骨打，兴起于黑龙江流域，全盛时占有今东北、内蒙古、华北、西北等地，南抵淮河北岸，北达外兴安岭以北，东北到库页岛，西南到青海湖，疆域也非常辽阔。金以会宁府（今黑龙江阿城南）为上京，于1125年灭亡辽政权，1127年灭亡北宋政权后，又以辽阳府为东京（今辽宁辽阳），以大定府（今内蒙宁城）为北京，以大同府（今山西大同）为西京，以开封府（今河南开封）为南京，以大兴府（今北京）为中都，金代长期以此为国都。这六座城市，是金的政治军事重镇，是当时的经济文化交通要地，它们又分别是所在地区的政治中心。各京的治安状况，直接牵动全国的治安。金国代辽而兴，继承了辽的政治体制。金政权在它的六京——六大中央直辖都会，都建立了警巡院。六个警巡院，同样设有警巡院使、警巡院副使和警巡院判官之职。他们“掌平狱讼，警察别部”，并“掌平物价，度量权衡”，还要“警巡稽失”。[①] 金政权还向各地派出巡察御史，并在险要去处设散巡检，在基层实行伍保制，构成全国治安网。可以看出，金的治安体制基本上承袭了辽的治安体制，又吸收了北宋的一些作法，是辽与北宋治安体制的综合。这是很有时代与民族特色的。

### 三、元的警巡院与兵马司

元（1271—1368年）开国之君孛儿只斤铁木真，即成吉思汗，于公元1206年统一了蒙古各部，建立国家政权。初期占有今蒙古国、内蒙古及东北地区，后来建立了横跨欧亚大陆的蒙古汗国，都城号上都，初在和林，后迁开平。成吉思汗的孙子忽必烈，于1271年改国号为大元，定都今北京，当时名为大都（蒙语“汗八里”，即大汗之城）。1279年灭亡南宋，重新统一了中国。国土面积超过了汉唐全盛时期，是中国历史上第一个由少数民族建立的统一政权。辽金元都是由我国北方少数民族建立起来的政权。这些政权的建立，对于长城内外、大漠南北和广阔的东北地区的经济开发与社会发展，起到了巨大的推动作用。到元代为止，北到大兴安岭，南到南沙群岛，西到昆仑山下，东到乌苏里江一带，尽管各地发展很不平衡，但从总体上看，都处于封建政治、经济、文化的覆盖之下。辽金元的政治体制与治安体制，适应了多民族政权的需要，比起汉唐来有很多更新。同时，对于被统治的“异族”，辽金元都实行民族歧视与民族压迫政策。然而，历代政权在“炎黄子孙”这个问题上，又都是认同的，就是说在中华民族传统的封建经济文化形态上，各族各朝代都是认同的，这又决定了辽金元治安与中国历代治安的融通性、一致性。

---

① 《金史·百官志（三）》。用中华书局1976年点校本。

讲元代的治安体制，必须从元代的整个政治体制讲起。元代的中央统治机构为中书省、枢密院与御史台。中书省为最高行政部门，下辖吏户礼兵刑工六部。枢密院掌兵权，御史台掌司法。元代地方最高行政机构为“行中书省”（简称“行省”，行是代理的意思），作为中央机构中书省的派出机构，设官分职一如中书省。省下有路、府、州、县。设总管、府尹、县尹主持事务，同时委派一名蒙古人或色目人任“达鲁花赤”（掌印官），执掌大权。元代的行省建制，对后世地方行政体制影响深远。元代宫廷禁卫由左卫、右卫、中卫、前卫、后卫等五卫亲军承担，负责宿卫、扈从、看守、警巡、弹压地方等。这支宿卫亲军不吸收汉人、南人参加，只能由蒙古人、色目人组成。

元代京师警卫治安任务，继承辽金体制，由警巡院等机构负责。元代在旧都上都（今内蒙多伦之南，即开平府）设有警巡院，直属上都留守司兼上都路都总管领导，是专司治安的机构。元都大都（汗八里，即北京）治安任务繁重，特设左、右两个警巡院，归大都路总管府管辖，各由 1 名达鲁花赤，1 名警巡使、3 名警巡副使、3 名判官，3 名典史及 25 名司吏组成；后来又添设了专管城南治安的大都警巡院，建制与前二者相仿。与此同时，元政府又设有“大都路兵马都指挥使司”，相当于明清时期的五城兵马司，掌管京城盗贼奸伪的缉捕之事。南兵马司在城南，北兵马司在城北。两兵马司中又各有一个司狱司，掌管囚系狱具之事。至于京师城门的禁卫启闭管钥之事，则由“大都城门卫”专司其职，每门设尉 1 员，副尉 2 员。京师共 11 个城门，各有官守。大都所属的京县有宛平县与大兴县，二者分治京师地面。各县县令、县丞之外，有县尉 1 员，分管治安；另外，又有 3 个巡检司，分管京师城关的巡捕盗贼奸宄之事，分别名为南关厢巡检司、东关厢巡检司、西北关厢巡检司。这分厢巡检与组建警巡院等措施，显然是对宋辽金治安体制的继承与综合。元代各县均设巡检1员，以巡察治安。各县由县尉主捕盗，州府由判官主治安，这些与宋代也有相承关系。惟广大乡村既不同于宋的保甲制也不同于金的乡里制，元代在乡村普遍推行“村社”的建制，大致以自然村为基础，50家为一社，选年高有德富于农桑经验者一人为社长，社内建义仓与学校。这一编组严密的地方基层组织，以“劝课农桑”为基本任务，同时主管社会救济、文化教育及风纪与生产互助等；并且在每户田头立牌，写上户主姓名，以便督促和评比生产优劣。这样，比起宋代的“保甲制”来，更能控制人群。

## 第五节　元代的旅舍业管理

### 一、旅店管理由来已久

中国从春秋初年起，就已有私营旅舍业的出现。《国语·晋语》上说：晋国宁邑有夫妇二人在大道旁开设了一家“逆旅”——逆是迎的意思，逆旅就是专门迎接旅客的馆舍。秦代商鞅变法，决定对旅馆业严格控制并加强管理，要求投宿者交验身份证明——符传，没有符传而投宿，旅客与旅店主人同样要受到严惩。汉唐时期私人旅馆业也非常发达，中间晋朝曾一度酝酿废除私人旅舍，潘岳上《客舍议》谏止了。而旅馆之为“藏纳亡命之所”这一点，也确实使治安当局十分头痛，于是旅馆作为一种特殊行业，需要强化管理，也就提上了议事日程。宋代，旅客除交验通行凭证之外，旅店还按《宋刑统》之规定，详细登录过往旅客。著名文人曾巩任齐州知府时“嘱民为保伍，行旅出入，经宿皆有记籍”。老百姓家中留客尚有记籍，客舍登记就更不用说了。

## 二、元人对于客舍的安全管理

元代恢复并拓展了汉唐以来多民族统一国家的辽阔疆域，奠定了明清直至现代中国的版图基础；蒙元地跨亚洲大陆，大力发展东西交通，提倡互市、发展贸易，允许中国人四出经商，招徕西亚人、欧非人来华贸易定居，这就极大地带动了旅馆业的发展，也给旅馆管理带来了繁重的治安任务。当时最突出的情况是两大宗：一是旅客鱼龙混杂，许多逃军、逃囚、无业流民夹杂其中，威胁社会安宁；二是客店主人借开店为名，牟取暴利，甚至谋财害命，刑事案件重见迭出，威胁社会安宁。这两方面的问题，决定了元政府的管理对策。其具体措施是：

### （一）旅客必须申请文引，方能成行

《文引》即通行凭证，由本人所在的县司发给。申请人必须如实呈告并填写清楚本人事历、外出情由、随身货物、在外期限、所去目的地等内容。县司接得申请后，要查问邻保，由当事人具状召保之后，证明确实“别无违碍”之处，这才发放文引。其他机关无权发放文引。蒙古军人在军中如因军事行动，可发给特殊证明，但非军事行动的一般公差，也得由县司开具文引。可见元代文引的发放是控制得很严的。文引期满时必须注销，因故必需延长时，持原文引到所在县的县司去倒换一张新文引。凡无文引者，“并不得安下。”[①] 无法投宿的旅客，势必要露宿、野宿。这时，又有宵禁与巡检，一旦发现，就要被笞打责罚；没有文引或文引内容可疑者，如被接待投宿，店主人也要牵连受罚。

### （二）旅客住宿，旅店有责任进行登录

元代各旅店备有《店历》，客商到店，在验明通行文引之后，逐一进行登记，写明旅客姓名、营何生理、来去方向。“天全黑时，管理官员及其书记来舍，将留舍客人逐一点名、记簿、盖印

① 《大元圣政·国朝典章·刑部·路人验引放行》。

后，闭门，使客安睡。”[①] 国家每月查验两次，遇有登录不实情况，“见发之家笞二十七下”，旅店主人要受鞭刑。这一规定，从客店方面防禁了逃军逃囚无业流民的窜逃活动，对维护统治秩序自然是有利的。

（三）旅店有责任为旅客保管财物

客商进店住下时，钱财交店主人保管，客商住店期间购买物件，由店方代为支付，临走一并结账。北非人拔图他在中国旅行时，就了解到这一制度，他说，回教商人投宿于回教客店时，“则该店取客人钱财货物慎为保藏；客人用钱，主人代为之付。诚实可恃，毫厘不欺。”客人离开时，全数交出，若有减少或遗失，“主人担任赔偿”，在这个措施下，一般客店，信实可恃，可以更多地招揽生意；某些黑店也会因此而有所隔碍，难于对客人下手，钱财已当面交付明白，店家自然有所顾忌了。

（四）店家不下单客，客商必须结伴而行，结伴而往

这又是一条既针对可能的逃亡者又针对欺负单客的旅店主人的措施。由于客店不接受单身商旅，个别逃亡者就无处投宿；由于客商都结伴而行，主人倘若有污辱、谋害旅客之举，自然也难于实现。这类措施看来似乎不便于商贾行客，但却是元政府对客店严密管理的一个措施。这比撒手不管客商的安全要好得多。

（五）保证旅客安全，建立旅店保安力量

元中统五年（1260），“验郡邑民众寡，置马步弓手”。这些弓手来自本州本里的民户，选家中富实丁多身强力壮者充当，归县尉、判官、巡检等指挥，负责当方缉盗事宜，“夜巡逻，禁出入，违者有罪，皆以防盗也。”按规定：州县城池相距五七十里以上，偏远村邑有居民二十户以上者，若设有邸舍可供居停，即需置“马步弓手”或“店舍弓手”，工作报酬由本店负责，保安

① 拔图他《游历中国记》。

业务由县尉主管。其关津渡口把隘要害去处，不受五七十里之限，随宜设置。客舍弓手可视为元代客店的专业保安人员。这个制度的实行，标志着元代旅馆业安全管理的专责化（不是专职化），是进步的措施。①

（六）禁止宿娼

元政府规定，“禁使臣人家安下”，即禁止官员在出差时投宿私门——这里特指私娼、暗娼。当时，娼妓不许在城内开业，而开旅店又往往在城外，商旅往还，络绎不绝，官兵来去，往往而是。于是，一切出使人臣等，每到外路，挟持威势，使酒命妓，招娼陪宿，以为故常。地方偶尔供应不上，还要受其毒打。对此，《通制条格·杂令》说，元廷下令：“不畏公法官吏人等，每因差使去处，公明轮差娼妓寝宿。今后监察御史、按察司严行纠察。如有违犯之人，取问明白，申台呈省；其应付娼妓官吏，与宿娼人一体治罪，仍送刑部标籍过名。”说明其时旅馆业管理已经提到法律高度了。当然，元廷对于旅馆业的种种管理措施，有其历史进步一面，也有其反人民的一面。它所真正限制、取缔、惩罚的流亡者、逃军、逃犯、盗贼之类，往往是小民百姓；而实实在在的社会黑势力并不敢碰，实实在在的统治集团中的腐朽成分并不去惩治，倒是那些走投无路、求告无门的小民、流民，要被制裁、被惩办、被镇压。

## 第六节　宋元海外交往与涉外管理

宋元时期的海外交往非常发达。有资料表明，北宋国家的税收，全年为一千万贯上下，到南宋时，国土丧失一半，人口丧失一半，而国家税收却上升至八千万贯。这笔财富是从哪里来的？

① 《元典章·刑部·设置弓手防盗》，用中华书局1957年点校本。

除了加重对国内人民的剥削外，大力开放边境贸易，大力发展海上贸易是国家财源的一个大宗。南宋外贸收入达200多万贯，占北宋全国财政收入的20%以上，这个比例是惊人的。宋元政府，都把“江海求利、以资国用”作为一大国策，这不是偶然的。

## 一、海外交往的空前兴旺

宋元时期，有高度发达的造船业与高度发达的航海术。这是宋元海外贸易的前提条件。宋建国之初，朝廷就设置了提举市舶，专“掌蕃货，海舶、征榷、贸易之事”。宋太宗太平兴国初年（976），又在京师设有榷易院（署），专管对外贸易，后又相继在广州（番禺）、杭州、明州（宁波）、泉州（刺桐）设立市舶司，史称“（杭明广）三路市舶”。元丰年间（1076—1085），宋政府又颁发了进出口贸易法规《市舶法》，这是我国古代史上第一个专项外贸法规。按国家要求，榷易院与市舶司有责任招徕外商，发展外贸。其榷易的基本办法是：外商船舶进入口岸后，停在海上，宋政府派市舶官员登舶查验货品，按一定比例（大致细货为1/10，粗货为2/10）抽取实物（进口税），以番商“进贡”品的名义运交宋政府。抽取之后，视商品种类，凡属国家统购包销的“禁榷物资”，由市舶出钱购买，约占全数的30%。其余商品，称“博易物资”，可以由中外商人按市价自行买卖，也可运销内地。来华的外商头领除拜见市舶司或地方政府大员外，一般还安排朝见皇上。皇上代表中国政府“广被恩泽”，给来客大量恩赐，其价值往往超过所进贡的东西，为的是让外商觉得有利可图，经常来华贸易。这成了元明清对外贸易的一个特色。元代放宽外贸政策，废除禁榷制度，外商来到，只抽解其货物的1/10到1/15，其余商品一概自由经营。宋元主要对外贸易的港口是泉州，它地处广州与杭州之间，位置适中，发展很快。宋元之际，泉州与亚历山大港相媲美，成为世界最大商港之一。

南宋末期，任命来华商人蒲寿庚为泉州市舶司提举，主持海外贸易达三十余年，并负责闽浙海防。蒲寿庚是阿拉伯商人（或说是葡萄牙人的后代），幼年随祖父从占城（今越南中部）移居中国。他精通海上贸易，由其婿办理的进口货物达 80 艘海舶之多，积资巨亿，成了东南第一巨富。元军攻下临安（杭州）后，南宋君臣曾希望依凭泉州市舶司的雄厚经济实力进行最后的抵抗，然而，蒲寿庚向元兵投降了。元政府十分重视蒲寿庚的作用，继续任命他主管东南海外贸易。同时，又责成降元的汉人留梦炎、李晞贤等仿宋《市舶法》制订《大元市舶司刑法》，健全了外贸管理体制，完善了外贸管理法规。这样，中外海上交往，就不仅未因宋元易代而有所中断或有所挫折，相反，却更加蓬勃地发展起来了。宋元时期，设有市舶司、市舶务或舶场的都会与商埠，像一串明珠，洒落在沿海一带，北起山东半岛的青州、密州，中经古长江口的扬州、江阴、上海、华亭、青浦到杭州湾的澉浦（海盐）、杭州，再经明州、温州，南到闽广一带的泉州、福州、漳州、潮州、广州与交州（在今越南境内）等，它们奠定了今沿海沿江城镇的规模，带动了南方经济的发展。这时，与中国有海上交往的国度或地区，有日本、朝鲜、吕宋等，还有南洋群岛各国，南亚次大陆各国，阿拉伯半岛各国，东非海岸各国及环地中海各国。交往的地域范围如此辽阔，在世界史上也是值得称道的。

## 二、开放心态与涉外管理

有贸易就有贸易管理，有交往就有侨民管理。涉外管理是宋元治安中的一个组成部分。宋元涉外管理，是在开放心态主导下进行的。早在汉唐时代，京城长安就专门开辟了外国侨民的居住区，有相应的管理办法。唐代中外交往频繁，除长安外，著名商埠扬州、广州等地，也建起了波斯馆、波斯店，有了番人居住区，修起了回回寺。顾炎武在《天下郡国利病书》中写到广州时，曾说“自唐设结好使于广州，自是商人立户，迄宋不绝……多流寓海滨湾泊之地，筑石联城，以长子孙。”唐宋时期称外国人聚居地为“蕃坊”，遍布广州、泉州、杭州、明州、扬州、青州和开封等城市。住在蕃坊的人，保持着本国的习俗与信仰，但由中国政府任命的蕃长，则必须按中国服饰打扮，“巾袍履笏如华人”。中国政府尊重外国的宗教文化，泉州的清真寺建成于北宋大中祥符年间（1006—1010）。北宋末年，还在广州、泉州的蕃坊内建置“蕃学”，是专门的外籍学校。岳飞之孙岳珂在广州时，广交中外友好，常在蕃坊作客，发现外商多富豪，车马舆服与宅舍极为奢华，但宋政府并不以“逾制”加以干涉，尊重他们的生活方式。为保护外商权益，中国政府还把整饬贪冒作为传统政策，首先是立法保护外商权益。北宋元符二年（1099）制定了关于海上贸易防守、盗纵、诈冒的断罪法；规定了外商船舶遇险时必须救助和救助办法。如商船为风浪所损，即使船主已失踪，官府也须进行抢救，并登录保管全部物品，允许其亲属取回。外商的合法利润，由其自由支配，子孙继承。《宋刑统·户婚律·死商钱物》条规定：“按《主客式》，诸商旅身死，勘问无家人亲属者，所有财物随便纳官，仍具状申省；在后有识认，勘当灼然是其父兄子弟等，依数却酬还。”对于“死波斯及诸蕃人资财货物”，也都依此例办理，如有父母、嫡妻、亲男、亲女、亲兄弟原相随从者，一律还给；如无这些血亲，所有钱物并皆官收，并量事破钱物为之埋葬，明立碑记，“便谍本贯追访，如有父母、嫡妻、男及在室女，即任收认。”可谓负责到底。熙宁年间，广州蕃坊坊长、大食商人辛坤陀富甲岭南，自愿捐出银钱助修广州城，宋政府也没有收下这笔钱。当然，有商品交易，就会伴生出贪冒行贿、走私漏税（当时称漏舶）等事情。宋政府加强了打击措施。宋初即下令撤办那些“罔顾宪章，苟殉货财，潜通交易”

的官吏，用重法处置收买蕃商杂货与违禁货物的一切涉外官员，并特别规定外商如遇贪冒官员，可越级申诉，一经查实，即行“计赃坐罪”。《宋刑统·名例律·化外人相犯》规定：“诸化外人同类相犯者，各依本俗法；异类相犯者，以法律论。”外籍人员犯罪，如罪犯与受害人是同一国家，则适用其本国法律或其习惯法；如果是不同国家的，则一律适用宋朝刑法。

元代统一中国之后，首先在泉州设市舶司，然后在广州、杭州、庆元（明州，即宁波）、温州、澉浦（海盐）、上海等口岸建立市舶司。元政府明文申禁市舶官员“勒令商计梢带钱下蕃”，禁止私托外商购买进口物资；也不允许市舶官员故意压价自行折卖，或借查验之机接受“呈样”（其实是贿赂）；规定中外商舶一律凭《公据》《公凭》进出港口，从事商贸。凡无证贸易，“告捕治罪，货物没官”。为了防止海盗，商船出洋时，可带自卫性武器如刀剑、弓箭与铜锣等，但一抵口岸，则需交给市舶司代管。

宋元两代开放海外贸易，对于国家的安定、政权的巩固有很大作用，不可低估。北宋熙宁九年、十年、元丰元年，在广州、明州、杭州三处口岸仅仅自由贸易乳香354 449斤，这一项进益高达894 719贯，数额之巨，相当于王安石变法时180万贫苦农民的青苗贷款。南宋绍兴十年（1140）仅广州一港的市舶收入就达110万贯，广、泉、明三州外贸平均收入达200万缗，占北宋全部财政收入的20%以上。宋高宗赵构说“市舶之利最厚，若措置合宜，所得动以百万计，岂不胜取于吾民。”“市舶之利，颇助国用。”这种胜取于民的认识，比起明清那些主张禁海的君臣来，还是颇为明智的。《元典章》中说，元统治者也认为“有市舶司的勾当，是国家大得济的勾当。”与明代中后期的海禁及清人的闭关锁国政策相比，宋元时期中外交往是值得大书特书的。

# 第七节 警治宣教的社会化

维护社会治安需要立法，但仅此还是不够的。有法而无执法之人，等于无法。有鉴于此，宋政府很重视法律宣教，培养法制观念和人才。

## 一、多渠道多层面的警治宣教

《宋史·刑法志》说，宋太宗曾告诫臣下："法律之书，甚资政理。人臣若不知法，举动是过。苟能读之，益人知识。"即要求官员知法、守法，从而更好地执法。因此，宋代对官员的法律素质很重视。科举中设有书判拔萃科、明法科、刑法科以选拔司法人才，进士科和其他各科考试时，"并以律文疏卷问义"。将法律知识作为考试的一个重要内容。宋神宗时，又在国子监中设立律学，配置教授四员，是专门的法律学校，为加强法制建设培养人才。所有这些做法，有两点意义：一是强化官僚集团的法制观念，使之自我约束，避免"举动是过"；二是使之更好地维护社会治安。"宋取士兼习律令，故儒者以经术润饰吏事，举能其官。"① 即说明素质的提高。

在警治宣教方面，除了法学教育、明法考试、法律条文的公布与宣传之外，更开辟多种社会化的宣传渠道，将警治安全禁卫的知识向全社会各阶层人士进行多种多样的宣传教育。两宋时期，继五代和凝和㠓父子创作《疑狱集》之后，郑克写出了《折狱龟鉴》，桂万荣写出了《棠荫比事》。这类高水平的狱案专著的出版，反映了治安知识的新积累，反映了社会对治安知识的迫切需求。《棠荫比事》的出版，曾得到皇帝宋理宗的首肯，实用价

① 《宋史》卷三百三十。用中华书局1977年点校本。

值很大。两宋时期，又出现了一系列法医学专著，私人著述如《洗冤集录》、《内恕录》等纷纷问世，和政府颁布的《检验格目》《正背人形检验格目》相配合。其中，宋慈所著的《洗冤集录》是我国历史上第一部自成体系的、有相当高的科学价值的法医学专著，是宋代及宋代以前的检验知识与法医知识的全面总结。两宋时期，作为判案工作的专门知识的积累和社会宣传，又出版了大量的《书判》文章或文集，如大型类书《文苑英华》之中，就收有整整五十卷之多的唐人判词（503卷～552卷）。大文学家欧阳修说“文学止于润身，政事可以及物。”他特别重视审判、重视判词的写作。曾巩《元丰类稿》、真德秀《真西山文集》、吕祖谦《宋文鉴》与刘克庄的《后村先生大全集》等传世名著中，都专辟数卷收录自己的或他人的《书判》文，而以《明公书判清明集》为代表。这本刑狱公文的汇编，对宋代社会秩序与社会动乱的记叙，真实而深刻，是我们研究宋代治安状况的重要文献。两宋时代，还很注意对古代政治制度史的资料汇集与研究工作，其中包含着对历代治安资料的编辑，例如司马光的《资治通鉴》，就有历代“治安”的历史记述。郑樵《通志》，特别是其中的《选举》、《职官》、《食货》、《图谱》、《刑法》诸篇，包含了丰富的治安史料。至于当时出现的《会要》体史书，也系统地汇编了历代的兵刑政法制度史料。这类书籍的出现，满足了时人了解国家政治生活、社会治安状况的需要，也为我们今天的研究古代治安制度与治安工作的发展提供了极大的方便。此外，两宋时期出现了大量的笔记散文与笔记小说、话本小说、公案小说，也向最广泛的社会成员作了法制宣教工作，而且是潜移默化了的宣教工作。比如孟元老的《东京梦华录》、吴自牧的《梦粱录》、周密的《武林旧事》和《癸辛杂识》、陆游的《老学庵笔记》、范成大的《骖鸾录》、洪迈的《夷坚记》、江少虞的《宋朝事实类苑》等，都以生动翔实的笔墨，真切地再现了宋代社会生活的各个方面，有丰富的治安史实。——上述各类著作的出现，加上政府正式颁布的《宋刑统》等，构成了一个规模不小的社会警治宣教的时代潮流。其广度和深度都是超越汉唐的。唐代科举考试，选拔官员有“身言书判”四大要件，所写判文只要求文理优长，并不实际断案；而宋人写的《书判》，则是具体而真实的判案文，因而能正确而生动地反映出当时的社会面貌及警治工作的实际水平。

## 二、几部重要的宣教文献

这里重点介绍《洗冤录》、《明公书判清明集》、《宋朝事实类苑》、《宋刑统》等几部影响较大的著作，从中可窥见宋代警治工作包括警治宣教所达到的水平。

### （一）《洗冤录》

《洗冤录》又称《洗冤集录》，是南宋著名法医学专家宋慈所作，是世界迄今已发现的现存第一部系统的法医学专著。它涉及刑侦学、病理学、解剖学、药物学及外科、骨科、妇科等领域的专门知识，包括了对各种非理非法致死、致伤的狱案的情状描述，和对于人体尤其是死体的损伤表征、生理机制、致伤外力、致伤器械的记录，尸体现场的勘验与记录，还有刑侦人员的工作守则、工作纪律与操作原则、操作程序等丰富内容，更有各种疑难尸伤的检验鉴别的技术技巧。对缢死、溺死、冻死、杀死、中暑、胎伤等的急救方法与中草药物应用，都写得简明易懂，其疗效显著，基本符合生理病理药理科学。全书分为五卷，共 53 章（附一章），总体构架可分为总论、分论、余论三部分。1 ~ 5 章为总论，辑录宋代颁行的《尸检格目》等条令计 29 则，这就使本书具有了法律权威，强调了检验工作的政策性与严肃性，为后文的论述提供了法理依据。6 ~ 49 章为分论部分，是全书的主体，辟出专章来论述初检、复检、验尸、验女尸、验腐尸、验无名尸及掘墓、洗罨，札口词，填报尸单等项的法定业务程序、注意事项；论述缢死、溺死、焚死、病死、毒死、跌死、醉饱死、男子作过死等非正常死亡的个体检验要则与政策规定，要求严格查明自杀、他杀、误杀、故杀，仔细取证并作出死因推断；要求严格区分伪伤、轻伤、重伤、致命伤，为判案、断狱提供切实可靠的依据。50～53章为余论，是对前述内容的充实与加强，主要讲了“辟秽”与“救死”两大问题。其中关于救死问题，汇集了古代民间急救的种种单方与处置技巧，对于中毒、中暑、杀伤、冻死、吊死、溺死等非正常死亡病状的解除尤为有效。当然，由于本书毕竟写成于七百年前，某些条目写得不够科学。本书的出版与发行，标志着宋代法医学研究的可贵成就和法医检验已达到的发展水平，也标示着社会对于法医检验的重视程度和需求程度。此书在宋元明清时期一直被官定为办案官员的必读书，被奉为尸体检验的金科玉律，而且不断地有人进行增修订补。此书早已被译成荷兰、英、法、德、日、朝鲜等各国文字，对世界法医学的建设发挥了重大作用。

（二）《明公书判清明集》

本书共收录宋代著名地方官吏胡颖、蔡杭、宋慈、刘克庄、真德秀、翁甫、吴革、马光祖、方岳、赵汝腾、史弥坚等40多名作者的书判473篇，分为7门103类，内容异常丰富，反映出南宋宁宗、理宗时期国境范围内，不同身份、不同职业的人们的生活情态，从宗室、官僚到奴仆，以至赌场老板、卖卦人、说书人、军兵、僧道、庙祝、娼妓、船工、伢侩及人贩子等，都在本书中出现。他们一个个登场表演，揭示出全部封建宗法制度下政权、神权、夫权如何相结合的实际生活画面。全书第一篇，就是真德秀任湖南安抚使时写的《咨目呈两通判及职曹官》一文，他要求僚属为民去“十害”：断狱不公，呼讼不审，淹延囚系，惨酷用刑，泛滥追呼，招引告讦，重叠催税，科罚取财，纵吏下乡，低价买物。十害都同官吏权势、狱讼投诉相关，可视为“明公清明”的一份书面告白。其中，《官吏门》两卷，反映吏治的腐败，吏役的贪横，其揭示出的重重黑幕，因为都是宋官府亲审、亲断、亲书的，最为信实。如写官吏利用执法权力、敲诈勒索，手段极为卑劣。他们“徇人情，坏法度，书信络绎，嘱托公事，遂使佥厅为市易关节之地”。有的县官，公然“轻置人囹圄，而付推鞫于吏手”，让受害者依他们预先写成的《草子》供写“罪名”，“及勒令立批，出外索钱。稍不听从，辄加捶楚，哀号惨毒，呼天莫闻。或囚粮减削，衣被单少，饥冻至于交迫”。这类判词所提供的资料，比起小说的艺术虚构来又自不同。其《人品门》的《宗室类》,《惩恶门》的《豪横类》写宗室豪绅的横行不法，同样怵目惊心。他们把持一州公事，与胥吏为党伍，以恶少为爪牙，开柜坊、霸娼妓、骗胁良民、欺诈单弱，无所不为。有的人“私置黄旗铁鞭柱杖，勒逼商旅，占据船舶，假冒官爵，下乡搜索，胁诈平民铜器，强割他人田稻”，气焰极为嚣张。有些地方豪绅，俨如官司，他们“接受白状，私置牢房，杖具枷锁，色色俱有，坐厅书判，提人吊打。”对于这种人，“官司施行，不能伤其毫毛”，甚至“州县猾吏，匍匐归之”。本书列入《惩恶》一类的当代丑行，有奸秽、诱掠、奸恶（杀人放火投毒之类)、假伪（卖假药之类)、斗殴、赌博、贩生口（贩卖活口)、左道、淫祠、诳惑、巫蛊、妖教，以及干预刑名、执持讼柄和讼师讼棍的告讦、妄诉、诬赖等。这些，都直接侵害了正常社会秩序，是扰乱社会治安的恶行，自然应予以取缔。然而，综观本书，仅有一二能吏发出一两声要求惩处的“清明审断”外，实际上于事并无所补。本书中《户婚门》所占比重最大，篇幅最多，案例最丰富，将封建社会父子、母子、兄弟、叔侄、宗党之间围绕着财产瓜分、财产继承等问题展开的惊心争夺展示出来。在这些案例面前，我们更清楚地看到了温情脉脉的封建伦理说教是如何的苍白无力、虚伪空洞了。总之，有此一书在手，我们就不难对宋代尤其是南宋中后期的社会治安有一个多层次、多侧面的了解。

(三)《宋朝事实类苑》

宋人江少虞作。他见宋代朝野事迹散在于各家的记录，显得零散杂乱，让人难以检索，就汇集各家记录中的相关条目，编纂成此书。书中所记均为北宋前期宋太祖开国到宋神宗变法年间的史事，这是宋代历史上最繁盛的时期。本书记下这段时期的重要掌故、政治制度、边政外交、名人轶事，特别是风俗民情、里巷琐事，多为正史所不载，而又为了解宋代社会结构、政治经济、治安秩序所必需。全书60余卷，分为24门，其中祖宗圣训、名臣事迹、官政治绩、衣冠盛事、典故沿革、风俗杂志、安边御寇等门类，尤有关乎政法治安，有些材料十分可贵。如《典故沿革·街鼓》条："京师街衢，置鼓于小楼之上，以警昏晓"。到太宗时，张洎又制坊名牌列于楼上，以便查询。这就记录了宋代城市管理的一项具体措施。即使是《谈谐戏谑》门中，也记有很生动的治安故事。如记石曼卿嘲举子事：一举子夜观人家娶新妇，徘徊不去，至排坠门扉。其家大怒、喧争，"逻者领赴厢主，厢主以其举子，慰谕遣之"。又，当年欧阳修当主考官，录取了刚从边远山区来京赶考的青年苏东坡，因而得罪了京城的一帮名门士子。后来欧阳修在大街上被士子们包围，竟将他扯下轿来哄打，幸亏巡街铺兵（巡警）即时赶到，方才解了围。从这类故事，我们看到的是北宋街头防隅巡警（逻者）的职务活动，大似后世的管片民警。此类材料不胜枚举。宋代这类著作极多，反映出时人对社会管理的重视。孟元老的《东京梦华录》、吴自牧的《梦粱录》也都记有十分详尽的治安史料。《东京梦华录》卷三《防火》条载，北宋都城"每坊巷三百步许，有军巡铺屋1所，铺兵5人，昼夜巡警，收领公事。又于高处砖砌望火楼，楼上有人卓望，下有官屋数间，长驻军兵百余人，备有救火家什，谓如大小

（水）桶、洒子、麻搭、斧、锯、梯子、火叉、大索、铁猫儿之类。每遇有遗火去处，则有马军奔报军厢主、马步军殿前三衙、开封府，各领军级扑灭，不劳百姓。”——这是关于北宋军巡铺建制与防火队建制的珍贵史料。它确证了也丰富了《宋史·职官志》中关于分厢管理的材料。

宋代作家的专集对此类题材也很关心。《苏东坡文集》就记有一件事：当年，练亨父任考官，他凌辱士子，以至群起喧腾闹事，政府派巡铺兵（巡警）前来弹压，维持秩序。从此，警察介入科场便成了定例。这一次，轮到苏轼主持国家科举考试了，巡铺内臣陈造、石君召等人，差遣巡铺兵多至百人，下考场搜查，执行“怀挟《传义》之禁”，严查考生是否私带暗藏经传义疏之类入场。这帮人邀赏心切，便“呵察严细，如防盗贼”，以至非理搜索、罗织人罪。一次，捉到三名挟带人员，依考试条例将其逐出考场。时铺兵们“三、五十人，齐声吼叫”，传呼而出，致使全院官吏公人和参试士子莫不惊骇。有个士子在大腿内侧刻了个摩罗猴儿，被查看到，说是“图谋不轨”，便施以重刑。苏东坡对这样“污辱斯文”的举动十分反感，认为它“伤动士心，损坏国体”，愤而向皇帝上书，要求裁撤。这从一个侧面反映了当时的考场秩序及其与巡警的关系。

宋代治安宣教是多渠道、多层次的，是社会化的。从政府律令到稗官野史，无不有相当充实的内容。宋人很注重野史的著述，又很注重类书的编写。大型类书《太平广记》中，也收存不少与古代治安相关的资料，这里就不详细介绍了。

（四）《宋刑统》

《宋刑统》是宋代的“刑律统类”，从公元963年修成颁布之后，终宋之世行而未变，是一代系统的、权威的成文法。它从律令的角度反映出一个时代的阶级关系与社会结构，反映出当时人民的生活状况与斗争状况，反映出整整一个时代的社会治安面貌和当时执法人员的法理准则。继《唐律疏议》之后，本书是封建王朝对社会进行法制管理，对封建官府、封建官吏进行法制教育的基本教材。全书35卷502条，以《名例律》为首，其次便是《卫禁律》，然后是《职制律》、《户婚律》等，而《贼律》、《斗讼》、《诈伪》、《杂律》诸篇，都是与社会治安紧密相关者，其分量最多，比重最大，最后以《捕亡律》、《判狱律》结束全书。体例上与《唐律疏议》一脉相承。比如《职制律》有"禁玄象器物"条，规定"诸玄象器物，天文图书、兵书、七曜历，太乙雷公式，私家不得有，违者徒二年"。《擅兴律》有"私有禁兵器"条，规定"诸私有禁兵器（除弓箭刀盾短矛之外）徒一年半，弩一张加二等；甲一领及弩三张，流二千里；甲三领及弩五张，绞。私造者各加一等。"附："旌旗、幡帜及仪仗，并私家不得辄有"，"违者从'不应为'重杖八十"。《杂律·私铸钱》条规定，"诸私铸钱者，流三千里。"这类条令，均可视为宋代治安法规，是具有时代特点的，而且也都为后世所承袭。宋的法律与管理，已渗透到社会生活的方方面面，仅就治安管束而言，无论皇亲贵族达官小吏、士农工商学子生徒，还是医巫卜祝军卒牢隶、僧道游侠恶少流民，无不受到相应的管束与监控。《宋刑统》中还有"宿卫人兵仗不得远身"、"禁官人强市（仗势强行购物）"、"不得在人众中走车马"、"不得在市众中故相惊扰"、"不得私入人家"、"仓库内不得燃火"、"不得在中流索要船价（摆渡钱）"及"非时烧田野"之类禁令。这类禁令的随时发布，自然有利于社会秩序的维护。有了"法"的宏观控制加上"禁"的微观管理，社会的安全存在与有序发展就有了保障。

宋政府十分重视法律条令格式的颁布实施，这些法制措施，对于规范中国古代居民的生活方式、生存形态和生活质量，形成特有的中国文明，起了深远影响。宋代治安是富有活力的，许多举措带有开创性的意义。宋初拆去坊墙，实行街市结合，开放早市夜市，开放公共娱乐场所，城市生活空前活跃起来。以彻底宵禁、坊里封闭为标志的周秦汉唐的治安管理体制也就跟着改变了。从此，城市居民以街道为单位，沿街编制户籍，家家门前设粉牌登录人口，搞开放式管理。这就适应了城市生活体制的变迁。在广大农村，宋代以后，农民对贵族地主的人身依附关系有所松弛，突破了已往庄园坞堡式的封闭聚居形态。自耕农们自主地择地居住、耕种，形成一个个自然村落，国家也就实行“村社式”管理了。王安石变法，一度推行“保甲制”，强化了对社会基层的政治控制。宋代经济文化的积淀，使中华文明获得了不可逆转的发展势头，即使碰上元蒙游牧部族的百年干扰，它也能在吸纳改造这种北方文化的基础上，顽强地保存自己，进而实现了中华民族空前规模的大凝聚、大融合、大发展。中华文明不会中断。这里有中国管理文明的历史功勋。历代异族内迁后的民族同化与融合，往往是从制度文明开始的，并以它作保障。所谓“改制更化”，警治安全制度历来首当其冲——宋辽金元的治安更新，便给了我们这样一道深刻的启示。

# 第九章

# 明清：中国封建治安的集大成（上）

明清时期是中国封建社会的终结期，又是中国本土的资本主义经济的萌生期，也正是中国古代治安的集大成时期。说是“集大成”，有两层含意：一是封建社会走到了顶点，为封建政治服务的治安也就走到了它的最高点；其治安法理、治安方略、治安体制、治安制度、治安措施，都被当局推上了发展的最后阶段。二是明代知识分子结社集会，进行群体干政；广大民众空前规模地运用和平手段搞合法斗争，游行示威、罢工罢市，向统治机器挑战，这是一种新的社会活力，新的生活秩序，它预示着新的社会治安机制的即将问世。

明清时期封建统治阶级为了维持其统治秩序，便强化意识形态钳制，扼杀一切民主性的精华，发挥封建专制文化对社会的毒害力。他们大搞文字狱，镇压社会正义力量；大搞封建文化的“集大成”，转移社会的关注点。同时又综合唐宋元立法的各种形式和相关内容，确立起律、令、诰、例、典并用的体制，使封建立法普遍严酷化，强调刑法对社会生活的全面胁制；他们强化各级政权对民众的弹压功能，或大搞宦官政治，依靠特务实施恐怖统治；或普遍组建“民团”，协同驻军对地方实施弹压；组建保甲，使基层民众生活在高压监控之下。

应该说，商品经济的空前发展，市民阶层开始登上政治舞台，既向国家治安管理提出了历史新课题，也带来了治安变革的历史新契机。但是，面对新的社会变动，明清政府没有能主动适应它、引导它、管理它，这就使中国治安的历史发展进程长期滞后，这是导致晚清百年的社会混乱、被动挨打的一个原因。

## 第一节　民众斗争与知识分子的群体干政

### 一、市民阶层的形成与和平斗争的开展

宋元以来，我国封建经济机体内部的商品经济获得了长足的发展，东南沿海一带的资本主义经济开始萌动，新的意识形态，新的政治要求也在孕育躁动之中。明代东南沿海城市经济迅速发展，南京、扬州、苏州、杭州、松江、广州，佛山镇、武昌镇、景德镇，都以生产发达、市场繁荣著称于世。松江府投放市场的棉布“日以万计”，苏州府“郡城以东，皆习机业。”景德镇“广袤数十里，业陶数千户……万杵之声殷地，火光烛天，夜令人不能寝。”[①]这个时期，造船业、丝织业、棉纺业、制茶业、制瓷业、矿冶业、制盐业等行业高度发达，并在相应地区形成相对密集的特色产业，以中心都会为核心，带动广大农村腹地，汇成一种前所未有的生产力。生产者、经营者们在比速度、比产量、比质量、比营销、比运输、比信息、比技能的大规模竞争活动中，早已突破自然经济状态下个体经营、封闭保守的千年旧习，形成了相互依赖、相互联结的利益共同体，出现了以私营作坊、手工工场为基地的劳动力密集组合和以行会为纽带的利益集团。它们拥有雄厚的人力、物力资源，其中任何一个环节的“异常”，都直接牵动广泛的产供销系统而作用于整个社会。加之大量失业农民进城谋生，在“出卖劳动力”的新型雇佣制下开始向“产业工人”蜕变，这些一无所有的人被高度组织起来，对社会经济变动保持着极度的敏感。而且，除工商产业外，城市社会服务性行业

---

① 归有光《归震川先生文集》。用《四部备要》本。

也日见兴隆，赌场、妓院、酒楼、茶社、戏馆、饭庄、旅店、当铺、银号、柜坊……应有尽有，不应有的也都孳生出来了，这不能不深刻地改变城市生态与市民心态。

市民，是在城市中从事各种行业的经济文化活动的居民的总称。市民阶层的生活方式与思想意识与传统的官绅地主、文人士子、农夫商贾都不一样。它既是城市消费经济的直接生产者，又是消费文化的直接参与者，是一个新型的利益共同体。它已经意识到自己的特殊利益。到明代中叶，市民与大型工场中的密集的劳动群众一起，产生了自身的政治要求、生活要求。他们能够广泛采用罢工罢市、结社集会、游行示威等和平手段与统治者作合法斗争，维护社会正义与自身的权益，从而形成一股强大的时代冲击波，震撼着封建统治秩序。这是社会公益、社会正义、社会舆论形成的阶级基础，是新的历史条件下的社会安全机制，它构成了历代以单门独户为管理对象的旧式治安体制所难以对付的新生社会力量，是传统静态治安管理模式所绝对适应不了的。

与此同时，封建地主阶级特别是其既得利益集团，在新的社会生产力所提供的源源不绝的无尽财富面前，其不断膨胀的物欲随着少数人财富的高额积聚而呈几何级数的攀升，也就不能不加剧社会的不平衡而带来社会成员间的激烈冲突。明统治集团从皇帝开始，一直在肆无忌惮地聚敛民财，到处圈良田办皇庄，设银铺吸民脂。嘉靖时期，全国竟有在籍耕地的5%被皇家占为“庄田”，交给宦官们“经营”。皇帝还派宦官特务为“矿监”、“税使”、“采办”，到全国各地以“征商”、“开矿”、“收税”、“采买”的名义恣意敲诈掠夺，所到之处，必竭泽而渔，不仅闹得民生凋敝，而且国库空虚。各地官僚地主吞噬着社会财富，他们比任何时候都贪婪。仅严嵩一人，在抄没其家产时，就得黄金三十万两、白银二百万两，而当时国库的存银还不足十万两！在这种高强度高烈度的政治腐败形势下，农民起义风起云涌，市民的“和平斗争”更一浪高过一浪。从辽宁到闽广、从江浙到陕鄂，参与者的广泛性、组织性、战斗力都是空前的。他们“不持寸刃”、却把斗争锋芒直指统治集团最疯狂的部分：矿监税使、宦官特务，而且不达目的不罢休。明代市民斗争的广度深度及其社会政治效果都是前所未见的。使明代治安管理者深感惊惶的，正是这种罢工、罢市、游行示威、和平请愿的新型斗争方式。

江海横流，泥沙俱下。在这种历史大势下，活跃于消费经济、消费文化中的幕僚政客、文人士子、师爷家丁、奸商牙侩、江湖艺人、闲散军卒、社会流民、帮闲伙计、僧尼丐帮，又构成了城市生活的另一股势力。他们成分最复杂、思想最易变、行为最敏捷，而破坏力也最明显。由他们构建的“亚文化”，不能不这样那样地折射於整个社会文化形态中来，既冲击着、破坏着传统文化，也对思想界的“异端”思潮起着某种浸蚀、干扰、败坏作用，成为孕育新型治安事故的温床。这也是传统文化、传统政治思想理论所无法包容、无法应对的“新课题”。传统警治管理模式对应不了这种“时症”。

面对历史新课题，明政府除强化政治管理和军事镇压外，更在正常封建权力体制以外，特别组建了庞大的特务机构，大搞宦官政治下的特务统治，希图凭借恐怖侦缉与暴力惩治手段来应对新的政治经济形势，来对付市民阶层形成后的新的治安形势，结果却葬送了它自己。

## 二、书院讲学与集会结社：知识分子的群体干政

上述的一切，折射到作为社会敏感神经的知识群体之中，便是营垒分明的大分化：一种人代表着腐朽顽固势力，为统治集团的聚敛、迫害和屠杀张目呐喊；另一种人则呼唤对整个统治机器连同其思想意识形态作新的反思和审视，企求在维持封建统治的前提下刷新政局，回应历史发展提出的某些要求。他们往往以

“异端”形态出现，有些人甚至参与到民众的和平的合法斗争的行列中，一起去罢工罢市罢学罢教，一起去集会游行示威请愿，用新的斗争形式为新的社会变动鼓动呼吁。连正统文人如归有光、唐顺之等名家也常常运用“揭贴”（大字报之类的公众宣传品）等形式来伸张正义，抨击恶势力，攻讦顽固派。更不必说唐寅、杨慎、徐渭等奇士畸人的“叛教”行为了，可见时代风气正在发生巨大转换。

在十六、十七世纪，明代广大知识分子的民主意识、参政意识越来越强烈，越主动，越具规模。他们用大办书院、四处讲学等形式，广泛宣传自己的政治主张，制造新的思想舆论，集结新的斗争力量，甚至从完全为封建统治服务的王阳明“心学”之中，也分蘖出了一个激进的左派——“泰州学派”。该派先后以王艮、颜山农、何心隐、李贽为领袖，向封建思想猛烈冲击，正如明清之际的思想家黄宗羲说：“泰州（按：指王艮）之后，其人多能以赤手缚龙蛇。传至颜山农、何心隐一派，遂非复名教之所能羁络矣。”对这个“异端”学派给予了积极评价。而清初另一学者王世贞，则惊呼“（理学）盖自东越（按：指王阳明）之变为泰州（按：指王艮），犹未至大坏；而泰州之变为颜山农，则鱼馁肉烂，不可复支！”继他们之后，张溥、顾宪成等更进一步用讲学、集会、结社、创建复社和“东林党”的方式，组织起来群体干政，从罢相倒阁到驱逐州官县官都能办到。这可是我国封建治安所从来没有遇到过的历史挑战！那么，明代知识分子是怎样向统治秩序挑战、使其“非能羁络”“不可复支”的呢？让我们对十六、十七世纪的中国文化界来一番扫视。

张扬人性，宣传新思维、新观念，是明代知识阶层觉醒的突出表现。思想家何心隐“谓《大学》先‘齐家’，乃构‘萃和堂’以合族，身理一族之政，冠婚丧祭赋役，一切通其有无，行之有成。”这种“空想大同社会”式的做法，颇为一部分群众拥护，且声势浩大，“招来四方之士，方技杂流，无不从之”。这种明显地宣传并实践自己主张的言行，统治者自然恨之入骨，先后两次将其逮捕下狱，最终死于张居正之手。最著名的思想家李贽也因其思想不合统治者意志而被害死。李贽对儒学的虚伪给予了严厉的批判与抨击。在《藏书》中，他直接抨击孔子，揭穿地主阶级拿孔子的教条来欺骗人民的伎俩。他大力宣传“穿衣吃饭就是天理”，一时极为轰动，受到进步人士的欢迎。《万历野获篇》卷二十七载：李贽“议论间过奇，然快意雄辩，益人意志不少。”甚至被人们推尊为“圣人”。有人攻击李贽“刻《藏书》《焚书》，流行海内，惑乱人心。以孔子之是非为不足据，狂诞悖戾，未易枚举。”他这么一个明目张胆地抨击统治阶级、而且拥有很多群众的思想家，自是统治集团的眼中钉，肉中刺。万历三十年礼科给事中张问达具书上奏，诬蔑李“肆行不检，与无良辈游庵院，挟妓女白昼同浴。”将他逮捕入狱处死，下令销毁其所刻之书，但李贽的书，依然流行民间，且流传到日本去了。

举办书院和开展结社活动，是明中后期文人干政的最主要的组织形式。书院是知识分子集聚的地方，但它并不是新事物。宋代便有书院 397 座（元代只有 22 座。明代书院激增至 1239 座，其中嘉靖—万历年间最为兴盛。早在明王朝初建之际，朱元璋就下令起草了“生员不得干政”的禁令：“天下利祸，诸人皆许直言，唯生员不许。今后生员本身切己之事许家人报告。其事不干己，辄便出入衙门，以行止有亏革退。若纠人扛帮，骂詈官长，为首者谴退，余者尽革为民。”想以此来吓退儒生，使之不敢问政。然而万历 — 崇祯年间，政治腐朽、社会黑暗，阶级矛盾日趋尖锐，人民反抗斗争连绵不断，文人们便冲破“生员不许干政”的禁令，集结起来，讽议时政，臧否人物，且规模愈演愈大，声势越来越强。生员们动辄批判郡守，责骂有司，编制歌谣来制造公众舆论，所谓“迩来习竟浇漓，人多薄恶，以童生而辱骂郡守，以生员而攻讦有司。非毁官长，'连珠'编于街衢；报复仇嫌，歌谣遂授于梓木。"①一唱百和，造成强大的声势。他们以自己的是非标准来是正朝廷官员的得失，对立到"内阁之所是，外论必以为非；内阁之所非，外论必以为是"的地步，起到了强有力的干政作用。

结社是书院活动的组织化，明代文人结社很普遍。复社是其中的代表。复社是在张溥等人主持下组建起来的文人团体，团结了大批知识分子。他们干了许多轰轰烈烈的事情。《复社纪略》记述了张溥、张采驱逐魏忠贤余党顾秉谦的檄文，至今脍炙人口。二张驱逐周之夔也成功了。他们在南京张贴《留都防乱公揭》檄文，又驱逐了权奸阮大铖，成为一时大快人心的伸张正义之举。这都是"和平斗争"手段的应用。

东林书院是万历十四年（1586），由江南人士顾宪成、高攀龙等人组建的书院，东林书院一建成，便担负起了引导并制造公共舆论的重要角色。它主张民主，要求统治阶级决策应参照公共舆论，反对独夫政治。缪昌期说："夫国之有是、出于群心之同然。而天下匹夫匹妇之所是，主与臣不得矫之以为非；匹夫匹妇之所非，主与臣不得矫以为是。"②这种要求封建政治要有民主作风的言论，一扫昔日知识分子敢怒而不敢言、屈服于权势的懦弱；而把舆论权威提高到皇权之上，更是中国土地上关于"民权"的大声呐喊。此时儒士已经不再将"金口玉言"奉为至高无上的圣旨了，而是认为"其理"存在于天下人之中。顾宪成认为："天下之是非，自当听之于天下。"有力地打击了封建专制，喊出了民主口号。东林人不仅在口头上要求民主，而且在行动上付诸实施：在团体内部容许意见的多元化，容许人们对同一事物

---

① 《隆庆实录》卷二十四。

② 缪昌期，《从野堂存稿·国体国法国是有无轻重解》。

的不同理解。《明儒学案·东林学案》载顾说："一是皆是，一非皆非，谓之同，不谓之公。众论未必皆是，但公论存于众论之中。"他们的内部民主作风已经做到了近代民主的初步。东林人不搞独裁，允许各抒己见，不拘泥于各种约束，"既无官守，也无言责。故其传之亦虚。率然窃于意，薄于喉而冲于口，率然以定天下之是非。"[①] 东林人这种要求民主的政治主张和行为，反映了在野儒生要求通过社会舆论来参与国家政治和社会管理、以享受自己的民主权利的时代要求。由于东林人广泛地"讽议时政，裁量人物"，产生巨大的社会政治影响，一改社会风气，使在野人士纷纷起而干政。"当是时，士大夫抱道干时者，率退处野林，闻风响附。罢官废吏，富商大贾之类如病如狂"，追随者不知其数。在野儒士们结成的书社，运用深得人心的强大舆论，变相地掌握了部分封建官僚的任免权。"崇祯七年，甲戌（1634），复社张溥令门人制檄文，驱逐知府周之夔。结果驱周成功。杜登春在《社事始末》中还记载了两件事。一是张溥授意吴伟业参奏温体仁结党援私。但吴因在朝未久，不敢轻举妄动，改参蔡弈琛成功。二是张溥领导复社，全力投入政治活动，推翻了薛国观的内阁，将亲近复社的周延儒推上了台，使复社的势力大增。明中后期朝政都与院社文人活动有极大关联。

儒生还以实际行动反对黑暗的特务政治，和人民一道开展反对特务统治的斗争。一次，宦官王敬采药于各省，至苏州，以妖书数十本令府学诸生手抄，屡抄不中，其实是欲得贿赂。生员王顺等数十人大怒，各取一木，哄然集聚，吓得他连忙避匿，其手下人尽被殴击。《明史·陈增传》，卷三〇五载：万历二十八年（1600），诸生妻女被一向为非作恶的宦官陈奉所欺辱，人们新旧仇恨一齐爆发，掀起了反宦官的轩然大波。"市民万余人，蜂涌

---

① 缪昌期，《从野堂存稿·公论国是之先》。

入奉府，甘与奉同死，抚按三司护之数日，仅得而全。”结果万人围攻陈奉的住处，处死其爪牙数人，陈奉被赶走，助虐的巡抚也被当局撤了职，人民取得了巨大胜利。同年六月，香河县发生民变，诸生和人民一道，起来反抗矿监王虎，甚至连香河知县都参加了。“香河知县焦元卿率领生员士民喧嚷，执枪棍、抛砖石者千余人。”[①] 震慑了统治集团。这种民间力量，在周顺昌一案中体现得最明显。周顺昌是位正直官员，退居家乡苏州，平时行事深合人心。朝廷派宦官来逮捕他。及逮捕者至，激成众怒，呼号鸣冤者填塞道路。至开读诏令之日，诸生文震亨、杨庭枢、王节等“请以民情闻于上”，希望保住周顺昌。东厂特务则倒行逆施，大耍淫威，终于导致苏州市民的万众怒击，形成全市的罢工罢市罢学风潮。人们自发集中起来，不持寸刃，浩浩荡荡，列队游行示威，进行和平抗争。这可是历史上从未见过的“景观”。吓得最高当局不得不收回成命，答应不算老百姓的账。

“东林党”人的言论动摇了封建统治基础，使匹夫匹妇对自己价值有了一些认识；对传统的忠君观提出了质疑，他们公开宣传与封建独裁政治相对的思想观点，被统治者视为洪水猛兽，设法要将他们铲除。天启六年（1626），统治集团的两次诏狱，使东林的骨干几乎全毙于狱中。明末又发生了四起捣毁书院的暴行，使讽议朝政持续二十年的运动终被扑灭。其后东林后学复起，组建成“小东林”，展开又一度轰轰烈烈的干政运动。驱逐阮大铖出南京成功。不过，后来阮大铖复职，将其一举扑灭。清兵入关后，大兴文字狱，严厉禁止社党活动，文人的群体干政也就偃旗息鼓了。

明中后期文人的社会批判，是针对当时黑暗的社会现象和理念的批判，形成了中国历史上规模最大，最全面，最深刻的历史

---

① 《明神宗实录》卷三四八。

反思运动。虽然没有建立起近代民主观念，但在一定程度上已经开始摒弃和否定传统的封建道德与专制统治。这是中国传统文化正在酝酿结构性转轨的历史征兆。他们的主张表明了这一时期价值观念的变化和社会思潮的变动。它比西方启蒙运动发起得更早，而且具有一定的规模，开始取得一定的政治思想成果，但终因中国两千年封建统治机器过于沉重，封建意识过于强大，使它在初上阵时便遇到了致命的打击，但它毕竟是沉沉暗夜中射出的一支响箭。

## 第二节　明代的治安体制

封建社会愈是从它的发展顶峰上跌落下来，对于维护皇权、维护封建地主私有制、维护封建治安秩序，也就更为关切，力量配置更为注意，制度设施更为严密，手段伎俩更为阴险残忍，而收效也更为有限，其虚弱性也就更易暴露。

### 一、中央政府体制与治安职能

明太祖洪武十三年（1380）废中书省，废除了丞相制，由原中书省的六部（吏户礼兵刑工）分理政务，归皇帝直接操纵，这就创下了秦汉以来封建帝王“大权独揽”的最新记录。

明代中央政府负责治安管理的主要机构是主理司法审判的“三法司”，即刑部、大理寺和拥有一定司法审判权的都察院。刑部主要负责审理地方上的上诉案件和有关中央百官的案件，以及审核地方上的叛逆等重大案件。刑部有权判决流刑以下的案件，但定罪后必须将案犯连同案卷移送大理寺审核。大理寺如认为定罪不当，可以驳回再审；如同意，就批复刑部执行。死刑案件和重案要奏请皇帝批准。无论是刑部的审判或是大理寺的复核，均须接受都察院的监督。如遇有特别重大的案件，则由刑部、大理寺和都察院共同组成联合审判机关——三法司审理，称作“三司会审”。三司会审虽是中央最高级审判，但其判决结果也必须呈报皇帝批准始得执行，这是君主专制体制在司法审判上的体现。

都察院设官有左右都御史、左右副都御史，以及左右佥都御史。下属机构有经历司、司务厅、照磨所、司狱司和十三道监察御史。都御史总理天下风纪，大凡大臣有奸邪结党、作威作福、扰乱朝政的行为，内外官员不称职或有贪污腐化、败坏官纪、学术不正、上书陈言以变乱成法、希图进用的情况，都可以监举纠劾；并协助吏部主持地方大员的朝觐考察；参与有关大狱重囚的三司会审等。

十三道监察御史主要负责察纠内外百司官员，包括两京刷卷、巡视京营、监临乡试会试及武举考试，巡视光禄寺、仓场、内库、皇城、五城警备等事务。在外有巡按御史（北直隶2人，南直隶3人，宣大、辽东、甘肃及十三清吏司各1人），主要负责管理所辖地方的提督学校、巡视盐场、茶马、漕运、巡关、赞运、印马和屯田等事务。如果发生战争，则随行监军纪功。巡按所至，“主审录罪囚，存恤孤老，表扬善类，剪除豪蠹，以正风俗，振纲纪。凡军民利病，皆得直言无避。”①

除上述三法司外，户部、礼部和兵部等衙门也负有部分治安管理职能。如，《明史》卷七十二《职官·户部尚书》称：“以垦荒业贫民，以占籍附流民，以限田裁异端之民，以图帐抑兼并之民，……以读法训吏民，以权量和市籴，……以蠲减、赈贷、均籴、捕蝗之令悯灾荒，以输转、屯种、籴买、召纳之法实边储，以禄廪之制驭贵贱。”《明史》卷七十二《职官·礼部尚书》称：礼部所属仪制司“以学校之政育士类，以贡举之法罗人才，以乡饮酒礼教齿让，以养老尊高年，以制度定等威，以恤贫广仁政，

① 清·张廷玉《清史稿·职官志》。用中华书局1977年点校本。

以禁自宫遏奸民。”祠祭司除管理陵祠外，兼管天文地理、医药、卜筮、师巫、音乐、僧道，以及有关妖妄之言的禁令的执行。兵部所属职方清吏司掌管舆图、军制、城隍、镇戍、简练、征伐之事，车驾清吏司掌管仪仗、禁卫、驿传等事。这其中不少内容即属治安管理的范畴。

## 二、皇室禁卫

明政府建立了庞大的皇宫警卫机构，有一支侍卫亲军。亲军由皇帝直接指挥，编制上隶属于京师常驻部队“三大营”，而军官则不归“三大营”节制。亲军以卫为单位编组，明太祖时有十二卫，宣宗之后发展至二十六卫。二十六卫亲军中，仅任皇帝贴身侍卫的兵员，就有 8 333 人，“掌卤簿、仪仗、禁卫”之事。侍卫亲军的入选条件非常苛严，要求选富民子弟充宿卫，注意阶级成分。其常驻京师的三大营，规定选用“力必 250 斤（明制）以上”，即力能举起约 300 市斤的重物者；又从中挑选出“身长五尺三寸以上，力胜 350 斤”即身高 1.70 米以上，举重 400 市斤以上者，任皇宫侍卫的“大汉将军”。侍卫亲军各有自己的职责，除锦衣卫等六卫外，其余二十卫均有自己的责任警卫地段。各卫均设有正三品指挥使 1 人，从三品指挥同知 2 人，级别是相当高的。侍卫亲军必须忠于职守，不得冒名顶替，不得擅离职守，不得拆散队伍，不得过问官员军民奏事，不得邀索钱财等。对于皇室禁卫，朱元璋尤其重视，设置相当严密。《皇明祖训》写道：“凡帝王居安，常怀警备，日夜时刻不敢怠慢。……其日夜警备常如对阵，号令严明，日则观人语动，夜则巡禁严密，奸人不得而入。虽亲信如骨肉，朝夕相见犹当警备于心，宁有备而无用。如欲回避左右，与亲信人密谋国事，其常随内官及带刀人员，止可离十丈地……”可见当时对皇帝本人及皇宫的戒备之严，更可见朱元璋本人的内心是十分阴暗的。他信不得任何人，他为明代的黑暗政风开了恶劣的先例。

## 三、京师治安

明代京师重兵驻守，首先是二十六卫宿卫亲军，另有由五军都督府管辖的四十多个留守卫相兼轮值，守门与巡夜是其两大职责。其中，锦衣卫亲军担任侦察缉捕事宜，是皇帝直接指挥的“特务队”，有六万多人之数，再加东厂、西厂的宦官，两支特务队伍横行于京师内外，其情景可想而知。(特务活动后文介绍)

就治安专职队伍来说，明代是由五城兵马司指挥的。明代北京分为东西南北中五城，设五城兵马指挥司，每司设指挥 1 人，副指挥 4 人，吏目 1 人，有弓兵 80 人，火甲若干。这样，属五城兵马司指挥调度的弓兵，总数 400 名。他们要在全城缉捕盗贼、维持秩序，查察户籍，疏理街道沟渠，看押人犯，查禁私盐，追赃，夜巡，防火，救火。“凡军民人等在街市斗殴，及奸淫赌博，撒泼抢夺，一应不务生理之徒，俱许擒拿。”其任务是十分繁重的。正因为兵马司任务过于繁杂，后来又添设了巡捕营，有官军一万多名，马匹五千六百多，专门负责夜间缉捕盗贼。强化了它的镇压功能。

京师地方治安还有顺天府及大兴县、宛平县两个京县协同处理，其中宛平县还在西郊设五平口、石港口、齐家庄、卢沟桥四个巡检司，各由一名巡检带领弓兵“缉捕盗贼，盘诘奸伪”。

明廷对“肃清辇毂之下”特别重视，然自万历帝以后，京师治安即每况愈下了。

## 四、明代卫所制与地方政府

明代地方州、府、县职官及驻守部队，均有“捕盗”之责。府有捕盗通判，捕盗同知；县有捕盗判官、巡捕、主簿。驻军有千户所、百户所等，均专司捕盗。各州府关津要害之处，也都设有巡检司，下属弓兵若干，“遏察奸伪，镇静一方”。军政联手，军警一体，专司镇压，以强化治安。

明统治者比前代更重视军队的镇压职能。为此，在吸收唐代府兵制的基础上，创立了独具特色的军事制度——卫所军制。《明史·兵志》指出：“明以武功定天下，革元旧制，自京师达于郡县，皆设卫所。外统之都司，内统于五军都督府……征伐则命将充总兵官，调卫所军领之；既旋，则将上所佩印，官军各回卫所。”对朱元璋创立卫所的构想，明代人曾明确指出：“太祖高皇帝以武功勘乱，混一区宇，洞见古今利病，定为经久之良法（指创立卫所军制）。内之所设，有锦衣等十二卫以卫宫禁；有留守等四十八卫以卫京城，彼此相制也。外之所设，有留守以卫陵寝；有护卫以卫藩封，有都司卫所，以防省郡县，上下相维义。”① 所有内外军，皆统于五军都督府，总于兵部，有事则调发以征，事平则各还原伍，所谓“令出则呼吸相同，分之则犬牙相制也。”② 由此可见其考虑之周密。卫所之设，大致根据军事地理位置的重要性而定。一般在重要地区，每郡均设有若干千户所和百户所，数郡合设一名卫指挥使。大致一卫有五六千人。一千户所有 1 200 人，百户所有 120 人。成祖永乐年间以后，都指挥使司 21 个，留守司 2 个，内外卫 439 个，守御、屯田等千户所 359 个。另外，在少数民族聚居地区设立的军政合一性质的机构宣慰司和招讨司各 2 个，宣抚使司 6 个，安抚司 16 个，长官司 70 个。以致“天下要害地方，皆设官统兵镇戍”，形成严密的军事镇压网。

在卫所军之外，明代在地方州县还设有民兵、民壮、义勇和弓兵等警备兵。洪武初年即设民兵万户府。弘治以前多用民兵协

---

① 张孕敬《奏答安民饬武疏》，见《皇明经世文编》卷一七八。

② 孙承泽《春明梦余录》卷四二《兵制五》。

助卫军防备边警和倭乱。明中期以后，随着卫军的日益腐败，民壮的规模则随之扩大。嘉靖二十二年（1543 年）大县民壮多者至千人，小者亦五百人。而且自此后，民壮多由招募而非佥派，职能亦随之扩大，不再仅限于遇警以援卫军，平时还用来防守郡邑库狱和巡缉盗贼。弓兵是隶属于巡检司等机构的民壮，开始时亦于里甲佥派，后来改为招募。

此外，在少数民族地区有苗兵、狼兵等土司兵，各地职业团体又有由矿工组成的矿兵，盐丁组织的盐兵，僧徒组织的少林兵、伏牛兵和五台兵等。也有以特殊技艺组织的队伍，如河南的毛葫芦兵，长于走山，山东有长竿手，徐州有箭手，井陉有蚂螂手，福建闽泉等地有标牌兵等。这些乡兵都是根据其特长应募，以备军旅缓急之用。他们在抗倭及“围剿流寇”的战争中，往往发挥出色而能打胜仗。强化军队镇压职能，充分利用地方武装，明政府比以往政府更为重视。

在地方，明朝立国之际，一度沿用元朝的地方“行中书省”制度，但不久便作了变动，设立了新的行政机构：承宣布政使司，理行政；提刑按察使司，掌司法与监察；都指挥使司，管军事。这便是省级“三司”。

承宣布政使司简称布政司，布政使由皇帝直接任命派驻地方，其职责是贯彻朝廷的旨意，掌所辖范围内的民政、财政，其行政权限远远小于元代的行省，从而加强了中央对地方的控制。明代的布政司共有十三个，即浙江、江西、福建、广西、四川、山东、广东、河南、陕西、湖广、山西、云南、贵州，习惯上仍称为十三行省。布政司的具体工作包括检核所属各州县田地、民户的数目，征收赋税，每十年对田地、民户要做一次全面统计。其他还包括供给本省宗室、官吏、师生、军伍的俸禄、廪粮，恤养鳏寡孤独；赈济水旱灾疫；提调本省乡试；表扬孝悌贞烈；主持祀奠神祇等。

另外，一省之内还划为若干道，由参政、参议分别管理各道的粮储、屯田、清军、驿传、水利、抚民等事，其名目有督粮道、督册道、分守道等等。十三省之外，南北两京不设布政司，也没有参政、参议，其有关事务由附近布政司分司诸道代管。提刑按察使司简称按察司，是一省司法监察机关，以按察使为长官，其职是“纠官邪，戢奸暴，平狱讼，雪冤抑，以振扬风纪而澄清吏治。”凡大事，与布政使司，都指挥使司会议，上报巡抚、巡按，听六部及都察院监督。按察使下设副使、佥事，不定员，每省以地区和任务分为若干道，由副使、佥事分别巡察。其名目有兵备、提学、抚民、巡海、清军、驿传、水利、屯田、招练、监军等。都指挥使司简称都司，是一省的军事机关，以都指挥使为长官，下设都指挥同知 2 人，都指挥佥事 4 人。都司管辖本省内的卫所军队，上隶属于五军都督府而听命于兵部。都指挥使、布政使、按察使并称封疆大吏。

明朝将元朝的路改为府，每府设知府为长官，以掌一府之政，其职是“宣风化，平狱讼，均赋役，以教养百姓。”可以说除军事以外无所不管。科举贡士、学校及一府之祀典由知府亲自管理，其余籍账、军匠、驿递、马政、盗贼、仓库、河渠、沟防、道路事各有专员经办，但要由知府稽核。重大事情，则要上报巡抚、巡按、布政司、按察使批准实行。知府之下设有同知、通判，人数不定，分管工作也不确定。一府之内还设有推官，掌刑狱司法，协助对省属官吏的考核工作。州是介于府县之间的行政单位，有府属州和省直隶州两种。府属州相当于县，省直隶州相当于府。县是十分重要的一级行政单位，国家一切政务都要在县中落实，土地、户口、赋役、治安、狱讼、教育、民政无所不管。县设知县掌一县之政，县丞一人、主簿一人分掌粮马、巡捕之事，另设典史掌往来文书。如果本县无县丞或无主簿，其职权则由典史分领。

### 五、明代基层治安管理

明代为了强化地方治安，大力推行里甲（保甲）制，大力组建乡勇，平时用以“消弭盗贼”，一旦有事，则调集起来对付农民起义。明代基层 110 户为一里，其中选丁粮多者 10 户为长；其余百户组成十甲，各有甲首。每年由里长与甲首一人统管一里一甲公事，十年轮换一遍。在城以坊为单位，在郊区以厢为单位，在乡村以里为单位，编制户口籍册，一式四份。一份黄册，上报户部，其余三份分别由布政使（行省）、府、县保管。各地的里甲长要协同“乡里老人”和弓兵，盘查过往行人，捕获逃军逃犯，查禁私盐，维持地方治安。地方武装组织有乡兵、乡勇、土兵、民壮等名目，由本地官绅率领操练，遇警调用。各地乡兵皆有专长技艺或习用兵器，是镇压农民起义与少数民族起义的工具。明末崇祯帝就调用川军、辽军镇压过李自成起义，比正规军有用。为了强化对社会基层的政治控制，明代在王阳明的倡导下，在南方还推行了《十家牌法》。以十家为单位，要求每家门前置小牌，上书人丁若干，注明身份（某官、某职、某差役或习某技艺，作何生理等），田产、租赋、家庭人口、有无残疾、是否在家、缘何外出等情况，审核确实之后十家汇总编成一册，留县待查。每十家要自报本甲内平常有偷盗不轨行为者，记名于《舍旧图新簿》，待改正后，同甲之人具保，才能入《正册》。不报者同甲之人均有连带责任。同甲之人，每月酉时各家照牌轮流查察，查察有无去向不明的人，防止来历不明者投宿。平时要劝止争讼，催征赋税，联防联保。除与保甲法相辅而行的《十家牌法》外，王阳明还搞了一套《乡规民约》，要乡里民众一体遵依。立约之人，定期集会，审议合约成员中“彰善纠过”事宜，而且规定了一套近乎宗教仪式的繁琐礼仪，目的只有一个：灭心中贼！王阳明说过：“灭山中贼易，灭心中贼难。”他要从思想上、精神上泯灭群众的任何反抗意识，维持明政府所需要的统治秩序。

## 第三节 律、诰、条例与会典

明统治集团很懂得运用法律手段来“管理社会”，其立法活动可以说是集汉唐宋元之大成而更加严酷，有律、诰、条例和会典等种种名目。明代律诰条例的发展，是封建律学和立法形式发展的结果，更是明代统治阶级加强刑法镇压、严密法网的需要，正是我国封建治安高度强化在立法方面的重要体现。

### 一、制定《大明律》

《大明律》是明朝的根本大法，它是在明太祖朱元璋亲自参与下，历时三十余年编纂而成的。早在明朝建国之前的吴元年（1367），朱元璋总结了“唐宋以来皆有成律”的经验，强调立法的重要性，特于是年十月令右丞相李善长等议律，并规定了“法贵简当，使人易晓”为修律宗旨。此次修律以《唐律》为基础，承袭《元典章》的体例，依六部为序，共成285条：吏律18条，户律63条，礼律14条，兵律32条，刑律150条，工律8条，改变了唐宋律例体制。在制律的同时，还编定了154条“令”。取名《大明令》。后又几度修订，历时二十余年。洪武三十年（1397）正式颁布，成为一代定制。

### 二、编辑《明大诰》

在朱元璋看来，《大明律》的编纂还不能满足其“重典治世”的需要，因此自洪武十八年至二十年（1385—1387），他又先后亲自制定了带有特别立法性质的《明大诰》四编，用以惩办臣民的严重“犯罪”。它是朱元璋以“民狃元习，徇私灭公”为由，“采辑军民过犯”的典型案例亲自编定的，共计236条。《明大诰》与前代封建王朝的法典相比，有明显的几个特点：第一，它以惩治官吏为重点。凡是官吏沉匿卷宗案牍、伪造御玺文书、交结近侍、假公科敛、贪赃枉法、逃吏更名等都被列入死罪，分别处以凌迟、枭首和腰斩等酷刑。第二，巧立罪名和滥施酷刑。如诡寄田粮、倚法为奸、鱼课扰民、黥刺在逃、士大夫不为召用等行为都被列为重要犯罪；同时还规定了凌迟、枭首、族诛、剥皮、弃市、墨面文身、挑筋去指、挑筋去膝、抽肠刷洗、斩趾枷令和枷项游行等繁多酷刑，其中许多本已废不常用，而他统统恢复了。甚至创有"戴罪述职"的惩罚，以致出现公堂上下皆为朝廷囚犯的怪现象。第三，定罪量刑不区别犯罪情节。在《大明律》中"违限不纳夏粮"仅判杖一百，在《大诰》中却要判凌迟处死。

明太祖有这么一个案例：医人王允坚以卖药为生。锦衣卫监者厨子王宗，自知罪不可逃，担心刃加于项，便令家人买毒药准备自杀。王允坚即时卖与。明太祖命人将王拿至，令其当面吞服毒药。王持药在手，面色大变，其态忧惊，犹豫未吞。明太祖督促之，乃服。既服之后，随问他说："此药以何料做成?"曰："砒霜，巴豆，饭粘为丸，朱砂为衣。"曰："服后何时人丧?"曰："半昼。"允坚堕泪，太祖曰："尔所以凄凉者，畏死如此乎?"曰："一子见军，一子在外，故悲。"随问允坚："此药还可解乎?"曰："可解。""何物也?"曰："凉水，生豆汁，热豆清，可愈。"太祖谓曰："此解不速。余何速解?""粪清掺凉水。"于是遣人取凉水半盏，粪清一鸡子，许候其毒作，方与之解。少顷，允坚身不自宁，手搔上下，摩腹四顾，眼神张皇。太祖谓曰："毒何尔患?"曰："五脏不宁，心热气升。"谓曰："此毒身死，伤何经络?"允坚对曰："五脏先坏，命绝矣。身墨黑。"问："几时可解？何时不可解？"曰："三时即不可解。"太祖见毒性发作，令人与之解。本人痛痢数番，其毒洁然全消，人复如初。明日，枭令以证其罪——明太祖就是这样阴惨狠毒地玩着"猫戏鼠”的把戏而杀人的。

《明大诰》的颁布，集中体现了明朝君主专制中央集权的高度强化，反映了明太祖朱元璋“重典治世”的个人意志，对明代的恶劣政风起了极坏的影响。

## 三、条例的删修

用例之风始于汉唐时期，盛行于北宋末年，明统治者进一步发挥“例”的作用，使其成为律诰之外更加灵便的法律武器。明代的“例”亦称条例，包括判例和事例两种，其中的事例指朝廷官员就全国性大事或一时一地之事，从法律的角度向皇帝奏请核准而颁行的单行条令。它与律的区别主要在于，律是万事常法，“例”是“一时权宜”。由于例逐年累月不断增加，为了消除条例之间前后重复和矛盾之处，编例活动便应运而生了。洪武时期便有了《真犯死罪决不待时秋后处决条例》和《赎罪条例》等条例汇编。成化十八年（1482），宪宗首肯《挟诈得财罪例》，弘治十三年（1500），孝宗正式诏命刑部尚书修《问刑条例》。至神宗万历十三年（1585），刑部尚书舒化等受命以历代《问刑条例》为基础，采取嘉靖以来的诏令，以及《宗藩军政条例》、《捕盗条格》和《漕运议单》中与刑名相关的部分，编成《问刑条例》382条，附于《大明律》之后，作为律条正文的附注，合称《大明律附例》，从而形成了律例合编并行的律典新体例。

## 四、《大明会典》的编纂

“典”作为封建国家一种正式的法律形式，始于唐代开元年间编成的《六典》，史称《唐六典》。《大明会典》就是一部仿照《唐六典》体例编纂成的行政法规。洪武十三年（1380）朱元璋废除中书省后，封建政权体制发生了重大变更，行政法律关系亦随之趋于复杂。为此，英宗正统年间开始编纂《明会典》，于武宗正德四年（1509）编成颁布，世宗嘉靖二十八年（1549）校勘增补；神宗万历十五年（1587），又一次校勘增补，这就是常见的《大明会典》。《大明会典》的内容以文武职官衙门为纲，分述各行政机构的职掌和事例，职掌源于历代律令典籍，事例则是采集历代条例而成。由于它汇集了明代官修的《诸司职掌》、《皇明祖训》、《明大诰》、《大明令》、《大明集礼》、《教民榜文》、《大明律》、《军法定律》和《宪纲》等几乎所有的律令典章的内容，因而具有法规大全的性质。

## 第四节 宦官政治与特务统治

明政府对新的生产力的摧残是无所不用其极的。明政府在全国各地疯狂地建皇庄，办皇店，向全国各地派“采办”，派“矿监”，派“税使”，凶残地榨取民脂民膏，破坏新兴产业，破坏国计民生。如辽东矿监高淮公然宣称：“矿不必穴，而税不必商。民间丘陇阡陌皆矿也，官吏农工皆入税之人也。”在高淮的搜刮下，“先辽阳城有 41 家，其家皆有数千之产，为淮搜索殆尽，非死而徙，非徙而贫，无一人如故矣！”[①] 经济最发达的苏松一带，也由此而变得萧疏糜烂了。明廷停止“下西洋”（航海）之后，东南沿海的造船业、丝织业、瓷器业、制茶业……便相继萎缩了。特别是为了对付倭寇，居然祭起了“禁海”这个法宝，摧残了宋元以来沿海处于发展中的新兴产业，使国家生产力水平大为后退。在思想政治战线，明政府用的也是摧残镇压手段，迭兴大狱，大搞文字狱，扼杀知识分子的反抗意识，毒害已经觉醒的民族意识与正在萌动的民主思潮。他们依恃军事镇压与特务活动来对付斗争中的人民大众。然而，这一切，并没有能挽救其封建统

① 清人薛熙编《明文在·李化龙疏》。用《四库全书》本。

治的走向灭亡。

## 一、明太祖开特务统治之风

明太祖搞个人独裁，直接控制司法权，迭兴大狱，亲自审囚，一案持续十数年，牵连几万人，枉死者不计其数。他在洪武初年就设“检校”一职，搞特务活动；洪武十三年（1380），以宰相胡维庸谋反为借口，废除宰辅制，析中书省之职权归六部，而将全国政务都集中到皇帝一人手中，搞起了中国历史上最彻底的独裁制。这样，他一人当然无法监理天下臣民，他也不信任任何一个朝廷官员，于是便让身边的心腹亲信去办理政事，开宦官政治之风；同时又立下不许宦官识字、干政的“禁约”，既用来遮掩天下人耳目，又让这批恶狗不生大智慧，只知依令行事，便于操纵。他怕因此而惹得臣民不满，于洪武十五年（1382）组建亲军锦衣卫，建锦衣狱，搞起了侦察审判。明廷本有刑部、都察院、大理寺等政法机构，锦衣卫却超越于这些国家机构之外，秉承皇帝个人意旨，秘密办案，不受任何约束，成了权势熏天的单位。明成祖朱棣靠宦官特务之力上台，他一接手政权，就把一度停业的锦衣卫狱恢复起来，又命自己的秉笔太监创建东厂特务机关，从锦衣卫亲军中挑选轻黠猾巧奸诈毒辣之徒入东厂；同时又组建成宦官“二十四衙门”，即四司八局十二监。这些司局监，按理是只负责皇帝、皇族的日常起居的，如惜薪司管薪炭，混堂司管洗澡，针工局管裁缝，尚膳监掌饮食，尚宝监掌印信……然而不然，在朱棣手下，它却成了凌驾于外廷六部之上，把持国家政务与皇家事务的最高实权机构。其司礼监权势最大，总揽一切。凡批答奏章，决定人选，传宣圣旨，指挥内外，司礼监无不管之，是事实上的宰相。要干这些事，就不能不识字，宣德年间便建起了内书堂——中国最早的“特务学校”，打破了太祖不许宦官识字的禁约。

明代特务统治，起始于明太祖，兴盛于明成祖，狂滥于正德天启年间，直到明末。明成祖建立东厂之后，厂卫结合，对全国实行严酷的特务控制。到宪宗成化年间，又另建西厂，以分东厂之权，起特务之间的牵制作用。武宗正德年间，又于东西厂外，再建“内行厂”，以监督东西厂为专职，这是侦缉特务的特务。这就使特务机构更完备了，开明代特务统治最狂滥、最酷烈之风。到世宗时，便出现了“嘉靖嘉靖，家家都尽”的严重社会后果。这样延续到天启崇祯年间，作为明帝依靠力量的宦官特务，终于一手葬送了明王朝。

明代特务是“体制外的特殊司法力量”，从其“任务”的性质上可分为三种：①驻在宫中和京城的锦衣卫和东厂、西厂、锦衣卫狱等力量，负责侍卫、传宣、侦缉、搜捕、刑狱；其活动诡秘阴毒凶残，政治性强；②分驻各地的镇守太监，有守备、织造、监督等，侦伺社情、民情、军情、政情，秘密上报。这是皇帝控制全国军民的得力鹰犬；③临时差遣的矿监、税使、采办、军监等“内使”，其行为的疯狂性和社会破坏性最大，最易激起民愤。

## 二、罄竹难书的特务罪行

朱元璋依靠锦衣卫，侦缉办案，大兴诏狱，滥用酷刑，说来怵目惊心。朱元璋亲自制定的《大诰》中，明文规定的刑法就有族诛、凌迟、枭首、挑筋、去膝、剥指、阉割等三十余种酷刑，甚至还有铲头会，将人犯成批活埋，地面露出头项，然后铲平掩埋。有刷洗刑，将人裸卧在铁床上，浇上沸水，然后用铁刺刷刷尽皮肉。还有剥皮法，用灰蠡水即石灰水浸泡犯人，然后剥下人皮，再塞进禾草，悬以骇众；或作成马鞍、椅褥之类。朱元璋还曾下令将军中唱曲、吹箫、下棋、打双陆、踢球的人“割了舌头，断了手，卸了脚。”有个通政使，被他罢了官，贫困不能归乡，忍痛卖去四岁的亲生女儿。朱元璋听知后，居然惩以腐刑。他用特务，有时自己就当特务。他常微服私访，一次听市民对话，有人称张士诚为张王，称他为老头子，他便指挥亲兵抄没当街所有居民户。另一次，他见市民们围着一幅漫画哗笑，走近一看，画的是一个赤脚妇人怀抱着大西瓜。他估摸这是讽刺他的马皇后为“淮西大脚妇人”，便命军士杀尽当地居民。特务的活动方式诡秘而嚣张，残忍而毒辣。厂卫之人，每月初一抽签分派任务，派去刑部大堂等处监理审案者为“听记”，去官府、城门、宫门缉记者叫“坐记”，有情报时密封后随时上报，叫“打事件”，支使市井无赖勒诈无辜叫“打桩”。锦衣卫行刑时，看主持太监的靴尖行事。太监靴尖摆成八字形，就不打死人犯；若靴尖并拢，则非打死不可。审理时，太监发一声令：“带上犯人来！”千百卫卒堂上堂下堂里堂外齐声应喝，声震数十里外；又喝令跪下，行杖，于是用棍子猛击，每击五棍换一次打手；每击一下，上下齐喝，杖毕，喝：“扯下去！”便有四名军卫用包袱装着拖走。其侦缉非常诡秘。魏忠贤时，有旅客五人夜间在客店闲话，一人语及忠贤罪恶，旁人连忙止住他，此人说：“魏忠贤再厉害，也不会把我弄去剥皮吧？怕什么！”到夜半睡熟，便有人举灯照面将此客擒之去。顷刻又来人带出另外四人，上了大堂，只见此人已被钉在大木板上。这四人便听座上人说：“他说我魏忠贤剥不了他的皮，现在来试试看！”便命人浇以沥青，用木棰棰下皮来，吓得四人几乎死去，却赏给他们金钱，说是“压惊”。在特务统治造成的恐怖气氛下，人人自危，甚至连边远地区的小百姓，一听有操京师口音的人骑马而来，便惊惶逃避，如遇瘟神。祝允明《志怪录》记有一则实例：宦官王敬、王臣骚扰江西苏杭一带，“信意出一纸，录市人姓名，括取金玉，人无得免。或挈室而窜，白日闭户。途路行人，妄传其徒将来，则市人空肆而匿；东南骚然，有类大变。郡县无如之何，亦或闭门不敢治事。”

特务头目的嚣张威势，达到了史无前例的地步。如宦官汪直出巡山西，地方都御使急忙穿上官服，带领本地大小官员，跪迎于三百里外。等这位钦差宦官车马过后，他才敢起来，又连忙脱去官服，换上便装，赶到汪直前方下榻的馆驿去，前后奔走，端汤倒水，煞似当差的小厮。都御使本是朝廷命官，是风纪大臣，他都带头膜拜于尘埃了，朱家朝廷还有什么风纪可言呢！

明代特务横行之下的监狱，更是十分黑暗而惨毒。

明代东厂、西厂、锦衣卫、镇抚司狱（诏狱）在侦缉、捕囚、系囚、审囚等方面“不衷古制”，全无法纪定制可言。《明史·魏忠贤传》：“民间偶语，或触中贤，辄被擒戮，甚至剥皮、割舌。所杀不可胜数，道路以目。”连《大明律》载的《慎刑说》中也承认，当时“有司疏于治狱，有狱卒要索不遂凌虐致死者；有仇家买求狱卒设计致死者；有伙盗通同狱卒致死首犯以灭口者；有狱霸放债逞凶，满监尽其驱使、专利坑贫因而致死者；有无钱通贿，断其供给，有病不报，待其垂死而递病呈或死后补病呈者……使抱冤待辩之人，株连未结之罪，一概死于狱中。”宦官威势如此之高，发财自是极易的事，于是孳生出一批假宦官来，为非作恶，祸害良民。《万历野获编》记述说：当时有一等人，把自己阉了，或把儿子阉了，送进宫中，想挤进宦官队伍。此风一起，皇帝一再下令也禁止不了。实际上明廷宦官虽有十万之数，毕竟有限，于是成批成批的自阉之徒便只有流落街头，窜身荒郊，无以为生，于是结伙作恶。在通往京师的大道上，往往有这种人出没。他们包围旅客，索要钱财，朝廷达官也不放过，若是三两个零散旅客，则活该倒霉。他们一拥而上，扯阴茎，卡脖子，撕衣裤，搜索珠宝。地方官习以为常，不加过问也不敢过问。封建治安败坏尽净，广大人民无以为生。

对此，人们不得不起而抗争。

明代人民的反对特务统治的斗争，发生在宦官肆虐最为猖獗的明代中后期，即正德、嘉靖、万历、天启年间，以矿工斗争、市民斗争最为典型。当时，湖北市民的反陈奉斗争，福建市民的反高采斗争，山东市民的反陈增斗争，云南市民的反杨崇斗争，都产生了震动朝野的效果。而以苏州市民反权奸魏忠贤的斗争最为有声有色，取得的成果也最大。

神宗万历年间（1578—1620年），为搜刮天下财富，派矿使到各地监督“开矿”。矿使到处，任意指点，说哪里有矿，就在哪里设厂发掘，拆民房，毁坟墓，掘田垅，无所不作。一无所获时，则责令当方官民破产“抵偿”。他们到处肆虐，闹得“天下之势，如沸鼎同煎，无一片安乐之地。贫富尽倾，农商交困，流离转徙，卖子抛妻，哭泣道途，萧条巷陌。”这就不能不激起民变。

万历廿八九年间，湖广税监使陈奉由武昌入荆州，沿途苛扰，劫掠商旅。一到荆州，便有商民数千，向他“飞砖击石，势莫可御”；到襄阳，商民数千聚众鼓噪，其势汹汹。襄阳知府办了两个参随小宦官，平息下来。又到沙市、黄州、光化、湘潭等处，处处激起民变。在武昌，陈奉又恣意作恶，于是激怒诸生（读书人），群起控诉，市民万余，蜂拥进陈奉宫，“甘与奉同死”。情绪激昂，陈奉却想用大屠杀来向当地官民示威，于是数万人围困奉府，陈奉逃匿，终日不敢出。其党羽十六人被愤怒的群众投入大江。朝廷派使臣刺探动静，两个月不敢入境。最后逼得万历帝召回陈奉，削去地方大僚的官，事情才算平息。同年，苏州织工的斗争更有气势。当时，苏杭织造太监兼税监孙隆驻在苏州，剥削机户，勒索商税，大水过后，征敛尤苛。时吴民机房出机，机工出力，相依为命。孙隆在苏州设五关，关关抽商税，商贾穷于应付。又每机税银三钱，按机按户抽税，于是机数锐减，机户罢织，从而使大批织工失业。于是人情汹汹，自分饿死，不如起而斗争。一呼百应，乱石烈火，击宦官，毙税棍，烧奸党，“民咸罢市”。有昆山人葛成，带领二千余织工，分成六队，他本人摇芭蕉扇领队，众人随之，“不挟寸刃，不掠一物，预告乡里，防其延烧。殴死窃取之人，抛弃买免之财。”其纪律性组织性之强，为“中国工运史”写下了第一篇章。连万历皇帝也承认他们是“赤身空手，不怀一丝，只破起衅之家，不及无辜一人”，不敢过于追究，“以靖地方”。待到事平之后，葛成自己挺身而出，“愿即常刑，不以累众”。吴人为之立碑，称为“葛将军”。这样组织严密、纪律严明、万众一心、大义大勇的斗争，使朱家朝野为之震惊。这样的斗争，在万历年间，遍及江苏、浙江、福建、江西、广东、云贵、荆湘、关陕以至津门、辽东各地，一波未平，一波又起，有的持续数月，卷入几万几十万市民、矿工、织工、商贾及穷学生。对于这种全新的群众斗争方式，腐败凶残的明统治集团是无能为力的。人民的反对特务统治的斗争，到了天启年间，更趋激烈。周顺昌被捕事最为典型。周顺昌曾在吏部供职，退居苏州后，关心地方疾苦，很得人心。魏忠贤当道，派特务逮捕周顺昌。消息传出，“穷村僻落，蝇附而至，欲一识周吏部，日不下万人。”这样持续三天，第四天特务们要宣读诏旨，准备当众逮捕周顺昌。居民倾城而出，执香者烟涨蔽天，呼号声闻数十里。全城震骇罢市。有挺身请愿者竞遭辱骂，于是群情愤激，涌入大堂，打得宦官死的死，伤的伤，有的鼠窜，有的求饶。特务们魂飞胆落。事后，巡抚毛一鹭飞章告变，准备屠杀百姓。有颜佩韦等五人主动投案，说：“杀校尉的是我们，与别人无关！”自取镣铐戴上，自己走入狱中，表现了一种大无畏的斗争精神。经过这次斗争，统治集团的气焰被打掉不少，“缇骑不敢出国门”，特务们再也不敢离京城一步，到处去张牙舞爪了。人民用自己的合法斗争，维护了起码的生活秩序，捍卫了自身的生存权利。

# 第五节　户籍管理与救荒

## 一、黄册与鱼鳞图册

元末战乱，造成人口锐减，土地荒芜。为了确保赋税和徭役，必须对人口、土地的情况进行彻底清核统计。《明太祖实录》洪武三年十一月条：洪武三年（1370），太祖朱元璋下令核实天下户口。户部制订户籍、户贴，分别填写各户的乡贯、丁口、姓名、年岁、财产、职业等。户籍、户贴统一编号，用半印勘合。户籍收藏于户部，户贴由户主保存。地方官每年要将户口增减情形分类上报。籍贴各项如实填写，如不实则将治罪。洪武十四年（1381），太祖朱元璋又下令全国编制赋役册，俗称黄册。黄册以110户为一里，推选其中丁多、承担税粮多的十户为里长，其余百户分为十甲，每甲十户，各甲都有甲首。每年以里长一人，甲首一人轮流应役，办理本里本甲中的赋税、徭役等公务。乡村称里，城市称坊，近城称厢。每里编为一册，以各户丁口、税粮多少为序，填写各户人口姓名、乡贯、年岁、职业、丁口、田产等项。依据册籍登录，丁服徭役，田纳赋税。鳏寡孤独不服役者，附于十甲之后，称为“畸零”。僧、道有田者与民同样编册。每十年，府州县要将黄册清理一次，依丁、粮增减重新排列各户次序。每里黄册一式两份，一本留里，一送州县。州县汇总各里之册，制成本州县总册，一式两份，一本留州县，一上报府。这样逐级编册上报，由布政司而上户部。报户部者，以黄纸为封面，故称黄册。因为黄册是国家实际控制的人口、土地的数字，是征收赋税徭役的依据，所以黄册的编制甚受重视。但黄册制度久行之后，渐渐破坏，以致实际人口、土地与册中所载相去甚大，虽有每十年编订一次之制，地方官员不过虚应故事，黄册徒具形式而已。地方官征收赋税也不依照黄册，他们另编一套实用的册籍，称为“白册”。鱼鳞图册是一种土地登记册，它与黄册相辅相成。太祖朱元璋曾多次派人核实天下田土。洪武二十年(1387)，他又派国子生武淳等分行州县，核实土地。他们把税粮一万石的土地定为一区。每区土地分户丈量其方圆，绘图登记于册，以字号编定顺序，书写田主姓名及土地面积，因其图状如鱼鳞，故称鱼鳞图册。鱼鳞册还要登记土地的品质，如平原、高地、下洼或新开、熟沃、贫瘠或沙荒、碱卤等。它不仅是官府收税的凭据，也是田主土地所有权争讼的凭据。

此外，各卫所军户的人口土地也须登记造册，是为军黄册。由于册籍繁多，为了便于查找，当事官员还编有以姓名分类排列的册籍，称为类姓册。

关于流民和救荒问题：明代对维护人口的相对稳定可谓费尽心机，不仅在行政立法上给予种种限制，而且确实制定了安定流民政策。然而事与愿违，我们从多方面的材料中可以看出，明代的人口流移无论其规模和速度，在中国古代历史上都是空前的。人口逃亡的范围波及南北二直隶和十三布政司，几为明所辖全境，其中尤以山西、河南、山东、浙江、福建和南北直隶为严重。

明宣德间，由于北方连年灾害，人口大量南徙，结果是“南方州县多增其里图，北方州县大减其人户”。流民的这种有目的的迁徙必然带来一系列社会问题。为了重新安置流民，明政府采取了多种措施：

第一，增设流民官和劝农官专理流民事务。从正统年间始至弘治年间，先后在山西、河南、陕西、湖广、四川等地设布政使司之参政或参议、按察副使，在顺天府所辖州县设佐贰官，协助地方官办理流民事务。

第二，改变明初勒令回籍的作法，允许流民附籍或由新开府县进行管理。如川陕鄂豫四省交界的荆襄地区为流民的重要聚居地，成化初年由于明政府的逼迫曾爆发刘通领导的起义。成化七年（1471），“荆襄贼平”，流民复业者一百四十余万。成化十二年原杰受命抚治荆襄流民，置设郧阳、淅川、新野等府县，令流民附籍，流民问题始得暂时缓和。对愿回故里的流民，政府也给予安排，帮助他们重建家园恢复生产。

第三，招募流民垦殖北直隶等处荒地。这主要是在万历年间（1573—1620年）为解决南粮北运问题而采取的措施。但因财政拮据及豪强的抵制而收效甚微。

明政权灭亡于农民大起义，起义军主力正是由流民组成的。

# 第十章

# 明清：中国封建治安的集大成（下）

清王朝（1644—1911 年）是由满族人创建的。满族是 16 世纪在我国东北地区兴起的一个民族，它以女真族（肃慎、勿吉为其古称）为主体，包括汉、蒙等族人组成的共同体。

清廷入关之后，承袭明代制度，而又有所改创，将专制主义中央集权的统治进一步加强了，康、雍、乾三朝，使皇权集中达到前所未有的地步，把历史上残余的一点宰相秉政的影响也清除了。清廷还采取措施，解除了历代相承的外戚与宦官之祸，排除了外戚与宦官干政的可能性。清帝把“惟以一人治天下”贯彻到各个方面。皇帝视大臣如家奴，虽一品大臣也要跪着奏事，满族大臣还得自称奴才。皇权在清代达到无以复加的程度。整个康雍乾嘉时期，清代治安从治安思想、治安体制到治安方略、治安措施，无不体现着末代治安的“集大成”的特色。

## 第一节　清中央政府的治安职能

### 一、朝廷建制

清代实行彻底的皇帝独裁，设有南书房，由翰林院、国子监的大臣入值，作皇帝的私人顾问，提供咨询性意见，无任何决策权力；又设办理军机事务处，军机大臣是皇帝办理军国大事的主要侍臣，虽处于中央政府核心地位，但也仅是奉旨议政、奉旨传宣而已。清代行政管理的中枢机构是内阁，但内阁作为行政管理之总汇，却不能直接行使它的管理职能。全国行政管理责在六部，六部直接向皇帝负责，内阁只是负责协调六部事务。吏、户、礼、兵、刑、工六部是封建王朝处理国家行政事务的主管机关。各部的尚书（从一品）、左右侍郎（从二品），都实行满汉复职制，保证满族贵族的特权，又联合汉族地主阶级实行统治。六部尚书、侍郎直接对皇帝负责，都可以单独奏事，统称为堂官。清代六部与国家治安都密切相关，尤以兵部、刑部、户部等关系重大。这里介绍一下最有清代特色的刑部、都察院、宗人府三个中央机构的治安职责。

（一）刑部的治安职责

清廷的刑部设于天聪五年（1631），入关之后，设满汉尚书、左右侍郎，负责全国刑罚政令。凡是死刑案件，会同都察院、大理寺审结。每年于八月间审理各省上报的要案，名为“秋审”；夏季审理谓之“热审”；于霜降后审理发生在京师的要案，则名曰“朝审”。刑部除负责全国重大案件的终审之外，还负责厘定各种法律。全国的刑名案件送呈到刑部之后，便按省区分发给17个清吏司处理。17个清吏司除对口掌管所负责之省区的刑名案件外，还兼掌一些其他事务。如江苏清吏司兼掌全国赦免案件，河南清吏司兼掌热审案件，等等。刑部还专设督捕清吏司，负责缉拿逃亡的驻防旗人。各省缉捕的逃犯，每年于四月造册报部，由该督捕司负责核办。刑部还设立秋审处，负责秋审、朝审重要案件的处理。设减等处，负责汇集各省现审案件，遇有国家庆典，奉诏核议应不应该减免刑罚。律例馆以王大臣、刑部尚书等为总裁，负责编修法令和督促律例的实行。提牢厅掌管狱卒、狱禁。赃罚厅掌管刑部现审案件的罚款。此外，还设有饭银处、清档房、汉档房、司务厅、督催所等，各有具体分工。

盛京刑部设立于康熙元年（1662），由满族侍郎一人负责。下设肃纪前、后、左、右司。肃纪前司、左司分别掌管盛京等

15城旗人狱讼、民事案件；肃纪右司掌管蒙古人诉讼案件；肃纪后司负责处理私挖私贩人参案件。

（二）都察院的治安职责

都察院是清代国家机关的最高监察机构，设于崇德三年（1638），最初设承政1人，左右参政2人负责事务。入关之后改承政为左都御史，参政为左副都御史，都察院除监察国家政事得失之外，还要会同刑部、大理寺裁审要案。一般来说，凡是要案，先经刑部审断，后送都察院复核，再送交大理寺平允，然后三个机关会稿具奏，由皇帝作最后判决。都察院所属有六科、十五道、五城察院、宗室御史处及稽察内务府御史处等机构。吏、户、礼、兵、刑、工六科负责对六部、宗人府、理藩院的题本封驳；十五道按省区划分，分别稽核各省刑名案件；五城察院，又称五城御史衙门，负责纠察京城的案件，因为京师分为东、西、南、北、中五部分，故设五位巡城御史。五城御史各辖二坊：中城辖中西坊和中东坊；东城辖朝阳坊和崇南坊；西城辖关外坊和宣南坊；南城辖东南坊和东坊；北城辖灵中坊和日南坊。五城各设兵马司指挥、副指挥以及吏目若干人，负责地方治安案件。凡人命案件，均由五城指挥勘验，盗窃案件则由副指挥与吏目踏勘现场和审办。其余诉讼案件由指挥报巡城御史审断。杖罪以下，可以自行完结；徒罪以上，须送交刑部审察。五城还各设公所，于每月初一、十五两日，由御史、司坊各官督率地方绅士宣讲皇帝训谕。

至若大理寺的责任，这里就从略了。它主要是会同刑部与都察院审理大案要案。

（三）宗人府的治安职责

宗人府主要负责管理皇家宗室的事务。设宗令、左右宗正主持其事。它首先是管理皇族属籍，办理皇族婚嫁、封爵、祭奠、扈从等事。与治安较为密切的事务是，管教皇族人员，遴选族长、教长。若宗室人员犯罪，除本人治罪之外，还要追究管理人员的责任。乾隆二十年（1756）规定："宗室内有非分妄为之人，将总族长、族长一并议处。"宗人府还负责编查宗室保甲。倘若发现有不安本分之人，或任意容留闲杂人等，即报巡城御史，再密呈都察院，派人追究。宗人府审理案件的常例是：户婚田宅之案，会同户部审理；有关刑名案件，则会同刑部审理。审讯之时，贝勒以下传至宗人府讯问，郡王以上，则由宗人府官员前往该王府询问。特殊情况下可以请旨传讯。如遇宗室人员抗旨不到案，宗人府可派官兵，会同族长、学长到家中带人。到宗人府后先重责30板，再讯供。重大案件审理之后，一般由户部、刑部主稿，会同宗人府具奏，按旨意定案。除政治性案件外，一般刑名案件都会从宽发落的。

**二、军事驻防**

清朝建都北京后，继续保持着以旗统民与以旗统兵的八旗兵制。八旗作为行政、军事、生产相结合的组织，军事作用日益加强，并逐渐演变为纯军事组织。八旗军是在满族统治集团统一女真各部与统一中国的过程中逐渐建立与扩大的，其制也日趋完备。八旗兵系以骑兵为主的陆军部队，即满洲、蒙古、汉军八旗的马甲兵。驻京师警卫皇城的有前锋营、亲军营、护军营、火器营等四管，由满洲、蒙古八旗兵选派组成。另有汉军炮甲兵、藤牌兵，利用其攻战之力。加上绿营步兵万人，隶于步军统领（皇帝亲信大臣充之）。"通计京师之兵，满洲、蒙古、汉军、绿营四项，十万有奇"。占全国八旗兵力之一半以上。使京师犹如一个大兵营，以维护其皇权专制统治。

八旗军直隶于皇帝。雍正元年（1723）设立八旗满洲、蒙古、汉军都统衙门。管理日常军事行政事务，"以掌满蒙汉二十四旗之政令，稽其户口，经其教养，序其官爵，简其军赋，以赞理旗务。”[①] 八旗都统衙门管理军事旗务、民政旗务两方面事务。清兵入关前后，已形成满、蒙、汉各八旗，总数约22万人的规模，定都北京后，成为常备兵。八旗兵按照驻防地点，分为禁旅八旗、驻防八旗两个部分。禁旅八旗又称禁军八旗，主要负责保卫皇宫和京师的安全，是维护满清王朝统治的主要支柱。驻防八旗则分驻全国军事要塞，弹压地方，控制全国。驻防八旗是逐渐形成的，与当时清军进兵各地的形势相联系。顺治二年（1645年）驻防江宁、陕西，四年于浙江驻防。进占南京后，便驻防于该地。清廷将八旗兵集中驻于长江沿线的江宁、荆州、成都，运河沿线的杭州、青州、德州，海防沿线的福州、广州，长城沿线的绥远、热河、察哈尔，黄河沿线的开封、太原、西安、宁夏，以及新疆、黑龙江、吉林、盛京等处沿边的要冲之地，保持机动强大兵力。满族统治者鉴于八旗军兵力少，分驻全国，就更显得少了，便采取相对集中之策：

（1）将满洲、蒙古、汉军三种八旗合营驻扎。“若夫驻防之兵，则无论骑、步，皆合满洲、蒙古、汉军以为营。”不同于京师中各种八旗分别为营，便于皇帝驾驭，以防聚而生骄之弊。

（2）中国之大，十万八旗兵卒如分驻其中，当被吞没。只能集中驻防，畿辅驻防25营，兵8 758。东三省各城驻防44营，兵35 360。新疆驻防8营，兵15 140。各省驻防20营，兵45 540。加上守陵、守围场、盛京与吉林的边防兵，共驻防兵107 760。

八旗驻防部队由将军（从一品）、都统（从一品）、专城副都统（正二品）掌管，“镇守险要，绥和军民，均齐政刑，修举武备。”其军随时可调至有事之地，增加满族贵族统治的威慑力量。将军、都统在驻地不理民政，但称其“绥和军民”，实则对当地

① 《光绪会典》卷八四。用《万有文库》本。

行政仍有监督之责。他们都有专折奏报地方政情民事之责。皇帝也常通过他们了解地方大吏的动态。八旗兵之外有绿营兵，也驻防京师与全国要地，它是清廷的嫡系部队。

清代绿营源于明朝军制。明代的镇戍制度为清代统治者采取。仅仅依靠二十万的八旗兵力统治中原大地，显然是不够的，必须利用降清原有明军，既弥补八旗兵少之不足，又能发挥以汉兵制汉人之效。为区别于黄、白、红、蓝四色的八旗军，收编的汉兵使用绿旗，称为绿营。绿营总兵594 414名。绿营不像八旗军那样集中驻防。京师巡捕营五营多时也不过一万余名，仅为八旗军禁旅的1/10。京师内城由八旗兵禁卫，皇宫由上三旗郎卫，京畿有八旗驻防。绿营仅守卫京师外城。全国绿营分驻于各省，在省内相对集中于省会城市，“凡天下要害地方皆设官兵镇戍，其统驭官军者，曰提督总兵官。其总镇一方者，曰镇守总兵官。其协守地方者，称副将，次曰参将，又次为游击、都司、守备。”或同守一城，或分守专城，下及千总、把总，亦有分讯备御之责，“皆量地形之险易，酌兵数之多寡。”① 提督为绿营的最高军事指挥员。在省或总督辖区内分设二镇至十三镇，镇有总兵官。镇之下有协，协守本镇要害地区。协之下有营，分守本镇城邑关隘。营之下有汛，分汛本镇偏僻县邑、或繁盛的市镇。这样，通过绿营组织，把全国各县、市、镇都控制在自己手中，极为缜密。省的绿营提督，间由巡抚兼任，多为专职，要受总督、巡抚的节制，发挥以文职大臣监督武将之效。

绿营高级将领的任免、考核操于朝廷，例由皇帝钦定。军队的征调取决于皇帝。军队的最高指挥权属于皇帝。绿营军队分隶于提督、总兵，但平时只有管辖权，无权擅自调遣军队。遇事得先呈报上司，转达朝廷，给降圣旨，方得调遣军队征讨。若无警

① 《光绪会典》卷八六。用《万有文库》本。

急，不先呈报上司擅调军马，则杖一百，罢职，发至边远地区充军。实行这种严格制度与处罚，以防武臣擅调军队生事。为了防止突发警急时，军队不能立即前往镇压，清廷又规定：如有反叛贼有内应，事有警急，及路程遥远者，得听便从速调拨军马，乘机剿捕。若贼寇滋蔓，应会合捕系者，邻近部队虽非所属，亦得行文调发策应，并申报本营上司，转达朝廷。若不调遣会合，或不申报朝廷，或邻近官兵不即策应，均与擅调同罪处置。总督、巡抚享有皇帝分寄地方的军令权，在所辖地方，有权在紧急情况下，一面调动军队奔赴有事之地，另即飞章奏事。其目的只有一个：镇压任何反抗或侵害。

## 第二节　皇室禁卫与京师治安

### 一、皇室安全禁卫

清廷对维护宫廷与皇帝安全最为关注，专门建立了一支以满蒙贵族子弟为主的庞大警卫力量，分工极为繁琐，在封建社会颇有代表性。清廷侍卫由侍卫处负责。侍卫处设领侍卫内大臣六员统领，从皇室嫡系部队上三旗（正黄、正白、镶黄旗）满蒙子弟中挑选精明强悍、材武出众者充当。内外大员的子弟、世胄子弟、勋戚后裔，可以特批入选。特等侍卫负责翊卫近御，在御前行走，平日在内廷稽察官员，导引官员上谒，皇帝出巡时随驾扈从。一等侍卫 60 人，二等侍卫 150 人，三等侍卫 270 人，加蓝翎侍卫 90 人，共 570 人，分层次在紫金城内轮值。另外，还有汉军侍卫、宗室侍卫，作为上三旗四等侍卫的外围轮值者，员额不限。这些侍卫的人选，一般来自八旗亲兵营。八旗亲兵每月考核骑射与步射，成绩优异者给予升级。这样，侍卫就成了一种特殊的荣誉，公侯子弟都想跻身于侍卫队。这是他们进入上层集团的门径。除侍卫外，有八旗满蒙兵士15 000多人组成的护军营，负责环卫宫廷，警跸出入及护驾巡幸。紫金城内由上三旗护军守卫；紫金城外由下五旗护军守卫。还有满蒙士兵1 773人组成的前锋营，专作皇帝大阅时的首队和皇帝出巡的宿卫。有三旗包衣营，又称亲军营，宿卫守护宫墙内的各殿、各所、各库、各门，均有稽察禁卫之责。另外还有火器营驻扎，以备远攻之需。此外，圆明园护军营有护军3 632人、马甲 300 人、养育兵1 826人；内务府有护军 113 人、马甲 30 人、养育兵 130 人。香山静宜园警卫由健锐营负责；皇帝打猎由虎枪营随从，皇帝钓鱼有尚虞备用处六班侍卫警卫；车驾出行由銮仪卫负责；皇帝出巡的各项事务由总理行营总管。分工琐细，互相牵制。清廷对警卫禁卫有极为严格的管理法规。这里从略。

### 二、京师治安管理

清代京师治安比起明代来，特务活动有所收敛，而行政管理、治安管制则大力加强。第一是驻扎重兵，第二是添设专职治安机构，第三是京师地方政府的治安职权进一步加强。清廷京师驻军中的步军营（八旗步兵）与巡捕五营（绿营马步兵），统由“提督九门步军巡捕五营统领”指挥。步军营在都城内按八旗分汛驻守，各分地段守卫，在其责任地段内设堆拨（岗哨）分番轮值。皇城内有堆拨 90 个，内城有堆拨 626 个。巡捕五营则在外城与远郊地带 23 处分汛驻守，也设有数百个堆拨。地段之间，设有多道栅栏，以便盘查往来。其具体职责是：①夜晚击柝节节递送。②稽查夜行，获准夜行者要派人守护。③救火。皇城内由步军营救火；京城内由骁骑营救火；全城分四大区域，遇有火警，由驻守本区的两旗步军营官兵前往扑灭。④捕盗。各旗步军营都有专司捕盗的捕盗步军。⑤掌司门禁，内城门由满蒙军士守卫，外城门由汉军巡逻，自酉至卯（19 时至次日 7 时），不得间断。⑥掌守马道栅栏，依时开闭。⑦掌习白塔信号。当时规定，白塔山上设信炮五台，何方有警，即定向击报全城。巡捕五营之人，则专职巡捕盗贼。

同时，清沿明制，保存了“五城兵马司”的建制，朝廷都察院下，设五城御使、五城兵马司等文职机构。五城御使全面负责京师治安，审理徒刑以下案件；五城兵马司负责人命案中的验尸，盗窃案中的踏勘等。东西南北中五城之下，又划作十坊，每城二坊，专门负责坊内的缉贼捕逃，禁约赌博。对于奸拐妇女、指官吓诈、邪教惑人、妄造谣言、聚众烧香等一律进行查禁。寺院庙堂坊店等处，皆令具甘结，不许留住异乡人。在街上巡逻时，遇有形迹可疑之人，随时可以逮捕，交五城御使审问。当然，五城司坊官和捕役有自己的责任地段，一般不许越界捉人。另外，大兴、宛平二京县与顺天府，作为地方政府，自然要负责京城内外及远近郊区的社会治安，查禁邪教，禁捏造俚歌，刊刻传诵沿街唱和，禁赌博，禁鸦片，禁拐诱人口等等，同时要负责编查户口。这些都是强化治安管理的措施。

## 第三节　地方政府的治安职能

地方行政制度是关系专制王朝统治能否得以巩固、国家统一能否保持的重要问题。历来统治者都很重视，制定一套地方行政制度，以保证其统治的长治久安。满族统治者在这方面可以说费尽心机。

### 一、地方政府

清代疆域广阔，东至库页岛，西至葱岭，北至外兴安岭，南至南中国海。清王朝承袭元、明的行省制度，初将全国划分直隶、山东、山西、江苏、安徽、江西、福建、浙江、湖南、湖北、陕西、甘肃、四川、广东、广西、云南、贵州、河南十八行省。光绪时，将台湾、新疆改建行省，又将东北改建为奉天、吉林、黑龙江三省，共二十三行省。在少数民族聚居地方则有内外蒙古、察哈尔、青海、西藏等特别行政区。

省以下设有府与州、县两级行政实体。县之下有保甲，作为清王朝的基层组织。京畿地区八旗庄户与汉族民人分别而居，实际上存在着八旗与保甲的双重组织。清代地方第一大员为总督、次为巡抚，均有领兵之权。总督为正二品官，加尚书衔者为从一品。总督有兵部尚书或兵部侍郎衔，节制所辖省的绿营提督、总兵，并有直属的"督标"绿营队伍，多为左中右三营，也有左中右前后五营，一千人至四千人不等。总督还带有右都御史或右副都御史衔，对辖区文武官吏有监察之权，《清史稿·职官志》称，总督"掌厘治军民，综制文武，察举官吏，修饬封疆"，有疆臣之称。仅次于总督的为巡抚。凡不设总督的山东、山西和非总督驻地的安徽、江西、湖南、广西等省，巡抚当然为当地最高行政长官，也是独当一面的。巡抚为从二品，例兼都察院右副都御使，多兼兵部侍郎衔，或兼提督，有直属抚标绿营。史称巡抚"掌宣布德意，抚安齐民，修明政刑，兴革利弊，考核群吏，会总督以诏废置。"

清廷视总督、巡抚犹如分封疆土的王侯，称为封疆大吏。总督、巡抚之外，主持一省行政事宜的是承宣布政司的布政使（从二品）。布政司机关下设经历司、照磨所、理问所、库大使等办事机构。省级机关还有提刑按察使司，按察使正三品，仅次于布政使。职掌"振扬风纪，澄清吏治"，也就是主管一省的刑名案件的审判，兼管本省的驿传。重大案件要与布政使会商办理。按察使例充省乡试的监试官，每五年"大计"，国家考核地方官时充任考察官，秋审充主审官，职掌一省监察司法，权势非浅，与布政使司并称二司，同为地方大吏，但要受布政使的制约。

清代提督学政，主管一省的教育行政。同时有密察地方政情民情的任务。《清史稿·职官志》三称：学政掌本省学校之政令，“岁、科两试，巡历所至，察师儒优劣，生员勤惰，升其贤者能否，斥其不帅教者”，实际管理省、府、县的基础教育。府学教授（正七品）、训导（从八品）、州学士（正八品）、县学教谕（正八品），皆受学政管理与考核。

清代行省下设道、府和县。道，为省与府的中介机构。清初沿袭明制，布、按二司设左右参议称为守道；按察使副使、佥事称为巡道。道员有自己的衙署，称道台衙门。其职责在加强对府、县官员的监察。府是省与县之间的一级行政实体。知府（从四品）为一府行政长官，承总督、巡抚与布、按二司之命，对所属州县实行行政管理。稽核州县赋役、诉讼，宣布条教，兴利除害。每三年考察属吏，刺举上达。地方要政，禀报总督、巡抚施行。府的辅佐官为同知（正五品）、通判（正六品），分掌粮盐督捕、江海防务、河工水利、清军理事、抚绥民夷等要职。可见，府的机构是布、按二司的缩小，政事较繁。清廷很重视知府的任用。因其直接管理地方庶民，所以多用汉人知识分子，借以缓解民族矛盾。

府之下设县。县是封建王朝的下层衙署，直接受理庶民的诉讼、田土纠纷，管理基层教育（县学），主管劝农赈贫，“讨猾除奸”等政事。县凡贡士、读法、养老、祀神，无所不综。封建王朝的诸多政务都要由县贯彻执行。朝廷设有吏、户、礼、兵、刑、工六部，一般县则设有吏、户、礼、兵、刑、工六房与之相适应，做到上下通达。县的行政长官为知县（正七品），其佐官为县丞（正八品），主簿（正九品）。县丞、主簿在知县的统领下，分掌粮马、征税、户籍、缉捕诸事。典史为未入流的小吏，实为六房之长，为一县承办庶务的主管。如有的县无县丞、主簿，典史的职权尤为重要，对一县的治安良否，负有管理之责。

### 二、州县官的治安职能

一是力行保甲，组建民团，以靖地方；一是依靠警治执法系统，缉盗匪，禁邪教，禁娼妓，禁赌博，查火险，查奸侩，查健讼，查户役，以确保一方安宁。为此，他们采取了若干措施："缉拿盗贼，有着落邻佐保结之例"，某保某甲出了"盗贼"，全体具结邻佐皆负有罪责；清政府想依恃这种手段来禁绝"盗匪"，结果网密而贼兴，清政府终于没能逃脱全国规模的农民反抗运动。"查禁赌博，有责成佐贰转责乡甲、逐户具结之例"，清政府要求层层具结、人人担保绝不参与赌博，否则甘受重罚。雍正帝说过："赌博最坏人之品……荒弃本业，荡费家资，品行日即于卑鄙，心术日趋于贪诈，父习之则无以训其子，主习之则无以制其奴。斗殴由此而生，争讼由此而起，盗贼由此而多，匪类由此而聚，其为人心风俗之害，诚不可悉数也。"清政府在禁赌方面是下了力气的，但禁而不止，究也无可奈何。"调处词讼，原有户婚田土细事，先批乡邻公讲息结。"清政府为堵塞讼师讼棍捏弄词讼，操控审判，欺诈善良，敲剥货贿，曾一再下令查禁包揽词讼。遇有民间田土婚姻纠纷，则提倡由乡邻公议调解，息事宁人。如此之类，其社会治安的控制措施，不可谓不周密，但仍无救于封建制度的走向终结。

## 第四节 理藩院与民族地区的管理

清代对民族地区，有特殊的行政管理体制。

### 一、理藩院的建制

满族贵族集团在入关之前，采取了争取蒙古、孤立明朝的战略。早在崇德元年（1636）就设立了蒙古衙门，专管蒙古事务。崇德三年，改蒙古衙门为理藩院，以适应众多民族事务之需要。

以尚书侍郎主持理藩院事务。《清史稿·职官志》二说：顺治十八年（1661），清廷以理藩院专管外藩事务，责任重大，便“依六部例，令入议政，班居工部后”。这样，确立了理藩院如同六部的建制，下设旗籍、典属、王会、柔远、徕远、理刑六个清吏司，以及文书事务机构。

（1）旗籍清吏司。主管内蒙古科尔沁等部所编各旗的边界、封爵、会盟、军旅、邮递诸事。

（2）典属清吏司。主管外蒙古、青海蒙古及新疆的金山、天山之间各部属及外扎萨克（旗）的边界、封爵、会盟、军旅、驿递等事务。

（3）王会清吏司。主管内蒙古科尔沁等部旗的俸禄、朝贡、赏赐等事。

（4）柔远清吏司。主管外蒙古、青海蒙古、新疆等地外扎萨克（旗）与喇嘛的俸禄、朝贡诸事。

（5）徕远清吏司。乾隆二十六年（1761）设立，掌回部扎萨克（旗）及四川土司之政令，专管回部事务。

（6）理刑清吏司。掌管外藩各部的刑罚事宜。参与起草有关少数民族的单行法律、法令与条例。参与审判有关民族事务案件。

理藩院附设接待机构有内馆、外馆；民族语文教学机构有蒙古馆学、唐古特学、托忒学、俄罗斯馆学以及喇嘛印务处、木兰围场等。内馆主要招待来京的内蒙古科尔沁诸部。外馆主要接待外蒙古来京人员。蒙古馆学主要教习蒙古文。唐古特学，教授唐古特文（藏文），并负责翻译藏文章奏文稿。托忒学，教学托忒文。这是当时科尔沁、杜尔伯特、土尔扈特用的一种蝌蚪文。

喇嘛印务处，为京师喇嘛的高级代表机构。俄罗斯馆，初为俄罗斯来京贸易商人居住馆所。后为俄国传教士及留学生居住地。

从努尔哈赤时起，满族贵族集团就与蒙古贵族联姻，以巩固满蒙联盟。这不是历史上个别公主下嫁的“和亲”，而是满蒙两族贵族集团间较大规模的婚姻关系。清朝这一政策获得很大的成功。蒙古科尔沁部，以女为清皇后，有外戚之殊荣，积极配合清朝的重大军事行动。清廷平定噶尔丹、策妄阿喇布坦、达瓦齐诸重大战役，颇得其力助。同时，满蒙贵族集团间的联姻，也促进了下层民间的通婚，有利于民族的融合。

清朝统治集团为了联合蒙古等兄弟民族，还定期在“左通辽沈，右引回回，北控蒙古，南制天下”的承德地区举行木兰秋狝。每年秋季皇帝率领八旗禁旅，骑射练武，组织蒙古等各兄弟民族上层分子来到木兰围场打猎。蒙古科尔沁、喀喇沁、巴林、翁牛特、敖汉诸部派出大量骑兵枪手协同行围。青海蒙古、喀尔喀蒙古等蒙古诸部以及其民族代表也前来聚会、联谊，这就为各族共处做出了努力。“兴黄教，即所以安众蒙古”，是清朝利用宗教来争取蒙古和藏族群众的又一策略，为巩固民族大家庭作出了一定的贡献。喇嘛僧人、活佛在蒙古、西藏权势显赫，并从思想上支配着当地群众。清廷授活佛（高级僧人）以封号，并为他们建立了宏大的庙宇。

康熙在多伦建汇宗寺，雍正时在北京修建雍和宫，康熙与乾隆在承德先后修建溥仁寺、溥善寺、普宁寺、安远庙、普乐寺、殊像寺、普陀宗乘之庙（布达拉宫）、须弥福寿之庙（班禅行宫）等八庙。它是蒙藏贵族和宗教领袖的重要宗教活动场所。

## 二、民族地区的管理

除设置理藩院外，朝廷还在边疆兄弟民族聚居地方设置将军、都统、副都统、办事大臣，率精兵驻屯戍边。这些军事将领对当地行政实负有监督之责，以保证王朝法律的实施与国家的统一。

清朝对民族聚居地区的行政管理，其中包括对治安秩序的管理，采用了因地制宜、照顾传统的方针，分别推行盟旗制、伯克制、土司制等特殊政策。

（一）内蒙地区

康熙十四年（1675），设口外游牧察哈尔八旗，置总管、副总管等统带，由京师的蒙古八旗都统衙门兼管。乾隆二十六年（1761），设察哈尔都统，驻张家口，掌察哈尔八旗的游牧之事。在热河，设驻防都统。道光八年（1828），明令兼管承德刑名、钱粮，为当地军政长官。在绥远城（今呼和浩特）设绥远将军，兼管土默特蒙古事务。对蒙古人的行政管理，清政府采取了如同满族八旗形式的“盟旗制”。这既表示满蒙一家之意，又符合蒙古的习俗。如内蒙科尔沁等二十四部，分为四十九旗。清廷对他们上层人物授以爵号：亲王、郡王、贝勒、贝子、公、台吉等。各旗行政事务，由一旗之长即扎萨克管理之。扎萨克（旗长）由王公、台吉等选派。旗各一人，掌一旗之政令。各旗之上，又有盟的组织。内蒙为六盟即哲里木、卓索图、昭乌达、锡林郭勒、乌兰察布、伊克昭盟。六盟各有盟长、副盟长管理一般事务。各盟会盟得由理藩院核准并派官员主持之。

（二）外蒙地区

清王朝于雍正九年（1731）设定边左副将军，驻乌里雅苏台，以后简称乌里雅苏台将军。职掌喀尔喀蒙古四部（土谢图汗、赛音诺颜、车臣汗、扎萨克图汗四部）及唐努乌梁海的军政。在科布多，设参赞大臣、办事大臣各 1 人，管理杜尔伯特、辉特等部及阿尔泰乌梁海八部的军政事务。在库伦（乌兰巴托）设办事大臣、帮办大臣各 1 人，掌管外蒙对外贸易事务。恰克图司员 1 人，具体管理对俄贸易事务。

（三）青海蒙古

乾隆元年（1736）在西宁设办事大臣，管理青海蒙古三十六旗事务。

（四）新疆地区

清廷设有伊犁将军，统掌新疆地区的军政，天山南北路都由其节制，为八旗驻防将军之一。为有效地管辖，后又在新疆广阔之地，分别设乌鲁木齐都统及副都统，哈密办事大臣及帮办大臣、塔尔巴哈台（今塔城）参赞大臣、喀什噶尔参赞大臣及帮办大臣，和阗办事大臣、阿克苏办事大臣、乌什办事大臣、库车办事大臣等，在新疆地区分设诸参赞大臣、办事大臣，实际上为近代新疆改为行省做了组织上的准备。边疆地区设立将军、都统、参赞或办事大臣，都相应配有八旗或绿营劲旅。屯垦边疆保证军需，节省军费，增强兵卒的战斗力，又有利于民族和睦。“西北边陲，守以重臣，绥靖蒙番，方轨都护，斯皆因俗而治，得其宜矣。”[①] 因兄弟民族之习俗，采取多种形式，实现行政管理，达到了维护国家统一的目的。

（五）新疆回部

采用原有的伯克制。哈密、吐鲁番两部回众，清廷封其长为郡王，各编一旗。郡王，管理本部旗务，听命于朝廷的驻防大臣和将军。最高者为综理回务的阿奇木伯克。视其城大小不一，有三品至六品之分，赞理者为伊什罕伯克，四品至六品；专掌地亩粮赋的是噶杂拉齐伯克，专掌征输粮赋的是商伯克，平决争讼的是哈资伯克等等。大伯克回避本城，小伯克回避本庄。实际上削弱伯克的血缘、亲属的宗法关系，而便于清廷的行政管理。

（六）西藏地区

明亡后，清廷承继着对西藏的管辖。达赖、班禅先后来到京师。清世祖册封五世达赖，授以金册金印。封五世班禅，也授以册印。康熙四十八年（1709），清廷以户部侍郎赫寿主理西藏事

① 近人赵尔巽立修《清史稿》职官志一。用中华书局标点本。

务，是为清代在西藏设官办事之始。《清史稿·藩部》八载：雍正五年（1727），清廷以驻扎大臣正副二人，“留川、陕兵二千，分驻前后藏镇抚。是为大臣驻藏之始。”乾隆十五年（1750），清廷平定西藏内部叛乱，于次年颁布《西藏善后章程》，规定在西藏不再封以汗、王、贝子等爵号，而以噶伦（三俗一僧）组成“噶厦”（地方政府），主管西藏行政事务。地方一般事务由噶厦成员，秉公会商，妥善办理。重大事项，须请示驻藏大臣与达赖喇嘛共同办理。清廷并明确长期驻军藏地的制度。乾隆五十六年（1791），清廷在击退廓尔喀的侵犯西藏后，于五十八年（1793）颁布《钦定西藏章程》，进一步加强了西藏的行政管理。章程明确规定，朝廷驻藏大臣督办藏内事务。噶厦对所处事务，“事无大小，均应禀明驻藏大臣”办理。达赖、班禅的转世神童，均由驻藏大臣制签于金瓶，并由驻藏大臣亲往监同抽掣。达赖、班禅的亲族人等不得干预公务。外番人入藏，藏民往外番朝山，均得经驻藏大臣核准，方得出入。与外番通商、书信等事，须禀明驻藏大臣。噶厦成员不得与外番私行发信。前后藏地方行政官员的任命，统归驻藏大臣会同达赖喇嘛拣选，分别奏明朝廷补放。这些规定，保证了驻藏大臣为西藏地方的最高行政长官的地位，便于维护国家的统一与皇朝法律的实施。

（七）苗瑶诸部

清朝统治集团对西南、中南地区的苗、瑶、僮诸少数民族继续实行土司制度。所谓“土司”，有由兵部管辖的宣慰司、宣抚司、招讨司、安抚司与长官司等“土司”，品阶有正三品至七品不等，属官有副使、同知、佥事等。他们都服从朝廷政令，子孙可以世袭，但要将支派宗图报部，经兵部武选司查验核准，方可继承。在各地受总督、巡抚的管辖。土司分布在甘肃、西藏、青海、云南等地。另有一种土司，设在云贵川及湘桂等地，为州县级的土通判、土县丞、土巡检等等，受当地州县长官节制。《清史稿·土司》说：土司制度的核心是世袭制，“各君其君，各子其子，根深蒂固，族姻互结。假我爵禄，宠之名号，乃易为统摄，故奔走惟命。”雍正时，推行“改土归流”，对开发地方颇有一定成效。

## 第五节　社会基层的治安管理

### 一、保甲法

在社会基层管理上，清政府沿袭了明代的保甲制。康熙四十七年（1708），清廷大规模整顿保甲，明白地说：“弭盗良法，无如保甲。”每户给印信纸牌一张，书写姓名、丁男口数于其上。出则注所往，入则稽所来。客店主簿稽查，寺观也一律颁给。面生可疑之人，非盘诘的确，不许容留。月底令保长出具无事甘结，报官备查，违者处罪。[①] 雍正四年（1726），将棚民、“熟苗”“熟僮”（即与汉族地区接壤的经济发展水平较高的少数民族）也编入保甲。与改土归流相适应，反映汉族与苗、僮等族融合的加速。乾隆时，曾经更定保甲，要求顺天府（约当今北京及其周围辖区）五城所属村庄及直隶省各州县乡村，每户每年给置门牌，十户设一牌长，十牌立一甲长，三年换一次。十甲（一千户）为一保，设一名保长（保正），任期一年。由百姓公推“诚实识字及有身家之人报官点充，地方官不得派办别差”。换句话说，连地方基层的权力，也必须牢牢地掌握在地主豪绅手中。这些牌长甲长保长的职责是：凡甲内有盗窃、邪教、赌博、赌具、窝逃、奸拐、私铸、私盐、私酿及贩卖硝磺、私立名目摊派、敛财、聚会等，都要及时查报。另外，凡有行迹可疑、形迹诡秘之徒，要随时查报。户口有迁移登耗等情况，随时在户牌内

① 《清朝文献通考》卷二二。

改换填给，并向上司报明。凡遇有外来乞讨流民，由保正与乞丐头儿一起稽查，少壮者遣送回原籍安插，其余送入栖流所管束。乾隆还特别要求缙绅之家与齐民一体编列。旗人与汉民杂处的村庄，一体编列。对客民、灶户、矿户、棚民、渔民、寺观僧道、流丐等类民户亦统统编入保甲，均有明确的具体要求。如《清史稿·食货志》所说，“自是立法益密”。

嘉庆时，京畿发生天理教林清起义，清廷更严京师保甲之制。除三品以上大臣、王公贵族外，其余旗民都得编入保甲。这正反映出专制统治之下，阶级矛盾的日益尖锐，清廷强化与扩大了保甲编制。清政府还颁发过《保甲章程》，规定了“十禁五劝”。这十禁是：禁赌博、禁嫖娼、禁鸦片、禁宰杀耕牛、禁赛会演戏、禁争产图继、禁斗殴、禁争讼、禁抢寡妇、禁勒索。五劝是：劝设蒙养学堂，从事教育；劝善藏米谷，以备荒歉；劝守望盗贼，及时汇报；还有劝全节操，劝敦睦孝友等。清代保甲，不属地方行政系统，与乡里有别，它是专管社会治安的，名义上为“自治”组织。

必须指出，明清时期，强化治安的矛头始终是指向广大市民与农民群众的。它所打击的“奸民”、“顽民”、“不治生理之民”“盗匪”等等，恰恰是普通百姓。保甲管理的对象是在城乡定居的居民，包括各省府州县所属城厢、市镇、乡村的所有定居者，“自缙绅以至商贾、农工、吏役、兵丁”。这些人户的职业和阶级成分虽然不同，但作为定居的居民则有共同之处：居处固定，有田园、庐墓、房舍。由于财产、地缘和血缘等多种关系，他们安土重迁，户口变动不大。

为便于户籍的编查，通常以自然形成的状况划分单位，或以村落为保甲，或以城镇街巷厢坊为单元。定居人户均设门牌与保甲册。门牌书写的项目主要有：户主姓名、户内主要成员、同居亲友姓名、年岁、职业、功名、伙计、雇工、婢仆人数。其中女性可以简略去姓名年岁，但须写明与户主的关系。同时写明该户所属保甲牌，或厢坊的名称以及执事姓名。有的地方的门牌还附录朝廷相关禁令。保甲册以户为单位，按甲汇编，书写本甲各户人员与经济状况。在人员项下，通常比门牌写得更为详细，如行业、年龄、性别、户口变动情况等，还要书写左右邻舍的户主姓名、职业。在经济项下，一般略写田产、房屋、店铺等不动产。由于保甲册的重点在于稽察人口，个别地方对经济项目从略。《大清会典事例》卷158《户部·保甲》载：保甲长将牌册造成以后，将门牌发给各户，悬挂各家门首，以备随时查核。《保甲册》一式两份：一份呈交官府，以备官员查核，汇总上报；一份保存在甲长之手，随时记录本甲各户人口变化情况。各户如有迁移、生死、婚嫁、增减，牌长应立即报告甲长，改注门牌和保甲册。保甲册一式两份，交替使用，所以又名《循环册》。保甲长定期（或按季度，或以半年）于每年三、六、九、十二月到官署倒换一次保甲册。保甲长领回循环册后，应将前一阶段本甲人口变动情况修正，然后再继续查核本甲户名，随时改注。

### 二、户籍法

清王朝继承了我国古代王朝的户籍管理制度，重视户籍管理与人口统计，借以保证国家的赋役、兵卒的来源。实行户籍管理与人丁统计的机构，有户部、理藩院、八旗都统衙门等，而以户部总其成。主管户籍与人口统计是户部的重要政务。理藩院、八旗都统衙门分别管理少数民族即“外藩”与八旗兵丁的人口统计。户口，被史家列为食货之首。清之民数，唯外藩（扎萨克）所属编审之兵丁档案报于理藩院。其各省诸色人口，均由当地长官以十月造册，限次年八月咨送户部，由浙江清吏司主管之。而满洲、蒙古、汉军的丁档则由户部八旗俸饷处主管。年终，将民数汇缮黄册报送朝廷。

清王朝将户分为军户、民户、匠户、灶户四种。此四种户，皆称为良民，而奴婢及娼优为“贱民”。衙署内的皂隶、马快、步快、小马、禁卒、门子、弓兵、仵作、粮差及巡捕营番役，包括跟班、长随，皆为贱役，视同奴婢。其法律地位低下，却往往掌握贫民的安危之机。清廷使用他们又压制他们。民皆著籍，男曰丁，女曰口。男年十六为成丁，未成年的幼年人，也叫口。丁口系于户。内地民计以丁口，边境地区只计户。与汉民接壤的经济发达地区的回、苗、瑶、黎族等户，皆由所在州县管理。或按丁口数编入民数。有的土司所辖少数民族，只报以寨数、族数，不计户数。封建王朝重视户籍管理的一个原因，还由于科举考试，进入仕途，都要查看籍贯、三代出身。做官的也有回避原籍的问题。清初人丁编审，继承明代黄册制度，确保丁地税粮得符实数。顺治四年（1647），清军进入浙东、福建后，开始下令编审人丁。次年，户部为此做了进一步具体规定，责成各州县，将该所辖人丁，查照旧例，六十以上者，即以年老除名；十六岁以上，即以丁入册，逐一细加编审。注明某里某甲原额人丁若干，死绝逃亡若干。人丁清册以县为单位，按管（旧存）、收（新增）、除名、在（现在）四项内容记载。一般要在编审之次年八月报送户部，违限要受处分。这种以丁（成年男子）为准的人口统计，当然不可能确切反映人口的全貌。又由于成年男子有负担丁银的义务，逃避人丁编审是当时人们消极反抗的形式。康熙十六年（1677）统计全国16岁以上之人丁为1 621万余人。

康熙五十一年（1712），清廷采取“新生人丁永不加赋”的政策，从而免除新生人丁即增加丁银之虑，使人丁统计接近实际。雍正元年（1723），又逐渐推广将丁银摊入地亩，从根本上废除了几千年的人头税，使人丁统计有可能反映实际。在这期间，清朝仍继续五年一次的人丁编审制。乾隆五年（1740），随着保甲制的发展，清廷决定用保甲组织统计全国人口，改变过去只统计丁口，而不计人口的严重缺陷。乾隆初统计的全国人口数比雍正年间增加五倍，到三十一年（1766）便是两亿一千万了。这是中国二千年历史上从未达到过的高峰数字。而耕地面积却极少增长，其压力之大可以想见。道光年间达到四亿人口，这已是太平天国起义与列强侵华的年头了。

清政府特重对八旗人丁的编审，这是为了维护八旗贵族特权，保证八旗军的兵源，以及为皇帝备选秀女之需。定例三年编审一次。直接承担八旗人丁编审的是佐领。各佐领稽查已成丁者，增入丁册。雍正四年（1726）规定，八旗都统及各地驻防都统、将军等，责成佐领、骁骑校、领催等，将新旧壮丁逐户开明，并编审各官姓名，保结报送户部。其未成丁及非正身良家子弟，以及应除人丁，一体验实开除。五年（1727），又对编审八旗丁册做了具体详细规定：要求书写户名，另行开户姓名，某人某官，无官则写闲散。注明父兄官职名氏，旁写子弟和兄弟之子及户下若干人。或在籍，或他往，都须写明。

清代户籍登录管理办法，可谓集历代之大成。

**清代在籍人口变动简表**

| 公元 | 清纪年 | 在籍人口 | 公元 | 清纪年 | 在籍人口 |
|---|---|---|---|---|---|
| 1661 | 顺治十八年 | 19 137 652 | 1766 | 乾隆三十一年 | 208 095 796 |
| 1701 | 康照四十年 | 20 411 163 | 1812 | 嘉庆十七年 | 361 693 379 |
| 1721 | 康熙六十年 | 25 616 209 | 1833 | 道光十三年 | 398 942 036 |
| 1734 | 雍正十二年 | 27 355 462 | 1887 | 光绪十三年 | 377 636 000 |
| 1753 | 乾隆十八年 | 102 750 000 | 1911 | 宣统三年 | 408 182 071 |

### 三、大办乡兵与团练

乡兵原是地方士绅自办的武装组织，始于雍正乾隆年间。乡兵“以本村之人，守护本村之地”。原不失为地方自治自卫的一种安全力量。当时，各村各乡自办乡兵，15 岁以上，50 岁以下，无论有无田产，不论大户小户，均得参加乡兵集训，平日务农，闲时习武，乡、县还定期不定期地会操比武。乡兵负责把守本村寨栅、沟渠、墙院，防火防盗，巡更值勤。一旦有事，村与村之间有义务互为应援。各村设望楼，楼上设有鼓角号螺钟梆火炮之类，有警即报，闻报即应。若不报不应，须承担严重责任。但乡兵往往掌握在地主豪绅手中，就必然是农民出钱、农民出力、农民出人而让地主获利了。嘉庆时乡兵多以州县为单位，被组织成“团练”，向常驻兵方向演变。川鄂白莲教教民动乱时，清兵不堪接战，清政府靠乡兵之力才得以延续。乡兵团练发挥了让统治集团满意的重要作用。咸丰年间为抵御太平天国起义部队，由乡兵团练集结起来的湖南湘军、安徽淮军，先后都发挥了关键作用。这使清政府愈加重视这种半官半民的武装组织。刘衡在《庸史庸言》一书中说：“保甲可以靖本地之匪徒，团练可以捍外来之宵小。”于是保甲与团练成了清政府用以钳制革命力量的得力爪牙，其主要矛头，始终是指向革命力量的，其作用甚至超过了腐败的八旗兵、绿营兵。

## 第六节　涉外管理与边境治安

清初，传教士汤若望以他的天文历法科学知识受到清廷的信任。顺治元年（1644）十一月被任命钦天监掌印官，于是由原来聘请的专家转变为朝廷命官，开创西洋传教士直接掌握钦天监的先例。后又授以通政司通政使、光禄大夫、进秩正一品，间或参与朝政机务。汤若望的显赫地位，使天主教得以顺利传播，来华传教士渐多。中国信奉天主教者，从顺治八年（1651）至康熙三年（1664）达到十万有余。康熙皇帝亲政后，比利时传教士南怀仁掌钦天监。利用西方传教士的自然科学为清王朝服务。清廷还利用传教士测量国土，用“西法”绘制了详细的全国地图《大清舆地图》。

## 一、约束传教活动

在利用传教士的同时，清王朝对他们也作了若干限制。如允许南怀仁在京传教，但不许在各省设堂传教。不久，罗马教廷派遣使者来华，力图改变中国教徒的祭祖拜孔习俗，引起康熙皇帝的警惕与不满。康熙五十九年（1720），清廷禁止传播天主教，对罗马教皇使者明白表示：“尔天主教在中国行不得，务必禁止。教既不行，在中国传教之西洋人亦属无用。除会技艺之人留用，再年老有病不能回去之人仍准存留，其余在中国传教之人，尔俱带回西洋去。”① 可见，在禁止传教、让传教士回国之时，仍表示留用有技艺之洋人，并非一概“排外”。而且对于留在中国之西洋人，仍允许本人信奉“洋教”，并不干涉。雍正时，厉行禁教，将西洋人一律送到广东或澳门安置，各地天主教堂改为“公所”。《清朝文献通考》卷二九八记：乾隆五十年（1785），发现西方传教士多人在直隶、山东、山西等地传教，一度议处永远监禁，经皇帝核准，全部释放：“如有愿留京城者，即准其赴堂，安分居住；如情愿回洋者，著该部派司员押送回粤。”应该说，这种做法还是通达得体的。乾隆时，意大利画家郎世宁等人，在宫廷中充任画家，也颇受器重。这种较为合适的对外政策，在道光以后，随着鸦片烟的疯狂倾销，就难以推行了，导致闭关锁国政策的施行，其实也没有真的“闭”住。

① 《康熙与罗马使节关系文书影印本》第十三《嘉乐来朝日记》。

## 二、开展边防巡哨（鄂博与卡伦）

《清史稿·兵志》八载：清代从康熙时起，与邻国签订有关划定国界的条约，慎重对待边防事务，边界设有墩台、卡伦。“因山河以表鄂博，无山河则表以卡伦。鄂博者，华言石堆也。其制有二：以石为鄂博，以山河为鄂博。”早在顺治四年（1647）就有军台制度，边境设有墩台、营房，有警则守兵举烟。如来犯者有百人，则挂一席，鸣一炮；至三百人，挂二席，鸣二炮；至万人者，挂七席，连炮传递。清廷对边境有定期巡查制度。

中俄接界，以尼布楚、恰克图为重地，例于每年夏季五六月，由齐齐哈尔、墨尔根（今嫩江）、黑龙江（今爱珲）三处疆吏，各遣协领、佐领等官，率兵分三路，至格尔毕齐、墨里勒克、楚尔海图等处巡视，岁末具疏朝廷。康熙二十三年（1684）后，清廷又增派官兵镇守东北中俄边境线。

云南接壤越南、缅甸。旧设“八关九隘”，以土兵、练兵驻防。乾隆时，总督、提督、总兵，每年酌赴腾越边境巡阅一周，以期严密。嘉庆时，因该处“瘴疠”之气，内地官兵不适，增加土兵练兵防守，以省官兵征调之劳。

广西镇南关与越南相接，原有隘所109处，分卡66处，多以戍兵与沿边土司协力防守。

在蒙古，乾隆间筑城于乌里雅苏台及科布多以镇守之。同治年间，曾调大同、宣化的练军2000人驻防库伦，改建乌里雅苏台石城，整顿沿边台务，以巩固边防。

在新疆，乾隆二十四年（1759）后，清廷加强对该地区边防建设。山川隘口，一律设置卡伦台站。各卡伦设索伦、锡伯、厄鲁特兵丁10～30余名。各台站设满洲、绿营、察哈尔兵丁各15名。道光时，凡通霍罕、巴达克山、克什米尔外夷之路，增筑土堡，以都司等官率兵驻守，兵数自数十人至二百人不等。

在西藏，《清史稿·兵志》八说：乾隆五十八年（1793），清廷派大臣和琳会勘后藏边界及鄂博情形，“于险要处增设番兵，修塞落以备栖止，立鄂博以守界画”。

《清史稿·兵志》六记：沿海，有水师出巡会哨之制。乾隆十五年（1750），以旧例二月出巡、九月撤巡，为时太久，乃令水师总兵官每阅两月会哨一次。其会哨之月，上汛则先巡北洋后巡南洋。下汛则先巡南洋后巡北洋。定海、崇明、黄岩、温州、海坛、金门、南澳各水师总兵官，南北会巡，指定地方，蝉递相联。后先上下，由督抚派员稽察。

边界戍兵，有奖励之制。如喀尔喀驻中俄边界卡伦官吏，经历三年，巡防妥善，并无事故，各赏纪录二次，五年期满再加赏一次。对兵丁也有物质奖励，如奖给砖茶、布或其等价银两。边境往来商人，得凭执照出入。零星边境贸易，例不征税，但无照不得进入市场。商民必须按指定线路行走，否则货物没官。中俄尼布楚条约规定，两国都不得收留对方逃人，如有人逃入，则械系遣返。

### 三、对外贸易的管理

据光绪《大清会典事例》卷六二九、七七六记载：清初郑成功据台湾进行抗清活动，清廷于顺治十二年（1655）下令海船除给有执照许令出洋外，官民人等不得擅自出海。次年，以“海氛失靖”，下令禁海。“今后凡有商民船只私自下海，将粮食货物等项与逆贼贸易者，不论官民，俱奏闻处斩，货物入官。本犯家产，尽给告发之人。其该管地方文武各官不行盘缉，皆革职从重治罪。地方保甲不行举首，皆处死。凡沿海口子，处处严防，不许片帆入口，一贼登岸。”顺治十七年（1660），又颁布《迁海令》，在沿海地区将百姓内迁五十里，制造沿海无人区。在清廷如此严厉的海禁之下，沿海对外贸易受到致命打击。不过，以澳门为口岸的与西方国家的海上贸易却并未禁止，来华的西方船只还有所增加。

康熙二十二年（1683），清廷统一了台湾。次年决定：直隶、山东、江南、浙江、福建、广东各省，“先定海禁处分之例，应尽行停止”，宣告海禁的解除。二十四年（1685），清政府决定以广州、漳州、宁波、云台山（今江苏连云港）为对外贸易港口，设立海关，管理对外贸易及征收关税等事务。沿海对外贸易呈现日渐繁荣景象。《尼布楚条约》后，中俄地方贸易正常。雍正时，恰克图中俄定期官方贸易有所发展。

清朝管理对外贸易，大体采取如下措施：

（一）发给《票照》，凭照贸易

出海贸易的沿海船民、商人，或经陆地边境的商民，都发给《票照》，以便凭照出入港口、边境进行贸易。出入海港的船只，也发给凭证。如规定商船、渔船前后分别各刻“商”“渔”字样，两旁刻上省府县的编号和船户姓名。船户、舵工、水手都发给腰牌。腰牌上要刻明姓名、年貌、籍贯。雍正时还规定：船头起至鹿耳梁头，大桅上截一半，各照省别油漆，江南用青漆、白色勾字，浙江用白漆、青色勾字，以资识别。这些规定，目的在于使官府掌握商民、船工的身份，以防“盗贼”及其他被视为不良分子的混入。

（二）对出入货物的管理

如禁止武器与做武器的原材料铁、硝磺的出口。重要生活必需品粮食也不得出口，以防接济叛逆匪类。但友好邻国确实需要粮食接济的，仍准出口。清廷还鼓励粮食进口，以满足人民生活之需。

丝与丝织品是我国出口的大宗货物，也是外国商人经营的主要货物。由于出口量大，使内销量有所减少，价格上涨。清廷采取了限制出口之策，曾规定出东洋船只每船粗丝1 200斤；江苏赴闽、粤、安南等处，海船粗丝300斤；闽浙二省商船，每船上丝1 000斤，粗丝1 000斤。但在沿海官吏日趋腐败的情况下，对货物管理，特别是对货物出口量的限制，也就徒具形式了。

值得提到的是，雍正七年（1729），清廷就曾下令禁止鸦片进口，但未能阻止西方侵略者利用鸦片作为其抵偿入超的重要商品，因而流毒日广，为害愈深。

（三）海关监督与征税

海关是管理对外贸易的重要机关。粤海关（广州）监督素为皇帝亲信满族官吏所把持，也是皇帝在南方的重要耳目。陆上边境关有云南的永昌、腾越、顺宁，征出口税关；杉木笼、暮福、南河口，征入口税关。新疆喀什喀尔、叶尔羌，蒙古多伦多尔、恰克图、尼布楚等地都有边关。由于清廷内地货物交易有征税之制，对外贸易在当时并不占重要地位，对外贸易的海关与内地的税关，在体制上大体一致。《清史稿·食货志》六说：边境口岸的关税，例有明文确定。如外洋船只到达广州。“其税法：每船按梁头征银二十两左右，货税照例征收。”乾隆二十九年（1764）规定：外番商货回部贸易者，三十抽一，皮货二十抽一；回商往外番贸易，二十抽一，皮货十抽一。牲畜货物不及抽分之数，按所值折算。但是，由于吏治腐败，正税之外，各种陋规与附加杂税繁多。外国商船到达广州，除纳正额税银外，办理每一项手续，如丈船、验货、验证都得付给“规费”（小费）以及杂税，多达三十项。它不仅增加了外国商人的负担，而且败坏了国家声誉，加剧了官场腐败。

（四）口岸管理

清廷指定恰克图、尼布楚、广州等处为对外贸易口岸。广州从乾隆时起，就成为清朝对西方、对南洋贸易的惟一合法口岸。乾隆二十四年（1759），两广总督奏准旨在防范外国商人的章程。道光十一年（1831）、十五年（1835），续颁有关通商章程。清廷颁布的章程中规定外国兵船不得进入内河、商船如有炮位必须先行卸下方可进入黄埔港，返航时归还再装；外国船进入中国内河港口，须由中国引水员带进等等，具有反西方殖民主义侵略的民族自卫色彩。

在管理对外贸易中，清廷以地方官审查核准的殷实商户作为与外国商人作"中介"的行商。因他们为洋人购买货物与生活用品，并出售外商货物，俗称为"洋商"。明代广州有十三家洋商，于是有"十三行"之称。后来有增有减，不过仍保持十三行的称呼。这些商人组织了"同业公会"性质的"公行"，垄断与外国商人的贸易事宜，并兼有某些政府公务职能，如传达政府有关命令、告示、规定等，于是行商便成为早期的买办阶级。

## 第七节　封建末世的黑暗狱政

监狱，国家暴力的组成部分，从上古起就已经产生。古书《竹书纪年》中说："夏帝芬三十六年作圜土。"圜土，就是狱城，用土围子圈出一片旷地，用以收容无业流民与人犯。《周礼·大司徒》："以圜土聚教罢民"，说的就是这个意思。《礼记·月令》有"命有司省囹圄"一语，囹圄是监狱的又一个古名。《风俗通》解释囹圄的含义是"令人幽闭思愆，改恶从善，因原之也。"这当然是按儒学说教对监狱功能的解释。在监狱里囚系的人，一种是诉讼参与人，包括原告、被告、证人、干系人等，这算是临时拘禁者；另一种是对未决犯的囚禁；再就是对已决犯的行刑。行刑又有两种：或判刑后应予囚执者，或等待执行死刑者。这些人"身份"不同，但一旦被"囚"，其"待遇"可没什么差别，这就是古时的囹圄，司马迁就曾"关木索、被捶楚"过。秦汉时期，囚禁人犯之处称之为狱，唐宋也称狱，取"二犬监守诉讼者"之意；明代改称为"监"，取监候待决之意。清代则合汉唐元明的旧称而统一称为"监狱"，后又专门称关押候审之未决犯、牵连犯、以至佐证者的地点为“班房”或“板房”，取临时处置之意；而把关押已判刑的囚犯之处称做“监狱”。

《宋会要辑稿·刑法五》早就说过：南宋时，“州县官吏以狱为市，大辟之干连，强盗之证对，累系充斥，非法刑讯，任意锻炼，极其惨酷。”甚至明知无罪之家，也要捏造事端，予以关押，然后授意家属送钱财“赎回”，“淹延刑禁，追逮干连，旁及无辜，或有死亡者”。狱吏在狱中肆行威福，非法残民，其手段极其酷烈。据陆游《老学庵笔记》介绍：对没有贿赂的囚犯，则酷刑交加，或断薪为杖，击其手足，名为“掉柴”；或木索并施，夹其颈项，名为“夹帮”；或缠绳于首，加以木楔，名曰“脑箍”；或反缚跪地，竖短坚木，交辫两股，令狱卒跳跃于其上，谓之“超棍”。“痛深骨髓，几于陨命”。官吏任情用法，宋辽金各朝都是如此。辽政权杀戮囚犯名目繁多，有投崖、炮掷、钉割、脔杀等酷刑，可以说惨绝人寰。然而，明代特务横行之下的监狱，则有过之而无不及。我们在“明代的特务统治”一节中已有说明。清代监狱的黑暗，集中表现在非法捕杀、重刑囚执、酷刑逼供、瘐死杀死、虐待至死，以及贿赂公行，“以狱为市”，狱霸逞凶，弱者遭殃等方面。

清代的监狱制度，集封建社会之大成，其黑暗与惨毒，也集封建社会之大成。清初康熙年间，是清统治者一再声明整饬狱政的时期，康熙大帝曾公开宣布废除汉唐酷吏，废除明代特务监狱，要创造一个政刑清平的世界。然而事实如何呢？清代为对付民众，在京城设有好几个大狱：京师地方政府有京兆狱，专门关人；五城御史专司社会面控制，又有九门提督专管缉拿关押；而朝廷的刑部监狱则为其中最大最重要之囚禁关押处所。这里，大大小小的狱官狱吏狱卒皆以关押者之多为谋利之源。囚徒一入狱，“不问罪之有无，必械手足，置老监，俾困苦不可忍”，然后诱其家属出资取保，而官吏从中分肥。审理时，总是捆缚鞭扑，无所不至。但只要给行刑者足够的金钱，就可以“手下留情”。有一次，三个人同时受刑，一人给 20 金，骨微伤，病至一两个月；一人给 40 金有余，只伤及皮肤，十来天就好了；另一人给 120 多金，当晚就行步如常了。即使是死刑犯行刑时，刽子手也要在死人身上发财，明告死者或其家属：给我银多，可让你痛快地死；否则，让你受尽惨毒，久久不死。杀了人头之后，还要罪犯家属拿钱来赎头，才可以完尸埋葬，否则无法掩埋。即使在死刑判决书上，法吏也敢公然做手脚，竟敢篡改死囚姓名，让别人冒充去死，以要索凶犯的重贿。有个凶犯曾四次杀人，都是重金贿赂法吏用更易死囚姓名的办法来逃脱严惩的。尤其可怪的是，长期坐牢的奸徒，竟可与狱卒相勾结，把持监狱，居然还有赢利。以至到释放他出狱时，还惋惜“不能久居于此”，真是荒唐之极。而早在康熙三年，江南浙江一带狱中，就已经发明了苛毒的“站笼”，犯人囚立于其中，不得稍有挪动，周围装有倒刺，一动就会伤人，而且秽气熏蒸，多至监毙。在狱具戒具刑具色色交加下，囚犯们有百死而无一生还。所谓“一入板房，便无生理”，已是时人的共识。狱吏之所以如此酷暴，其实只是为了钱，为了索贿。有资料证明，清代一个极简单的狱案，也要花二三千金才能了结。当时行贿受贿的名目也是闻所未闻的，有所谓全包、两头包、一头沉、撞现钟之类。全包者，买通门役、提牢、茶房、书吏以至主审官等全衙上下也；两头包者，即买上买下，买内买外也；一头沉者，专买狱内牢头以免皮肉之苦也；撞现钟者，即遇事就向有关吏役行贿送钱也。这样，刁徒凶犯与奸吏猾胥相勾结，逍遥法外，嫁祸于人，买人代死，贿赂公行，或任用私刑，百般凌虐无辜，或官官相护，敷衍查察，明知错杀而禁声不语，弄得冤死瘐死，数不胜数。清代“康乾盛世”仅死于文字狱之冤者就不计其数，更不要论及晚清时期的狱政的普遍黑暗了。

# 第十一章

# 晚清：封建治安体制向近代警察制度的蜕变

鸦片战争以后的晚清时期，是中国古代治安的终结期，也正是西方近代警察制度的确立期。而西方近代警察制度从它的确立到被引入中国，就历史时期来看，其间的距离也并不算长，但由于中外社会发展模式、国家政治体制、社会管理形态上相差较远，因而没有能够实现正态对接。这里有很多问题足以引人深思。

试看下列的时间表：

公元1829年6月19日，英国政府正式组建“与军队有所不同”的首都警察部队，它以“预防犯罪”为宗旨，以维护和管理社会治安为任务。这是世界“近代国家警察”的正式诞生，距今也仅有170年左右。其后，欧洲大陆国家法德荷奥等都相继建立了本国的警察机构。1840年以后，加拿大、澳大利亚、新西兰、印度等“英语国家”，都组建了警察队伍，美国还在各州设立了“公安委员会”。1868年，日本开始“明治维新”，基于“警政为新政之基”的认识，创建了“警保寮”，规定警察的职责是锄奸、防谍、缉私、捕盗、户政、消防、狱管、边管、文教、卫生、救灾、拯恤等项，体现出东方近代警察所具有的文化特征。这就意味着19世纪中后期，西方国家和日本普遍确立了近代警察制度。此后的三十年间，也就被引入中国了。

在此期间，1840年发生了英帝国主义侵略中国的鸦片战争，1894年日本发动侵华的甲午战争，1900年八国联军攻占天津、北京，中华民族到了生死存亡的危急关头，满清政府面临着灭顶之灾。这时，救亡图存，变法维新，便成为当政集团中头脑较为清醒的一批人的共识，西方近代警察制度也就在“师夷之长”“中体西用”等口号下被引进了中国。而西方殖民者为了在其所掠夺的“租界地”里维持他们炮制的“秩序”，镇压人民的反抗，就径直搬来西方的近代警察制度，攫取中国主权，在中国领土上办起了他们的“警察局”。1898 年，从驻日使馆归来的黄遵宪，就任清廷的“湖南按察使”。他凭在日本的所见所闻，结合国内的情况，在长沙创建了“湖南保卫局”。虽说存在时间不长，但它却是中国人自己一手办成的近代警察机构。1902 年，直隶总督袁世凯创建了“天津巡警局”，1905 年，清廷按袁世凯的提议，把“工巡总局”改组为“巡警部”，次年又改名为“民政部”，指挥监督全国各地的警察工作。到 1907 年，清廷又下令统一上海、江苏、广东、湖北、云南、山西等地相继创建的警察机构。1910 年，出版了《京师警察法令汇编》，法令涉及警察的组织、编制、礼仪、任用、考核、训练、服装、奖惩、救恤等，涉及护卫、治安、正俗、外事、户籍、交通、营业、建筑、消防、刑事、化验、禁烟、防疫、保健、清洁等业务。同时，清廷还办了“京师高等巡警学堂”，进行警察的养成教育。至此，我们说，出于形势所迫，清政府接受了近代警察制度。中国封建治安体制正在向近代警察制度蜕变。

晚清时期，作为传统的封建治安管理体制向近代资本主义警察体制的蜕变时期，旧的治安管理体制虽已开始解体，但余势很强大；新的治安管理制度刚刚开始建立，但尚未站稳脚跟，其中仍夹杂着大量旧体制的成分。它与日本明治维新时期自主引进新的警察制度相比，时间上晚了不到半个世纪，但状况却大不一样。可以说，新旧交融，新式警察制度与传统的封建治安管理体制相混杂，是晚清警政建设的一个突出特点。而且，警政建设呈现出明显的多变性和极端的不稳定性。在很长一段时间里，处处被动的清政府对警政建设拿不出一个明确的方案来，缺乏长远的规划和切实可行的具体部署，因而朝令夕改，变动频繁，表现出半封建半殖民地的固有弊端。

## 第一节 西方警察制度的引进

中国近代警察制度是在西方列强的殖民统治下逐步建立起来的。鸦片战争的刀光炮火，惊醒了还在迷梦中沉睡着的古老中国，唤起了一大批先进的中国人“开眼看世界”，向西方求索救国自强的真理。他们由认识和要求学习西方资本主义经济制度，进而认识和要求引进西方资本主义的政治制度；由要求发展民族工商业，进而要求有一套政治法律制度来保证它的发展。近代西方警察制度在维持社会秩序、保障公共安全等方面的重要作用也逐渐为这些求索者所认识、提倡乃至付诸实践。中国近代警察制度的诞生，就是在社会性质发生剧变之时，中国人积极向西方学习的产物。

### 一、中国近代警察制度的酝酿

1840年以后，帝国主义列强通过不平等条约，先后在中国沿海沿江各口岸建立自己的“租界”，他们将本国的各种政治经济制度、包括警察制度在内强行移植到租界里来。中国人便从这些“国中之国”中接触到了西方的警察制度，看到了近代警察在社会管理中所起的作用。清光绪二年（1876年），有一个旅居上海的葛元煦，出版了《沪游杂记》，片段地介绍了上海租界内的西方警察制度。在此前后，还有一些有关西方社会制度的译著也先后出版，零星地提到西方警察制度。从此，人们对西方警察制度有了一种模糊朦胧的认识。从19世纪90年代起，早期资产阶级改良派和戊戌维新运动中的许多有识之士，便在提出各种改革主张的同时，纷纷呼吁清政府创立警察制度。他们从舆论动员开始，运用西方警政理论，揭示中国古旧治安体制的种种痼疾，宣传近代警察制度的优越性，有的人则着手创办本国的警察。1898年戊戌变法期间，以黄遵宪、谭嗣同为首的维新志士，就在湖南巡抚陈宝箴的支持下，首次将西方警察制度引入中国，在省城长沙创办了“湖南保卫局”。1900年，中国对八国联军的战争彻底失败，在帝国主义的压力和全国人民的强烈反对下，清政府为维持其摇摇欲坠的统治，被迫宣布改革官制，推行“新政”。1901年9月，清廷发布《上谕》，要求各省组建“巡警军”，并于京城首先开办“善后协巡总局”，作为接收各国军队在京占领地面的过渡性治安机构。1902年，清政府创办正式警察机构“工巡总局”，取代了善后协巡总局。1906年初，清政府又将工巡总局改组为“内外城巡警总厅”。在不到五年的时间内，京师警察机构的大变动竟达三次之多。

在地方，清廷于1901年9月谕令各地组建巡警军，其后又在各地建立巡警局，不久又在各省设立巡警道，各县改设警务长。千变万化，五花八门，几乎使承办官员应接不暇，地方警政建设一直处于徘徊状态。直到1907年以后，清政府对地方警政的管理才得到了一定的落实，并制定了地方警政发展的分期规划。而待到警政建设开始步入轨道时，距离清王朝的覆灭已经为期不远了。当然，这个时期警政建设的水平还非常低，无论是机构的设置还是职能划分都相当幼稚。当时朝廷和京师的警察虽已略具规模，但地方则极为落后和混杂，警察集治安、司法、卫生、建筑、慈善等事业于一身，分工十分粗糙。所谓“因陋就简，有名无实”，“形体虽具，精神尚虚”，正是这个时期警政建设的真实写照。

## 二、早期改良派的警政主张

一种新制度的产生和确立，总有相应的社会背景和思想渊源，近代意义上的警察制度在中国的出现也是这样。

清光绪二年（1876年），葛元煦出版《沪游杂记》，片段地介绍上海租界内的西方警察制度，另有一些有关西方社会制度的译著也先后出版，其中零星地提到西方警察制度。但当时的中国人却看到了它“与捕快无异”的一面，没有注意到它有着完全不同于捕快的功能，更没有看到它在近代国家经济、政治、文化生活中发挥的重要作用。尽管如此，这些书籍的陆续出版，对于中国人开始了解西方，特别是认识西方警察制度的功效，仍然起了一定的“启蒙作用”。

到19世纪90年代，中国人对西方警察制度的认识前进了一大步，并有人提出要将这一制度引入中国。当时清廷的一些官僚买办中，便有人提出引入西方警察制度的初步设想。如：光绪二十一年（1895年）闰五月，清廷的一份奏疏中就提出：“将保甲、守望等局，仿照西国巡捕之制，城乡市镇人物辐辏之所，设巡捕，由官督率，而分稽查之职于绅董，事更可得实际。”次年九月，大买办盛宣怀提出：“绿营向有城守、防汛之责，护饷解犯等差，或酌留若干，属于州县，略如西国警察巡捕之意，而责成整饬之，自无偏废之虞。应特简知兵重臣，会同兵部户部，查明兵数饷数，并采取英德俄法美日诸国练兵之法，抉择参酌，厘定章程，奏准施行，永为定制。”①

而较早认识又进行理法阐释的，则是近代的改良主义思想家何启、胡礼垣、郑观应、陈炽等人。何启、胡礼垣二人于1895年合作发表《中国宜改良新政论议》，提出了在中国设置“巡捕”的设想；郑观应在他的《盛世危言》中增入了《巡捕》一篇。

① 《中国近代史资料丛刊·戊戌变法》第二集，第439～440页《变法自强疏》。

1896年，陈炽在其代表作《庸书》中也写有《巡捕》一篇，专门谈到了在中国设置警察的问题。综合上述几位思想家的警政主张，有以下几点共同之处：第一，认识并高度赞扬西方的警察制度；第二，揭露清朝的治安管理“百弊丛生”，主张在中国设立警察制度；第三，提出了设立警察制度的途径和各项具体办法。

早期改良派提出的警察职责主要是以下三个方面：

(1) 维护治安。何启、胡礼垣说：“地方无事则帮办捕役为巡查街道；遇有违法犯禁害及地方者，则声明劝谕，使民知所避忌；遇有议院告谕整顿地方者，则到处解明，使民知所趋向，如古之司市、司暴等职是也。若地方有变，如劫掠、斗殴之事，捕役则为之拿获犯人，或为设法弹压，事止乃已。如不能止，则帮办以电报传达于总巡捕官，总巡捕官则发电附近之帮办，督同捕役往而协助，事止乃已。若其事为倡乱之事，非一二个帮办、捕役所能弹压者，则总巡捕官可尽调各县之捕役，及请于近处之军营，调其协助，如此而揭竿之变、乌合之徒，未有不立地肃清者也。”

(2) 清查户口。何启、胡礼垣指出：“夫救乱犹救火也，当其始发，杯水泼之而有余；及其燎原，灌河救之而不及。故严捕务者乃靖地方之要，然非先册户口不可。盖贼非巢不能聚，奸无窝不能成。则欲破贼巢除奸穴，使顽梗无以藏身者，舍册户口一事，更无别法可施。是宜于总巡捕署及各帮办处设立注册司，辖内居民必须注册，先将辖区内屋宇编制号数于门首，所谓门牌是也。居屋者将业主、房主、男女、老少、姓名、年纪、职业详注于册簿中；妥注之后，册司给以凭照。至于婚姻生死，俱各为一册，产业地段亦各另为一册，注册之法务求其详。惟旅馆、客店虽注册，仍须给以牌照方许开张，业此者以日记簿将来住之客姓名、籍贯、年龄、职业、来此何干，往彼何为，逐日登记，以便巡查随时查阅；如有异言异服之人，或有意外可疑之事，则立刻向捕务署报明。如此而地方尚不能靖者，盖亦鲜矣。”“户口册之用，有仅为捕务然，凡公行先举、查究保家、辨明证据、分别良歹、发给牌照、邮信带交等事，俱藉是而行。故必行此法民乃能安其居，乃能乐其业也。地著者重为邪，此之谓也。此法不行，则虽一书信之微，亦不能递交稳当，一乡邑之众亦不知人数若干。行新法者，宜务此矣。”

(3) 整顿街道。陈炽同意何、胡、郑等人的上述设想，同时，他又提出了巡捕在整顿街道，保障卫生等方面的职责。他说：“疏通渠道，街衔必洁，稽查必严。”

早期改良派认为，警察设置以后，必须严格管理，否则就会重蹈清廷过去弊政的覆辙。郑观应指出：“独平日约束巡捕，宜严而不宜宽。盖舞弊营私乃胥役之长技，非大惩小戒，雷厉风行，不能绝欺蔽之端而收振作之效。”首先，警察的选拔须慎重：“新政行，则选择捕役与选择兵警之法同。必其人不吸鸦片、年富力强、读书识字、担保有人者方许充当此职。”其次，要制定新的管理形式和奖惩办法来管理警察。做到“慎选贤能，务除冗滥，互相纠正，毋许瞻循。偶有弊端，罪其主者。”①

通过上面的论述，我们认为：

早期改良派的警政理论有一定的进步意义，并对此后警政理论与实践的发展产生了积极的影响。早期改良派对西方警察制度作了较为详细的介绍，并通过对清廷旧式治安管理体制的揭露，阐明了在中国建立警察制度的必要性、紧迫性和可能性。从而使人们对警察制度的性质和功能有了比较深刻、全面的认识，超出了传统的保甲、捕快的樊篱。他们提出的一些初步构想，也为戊戌维新派在湖南试办警政以及庚子以后清政府办理警政奠定了一定的思想基础。

---

① 《郑观应集》，第541页。

### 三、戊戌维新派的警政理论

甲午战争失败后，由于外国资本的输入和洋务运动的刺激，中国的民族资本也获得了一定程度的发展。在这些因素的催促下，资产阶级改良主义思潮迅速发展成为变法维新的政治运动。中国近代警政理论也在这一运动中得到丰富和发展，并进而向实践领域迈出了艰难而又关键的第一步。康有为对西方警察制度的认识比较早，但康有为的警政主张，大体沿袭何启、胡礼垣和郑观应等人的观点，没有更大的突破。如：以警察为安靖地方的基础，与何、胡等人的论点如出一辙。他提出了改绿营、团练为巡警的具体设想。清廷自办警政时，走的就是这条路。

19世纪90年代中期，维新派提出了一套比较完整、系统的警政理论，其中黄遵宪集警政理论与实践于一身，是中国近代警察制度的重要奠基人。黄遵宪等维新派的警政理论与实践，有着比早期改良派更高的格调和更积极的意义。黄遵宪十分重视警察在国家政治生活中的作用，认为警察机构是推动和捍卫新政的坚强柱石。他到湖南后不久，很快向陈宝箴提出创设保卫局的建议。他说："警察一局，为万政万事根本。"特别强调保卫局对推动维新运动、捍卫新政成果的重要作用。黄遵宪出于饱满的爱国热情，呼吁全国各地实行自治、自救，其根本用意在于抵御帝国主义的侵略和分割。而创办保卫局的目的，就是要使"人民习于政事"，"养成自治之能力"。"冀其小则可保湖南一省不受分割，大则可推动全国的自救、自保。"黄遵宪等人最初确实想将保卫局之制由省城推广到全省各府县，以收通省一气之效，并得到了陈宝箴的赞同。陈在给桂东县举人邓润棠等禀请推广保卫局的批示中说道："据禀：该县近年保甲无稽查之责，乡团乏董事之绅，以致奸宄潜踪、匪徒结党，深为可虑。"为此，他指示：全省各府县都应仿照省城设立保卫局。熊希龄还受命拟定了《湖南通省开办团练章程》。该章程第四条规定："省城既设保卫局，即勿庸另立团练等名目，以免两歧。其长、善两县各乡尚未能分设保卫局者，请选择正绅先办团练。如省城保卫局办有成效，商民乐从，各乡间即可就团练改为保卫。凡外府厅县皆以此类推。”然而，由于种种原因，维新派的这一设想未能实现，这是历史的遗憾。但黄遵宪等人赋予保卫局以推行新政、抵御外侮的特殊含义，却并未因此而泯灭。

维新派创办保卫局，并不是简单地照搬西方或日本的模式，而有其一定的创新。黄遵宪认为，西方的警察制度也并非十全十美，仍存在着一定的弊病。他强调，保卫局必须真正起到“保民”“卫民”的作用。他将“保民”“卫民”这一精神，作为保卫局活动的根本原则和宗旨，规定在保卫局的章程之中：“本局职责在去民害、卫民生，检非违、索罪犯。”为使这一方针能够不折不扣地实施，黄坚持实行官民合办的方针：“入湘以后，私以官绅合办之说，告之义宁。幸而获允，则大喜。”在维新派看来，实行官民合办，至少有以下几点益处：

首先，广开民智，鼓舞士气，增进人民自立自主的精神，并进而实现地方自治的目的。

其次，杜绝官场弊病，防止官吏害民。

再次，防止人去政移，人亡政息的现象，保证这一制度能够长久、稳定地坚持下去。在中国这样的“人治”国度里，无论制度的好坏、久暂，关键的问题，不在于制度本身，而在于当局者个人。所以“人存政举”“人亡政息”的现象几乎成了一种传统。为了防止这种现象的再现，维新派认为只有实行官民合办才行。

由于官民合办的方法具备了以上三点益处，因此就被维新派视为举办警政的根本和命脉，被写入了《保卫局章程》的第一条：“此局名为保卫局，实为官绅合办之局。”黄遵宪坚信，官民合办警政的方法是一种创新，将来必定会在全世界范围内推广。

## 第二节　湖南保卫局的创建

中国近代警察的历史，是在戊戌变法的高潮中，由维新运动最活跃的省份——湖南首先揭开序幕的。主张变法维新的黄遵宪(当时任湖南按察使)，十分重视设置警察，认为“警察一署，为凡百新政之根柢。若根柢不立，则无奉行之人，而新政皆成空言”。在湖南巡抚陈宝箴的支持下，黄遵宪参照日本警视厅和上海等地的租界巡捕制度，于光绪二十四年（1898）六月初九日，在湖南省城长沙创设了“湖南保卫局”。

### 一、湖南保卫局的组织机构

保卫局的人事组织、机构设置和内部权限划分是依据维新派“官绅合办”的警政思想制定的。保卫局的机构设置实行三级体制，即总局、分局、小分局。人事组织则取官绅并立的原则，各级机关和绅商之间的权限划分也是明确的。其具体情况如下：

（一）*总局*

它是保卫局的最高领导机构。设总办一人，由该省司道大员兼任，主持保卫局的全面工作，是该局的最高首长。在保卫局筹备和初办阶段，此职由黄遵宪兼任。会办 1 人，协助总办处理各项具体事务，委员 4 人。以上各职都由官吏充当，人选由众官员选举或推荐。其主要职权是缉捕盗贼，审判和安置犯人。另一套人事体系由绅士组成，其人选亦由绅士物色。他们的主要职权是选举各级机关的绅士，雇募巡警、差役，购置、管理和出纳金钱、器物及主持总务、后勤工作。总局内安排的绅士职位主要有：会办绅士一人，是绅士体系中的最高领导，负责“管理、稽查各局委绅及各局巡查一切事务。凡系支发银钱、清理街道、召募巡查之事，均会同总办签行。”委绅 2 人，负责具体的财务、出纳、后勤、总务等项工作。此外，总局还设有议事绅士十余人，组成保卫局的决策机构。议事的方法是："以本局总办主席，凡议事均以人数之多寡定事之从违。凡议定之后，必须遵行。苟有不善，可以随时商请再议。"议事绅士也是由选举产生的。黄遵宪制定的选举办法是："拟每二百户即举一户长，每千户共举五户长，以该处居民商店充其选，遇事即邀集各户长为议事绅士到局公议。"另外，保卫局主要官绅的任期也有一定的限制。总局下属的两级分局的人事组成和职权划分也是如此。保卫局的这套人事制度，应该说是十分先进的，特别是主要人事安排由选举产生一项，体现为类似西方国家的民主、公议、公决的精神。保卫局的一切大事由会议决定的原则，也是进步的，在一定程度上可以遏制或避免官府的垄断独裁。

（二）分局

它是保卫局的中层机构，上受总局的领导，下指挥小分局的工作。共设五所："城中分东、西、南、北，设有分局4所，城外设分局1所。"每分局管辖6个小分局。分局设分局长1人，由官充任，其权限是："所有地方人民违犯本局禁令，或本局巡查不守本局章程，罪在徒流以下的，由局长审理发落。"副局长1人，由绅士充任，"帮同局长督率员役，办理局务"，"所有局中出入银钱，收支器物是其专责"。此外，根据规定，各分局和总局还应设有"书记"数名，负责"缮写记录"；"警役"数名，"专司伺候讯案，接送犯人"；"杂役"数名，"专司奔走使唤"。

（三）小分局

每分局下设小分局6所，共30所。小分局是保卫局的基层机构，直接接触和管理民间各项事务，小分局设理事委员1人，由官吏担任，主持局务，有权审处和调节一些轻微案件，较大的案件则必须送交分局。副理事1人，由绅商充任，协助理事，督率巡查，办理局务，具体负责银钱、财务的出纳。董事4名，即前面所说的户长。董事由各店户、绅商会举，以各店户联盖图章为凭，以避免徇情私举之弊。这些董事即作为总局议事绅士的后备人选。巡查长 1 人，由上级机关“另行酌派”，负责督率、节制所属巡查。巡查吏 2 人，“专司侦探事务”，另外还负责搜索罪犯，协同巡查长督率巡查。每小分局设巡查 14 名，30 所小分局共设 420 名。巡查即相当于后来的普通警察。巡查与巡查长、吏一起，直接、具体地行使保卫局的各项对外职能。根据章程规定，巡查不同于差役：首先是来源不同，“所用巡查均由各董事照章会举，约 30 名，以便选用”；其次巡查有不定期的资格限制，年龄在 20 ~ 40 岁之间，粗通文理，身体强壮，心平气和，并须“自觅保人，证明其实系身家清白并无犯案不法之事，方准充当”；再次，巡查受严格的纪律约束，违者将受到相应的处分。此外，巡查在执勤时，必须穿用“官给衣物”，在其余时间不得随便穿用。夜间执勤可以携带木棍一根，但只准用于自卫，不准打人。另一方面，巡查也享受一定的待遇。总之，巡查与过去的保甲、巡警、练勇、捕役等已有了很大的差别，更接近于现代意义上的警察，它将警务职业化了。

（四）迁善所

它是保卫局的下属机构之一。负责安置、改造无业游民和违反该局禁令的轻微人犯。迁善所不同于旧式的封建监狱，它在一定程度上具有了近代资本主义性质的收容所、感化所和初级监狱的规模。

## 二、湖南保卫局的职权

湖南保卫局的职权，概括说来，是“去民害，卫民生，检非违，索罪犯”。这是保卫局一切行动的根本原则和出发点。用现代的术语来表达，就是“维护社会秩序，保障公共安全。”湖南保卫局类似现在的公安机关，是国家行政机构的一个组成部分：

“保卫局只有行事之责，并无立例之权。”但保卫局并不是一个纯粹的行政机关，它还具有一定的司法审判权，这就使它具有比今天的公安机关更为广泛的职权。主要包括以下四个方面的内容：

(一) 预防犯罪、缉捕盗贼、维护公益

保卫局主要职能由各级巡查人员具体行使。顾名思义，“巡查”就是巡和查，这既是保卫局基层工作人员的名称，又表明了他们的勤务方式。根据章程规定，各级巡查人员必须在所辖地界内昼夜值班巡逻。巡查值班期间，可以处理职权范围内的各项事务。如：巡查有预防危害、缉捕罪犯的责任：“遇有杀人放火者、斗殴伤者、强盗、窃盗及小窃掏摸者、奸拐诱逃者、当街赌博者”等。发现案犯，“均即行捕拿。”一般说来，巡查不得擅自闯入他人屋室，如欲进入，须持有一定的证件——“局票”。局票分为传票、拘票两种：“各小分局例有传票、拘票，由总局发给存局者，遇事准委员将应传应拘之人，填给姓名，交巡查长拘传。”但在特殊情况下，也可不遵这个程序：“若眼见该犯逃走，准巡查入屋捕拿。”对于隐密事情，巡查吏负有缉捕专责：“巡查奉行之职系将眼见犯罪违章各事经行捕获。如本局辖地内有盗案、窃案、会匪、拐犯一切犯法隐密之事，所有侦探查拿是其专责。”根据章程规定，各级巡查人员应对辖区内任何可疑人犯及时查究，以期防患于未然。维护公益也是保卫局的重要工作内容。首先，各级巡查人员有保护、援救、协助人民的义务；其次，巡查有义务告诫辖界内住户，谨防失盗及稽查铺户；再次，根据章程规定，巡查有义务将遗失物品送还原主。此外，消防、救火也是保卫局的一项重要职责。据该章程规定：“若遇有火灾，立即驰报局中，由局中派役驰请水龙各会往救”；再有，保卫局还有权查稽公共聚会场所，禁止某些宣传活动。

(二) 编查户口

戊戌维新派把管理户籍作为保卫局的一项重要任务：“清查

户籍为本局第一要义。必须认真清查，确载册籍，应使本局一切去民害、卫民生、检非违、索罪犯之事易于尽职，一切员绅吏役人等易于办事。”

根据《保卫总局清查户籍章程》规定，户籍管理权由各小分局委绅主持行使，上级各委绅监督指导，各级官员协助。清查以每年春二月、秋八月分两次进行，限一个月内造册报局。各分局在辖地内指定地段依次清查，清查人员在执行公务时，不得违背纪律，被清查者拒绝清查时，也将受到相应处理。

根据章程规定，居民每户应悬挂一面门牌，编列号数，目的是使“寻常易于投递信函，访求戚友易于寻觅地址。”按要求填注籍册、注明户等（上、中、下），年龄、地位（主或仆）；常住或寓居戚友等。特别户籍如寺院，营业性住户如烟馆、娼寮、散馆、码头、饭店、客栈等，应填注户主、雇工、僧道、馆主、栈主及有无眷属同住，其中客栈、馆店容留的客人须按日登记，具报分局。这些特别户籍的门牌号数也须单独开列。另外，“所辖境内凡有流荡无赖之家，诡秘可疑之人及窝聚无定之户，均为另户，许巡查随时稽查。”

户籍册的管理由委绅负责，清查完毕时，“将该局辖地照依门牌号数编列，记作清单，一存该局，一存大分局。大分局收到，照缮清册一份，送总局总司册籍处记存备案。”

（三）管理街道

清光绪二十四年（1898）七月二十一日，《湘报》第147号公布了《保卫总局清理街道章程》14条，规定保卫局有权管理省城各街道的交通卫生及其有关事项。首先是维护街道卫生，其次是维护交通秩序，章程都有相应的规定。凡违背街道管理规定的，将予以相应的惩罚。有关街道管理的各项事宜，由保卫局各级委绅负责，如管理不能尽职时，也要予以适当的处分。

（四）司法审判

保卫局拥有一定的司法审判权。保卫局有权审讯发落；但“其户婚、田土、争讼之事，本局不得过问。”这就是说保卫局只有审讯普通刑事案件及本局内部成员违法案件的权力，没有处理民事案件的权力。

保卫局审判管辖的级别划分是：凡属上述刑事案件及本局内部成员违法违纪的案件，巡查有权将其逮捕到局，交由小分局理事委员审讯。对“或于地主有所损害，或于人民有碍平安者，经人告发亦准由理事委员传问。”对“口角斗殴”等事，能够劝解平息的即当场了结；轻微刑事案件，小分局理事委员也以当场讯明惩戒、取保释放结案。根据章程规定，“小分局委员不准设立公案，擅用权责。”但根据现存的案例来看，小分局委员事实上要审问一些轻微案件，并可以惩戒相关人犯。前述案例的所谓“重责”，估计就是使用体罚的方式。小分局委员不能“劝解和释”的，或案情较重者须移送分局处理，由分局局长作出判决，徒流以上的应送总局处理。总局设委员四人，其中专司审案的二人。所有各分局送到犯人归其审讯，然后由会办会同总办判决发落。其中案情较轻的，可直接送交总局下属的迁善所看管；案情较重的则送交长善监和府监关押。

湖南保卫局从光绪二十四年元月初九（1898 年 7 月 27 日）开办到九月十七日（10 月 31 日）更名保甲，其正式存在时间不过三个月；即使推迟到当年十一月二十九日（1899 年 1 月 10 日）全部裁尽为止，也不过存在了五个月零二十天，尚不足半年时间，且又局限于长沙城一隅，从时间和空间上看都是有限的。然而，湖南保卫局作为戊戌变法运动的一项重要成果，是维新派在理论和实践领域的双重收获，并从而揭开了中国近代警察制度的序幕。其意义和影响远远超越了上述时间和空间的限度。

## 第三节　中央警察机构及其运行机制

### 一、巡警部的组建和撤消

自光绪二十七年七月三十日（1901 年 9 月 12 日）清廷下令各地创办巡警以后，四年多过去了，京师及许多省份虽进行了不少尝试，但警政建设却未能走入正轨。清廷没有一个明确的指导计划和方案，也没有统一的管理机构，地方各自为政的现象极为严重。各地警察机构的设施、名称、管理、章程、职权，错综纷纭，参差混淆，效果自不能理想。一些明达之士，已经看到了这个症结，纷纷建议在中央设立主管机构，统一指导。

#### （一）巡警部的组建

在上述背景下，光绪三十一年（1905 年）九月十日，清廷下达《上谕》，正式宣布成立巡警部，作为全国警政的最高管理机构，任命“署兵部侍郎徐世昌著补授该部尚书，内阁学士毓朗著补授该部左侍郎，直隶候补道赵秉钧著赏给三品京堂，署理该部右侍郎。所有京城内外工巡事务均归管理，以专责成。其各省巡警并著该部督饬办理。该尚书等务，即悉心通筹，力任劳怨，严定章程，随时切实稽核，期于内外清谧，黎民乂安，用副委任。一切未尽事宜，即由该部妥议共奏。”这道《上谕》包含了三个方面的内容：其一，它反映出清廷办理警政的决心已进一步坚定，清廷已由观望、准备、初试终于进到全力举办的阶段；其二，它表明清廷办理警政已有了一个比较明确的计划，即由各自为政、任其自然，进入到统一指挥、上下贯通的阶段；其三，它反映出警政管理的权力构成，其中徐世昌、赵秉钧都是袁世凯线上的人，可见袁世凯已把他的手伸向了警界。

#### （二）巡警部机构设置与职权

巡警部宣布成立时，实际上只是个空架子。当时全国除京师和个别省份警政略有规模外，大多数省份还处在起步阶段，有些偏远省份干脆还未开始。巡警部刚刚成立，家底很薄，人、财、物力都很有限，对外省的情形鞭长莫及，一时既无能力也无精力过多地关照。各省警政实际上仍由地方督抚负责。巡警部的工作主要围绕以下三个方面开展：

首先是接收、改组“内外城工巡总局”。巡警部成立的次日，原京师管理工巡总局咨文巡警部，要求巡警部“速即定期接管”。随后，外城工巡局也咨文巡警部，报呈移交事项。九月二十一日，巡警部奏禀皇帝，汇报了接管工巡局的情况，表明接收完竣。十二月十五日，巡警部上奏皇帝，陈述了变通工巡局旧章，拟定官制的计划。徐世昌提出：“原设内外城之两总局俱改为巡警厅，曰内城巡警总厅、外城巡警总厅，总理内外城一切警务。”奏稿获准后，内外城工巡局遂易其招牌为“内外城巡警总厅”。

其次是抓紧巡警部的机构建设。巡警部开张初期，徐世昌等数上奏章，肯定了警政的重要性，并阐述了其建警方针：“伏维巡警、路工最为立国要政，而习艺所亦与巡警有密切关系。”“现在专设巡警部，为各省统率，自宜参仿各国办法，分别立法、行政、司法三项，竭力通筹，期于国政民风有裨实际。”徐世昌还认为，警政建设应符合中国的“政俗”。基于以上两点，徐世昌提出具体的官制方案。光绪三十一年十二月十五日，徐世昌奏上的《巡警部官制章程》获准，巡警部遂依章程组建其内部机构。

（1）巡警部机关的内部机构　巡警部设尚书 1 人，左、右侍郎各 1 人，由皇帝特命简任，为该部最高首长。左右丞各 1 人，位正三品，为该部具体负责人，统率各司，辅佐尚书侍郎“整理全国警政，筹议警察制度”。左右参议各 1 人，位正四品，分判各司事务，稽核司员以下功过，所有京外警章均归丞、参详审复核，呈由尚书、侍郎奏咨办理。另有郎中 5 人，为各司长官，总理司事；员外郎 16 人，为各科长官；主事 16 人，协助管理科务；七品小京官4人；一、二、三等书记官每司限10人，司书生若干人，分别等次，随时酌派，不定额数。此外，还仿照商部顾问官之例，在各省、各埠设一、二、三、四等采访官，举用“深通警务之员”，无论官绅，只要确知其品行端谨、办事认真及著有成绩，即可分派，以便侦访要务。这样做，可使消息灵通，并可随时考核各省警务。根据章程规定：无论部员、厅员补缺后，皆不得兼充各衙门差使，以专责成。

巡警部的内部机构设5司16科。

第一是警政司，下设4科：①行政科：掌凡关于警卫、保安、风俗、交通及一切行政警察事项。须饬传内外各厅及各省遵办者均归办理，并会同编辑科商订一切行政警察章程。②考绩科：掌考核各省警察官之能否及举劾之事，并各省警官选用、记名及奏补事项，又管理部厅各员一切升转事宜。③统计科：掌各省警务款项之考核，部厅各处支发俸饷，购办物件及预决算列表之事，其各司各科所办警政分类统计，每年编成总册刊布。④户籍科：掌审定稽查户口章程，管理各省地方户籍，报告户口统计。凡各省寺院僧道人数、教民人数，外国人入籍皆隶之。

第二是警法司，下设4科：①司法科：掌审定司法警察办事章程，凡司法警察官之配置及考核成绩，调查罪犯种类等事均归核办。②国际科：掌审定国际警察事务规则，调查各省租界警政情形，一切交涉及翻译事件。③检阅科：掌查阅报章书籍，如有违《报律》《出版律》者随时检举，并管京外各报馆书坊一切事宜，会同商部、学部分别办理。④调查科：掌调查各省政法、民情及地方习惯风尚，会同各科审定一切警章。

第三是警保司，下设4科：①保安科：掌预防危害、保持公安、宣布应行告诫禁止一切之命令，并查禁奸民、棍徒、结会拜盟、扶乩等事。②卫生科：掌考核医学堂之设置，卫生之考验、给凭，并洁道、检疫、计划及审定一切卫生保健章程。③工筑科：京城内外道路工程，均归计划。调查各省都会及商埠修路工程，并审订京外各警厅房屋式样，与工厂、戏馆建筑之检查，凡公私营造皆隶之。④营业科：掌市中一切营业开张申报、存案，并审定铺捐各项捐章，及市场、绅董、公所办事章程，将隶京城内外所设电灯、自来水、市街、铁路均归核准保护。

第四是警学司，下设2科：①课程科：掌审定各省巡警学堂章程，考核警官学业之成绩及给凭、注册等事。②编辑科：掌翻译各国警察法规及各种警学专书。

第五是警务司，下设2科：①文牍科：掌办紧要奏稿及关涉全部事体之文件，并电报、电话及报告机要事项。其各司专件仍归各该司办理。②庶务科：掌理部中一切杂项事务，稽核部员功过簿册，并考查司书生勤情、及约束夫役人等，以时报告稽凭考核。

另外，还设有机务所，凡开用印信、收发文件、接洽电话和值日、值宿、递折子等事项皆由其负责办理。

（2）巡警部的其他下属机构　巡警部下，有京师内、外城巡警总厅，其机构设置及其职权，留待下节介绍“清末之京师治安机构”时再一并说明。这里先介绍巡警部其他下属机构：

①京师内、外城预审厅：两厅的职权是：“除犯异常违警罪可由各分厅讯结外，其刑事诉讼之案皆讯断。如遇徒流以上重大之案件，须先由预审厅说明情由，再分别奏咨，送交刑部。”两厅各设正审官1员，总理厅务；陪审官1员，陪听讼狱；检察官1员，检查证据，协同审讯。两厅各附设民事审判官1员，专理钱债案件；每厅各设记事官3员，负责临时听审、缮稿。每厅各设译员3人，分法、英、日三国文字。每厅各设医官3员。此外，每厅所设司法警察、巡长、巡捕等员弁，随时酌定人数。据巡警部《部厅官缺升补章程》规定：“审判关系最重，须择专长。所有预审各官均择习于中外法律、听断勤能，无分候补、候选，但看胜任即拟请补。遇有升转、京察，各按阶品同部厅各员一体

办理。”每厅之下还设有看守所和待质所。

②高等巡警学堂：巡警部成立后，将原设京师警察学堂改组为高等巡警学堂，归部直辖。

③京师习艺所：原属工巡总局，创设于光绪三十一年（1905）七月，收取轻罪人犯并酌收贫民，目的是“惩罪囚以工作，教贫窭以技能，生悔过迁善之心，皆有执业谋生之路”，类似湖南保卫局下属的“迁善所”。巡警部成立后，接管了该所，于光绪三十二年（1906）二月派候选道朱启钤为监督，进行管理。习艺所设监督1人，为最高长官，总理全所事务，管理全所官员人等；提调兼典狱官1人，由警法司员外郎遴选，听命于监督，承办具体事务；分判所官2人，辅助典狱官监察，分稽五处二科事务。所官7人，分任各处科事务；医官1人，诊验犯人、贫民身体，执行一切卫生事宜；总教习官1人，约束技师，管理所中教务；分教习官1人，教授年幼人犯、贫民各项学科；教诲师1人，以言语教诫犯人，化导贫民；书记2人，缮写文件、登记册簿、制作图表；技师8人，教授犯人、贫民工艺；看守40人，稽查犯人、贫民，执行各项勤务。

④路工局：该局是在原路工局的基础上建置的，负责修筑道路事宜。设总办1人，帮办1人，并设文案、支应、测绘，监工、收发科之委员等职。局下分设内城路工东局、内城路工西局、外城路工东局、外城路工西局及西直门外路工局等。

⑤消防队：专司消防救火事项，并分任巡逻要差等事。设总理1人，由部派司员充任；统带官1人，帮带官1人；并设五品警官兼队长3人，六、七品警官各6人，八九品警官各8人，分队长、队兵约500人。机构分内勤处、外勤处、一大队、二大队、军乐队等，分掌各事。内勤处设警官兼队长1人，警官兼分队长2人，书记4人，掌文牍、禀件登记，官兵进退、告假，功过赏罚，保存消防器具，检查军装、军械，颁发薪俸及一切杂务

等事。外勤处设警官兼队长 1 人，警官兼分队长 2 人，书记 4 人，掌调查内外城各处水利情况，探访、备防火灾，分派各项差使，稽查各队及操练事宜，并辖东西三座门分遣队。消防大队下设中队、小队。军乐队设有喇叭手等员。

⑥协巡营：又称协巡队，于清光绪三十一年十月由巡警部奏请创设。协巡营分驻荒僻地段，夜间巡逻，日间操练、巡防，接受诉讼案件，解送人犯，派遣坛差、道差，保护中外人员来往等事。该营设统带 1 人，统辖各队、管理营务；帮统带 1 人，协助统带兼充督操；教司官 2 人，掌司稽查；长夫 24 人。协巡营下设有差遣队，人数众多。

⑦探访队：与协巡营同时奏设。该队以摘奸发隐为宗旨，凡行踪诡秘、潜谋不轨、来历不明、形迹可疑者，均需探查，类似后来的侦缉队。探访队设监督 1 人，管理全队事务。队下设中、左、右路局。中路局为各局领袖总汇之所，辖探防队一队；左、右路局也各辖一支探防队。每队设队官、副队官、书记官各 1 名和使役 4 人，暗目 20 人。

⑧稽查处：专司恭查坛庙警卫，并稽查内、外城地方巡警事宜，如衣冠不整、守望吸烟、闲谈等不合规矩之处，和应查、交查事件。设总办 1 人，帮办 2 人，主持本处事务。处下的典礼科，掌坛庙备差，乘舆扈从等事。

同时，巡警部负责指导各省警政，对各省警政建设有督饬办理之责。原则上讲，地方警政由各地督抚全面负责，遇事直接奏报皇帝，再由皇帝转发巡警部议定。巡警部对地方警政的管理不是直接指挥而是监督、指导。同时，巡警部也负责规划、制定全国警政建设的方案，报请皇帝批准，下发各省执行。

### 二、民政部的组织机构和职权

光绪三十二年九月二十日（1906 年 11 月 6 日）清廷决定：

“巡警为民政之一端，著改为民政部。”民政部是在原巡警部的基础上扩大而成的，“因就原设巡警部公司职掌，原有者量为合并，原无者分别增入”。民政部除仍掌管原巡警部所辖事务外，并将户部所掌之疆理、户口、保息、赈救，工部所掌之城垣、公廨、仓、桥道工程，礼部所掌之臣民仪制、风教、方术，吏部所掌之文职官员过继归宗，复姓改籍等事并入，职权有所扩大。凡属地方行政、自治、户口、风教、保息、荒政、警察、疆理、营缮、卫生等事项均归其掌管，并负责监督、考核直隶省民政官员。由于职权的扩大，组织机构也作了相应的调整，原设巡警部基本上缩编为一个司——警政司，另增入四司，共五司，并增设两厅，形成了民政部的内部机构。

（一）民政部内部机构

民政部设尚书 1 人，左右侍郎各 1 人。光绪三十二年九月二十日谕令民政部尚书、侍郎“均毋庸更换”，这样徐世昌及毓朗、赵秉钧等仍分别袭任尚书及左右侍郎。尚书总理部务，左右侍郎佐之。部内机构设置如下：

（1）承政厅：设左、右丞各 1 人，“任一部总汇之事”；员外郎、主事、七品小京官各 4 人，佐理厅务。承政厅负责承办机密、考核司员、编存文卷、筹核经费各事项。

（2）参议厅：设左、右参议各 1 员，“任一部谋议之事”；参事 2 员佐理参议；每司从司员内派 1 人在参议厅行走，协同审议。另设编译员，不作额缺，负责编译各国关于民政之各种书籍。该厅的职掌是“议订本部法令、章程等事。”具体包括：“凡关涉本部主管事务之各项法令及关涉全体之各项章程，均由参议厅拟订，呈候堂定”；本部法令章程应行增删修订者由本厅审议，事关各司者，各司有提议权，各司主管事务之各项章程，由各该司拟定后移送参议厅核议；各司遇有要事未能即决者，可禀请部堂交本厅核定。该厅初设时，并未分设机构，后来增设了则例局和统计处，为附属机构。

(3) 民治司：设郎中 2 人，员外郎 4 人，主事 5 人。负责"稽核地方行政、地方自治、编审户口，整饬风俗、礼教，核办保息、荒政、移民、侨民各事。下设四科：①地方行政科：掌地方官制变更、考核地方官吏、各省的官立行政局所之废置、分合，各省幕佐人员荐举任用的注册存案、地方衙门胥吏的裁汰革除等事项；②地方自治科：掌京外董事会、议事会设置、组织，京外自治局、自治研究所之自治经费的调查监督，资政院参议选举等事项；③户籍科：掌国籍更易及旗籍、民籍经转改隶，学龄儿童就学，宗教信仰，征兵等事项；④保息科：掌官绅所办育婴，恤寡、济良，栖流等局所、以及其余慈善事业，各地水旱灾及其他变故的善后赈济，及国内移民、拓植等事项。

(4) 警政司：基本是由原巡警部缩编而成：所有原巡警部的警政司行政科，警法司司法科、国际科，警保司保安科、营业科及警学司课程科所掌事务，均分别归并该司办理。设郎中 2 人，员外郎 4 人，主事 5 人，负责核办行政警察、司法警察、高等警察及教练巡警等事。下设四科：①行政警务科：掌巡警职制，考核巡警官吏，管理风俗、消防、营业稽核及对待外国人之警察等事。②高等警务科：负责非常保安、新闻杂志及各种图书出版检查，集会结社及检查凶器及其他危险物品等事项。③司法警务科：负责搜索、逮捕、解送罪犯，搜索检查罪证，复核违警罪处分等事项。④警学科：负责管理巡警学堂、巡警教练所，外国警务留学生之派遣，巡警学生之考验、给凭、注册等事项。

(5) 疆理司：设郎中 2 人，员外郎、主事各 2 人，负责核议地方区划，统计土地面积，稽核官民之地收放、买卖、测绘，审订图志等事项。

(6) 营缮司：系将原巡警部警保司工筑科事务并入而成。设郎中 1 人，员外郎、主事各 2 人。负责督理本部直辖土木工程，稽核京外官办土木工程及经费报销，并保存古迹，调查祠庙等事项。

(7) 卫生司：系由原设巡警部警保司卫生科扩并而成。设郎中 1 人，员外郎、主事各 2 人。该司负责核办防疫、卫生、检查医药、设置病院等事项。下设 3 科：①保健科：负责检查饮食物品，清洁河川道路，管理贫民卫生，工场、剧场及其他公共卫生等事项。②检疫科：负责预防各项传染病，种痘、检验，停船检疫等事项。③方术科：负责考验医生、稳婆及一切治疗，检查药品，稽核药材营业，管理病院等事项。

(二) 民政部的下属机构

随着巡警部改为民政部，其原下属机构亦相应改隶于民政部，部分机构还作了一些调整：

(1) 内外城巡警总厅（详见下一节）。

(2) 内外城预审厅：原隶巡警部，光绪三十二年九月改隶民政部，职权未变，设官略有调整。下设待质所、看守所。光绪三十三年，法部成立审判厅，内外城预审厅随即裁撤，所属职掌分别移交法部、大理院。

(3) 京师习艺所：随民政部的成立而相应改隶之，性质未变，设官职掌也基本相同。

(4) 工巡捐总局：该局是京师地方的税收机关。民政部成立后，于光绪三十三年三月初一日正式开办。在内城设立一个“工巡捐总局”，外城设一分局，先责成内外厅厅丞兼办。待京师各商会成立之后，再由该会公举正直绅士接办，以为地方市政之基础。此意见被采纳。该局成立后，将原工巡局所掌车铺、妓馆等捐，归入统一办理，掌握商民开市、办照、歇业、收捐、罚款等事。宣统二年（1910）二月八日，民政部下令将捐税并入内、外城巡警总厅办理，该局撤销。

(5) 路工处：原各路工局，属巡警部，后改隶民政部，于 1914 年撤销。同年十一月奉民政部堂谕，成立马路工程调查处

（简称路工处），掌京城地区承修马路，管理街道之清道、泼洒诸事。宣统三年（1911）正月奉民政部令，将该处职掌并入内外城巡警总厅，该处也就撤销了。

（6）缉探总局：原巡警部设探访队，光绪三十三年民政部设稽查缉捕局。“查京师地面宽廓，群聚杂处，良莠不齐。若不事先预测，则实足为治安之害。设非添设局所、严行查缉，不足发清奸宄而防未然。”于是在内城设稽查缉捕局一所，专司缉捕事宜。宣统元年正月，将缉捕、探访归并一局，定名为“缉探总局”。该局成立后，将原稽查缉捕局之中、东、西、南、北五局撤销，改设缉探中、左、右三队。宣统三年正月，将该局事务分别划归内、外城巡警总厅办理，该局遂撤。该局成立期间，专司侦探、缉捕事宜，以办理秘密为宗旨，辅助地方进行秘密调查、访事，接管各项报告，检阅各种新闻等事，矛头直指民主革命力量和广大民众。

（7）消防队：沿用巡警部消防队官制职掌。

## 第四节　晚清京师警察机构

### 一、京师警察机构的由来

旧历庚子年（1900），爆发了义和团运动，八国联军借口“保护在华利益”攻入北京，并分区驻扎。此时，清政府的京师治安机构——五城察院和督理街道厅完全处于瘫痪状态，根本无法行使职权，京师治安状况处于极度混乱之中。从这年七月起，在清廷留守官员的指使下，由各占领区内绅董出面，征得洋官同意，组织了绅办的临时治安机构——“安民公所”。安民公所大致是从光绪二十六年（1900）闰八月开始、在各国占领区内分段先后设立的。在各占领区内，甚至在同一国占领区内、各段上的名称也千差万别，但都是由各地段的绅董出面，征得洋官同意而组建的。安民公所虽非官方所设，但清廷留守官员在其中仍发挥着很大的作用，并在某种程度上暗中控制着这些机构，他们有权指导和稽查安民公所。安民公所的经济大部分也是由清廷官方提供的，其负责官员许多也是原清廷官员出任的。安民公所的巡捕，介于旧时的团防与西方警察二者之间。安民公所的职责是"维持地方治安，保障公共秩序"。其实是为帝国主义的在华利益服务，为即将崩溃的满清王朝服务。

**二、善后协巡总局的开办**

光绪二十七（1901）年夏，和议已成定局，各国即将撤兵，交还地面。清政府如何处理京城的治安问题，已迫切地摆在面前。安民公所的弊病实在太多，京城的治安状况很难保证。于是决定组建"京城善后协巡总局"及其下属的各协巡局。

善后协巡总局设专职大臣 1 人，兼职大臣 4 人，下设提调、总办、会办、巡捕官等。总局办事机构分为 3 处，即文案处，掌拟稿文移事；营务处，掌巡防捕盗等事；发审处，掌审理人犯、案件等事。

总局下设分局，分驻内城和皇城。有镶黄、正白旗善后协巡局、镶白旗善后协巡局、皇城内左翼善后协巡局、正蓝旗善后协巡局、皇城内右翼善后协巡局、正黄旗善后协巡局、镶红旗善后协巡局等名目。各分局设总办、帮办、警巡等员。各分局下设若干个巡捕处。镶黄、正白旗善后协巡局设 30 个段落巡捕处，镶白旗设 10 个段落巡捕处，皇城内左翼善后协巡局设 8 个段落巡捕处，正蓝旗善后协巡局设 6 个段落巡捕处，皇城内右翼善后协巡局设 8 个段落巡捕处。各巡捕处设巡捕长 1 名，巡捕 4 ~ 10 名不等。

光绪二十七年七月十日，京城善后协巡总局颁发各分局《现行章程》，明确规定该局的职责是：维持京城地区的社会治安和公共秩序，要求各分局与段设立巡捕处，每日需派绅董、巡捕官督催巡捕长，昼夜分班巡查，缉拿盗贼，审理人犯。《现行章程》

还规定由各分局要督饬街长，劝导各街巷设立“小逻会”协助协巡局维持治安，“保卫身家”。根据章程规定，善后协巡局有权审理轻微的案件，但“应拟徒罪以上案犯，应由各局即日报明总局备案，转送步军统领衙门讯办。”应送人犯则由各局看押解送。

京城善后协巡总局开办了大约一年左右，效果并不理想，时人非议颇多。首先，就体制而言，制度混乱、权责分散是个突出问题；再者，职权过于狭窄，也限制了协巡局的活动。协巡局只负责巡查、缉捕和交涉，且仅限于皇城和内城的范围，与旧时的团练并无太大的差异；此外，协巡局人员的素质太差，是导致其办理不善的一个重要原因。

善后协巡总局开办一年以后，清廷认为，“联军撤兵，官权始复，迄今一载有余，时局大定”，“京城地面已就绥谧”，而且善后事务“原属一时权宜之计”，理应裁撤，遂决定于光绪二十八年八月十八日（1902 年 9 月）裁撤善后协巡总局，“所有案卷官物移交神机营”存储。

### 三、“工巡总局”的筹建和撤消

工巡总局的组建。由于“善后协巡总局”虽然也是仿照外国警察机构设置的，但尚属临时性机构，且由于其职权狭窄，基本上还只是一个过渡性机构，到后来已不能承担维持京师治安的重任。光绪二十八年四月间开始筹办内城工巡局（亦名工巡总局）。光绪三十一年七月间，清廷旧有京师治安机构除步军统领衙门仍予保留外，其余五城御史及街道厅等机构全部撤销，并入工巡局，清廷警察制度得到进一步健全，职权也进一步扩大。两月后，即光绪三十一年九月十日，清廷下诏决定成立巡警部，原设内外城工巡局亦相应改为内外城巡警总厅。

工巡总局的职权。工巡总局的职责，顾名思义，包括工程和巡捕两项内容。与善后协巡总局相比，工巡总局的职权范围要大得多：①维持治安、缉拿盗贼仍是工巡总局的第一要务；②工巡总局还专门负责保护使馆界址及教堂；③工巡总局不但负责缉拿现发案件，同时对来往行人及一切可疑事项也有权加以监视，遇有问题，随时向上司报告；④工巡总局仍负责一些案件的审判工作；⑤修治街道，经营土木，管理交通卫生，也是工巡总局的专职。除此之外，工巡总局还负责清查铺户陋规，收容教养流民和轻微人犯及整顿户口、办理社会救济等等。

### 四、京师内外城巡警总厅

京师内外城巡警总厅先后经历过巡警部、民政部两个不同的时期，其组织形式也发生过一些变化。光绪三十一年九月，清廷设立巡警部，同年十二月十五日，巡警部奏准将原京师内外城工巡总局更名为内外城巡警总厅，直隶于巡警部，管理“内外城一切警务”。内外城巡警总厅负责执行地方警务，但巡警部对其有“督察之责”。

内外城巡警总厅各设厅丞 1 人，由巡警部奏请补授，为该厅长官。厅丞下设参事官、警官等官员。两总厅内各设 3 个处，处下设股。该厅职掌如下：

(1) 总务处：设参事官 1 人，受厅丞指挥，管理本处的一切事务。负责承办机要，考核厅员，支配长警，编存文牍，收发经费，统计，报告等事。下设 5 股：即警事股，机要股，文牍股，支应股，统计股。

(2) 警务处：设参事官 1 人，受厅丞指挥，管理本处的一切事务。负责整饬风俗，保护治安，编查户口，稽核工程，交涉外事，预审犯人，科罚违警，捕送犯人，侦探秘密，并管理行政、高等司法警察事项。下设 9 股：即保卫股，治安股（负责“督察街、市、站、店，大众集会并新闻纸出版、暨商民刊布传单告白等事”，“所有一切保持治安、预防危险、潜察奸宄诸务皆隶之”），交涉股，刑事股，户籍股（负责“编纂、稽核户口总、分册籍及临时经行调查”），营业股，正俗股，交通股（负责“车马能行之督查，道路桥梁危险之预防，铁路车站之检察），建筑股。

（3）卫生处：设参事官1人，管理本处事务，负责街道，防疫，检查食物，屠宰，考验医务，药料，并管理卫生警察等事。下设4股，即：清道股，防疫股，医学股，医务股。

两总厅设五所：即事务所，巡查所，守卫所，军装所，刑事巡查所等。

内城巡警总厅，下辖5个分厅，即：内城中分厅，内城东分厅，内城南分厅，内城西分厅，内城北分厅。外城巡警厅下辖四个分厅，即：外城东分厅，外城南分厅，外城西分厅，外城北分厅。

每分厅设知事1人，总理本分厅事务。各分厅内设3课6所，即：总务课，警务课，卫生课；事务所，刑事巡查处，守卫所，拘留所，清道所。

内外城各分厅之下设区，内城中分厅设6区，东分厅设5区，南分厅设5区，北分厅4区。每区设区官，区副各1人，警官9人，司书生1人，巡官2~4人，巡长10~12人，巡警120至130人，管理本区事务。

内外城总厅还辖有：内城官医院，外城教养局。该教养局设有拘留所、待质所、蒙养学堂，工艺半日学堂等。

光绪三十二年，民政部成立，内外城巡警总厅遂改隶于民政部，组织职权大体沿袭巡警部时期的旧制。光绪三十三年，肃亲王善耆任民政部尚书，对内外城总厅进行了一系列的改革和整顿：宣统元年（1909）“先厘定两厅官制，汰冗员，增岁薪，裁骈枝局署。行之一年，始就绪”。善耆整顿京师警政的总方针大体上有两点：其一，减少层迭繁冗的官僚机构，增加直接管理地面的巡警，内外城总城总厅下设之各分厅适当裁减归并。1914年民政部奏请在京师内外城地方，分段设立巡警派出所。其二，加强管理，提高各级官员和巡警的素质。

当这些措施付诸实践时，清政府已面临灭顶之灾了。

## 第五节 晚清地方警政

光绪二十八年（1902）直隶总督袁世凯奏请皇上，准其在天津设立巡警局。清政府允许他试办。这样，清政府便开始了地方警察机构的创设。

当时，袁世凯聘请日本警视厅警官三浦喜传为警务顾问，委派赵秉钧为总办，参照“东西成法”，于天津市区和天津附近四乡，分别建立巡警总局。总局之下另置分局和若干区，同时在保定也创办了巡警局。天津和保定巡警局首先清查户口，制定各种禁令，人民稍有违反，即被视为“违警”而受到惩处。总局、分局和各区官弁的薪俸由官方发给，而巡警薪饷则实行“就地抽捐”，由村董支给，袁世凯认为“就地抽捐，以取诸民者仍用诸民，故官无筹款之劳，民无横征之怨”。实际上是为贪污勒索大开方便之门。

光绪二十八年八月，八国联军以种种苛刻条件交还天津，其中一条，就是中国军队不得在天津城周围二十里以内驻扎。袁世凯一面要遵从帝国主义的规定，一面又要对人民实行镇压，便将其训练的新军3000人改编为巡警，半数驻扎在天津，成立“南段巡警局”；半数分驻塘沽、北塘、山海关等地，成立“北段巡警局”。接着，又组建了天津侦探队，后扩大为探访局。其时，巡警和侦探到处敲诈勒索，肆行无忌，偶有可疑之人，不问平日操什么职业，即指为“秘密党”，拘捕入狱。一旦入狱，又用刑逼供，百般勒榨，许多人生死不明，情景骇人观听。

根据清政府筹建地方警察机构的通令，各省及上海等市也效法直隶，纷纷倡办警察，相继废除原来的保甲组织，于省城或市政要地设立警察机构。一般情况是，各省先在省城试办，然后推广到州县。设于省城的，为主管一省警政的领导机关，称作“省巡警总局”或“省警察总局”。总局设督办、总办、会办、提调各官，在督抚的统一指挥下，执行省会的警察事务，并监督所辖州县的警察机构。设于州县的，叫做“巡警局”或“警察局”。它们具体办理州县地方的警察行政，其官吏由省巡警（警察）总局遴委，活动受总局监督。当时，各省（市）虽然仿照直隶成规，但更多的是参酌本地区实情，所以机构设置不一，系统分歧，办法互异。以上海为例，于沪南设置警察所，由市公安所管辖：闸北则设立巡警局，属江苏省巡警道管理。浦东设置总巡1员，另受上海道的指挥。可见其体制的混乱。

光绪三十三年（1907）春，清政府为划一地方警察机构，决定裁撤省巡警（警察）总局，改设巡警道，作为一省警政的主管机关，直接由督抚节制，间接受民政部监督。巡警道内设总务、警政、卫生等科，科以下置若干课。同时于其所在地设置巡警公所，执行省会的警察行政事宜，一切设施均秉承清政府的旨意和法令。各州县原设的巡警局或警察局则改为巡警署，由警务长、分区区官和巡官长警组成，归地方行政官统辖。这样，清末的地方警察机构逐渐趋于一致。当然，这只是大体的统一，至于各省（市）警察机关的内部组织，仍是各自为政，不尽相同。

按照清政府的通令，当时试办地方警政有绩者，除直隶省以外，广东是比较突出的省份之一。该省于光绪二十八年（1902）十月裁废保甲，创设警察。翌年春，即于省城建立巡警总局，由臬司（即按察使）督办。光绪三十年（1904）七月，又在省城旗籍地方单独设立旗满巡警总局和分局，隶属水师提督辖制。光绪三十二年八月，扩充巡警总局，其最高长官改称巡警总监、副监，内设警务、警政、警法、卫生四科，每科之下又置若干课，分工较细，如警务科管理综核、机要、翻译、文书等；警政科主管户籍、交通、营业、正俗、消防；警法科职掌审判、案牍、司法、侦探；卫生科管理清洁、医务、医学等。后来根据清廷命令改置巡警道，改组巡警总局为警管公所，废止总监、副监，代之以巡警道主持警政，其内部机构设置也相应作了调整。从广东的情形看，它不仅建立了比较充实的省一级警察机构，而且依据地方特点和居民情况，设立了带有专门性质的警察机关。

清末地方创设警察，从形式上看，清政府颁发了命令，各省分起响应，其时风行全国，但实际上发展却很不平衡。这种不平衡，表现在一省范围内，多是在省会及省内重要地方试办，并未普遍推及于本省的其他地方；反映在省与省之间，类似广东的只是少数几省，大多数省分不过草草从事，仅具形式而已。至于边远省分则根本没有试办。

## 第六节 晚清的治安立法

### 一、警察法规

光绪三十四年（1908）四月公布的钦定《违警律》，同年七月公布的钦定《违警律施行办法》，以及翌年三月公布的《违警律应添解释及更正各款》，对所谓违警罪和违警罚例规定得相当详细具体。

#### （一）违警罪

（1）关于政务之违警罪。主要指散布谣言，在官吏办公处所喧哗不听禁止；包庇违警人而故意藏匿，湮灭证据或者捏造伪证；诬告他人违犯本律或作见征，毁损官府告示，违章经营工商业或开设戏园与游览场所；非正常死亡、未经呈官检验而私自葬埋；迁移、婚娶、生死不按规定呈报；未经官府准许擅兴建筑或修缮，以及旅店不遵章呈报投宿人的姓名、住址、职业，等等。

（2）关于公众危害之违警罪。主要指违章搬运、储藏火器和其他易爆易燃物品；未经官府批准制造、贩卖烟火；在人烟稠密的地方点放烟火和火器；发现火药及其他爆炸物品知情不报；滥行焚火，或发生水火灾变抗令不防；危险房屋拖延不修，以及疏纵疯人或狂犬等奔突于道路、或进入别人家室，等等。

(3) 关于交通安全之违警罪。主要指在私有地界内通行处有沟井、坎穴不加覆盖防围；车辆在多人聚集之处和弯曲小巷骤驰或争道行驶；将骡马车辆横行于道路，或堆积木石杂物妨碍交通；在道路上投弃瓦砾、秽物和冰雪；未经官署批准，于路旁、河岸开设店棚；破坏路灯、毁损桥梁的题志和交通标识；自行车不安铃号；超价勒索榨取车马舟船之运费路费；于禁止通行处通行，以及在道路上游戏不听禁止，等等。

(4) 关于通信安全之违警罪。主要指妨碍邮件或电报的递送；损坏邮政专用器物；妨碍电报、电话的通联。这几种情况均指情节较轻者，如情节严重，则超出违警范围，而属于刑律治罪之列。

(5) 关于秩序之违警罪。主要指于私有地界之外建筑房屋，损毁路旁树木、路灯，在官地牧放牲畜不听禁止，违反官定价格加价出售物品，于禁止出入处所滥行出入，以及潜伏于无人之屋室等。

(6) 关于风俗之违警罪。主要指“游荡不事正业”；暗娼卖奸或代为媒合及容留卖奸者；无故携带凶器；污损祠宇和公众营造物；于路旁从事类似赌博之营业；在公共场所口角分争不听劝止；当众辱骂嘲弄他人；于警察官厅所定时限以外逗留于茶馆、酒肆及其他游戏场所；深夜无故喧嚷，以及演唱淫词淫戏；身着奇装异服有碍风化、道路裸体、随地便溺等等。

(7) 关于身体及卫生之违警罪。主要指施加暴行于人、未至成伤；不经官准出售含有毒质的药剂；挂牌行医者无故不应请；因过失污秽供人饮用之水以致不能饮用；损坏明暗沟渠；装置粪土、秽物经过街道不加覆盖，以及违反官定一切卫生章程，等等。

(8) 关于财产之违警罪。主要指砍伐森林树木，毁坏第宅题志和店铺招牌；践踏旁人田园，采食他人田园的菜果或采折花卉；在公私地界内私自挖掘土块、石块，以及私放他人所有的牛马和舟筏，虽未走失或漂落，也按违警罚例处罚。

(二) 违警罚例

分为拘留、罚金、停止营业、勒令歇业等。拘留最高十五日，最低一日。同时有两种以上违警行为者，各按应得之罪分别处罚，但拘留期限最长不超过三十日。罚金最多三十元。被科处罚金者完纳时限为五天，逾期无力完纳，每一元折拘留一日，不满一元也以一日计算。停止营业以十日为限，如屡犯不改，则勒令歇业。警察官署作出的违警处断，被处罚人虽然不服，但却无权向审判衙门或者其他地方官衙提出呈控。由此可见该《违警律》维护剥削制度、镇压人民的实质。清政府颁行的上述违警律令，直接为北洋军阀和国民党所承袭，成为他们制定《违警罚法》的蓝本。

## 二、清末警察立法的特点

清末的警察法规几乎是与其警察制度同时诞生的。早在光绪二十四年戊戌变法时期，湖南维新派在创建保卫局的过程中，就曾制定过一系列的警察法规，如《湖南保卫局章程》等。自光绪二十七年清政府下令创办警政时起，各种各样的警察法规大量出台。例如在光绪二十七年七月三十日上谕下达不久，山西省即制定了《山西巡警局详定章程》。截至1911年清王朝覆灭时，各有关机构制定的形形色色的警察法规不下千件。考察清末警察立法，具有以下几个特点：

（一）警察立法受到相当的重视

清末中央及地方的警政建设基本上是以警察立法为先导进行的。在各个警察机构开设之前，大都首先制定警察规章。例如，京师第一个警察机构——善后协巡总局创办时，首先制定了该总局的章程，其后工巡局创立时也制定了工巡局章程。

（二）注重借鉴东西各国的警察立法经验

清末警察立法主要是借鉴了外国的立法经验。当时有人建议"博采东西，广延通才，参合考订。"因此绝大多数警察法规的制定都广泛参照了各国、特别是日本的警察法规。应当指出的是，清廷接受外国的立法经验，并非盲目地照搬，而有一定的选择。这种选择的基本原则是，本之历代律意，合之现在情形。如制定《大清国籍条例》时，针对当时各国流行的"属地主义""属人主义"和"折衷主义"三种原则，"独采折衷主义中注重血脉之办法"。其《施行细则》则"参照历年交涉情形，籍免抵牾"，可谓既照顾了中国人注重血缘关系的传统，又考虑到了中国当时所处的半殖民地地位，因而被认为"取裁允当"。

（三）警察立法发展的阶段性较明显

光绪二十七年（1901）到光绪三十二年（1906）间，可以视为清末警察立法的初期，是一个比较幼稚的阶段。这个时期的主要特点是：

（1）警察立法主要是围绕警察机构，即警察权行使主体本身而进行的。绝大多数法规都是关于警察机关自身的组织、官阶、选拔、奖惩、薪俸等方面的规定。《官制章程》是当时最大的警察法规。

（2）警察立法比较混乱，法规之间的差异性较大。警察法规往往是由各警察机关自行制定的，缺乏相互间的协调和统一。中央、京师和地方都是各自为政，自行其是，且法规的有效空间极小，中央没有对各地方的警察立法实行有效的指导和监督，各地立法存在着较大的随意性和盲目性。

(3) 立法要求比较低下，法规相对粗糙。光绪三十二年以后，警察立法进入第二个阶段，开始走向成熟。这个时期的主要特点是：以警察权的行使为内容的法规，即“实质警察法”开始大量出现。如光绪三十二年颁布的《大清印刷物专律》、《管理旅店规则》；光绪三十三年颁布的《火场救护规则》，光绪三十四年颁布的《大清违警律》、《报律》、《结社集会律》、《外城夜市简章》、《调查户口章程》和宣统元年制定的《呈报营业规则》等等。这个时期警察立法趋向统一，以中央立法为主导，以地方立法为辅助。清廷先后设立了主管全国警察的专门的机构——巡警部、民政部，逐步加强了对各地警察立法的指导和监督。同时，清廷也注意到了各地方的实际情况，允许各地根据中央立法的基本精神，制定地方法规。如光绪三十四年民政部制定的《调查户口章程》是通行全国的法规，但该章程第四十条规定：“本章程施行细则由各该总拟订通行，仍申报民政部立案”。这一规定实际上确立了中央与地方立法的分工原则。在立法统一的前提下，鼓励各级政府因地制宜。同时，立法技术也迅速提高，法规趋于成熟。这个时期的重要警察法规，都由民政部主持制定，然后经由宪政编查馆考核颁行。民政部为拟定法律草案，通常要组织专门力量，研究东西各国的警察法规，并根据中国的实际情况反复加以推敲。有时，民政部的立法还得到修定法律馆的协助。例如，民政部在起草《违警律》时，沈家本等法学专家就参与“详加讨论，悉心检核。”因此，这个时期清廷制定出了一些比较成熟的警察法规。

### 三、清末警察法规的种类

清末警察立法，虽然不过十余年的历史，但其法规数量之丰富，种类之广泛却十分可观。从法规的制定机关和效力等级来区分，有中央制定的通行全国的法规，也有由地方制定的在本区域内有效的法规；从法规的名称上看，有律、条例、章程、规则、办法、细则、简则、告示等。从法规的内容和性质上区分则有：

（一）组织法规

这方面的法规规定了警察机构的组织，各机关之间的权限划分，官吏的任用、选拔、奖惩、考核、抚恤、服装、设备、警械的规格和等级、经费的筹措、使用，以及礼节、纪律、勤务方式、会议仪式等等。如《巡警部官制章程》、《民政部官制章程》、《考取巡警章程》、《各等巡警学堂学生毕业暂行章程》、《巡长巡警禁令》、《部厅会议规则》、《稽核解支款项章程》、《巡官长警饷制》等，均属此类。

（二）行政警察法规

这里所说的行政警察法规，是广义上的。依传统的说法，行政警察是以保持社会秩序为目的、指导人民及保护人民、预防公共危害的。行政警察法即是有关这方面的法律规定。具体又可区分为“保安警察”法，即保持公共安全，防止一般危害的法规，如《结社集会律》、《报律》、《检阅报章规则》、《火场救护规则》、《管理镖局枪支规则》、《管理娼妓规则》、《大清国籍条例》、《调查户口章程》、《呈报营业规则》、《呈报建筑规则》、《管理人力车规则》、《管理夜市执行细则》等。此外，与当时各国治安法规相类似的《违警律》亦属于这个范畴，目的在除去危害、直接限制人民之自由。所谓特殊行政警察，是指附属于某个特殊行政部门、为辅助其“达成特殊行业之目的”的警察。清末有关卫生行业的警察法规即属于此类，如：《预防时疫清洁规则》、《改定清道章程》、《管理饮食物营业规则》、《管理浴堂营业规则》、《管理种疫规则》、《政务处议奏禁烟章程》、《管理售卖膏土之章程》、《管理戒烟丸散规则》等。

（三）司法警察法规

所谓司法警察是指以侦查罪犯，搜集证据，逮捕犯人，辅助司法机关行使司法权力为目的的警察。司法警察法是有关这方面的法律规定。例如：《检察厅调度司法警察章程》、《各处差役来京缉案章程》、《外城侦缉队章程》、《巡警总厅拘留所章程》、《民政部、法部协定移交接收预审厅后办事权限章程》等等。以上各法规，从各个不同的方面规定了警察权的组成及其权责的行使方式。

在清末十余年的时间里，这些规则为维护清王朝的统治，镇压人民，阻挠资产阶级革命，起到了不小的作用。

## 四、清代的消防法规

清末，是一个充满着内忧外患的时期。在这一时期里，清王朝的统治江河日下，以光绪皇帝为首的改良派，责成朝廷法部，在研究各国法律和本国国情的基础上着手修订刑律。光绪三十三年（1907），法部提出了《刑律草案》。其内容覆盖面很宽，仅从消防的有关内容来看，《刑律草案》在《分则》的“关于放火决水及水利罪”一章中，就有下列规定：

第一百八十二条，凡放火烧毁下列他人所有物一种以上者处死刑、无期徒刑或有期徒刑：①在城镇及人烟稠密处之营造物；②陈列、储藏各种宗教、科学、美术、工艺之贵重图书物品之营造物；③宗教或历史之重要营造物；④储藏硝磺、炸药或军需品之仓库及其余营造物；⑤各种执业或正宿之矿坑、兵营、学堂、病院、救济所、工场、寄宿舍、监狱及其余营造物；⑥见有多人集会之寺院、戏院、旅店及其余营造物。

第一百八十三、一百八十四条规定：对于放火烧毁上述各款以外的营造物、矿坑者，根据造成损害的不同情况，分别处以二至四等有期徒刑、拘留，或一百元至一千元的罚金。第一百八十五条规定："凡放火烧毁自己所有营造物、矿坑及其余之物者"，按不同损害情况分别处以二等至五等有期徒刑、拘留或一百元以下的罚金。第一百八十六条："凡失火因而致有第一百八十二条所记之损害者处五等有期徒刑、拘留或一千元以下罚金……"对于损害及危险较轻者，则分别处以拘留，或一百、三百、五百元的罚金。第一百八十七条规定："凡以火药、煤气、电气、蒸气之作用或此外方法致营造物、矿坑及其余之物炸裂者，分别其损害或危险，照前条所记放火、失火之例处断"。这些条款充实了以往封建刑律中所没有的新内容，反映了近代消防的需要，是我国建立近代消防法规的一个开端。

## 五、清末的户籍管理法规

光绪三十四年（1908）十月民政部奏定公布的《调查户口章程》、宣统元年（1909）十二月巡警总厅公布的《京师调查户口施行细则》以及宣统二年（1910）三月公布的《调查户口簿册登记凡例》，其内容之详密，登记项目之具体，表明清政府当时对户籍管理的高度重视。《调查户口章程》规定，户口调查在京师由巡警总厅厅丞、顺天府由府尹、各省由巡警道（未设巡警道之省由布政使）任总监督，在部监督的领导下，由警政人员组成调查处，具体办理户口调查事宜。

户口调查除弄清户数、每户人口及户内各人的年龄、职业、籍贯等基本情况以外，对于曾经受过监禁以上刑罚的人，无正当职业的户主和一户之内多数人杂居的，要另册登记。调查中发现居民有与形迹可疑或来历不明的人同居和往来，骤贫暴富、死伤原因不明以及家中有异状的，要详细记载，立即上报。各户对调查事项必须如实、按期填报，如填报不实或者逾期不报，甚至有妨碍调查之行为，分别予以罚款或监禁。同时，对船户，西藏和青海等边远省份的居民、以及旅居国外的人，实行"特别调查"，调查结果直接上报民政部。至于户口调查项目和登记表册则多达三十余种，广泛涉及身份、迁出迁入、男婚女嫁、收养弃儿、承继呈报，以及会馆调查、工厂调查、官私学堂调查和外国人营业调查等等。经过调查弄清人口、编定户数后，由主持调查的官吏负责造具户数册和口数册，逐级上报，最后由总监督报送民政部。为及时掌握户籍变化情况，户口数册每两个月编订一次，口数册每半年编订一次，并于年终向民政部汇报。清末关于户籍管理的这些规定，相当部分被吸收到北洋政府的《警察厅户口调查规则》和国民党政府的《户籍法》之中，构成他们户籍立法的重要内容。

# 第十二章

# 南京临时政府：近代治安制度的基本形成

1911 年 10 月 10 日由同盟会会员组织的两个革命团体——文学社和共进社领导的武昌起义爆发了。10 月 11 日武昌军政府成立；10 月 12 日武汉三镇解放。随着武昌起义的胜利，各省纷纷响应。同年 10 月 22 日湖南会党和新军在革命党人的率领下，攻入长沙，驱走清朝巡抚，成立湖南军政府；同一天，陕西革命党策动新军起义，杀死清朝西安将军，建立军政府；10 月 29 日山西革命党人发动起义，杀死清朝巡抚，建立军政府；10 月 30 日云南同盟会员起义，宣布云南独立；10 月 31 日，南昌新军起义，接着贵州、安徽、江苏、广西、广东、福建、四川、山东先后宣布脱离清朝政府。到 11 月下旬，清王朝的反动统治崩溃了，包括警察机构在内的全部国家机器迅速瓦解。

在革命形势迅速发展和多数省区先后举起义旗的情况下，建立全国政权的条件已经成熟。11 月 30 日各省代表在汉口议决《临时政府组织大纲》二十一条。但是由于混进革命队伍的立宪派和旧官僚的阻挠，临时政府一度难产。直到 12 月 25 日选孙中山为临时大总统。1912 年 1 月 1 日孙中山在南京宣誓就职，宣布中华民国成立；1 月 3 日各省代表会议通过了孙中山提名的国务委员名单，成立了中华民国临时政府，从而结束了中国两千多年之久的封建帝制。

南京政府成立后，进行了一系列的资产阶级民主主义性质的改革，警政建设就是一个重要方面。它首先建立了中央警政管理机关，对地方的警察机构也作了一定程度的改造，制定并发布了一系列资产阶级民主革命性质的治安法规与条例。

## 第一节 南京临时政府的治安管理机关

南京临时政府设有九个部，九部是：陆军部、海军部、外交部、司法部、财政部、内务部、教育部、实业部和交通部，而内务部占有特殊重要的位置。

### 一、内务部：南京临时政府总揽警务的机关

内务部设总长、次长各1人，由临时大总统提名简任，总理本部事务，"管理警察、卫生、宗教、礼俗、户口、田地、水利、工程，各种公益及行政事务，监督所辖各官属地地方官。"[①]在总长、次长之下，设承政厅、警务局、民治局、土木局、礼教局、卫生局、疆理局，后又增设禁烟公所，分管内务部的各项事务。其中警务局是内务部中具体承办警察行政管理工作的专门机构。由孙润宇任局长，下设一、二、三、四科。一科掌管中央和地方巡警条例的颁布、警察的编制、经费的计划，以及警察官吏的考核等事项。二科掌管集会、结社、聚会、出版、著作、新闻、杂志等事项。三科掌管行政警察和消防事项。四科掌管中央和地方巡警教育，以及对巡警学生和教职员考绩事项。每科设科长1人、一等科员2人、二等科员2人，三等科员5人，承局长或科长之命，办理本科的业务。可见，警务局四个科的职能，分别承担了当时的治安管理的职能。

---

① 《中华民国临时政府中央行政各部及其权限》（1912年1月3日）。载于《临时政府公报》第2号。

## 二、首都南京的治安机关

南京是临时政府的所在地，维护首都的治安至关重要。南京的治安管理，实行巡警和卫戍交叉的双轨制。

清末时期，南京设立有负责社会治安和工程管理的江宁巡警路工总局。南京临时政府内务部曾拟将该局设为中央巡警厅，专管巡警事务，以使警察权的行使更为集中，不受其他公共事务干扰。由于临时政府存在的时间不长，加上财政紧绌，改组的设想未能实现。维护地方治安的任务仍由江宁巡警路工总局（简称江宁巡警总局）负责。江宁巡警总局设总监一人，主持局务，分区治理，各区设有巡警署。

除江宁巡警总局而外，南京卫戍总督府也负有维护地方治安之责。卫戍总督府直属于临时大总统。依据《南京卫戍条例》的规定，由于南京卫戍地区旷阔，为了维持地方治安秩序，设西南区、北区、东区三个卫戍分区。各卫戍分区均设司令官一人，在维护社会治安方面拥有较大职权。他们执行任务时，有权直接召集附近警察和宪兵予以协助；遇有暴徒犯罪时，有权进行捕拿；在紧急情况下，可以不待卫戍总督府的核办，就地依法处置；地方发生骚扰事件，有权以兵从事，同时报告总督府，遇有大帮匪徒时，有权直接请援于附近军队司令官。

## 三、各省区的治安管理机关

南京临时政府成立之后，未及颁布统一的警察制度，各省起义的先后不一，加之时值军事倥偬，警察机关的设置由各起义省区自行制定，没有形成统一的制度。因此，各省的治安管理机关自然也不尽相同。

对于各起义地区来说，省一级警政管理机关的设置，基本有两种情况。一种情况是在省军政府之下设立总揽全省警务的内务部，如湖北军政府内务部；另一种是采取内务和警政分离的制度，在省军政之下除设立主管一般民政事务的部门外，另设专司警务的机构。如福建省设有警务部，下辖司法、行政、消防、侦探四科；江西省设警察厅；山西省设警务局；贵州则设警务部；成都的“大汉四川军政府”设有军事巡警总监，等等。1912年，南京临时政府鉴于中央行政各部既称“部”，特由临时大总统令内务部致电各省，一律将各省所设之部改称为司。

县一级的警察治安机构更为复杂，无一定之规。有的县，如广东的香山、大浦，四川的奉节即称民政部。有的县如江苏溧阳、徐州，则在民政长之下设警务科。这是南京临时政府一时难以统一的。

## 第二节　临时首都治安秩序的整顿

临时政府成立初始，社会秩序紊乱，“盗贼充斥，宵小横行，夜则拦路夺物，昼则当街卖赃，或有不肖士兵，藉稽查为名，私入人家，擅行劫掠，以致行者为之戒途，居者不得高枕。”[①] 2月11日六合北伐军司令官入城领取枪械，离陆军部不远遭人枪击。同月，军队士兵因食汤圆大批中毒，死者二十余人。社会治安状况表明，反动势力已经濒临绝境，他们混入首都，进行破坏，而各种危害社会治安的社会渣滓也乘机泛起。为了保障首都南京和居民群众的安全，在孙中山的指令下，江宁巡警总厅会同南京卫戍总督府采取各种措施，对首都的治安加以整顿。

第一，设立稽查站，检查过往行李。依据《稽查所章程》的规定，在中正街车站、总统府旁车站、无量庵车站、丁家桥车站等几处设稽查所，专司入城行李的检查，以达到维持城内治安的

---

① 《临时大总统严加约束士兵令》（1912年1月16日）。见《中国第二历史档案馆馆藏档案。

目的。对于入城行李，持有护照的，验明是否相符，确认后放行；无护照的，未发现危险可疑物的可以放行；如发现危险物品、可疑物品的，即将人、物同时扣留，交由附近的卫戍司令部、宪兵司令部及巡警局审问，及时报总监察处。稽查人员在检查行李时，不得藉端滋扰，如有掠取客商财物的，允许被害人向卫戍总督府控告，严惩肇事人。

第二，加强对旅店业的管理，严防歹徒潜迹。1912年2月5日江宁巡警总局发布《取缔客栈旅馆告示》，指出："宁垣甫经光复，中央政府方建始基，辐辏冠裳，日臻繁盛，即盗贼奸宄，亦不免混迹其间，所以城厢旅馆客栈房，实为极应注意之地，若不设法严加查察，将奸人匿迹，匪类潜踪，为害实甚。"为此，刊布《管理旅馆规则》十八条，要求客栈业主倘遇形迹可疑之人，即应向该管警察局报告，"庶奸徒无潜匿，栈主免受托累，而地方得保安全"。3月19日，临时政府内务部鉴于下关第一楼、大观楼和万华楼三旅馆，窝娼聚赌和卖鸦片，无所不为，命令江宁巡警总监收回下关商埠警权，归总局管理，严密查禁各旅馆发生的不法行为。4月4日，内务部对江宁巡警总监草拟的《南京旅店营业取缔规则》加以修订，命令江宁巡警总监遵照办理，"事关地方治安，慎勿稍有宽纵"。依《南京旅店营业取缔规则》规定：南京旅店分客店、客栈之宿有旅客者、饭馆之宿有旅客者三种，均应事先呈报该管巡警署、转呈巡警总局才准营业。旅店伙计及使用人雇入或解雇时，店主应将其姓名、籍贯及保人之姓名、籍贯报该管巡警署。

各旅店必须置备循环号簿两册，记载旅客的姓名、年龄、籍贯、职业，并注明携带仆从、行李物品数目，及其来往之踪迹，于每晚十时前轮流呈送该管巡警署查验。循环号簿不得损毁或遗失，如有，店主应详细阐明理由，报告该管警署。巡警有权随时入店稽查，店主不得拒绝或留难，但巡警事先应把稽查目的通知店主。旅店对于有下列行为的旅客应予以劝阻：夜间歌唱或喧哗而有碍他客之安眠者；暗娼引旅客或留客同宿者；招致娼优弹唱或同宿者；赌博或私吸鸦片者。

旅店对于有下列行为的旅客，须及时报告该管巡警署：带有军械或违禁物品者（军人携带军械不在此限）；带有妇女幼童迹近诱拐者；语言、举动形迹可疑者；妇女孤身投宿者；留有行李物品不辞而去、逾五日不知所往者；以行李物品抵偿房饭金者；为未发觉之犯人或犯人之逃逸者；患有重病或传染病者。

违反以上规定的旅店，对店主处以一日以上六日以下的拘留，并科一定数量的罚金。

第三，整顿僧道寺院，防止坏人图谋不轨。僧道寺院本是神职人员和信徒们进行宗教活动的场所，南京临时政府本着信仰自由的原则，妥加保护。但自倡导剪发以来，一些不法歹徒冒充僧侣或装扮教流，潜入寺院，图谋不轨，对社会治安造成危害。1912年2月29日，内务部发布指示，明确指出，寺院“所住僧道，良莠不齐，务须严行约束，随时留心查察。”责成江宁巡警总局具体负责稽查工作，规定：一切僧道，必须按照旧例以度牒或牒、或钵盂为其身份的凭证。“凡勾结外匪，通同作奸，抑或身怀暗器，恃横强霸等情，准以立刻报警拘捕，不得扶同徇庇容隐，致干咎戾。”①

第四，整顿军队纪律，约束士兵行动。临时政府奠都南京后，驻军数量增加，多种番号的部队有十余支。这些部队多是起义部队。他们倾向共和，反对帝制，但其本身并未经过严格的整顿和改造，积习甚重，娼寮滋闹，荷枪过市，成为扰乱社会的重大因素。为严明军纪，维护首都治安，临时大总统孙中山于1月16日和20日连续发布两道《严加约束士兵令》，要求陆军部、

① 《内务部饬令僧道寺院严密稽查示》，载《南京临时政府公报》第25号。

南京卫戍总督和江宁巡警总监"速筹防范方法，转饬各军一体加以约束，以清闾阎而肃军纪。"

根据大总统的指令，南京卫戍总督徐绍桢和江宁巡警总监吴忠信会同驻宁各军、团、队长官，议商维持治安法四条，并发布《卫戍总督及各军警告示》，指出："近日南京地方抢劫之案层见叠出，自是不肖匪徒假冒军人之所为，而军队人数众多，亦难免无一、二害群之马致坏名誉。准该事主鸣报卫戍司令部、宪兵司令部、警察总监派兵捕拿。""人证现获时，即将该犯拿送卫戍总督府执法处正法，如有当处拒捕者，即行格杀。""各军人不准身带枪械在街游行，违者以匪论。"

与此同时，以黄兴为总长的陆军部发布《军律二十一条》，实行从严治军。《军律》规定："任意强掳者枪毙；私入良民家室者罚；赌博者罚；强奸妇女者枪毙；无长官命令，窃取名义，擅封民屋财产者枪毙；勒索强买者抵罪，行窃者罚；纵酒行凶者罚；有类似以上滋扰情形者罚办。"

## 第三节 临时政府的治安管理法规

在南京临时政府存在的不到一百天的时间里，发布了一系列资产阶级民主主义性质的进步法令，其中有些虽非单纯意义上的警察法规，却为这一时期的警察活动确定了基本准则。尽管当时它们不可能得到认真全面的贯彻执行，甚至不久即被袁世凯为总头目的北洋政府所彻底撕毁了，但其在中国近代警察史上所占的地位及其历史意义是不能抹煞的。

第一，禁刑讯。刑讯是剥削阶级在中国延续千年的桎梏。清朝末年，迫于社会的压力，虽曾明令禁止，但仍被警察当局和司法部门视为理所当然，直至南京临时政府时期才以法令的形式严加禁止。

1912 年 3 月 2 日，临时大总统孙中山在《关于禁止刑讯致内务司法两部令》中指出："刑罚目的在维护国权，保护公安"，"非快私人报复之私，亦非以示惩创，使后来相戒。"揭露清王朝的"视吾民族生命，曾草菅之不若；教育不兴，实业衰息，生民失业，及其触刑网也，则又从而锻炼周纳，以成其狱。三木之下，何求不得！"他对"刑讯一端，尤深恶痛绝，中夜以思，情逾剥肤。"表明了他对刑讯所持的鲜明的反对态度。为了"肃清吏治，休养民生，荡涤烦秽，咸与更始"，孙中山命令主管警政的内务部及司法部："转饬所属，不论行政司法官署及何种案件，一概不准刑讯。"对于从前不法刑具悉令焚毁。并且提出"第鞫狱当视证据之充实与否，不当偏重口供"的正确方针。此外，还要求两部官员经常派特派员视察，如有人重煽刑讯遗毒，除剥夺官职外，并科以应得之罪。3 月 21 日，孙中山针对上海南京裁判所审讯案件使用械责，并施之于妇女的案件，发布了《令内务、司法两部通饬所属禁止体罚文》，重申了"不论司法行政各官署审理及判决民刑案件，不准再用夹杖枷号及其他不法刑具。当夹杖枷号者，悉改科罚金、拘留"。这是南京临时政府从禁刑讯到禁体罚的一个重要发展。从这时起，不管北洋军阀政府还是国民党反动政府如何在口头上禁刑讯，在行动上大施刑讯逼供，"禁刑讯"的思想仍逐渐深入人心，而刑讯者则遭到社会舆论和人民群众的一致谴责。

第二，禁鸦片。鸦片流毒中国百年，这是帝国主义侵略中国的结果。清末虽经禁烟，但吸食者不见减少。南京临时政府成立以后，决心查禁烟毒。孙中山于 1912 年 3 月 2 日发布禁烟令，指出：吸食鸦片"失业废时，耗财殒身，浸淫不止，种姓沦亡，其祸盖非敌国外患所可同语"。如果"旧染锢疾，不克拨涤净尽，虽有良法美刑，岂能持以图存?"认为"饮鸩自安，沉溺忘返者，不可为共和之民"。决定采取断然措施，要求在参议院立法时剥夺他们的选举权和其他一切公权，以“示不与齐民齿”。要求地方官署重申种、吸各禁，民间团体也要勉为劝导，务使“屏绝恶习，共作新民”。3 月 16 日孙中山又发布了《内务部通饬禁烟文》，命令内务部“速查前清禁烟各令，其可施行者，即转咨各部督通饬所属，仍旧厉行，勿任废弛，其有应加改良未尽事宜，并着该部悉心筹划”。根据孙中山的命令，内务部一方面向中央各部、各省都督和南京卫戍总督发出咨文，要求他们查明机关工作人员的吸食鸦片者，从严处置，同时在内务部之下成立禁烟公所，统筹全国的禁烟事宜。

第三，禁赌。赌博陋习危害社会治安，为各国法律所严禁。南京临时政府鉴于“赌博为巧取人财，既背人道主义，又于现实民生多所妨害，决定严切禁止。”1912 年 3 月初，临时政府内务部要求各部、各省总督和南京巡警总督，“无论何项赌博一体禁除。”明确规定：

（1）凡人民宴会、游饮、集合各场所，一概不准重蹈赌博旧习。

（2）店铺中有售卖各种赌具者，即着自行销毁，嗣后永远不准出售。

（3）责令各该地方巡警严密稽查，倘有违犯，各按现行律科罪，以绝赌风而肃民纪。

第四，限制警械的使用。南京巡警本来以木棍为警棍，1912 年 3 月江宁巡警总厅拟以佩刀代替木棍作为警械，为此呈请临时政府内务部批准。内务部虽然批准巡警总厅的要求，但认为佩刀“较之木棍肇祸尤烈，非严切限制不可”。于是拟定《巡警拔用佩刀规则》[1] 四条，发由南京区巡各官，通饬所属长警一律遵守，并要求巡警总厅“随时告诫督察”。

① 《内务部令、复南京巡警总厅呈请巡警改佩刺刀并颁发拔用规则文》。

依据《巡警拔用佩刀规则》，巡警只有在以下特定场合才能拔用佩刀：暴行人持凶器对他人的身体、财产施加暴力行为，非拔佩刀无保护之术时；暴行人持有凶器，非拔刀无防御之术时；逮捕犯人或追捕逃囚，其持凶器抗拒，非拔佩刀无防御之术时。但当上述人等，一旦有畏服模样，则应停止拔用佩刀。

第五，保护私有财产。南京光复之际，各军查封房屋作为办公或驻军之用，这是一时的权宜措施，但有人借机侵犯人民私有财产，破坏社会秩序。对这一情况，孙中山向内务部发布命令："临时政府成立以来，即以保护人民财产为急务。""凡有民产房屋，除经正式宣判充公者外，勿得擅行查封，以安闾阎。"要求内务部向各地发出保护人民私产的通告。

内务部依据临时大总统的指令，于 1912 年 1 月 28 日发布《通饬保护人民财产文》，文中指出：保护人民财产必须设有专门科条，否则民国公敌就会违反民国的禁令，拥占逆产；而并无过犯的人民以及并未反抗民国的官吏，其私产反会遭到侵害。因此制定《保护人民财产令》五条，除饬京内各地方官切实遵守外，各省都督应通饬所属"一律照办，以安民心而维大局"。

《保护人民财产令》规定："凡在民国势力范围以内之人民，所有一切私产，均应归人民享有。前为清政府官产，现入民国势力范围者，应归民国政府享有。前为清政府官吏所得之私产，现无确实反对民国之证据，已在民国保护之下者，应归该私人享有。现虽为清政府官吏，其本人确无反对民国之实据，而其财产在民国范围内者，应归民国政府管理，俟该私人投归民国时，将其财产交该本人享有。现为清政府官吏，而又为清政府出力，反对民国政府，掳杀民国人民，其财产在民国势力范围内者，应一律查抄，归民国政府享有。"总之，除清政府官产和反对民国的清政府官吏的私产外，其他人的财产，一律予以保护。这项法令的颁行，对安定社会秩序起到了积极的作用。

纵观南京临时政府的警政建设，可以看出，以孙中山为代表的革命派为创立资产阶级民主共和制度作出了巨大的努力，但是由于中国资产阶级本身带有先天的软弱性和妥协性，其警政建设的本身又带有明显的历史的和阶级的局限性。南京临时政府首都无力维持各起义地区的社会治安秩序，也没来得及颁布新的警察官制，从而对清政府的机构实行全面改造，以致连建立中央巡警总厅的设想都未能实现。同时，由于临时政府的组成十分复杂，总揽警政的中央内务部由惯于见风使舵的程德全任总长，革命党人居于次要地位，不少省区的政权也都掌握在旧军阀、旧官僚的手中，临时政府力莫能及，从而使孙中山发布的资产阶级的民主主义性质的警察法令难以推行。1912 年 3 月 30 日，袁世凯的唐绍仪内阁组成，4 月 1 日孙中山宣布解除临时大总统职务。4 月 5 日，在临时参议院议决临时政府迁往北京的同时，以居正为次长的内务部全体简任、荐任、委任官员共 117 人宣布辞职。至此，总揽全国警政的大权落到了北洋军阀总头目袁世凯及其帮凶赵秉钧的手中，为期三个月的临时政府的警政建设中途夭折。

# 第十三章

# 北洋政府：半殖民地社会的治安管理

1911年爆发的辛亥革命，埋葬了满清王朝，清末的中国警政近代化的步伐得以加快。南京临时政府、北洋政府以及广东、武汉国民政府相继致力于警政的近代化变革。其中，北洋政府统治时间最长，统治地域最广，其警政建设的内容也最为繁杂，充分体现了半封建半殖民地国家治安的特色。表现在：第一，一个自上而下的多层次的、比较完整的近代警察网络终于形成；第二，警察业务分工趋向细致，专业警察队伍建设逐渐走向正规；第三，传统的封建治安管理体制因而进一步解体；第四，反对资产阶级民主革命，反对人民革命的目的十分清楚。其所制定的治安管理法规也是围绕着摧残民主进步力量这中心任务而制定的，因而给中国近代治安管理体制的发展带来了消极影响，并使治安管理机构的正常功能受到严重扭曲。

## 第一节　北洋政府的治安管理机构

### 一、内务部的职权范围及其组织机构

北洋政府时期，负责全国治安管理的中枢机构为内务部。内务部在中央各部仅次于外交部，地位在财政、陆军、海军、司法、农商、教育、交通等部之上。当然，其职责也很广泛，除治安与警政管理外，它还负责地方行政、选举、赈恤、救济、慈

善、感化、人户、土地、著作出版、土木工程、礼俗、宗教、卫生等事务，因而与清末的巡警部不同，它并不是单纯的治安管理与警政机构，但治安与警政管理毕竟是内务部重要的职能，其他职能无不或多或少地与警政管理和社会治安有直接或间接的关系，说它总揽全国警政与治安管理并无不妥。

内务部设总长 1 人，次长 1 人。总长为一部之首，总揽部务，依职权或特别委任发布部令。地方长官的命令或处分，如违背内务法令或逾越权限，他有权予以废止或撤销。另外，作为内阁成员，他有资格出席由国务总理召开的国务会议并享有充分的发言权。次长辅助总长管理部务，监督属员。内务部内设机构为总务厅和 6 司。总务厅为机关内部办事机构，其他 6 司是为执行内务部的各项职能而设立：①民治司，掌吏治、自治、选举、赈恤、救灾、慈善、国籍、户籍、征兵、征发事务；②职方司，掌行政区划、官地收放、民地调查、土地图志事务；③土木司，掌土木工程事项；④礼俗司，掌礼制、祀典行政、祠庙、宗教、保存古迹及“褒扬节义”“整顿风俗”事项；⑤卫生司，掌卫生行政；⑥警政司，掌警政与治安。警政司地位特殊，以下单独介绍。

### 二、内务部警政司的职权及地位

从表面看，警政司与其他五司地位平等。实际上，由警政司的职责和内务部的组织系统决定，该司地位远非其他各司可比。首先，内务部虽然职权广泛，但基本职能是钳制和镇压人民群众，维护统治秩序和社会治安。在内务部，此种职能首先通过警政司的活动体现。其次，警政司在全国拥有一套自上而下的组织系统，即地方各级警察机关——警察厅、局、所，内务部其他各司的不少职能也都是通过这个系统实现的。如属于内务部民治司职掌范围的户口调查，户籍管理，济良所和教养所的设置；属于礼俗司职权范围的寺院管理及卫生司的绝大部分职能，都是由地方各级警察机关执行的。

1912 年 7 月 31 日颁布的《内务部官制》，将警政司的主管事务定为三项，即行政警察事项、高等警察事项和著作出版事项。这与其他各司的职权范围相比似乎要小得多，如民治司掌管的事务有十项、职方司四项、土木司和礼俗司各有六项、卫生司五项。实际上，警政司内设有五科，每科都有其特定而广泛的职权。第一科：掌警察机关的设置，区划和配置，警察官吏的任免、赏罚、抚恤及身份的认定，警察成绩的考察，警察教育的管理，警察经费的筹划，警察法规的编查及不属于其他各科的事项。第二科：掌各类专业警察如交通、风俗、营业、建筑、狩猎、铁路、盐场、森林、矿山等类的组织与管理，火灾消防，司法警察事务，违警处罚和强制处分等等。第三科：掌集会结社、非常警察、外事警察、枪支及其他危险品的取缔等事务。第四科：掌著作物之注册和出版，报业管理及新闻检查。第五科：掌特种机务事项。

除以上五科外，警政司还设有警卫队、机务室、出版著作委员会、东省警察训练处等临时机构。其中警卫队负责政府各部（军事机构除外）之警卫。机务室是北洋政府宣布参加第一次世界大战后为遣返“敌侨”而设的专门机构。它与其他临时机构设置的时间均不长，完成其特殊使命后即行撤销。

总之，警政司是内务部主管全国警政与治安的专设机构，地位显赫，职权广泛、组织庞大。内务部及警政司之设置及其机构与职权的划分表明，中国近代警政与治安管理体系已经进一步完备并逐渐走向成熟。

## 第二节　首都治安管理机构

以袁世凯为首的北洋军阀政府与历代封建王朝一样，极为重视作为首善之区的京师治安。他将改组与充实京师警察机关视为加强治安管理的首要步骤。1913年初，袁世凯将京师内城巡警总厅与外城巡警总厅合并为京师警察厅，从而结束了清末以来两厅分立的局面，使治安管理权的行使更为集中。此外，北洋政府还保留了清代军事治安机构——步军统领衙门，并一度成立京师军警联合公所，以期与京师警察厅共同负京师治安之责。步军统领衙门之职责与清代无异，是直接听命于袁世凯的军事警察机构，而京师军警联合公所，仅为京师地区军警之协调机构，所以本节仅重点介绍京师警察厅。

### 一、京师警察厅的组建根据

1914年8月颁布的《京师警察厅官制》，京师警察厅直属于内务部，掌京师市内警察、卫生、消防事项。总监为其最高长官，直接听命于内务总长并总理厅务，监督所属职员。总监之下官员包括都尉、警正、警佐、技正、技士各若干人。其中，技正、技士为掌理技术官员，其他则分掌或佐理各项警察事务。

京师警察厅下设5个处：总务处、行政处、司法处、卫生处、消防处。其中直接负责治安管理的为行政处、卫生处和消防处。行政处掌理保安、正俗、外事、交通、户籍、警卫、营建等事项；卫生处掌理道路沟渠清洁、保健防疫及医术化验事项；消防处掌理消防员弁之配置、进退、赏罚，消防区域及机关设置与废止，消防器材管理事项。各处之下又设各科，分头管理具体治安事务。而司法处掌理的一部分事项，亦属治安管理范畴，比如刑事侦查、违警处罚、赃物管理、缉捕案犯之类。

京师警察厅除上述五处外，另设警务督察处监督外勤勤务。该处对厅下各区署、队、所的警察进行实地检查监督，本身并不行使警察职权，其督察员职责范围极广，有权稽查各区署执行警务的方法及其管辖地段的情况，管理交通、卫生的情况，调查户口的详略及监视人民的方法，巡逻守望是否认真，以至连“巡官长警之容装礼式，及其执行职务之适否，并接遇人民之情形”均在稽查之列。

依据该《官制》第十六条“京师警察厅因维持治安之必要，得编制警察队”之规定，京师警察厅又成立了保安警察一队、二队、三队、四队和保安警察马队，由警察厅总监指挥监督，随时应付突发或重大的治安事件。此外，直隶于警察厅的尚有侦缉队、消防队、贫民教养院（收留无家可归的贫民）、疯人院、济良所（专事收容特定妇女）、教养局（负责对犯人的劳动改造及部分贫民收容事宜）等机构。

依清末警政模式，《京师警察厅官制》规定“京师警察厅之辖境，须分区设警察署管理之”。清朝末年，内外城巡警总厅共辖23个区警察署，1914年8月，北洋政府内务部将其合并为20个区，并在各区重新设置警察署（简称区署）。区署实际是执行各区警务的机关，在京师治安管理体系中占据重要地位。为强化区署的作用，京师警察厅对区署各类人员的权责职守与活动方式分别作出详尽规定。饶有特色的是有关巡警的内容：巡警每日工作12小时，工作方式分守望、巡逻、值班三种，均由带班巡长率领。守望和值班须在指定处所，非有官长命令或追拿犯人，不得远离30步以外。巡逻时遇有“聚会喧杂之事，演剧扰攘之所”，要及时禀报本区警察署“请派专人镇压，以免滋事”。巡警在工作时要随身携带佩刀、捕绳、呼笛、小本、铅笔、快枪和名片。对于自己管辖地段的“道路之大小，街道之短长，户口之多寡，人类之良莠，必一一熟记，了然于胸，以便有事时易于办理”。巡警乍到一地，要留心记熟街名、巷名；某街与某巷相通，某处人烟稠密，某处荒僻无人，某处有沟，是明是暗；某处有桥，是否破坏；某处有妓馆、饭馆、茶楼、酒店、烟店；某处有客寓，是何字号；某处有衙署，管理何事；某处有会馆、公所、学堂；某处有当店、金店、富商、官宅，字号姓名。对于管界内“曾经犯事有案者，聚赌抽头者，凶恶无赖遇事生风者，酗酒滥嫖者，素无正业游手好闲者，骤富暴发者，及所谓“住所无定徘徊各处者，多数下等人聚集之处者”等等，都要留心防范，“观其行止，迹其往来”。

## 二、首都基层治安管理机构

北洋政府时期的首都基层治安管理机构，指各区署下设的警察分驻所和派出所。分驻所是统辖派出所的巡官处理内外勤务的办公处所，是区署和派出所的中间环节，组织并不严密，任务也不明确，主要负责对派出所活动的指挥、监督，而具体治安事务则由派出所办理。

派出所的组织形式有两种：一是各区署把自己管辖的地区划分为若干段，在每段的守望地方设派出所，“以为各该段应勤长警轮班暂息及有事救援之用”，通称“各段派出所”，详称“某某区警察署第几段巡警派出所”。另一种是在各大街“冲繁之处”酌加守望的派出所，“专备交通上守望巡警轮班休息之用”，通称“马路加设派出所”，详称“某某区警察署第几段加设马路巡警派出所”。这类派出所是以弥补各段派出所守望警力所不及而设的，以管理交通为专责。

不论各段派出所还是马路加设派出所，均设巡长1人、委长1人、巡警8人。巡警有应勤警、暂息警、守望警和巡逻警的区别。应勤警是指正在值勤的巡警，暂息警是正在休息的巡警，守望警以指挥车马行人为专责，站在马路或街道中心，除雨雪天气，不得进入避风阁；巡逻警以依照一定路线巡察本段治安为专责。八名巡警中，每天有一人休息，一人备差，其余六人分甲乙两班，每班以六小时轮流巡逻守望、周而复始。各段派出所巡长为一段地方治安负责人，负有实际责任，每昼夜要巡查本段地面四次以上，对设在本段附近的加设马路巡警派出所，他也有权前往巡查。派出所的活动受分驻所和区署的双重监督。分驻所统辖各派出所，每一派出所都由分驻所的两名巡官分管，其中一名巡官为内勤，在分驻所或区署执行任务，另一名巡官任外勤，每昼夜巡查主管派出所至少两次，并就派出所长警是否尽职及该地面发生的治安情况及时向区署报告。各区署则以稽查的方式对派出所进行监督管理。

1914年12月京师警察厅的《管理派出所规则》进一步明确了对各派出所长警的风纪要求。它规定“派出所内之长警无论昼夜，均须身着制服”；守望巡逻各警无故不得偷进所内，“守望警须站在路之中央，注意往来人物事项，不准依靠木房站立，亦不准与所内暂息警接谈”。“暂息警不准在门前站立或远离”，“不得在所内擅自饮食”，“无论应勤或暂息长警，概不准在门前滥买食物或吸纸烟”等等。这些琐碎的规定，从表面上看是“治警”，实际上是服务于加强治安管理这一总目标的。尽管其中不乏对革命人民加强镇压的成分，但其从严治警的思想仍值得我们借鉴。

## 第三节 地方治安管理机构

### 一、地方治安管理机构

地方治安管理机构是北洋政府整个治安管理机构的重要组成部分。其设置服务于最高当局特定时期的政治需要，且与当时地方行政区划有密切关系，其根本宗旨是使之更有利于建立和维护统治阶级所需要的社会统治秩序。深知警政的袁世凯在牢牢掌握中央警政后，立即着手地方治安管理机构的改组，改组的原则是“集中警权”与“统一警政”，以便确立和巩固其军事独裁统治。这些机构分别是：主管全省警务的省警务处、省会城市的省会警察厅、重点城市和商埠的警察厅、局，县警察所，以及作为地方治安辅助力量的地方保卫团和商团之类。

（一）省警务处

为“统一全省警务”、“整顿全省警政”，以便在北洋政府内务部的领导下，实现警权的集中，北洋政府于1915年7月颁布《各省整顿警政办法大纲》，据此，各省警务处纷纷成立。其全称是“某省全省警务处”，如“江苏全省警务处”之类。就其性质而言，它是警察行政管理机关，不指挥和参与治安实务。警务处成立后筹办的事项主要有五：扩充警额，分配警费，培训警察，核定警章，督饬下属。《各省整顿警政办法大纲》关于成立警务处的目的及其职权的规定是相当明确的，但有关警务处的组织及其同省会警察厅、商埠警察厅的关系的规定过于笼统，加以政局动荡，经费拮据，各省警政的混乱依旧。北洋政府内务部本着“集中警权”、“整顿警务”的宗旨，对各省警政进一步整顿。首先，它削弱道尹对商埠警察厅的直接指挥权，以加强全省警务处的职能。它规定：“所有警察单行章程自应统由警务处考核，以归一律。惟商埠警察厅向归道尹直隶者，所订章程应分呈道尹备案，如道尹认为应行修正者，可会商警务处核定。”[①] 其次，为削弱省会警察厅和商埠警察厅的用人权，甚至县警察所警员的任用也必须有全省警务处的干预。1918年1月及5月，北洋政府相继出台了《各省区警务处组织章程》和《关于警务处组织章程实施应行注意条件》，在法律上明确了警务处组织机构问题。不过，

① 《关于分定道尹及警务处长权限案》（1916年2月内务部复黑龙江巡按使）。见《现行警察则例》甲191页。

北洋政府时期，军阀连年混战，各自为政，既定的法律往往成为具文，因而各省警务处的权限和组织机构并不完全一致。

省警务处是警政管理机关，负有监督包括省会警察厅在内的省内各级治安管理机关的职权，与在特定区域内执行治安实务的省会警察厅在性质上有原则区别，理应有其独立建制才能行使其法定职能，但由于各省财政年年入不敷出，经北洋政府当局讨论决定，除东三省外，其他各省区的警务处处长一律由省会警察厅厅长兼任。1917 年 8 月内务部再次发文："警务处长及省会警察厅长归一人兼任，系指处厅职务可以兼任而言，——倘以经费不敷，处厅事务尽可由处厅现任各员兼任，但权限极需划分。"①这实际是要求各省区实行处厅合一，即一套班子，两块牌子，而实行处厅合一的结果，是削弱了警务处的职权，提高了省会警察厅的地位，使省会治安管理机关成为同时拥有指挥和监督全省治安体系的机构。

（二）省会警察厅

辛亥革命后，各省省会的治安管理机关名称不一，体制紊乱，许多省（如山东、山西、江苏等）继续沿用清末设置的巡警道，有些省成立了省城警察厅，有些省虽撤销了清末的巡警道，但还未来得及建立新的警察组织。为此只得由其他机构代理治安事务，1913 年 1 月，北洋政府发布的《划一现行地方官厅组织令》决定在全国范围内重建各省省城警察组织，并统一称谓，即省会警察厅。省会警察厅直辖于本省最高行政机关，管理省城治安、卫生、消防事宜。其组织机构与京师警察厅大体相仿，仍为三级结构，即省会警察厅、各区警察署和分驻所。厅内一般设有四科，分别掌管厅的事务和各项治安事务，厅下管辖有若干个警

---

① 《关于声明警务处警察厅应分设案》（1917 年 8 月 4 日内务部咨复甘肃省长）。第 3206 号。

察署（各署管辖若干个分驻所）并警察队、消防队、教练所等机构。1914 年 8 月北洋政府颁布的《地方警察厅官制》，进一步规范了各省会警察厅的隶属关系和责权范围，但由于各省情况不一，各省会警察厅之间，多多少少存在一些差异。

（三）商埠警察厅和地方警察局

此两类组织为道尹公署所在地的治安管理机关。道是北洋政府时期省县之间的一级行政单位，类似于地区。道尹公署虽是一级行政机关，但其本身不单独设立治安管理机关。另，北洋政府时期的商埠有两类，一类是依照不平等条约开辟的通商口岸，一类是因该地工商业发达而由中国政府开辟的商埠。商埠警察厅与省会警察厅一样，受 1914 年 8 月颁布的《地方警察厅官制》调整。此《官制》第一条规定："地方警察厅设于省会或商埠地方，管理省会或商埠之警察、卫生、消防事项。"地方警察厅与道尹驻在同一地方时，直隶于道尹；与巡按使驻在同一地方时，直隶于巡按使，但有特别情形之商埠不在此限。

商埠警察厅的组织结构及其职权与省会警察厅无异，也是三级结构（厅、区署、分驻所）；并设消防队、巡缉队、保安队、教练所等机构。《地方警察厅官制》第一条还规定："商埠无设警察厅之必要时，得设置警察局代之，其员额、费用应比照地方警察厅酌减，由该管道尹详请巡按使、咨陈内务部核定之"。这项规定成为设立地方警察局的最早法律依据。1919 年 10 月北洋当局颁布的《地方警察局组织章程》进一步扩大了设置警察局的范围，它在第一条明确规定："警察局于商埠或商埠以外之地方设置之，管理该地方之警察、卫生、消防事项"。"商埠以外的地方"一般为地方重要或地处要冲之所。

北洋政府时期的地方警察局是地方警察厅的衍生物，没有地方警察厅设置于前，也不会有地方警察局继之于后，但二者也有一定的区别：首先，二者的统属关系不同，地方警察厅实行驻地统属原则，即与道尹同驻一地的地方警察厅直隶于道尹，与巡按使同驻一地的地方警察厅直隶于巡按使。地方警察局则不同，它们直隶于各省警务处，“未设警务处省分，由道尹管辖之。”其次，由于地方警察局的管辖范围和事务繁简，难以同地方警察厅相比，所以其组织结构比地方警察厅简单得多。如地方警察局虽然实行“分科办事”的原则，但至多不得超过三科。

（四）县警察所

北洋政府初期，县级治安管理机关十分混乱，不仅省与省不同，就是一省之内，县与县之间亦有很大的差异。北洋政府为整顿县级治安管理机构，做了一系列努力，大体经历了警务课、巡警局、警察事务所和警察所四个阶段。至 1914 年 8 月颁布《县警察所官制》，北洋政府县级治安管理机构始定型。

《县警察所官制》第一条规定：“县警察所管理县区域内之警察事务，但县无设所之必要时，得以保卫团代之。”但此《官制》内容简略，没有规定警察所的内部组织，设置警察分所的规定也极不确切。在实践中，各县警察所内外部组织大体仿照省会警察厅的模式。其内部组织一般设有：第一、二、三、四股，具体掌理治安和各项警察事务，其外部组织一般包括各分驻所，每个分驻所又各辖若干派出所。根据 1918 年颁布的《县警察队章程》，“各县因维持治安之必要，除遵照县警察所官制设置普通警察外，得编置警察队”。这种警察队属武装警察性质，其主要任务为“消除盗匪、备预非常”。根据《章程》第二条，“县警察队受警察所所长之节制调遣，其分布驻巡，由该管长官适宜支配之”。因而警察队与各县已成立的消防队、侦缉队、保安警察马队、卫生队等一样，同为县警察所外部组织的构成部分。

## 二、地方治安管理机关的辅助组织

为了强化北洋军阀对社会面的控制，充分依靠各地地主豪绅和大商人的力量，组建地方保卫团与商团，是袁世凯的得力之举。这一手也为后来的蒋介石所沿用。

（一）保甲与地方保卫团

保甲之制始于北宋中期的王安石变法，其目的在于通过武装本地农民，抵御外侮。但随着边境地区的渐趋稳定，保甲的性质和功能也在悄悄变化。维护一方的治安逐渐成为保甲的第一要义。北宋以后各代王朝都很重视保甲制度，清代各省甚至设有专管保甲事务的保甲局。当然，随着清末近代警察制度的确立，各省保甲局相继裁撤，保甲之制也不著于政令，但基层保甲组织则以其改变了的形态依然存在。北洋政府时期，保甲再度受到官方的重视与扶持。江苏的“农民自卫军”“公安团”，湖南的“挨户团”，江西的“靖卫团”、“村防队”，安徽的“团防”、“乡团”、“民团”，四川的“齐团”等，都是以传统的保甲模式略加改造而建立和发展起来的警察辅助组织。张作霖统治的奉天省甚至颁布《奉天保甲试办章程》，对各级保甲组织进行系统整顿，从而自上而下地建立了一套与各级治安机关相对应的严密的保甲网。不过，在这些名目条款下的保甲组织中，最典型、最具影响力的当属北洋政府督饬各省区操办的地方保卫团。地方保卫团是由地方官署领导和监督的，以原有乡团保甲为基础的，被农村土豪劣绅把持的基层武装治保组织。它作为治安管理机关的辅助组织，是封建的乡团保甲在中国半殖民地半封建社会中的自然延伸和畸形发展。

袁世凯窃踞中华民国临时大总统后，国内政权暂时实现了统一，实际上这种统一是名义上的，不稳定的。首先，袁世凯的北洋派与以孙中山为首的资产阶级革命派仍存在严重对峙；其次，袁世凯与各地封建军阀仅取得暂时妥协，他们之间仍存在根本利益的对立。于是北洋政府初期，武装起义、军阀混战、民变、盗匪，此起彼伏，社会秩序极度混乱。袁世凯重视警政制度的建设，但极感警力不足。为强化社会治安，袁世凯政府总结历代封建统治阶级编练保甲的经验，决定在全国范围内组织地方保卫团。1914 年 5 月，北洋政府公布了《地方保卫团条例》。此条例明确规定：凡县属未设警察地方，因人民之请求及县知事认为需要时，得报明本省大官，设立保卫团。事实上，由于北洋政府急于要用地方保卫团弥补警察机关镇压力量之不足，在执行中，不仅县以下未设警察机关的地方组建保卫团，就是在设置警察机关的地方也同样组织了地方保卫团，而且根本无需所谓的“人民请求”。

地方保卫团以县知事为总监督，并由县知事遴选地方绅商协同办理。除未成年人、家无成丁者、老弱残废者以及“因事故不能服务”经总监督允许者外，每户出 1 人编入保卫团。保卫团依照本团户数编列：10 户为 1 牌，置牌长 1 人；10 牌为 1 甲，置甲长 1 人；五甲为 1 保，置保董 1 人。每团设团总 1 人，由县知事兼总监督；保董、甲长、牌长，由团总报请总监督委任。团丁由保董督率教练，全团教练由团总确定时间，各团合练由总监督确定时间，农忙时停止训练。作为治安管理机关的辅助组织，地方保卫团的职权主要有二，即“编查户口”和“围捕匪徒”。为保证地方保卫团有效发挥治安管理辅助组织的功能，《条例》规定了对有功人员的奖励办法，同时也规定对犯有过失人员的惩罚措施。地方保卫团的经费系“就地筹集”，实际上是对广大农民的肆意掠夺。由于保卫团内的官职基本上由土豪劣绅们把持，他们往往将保卫团作为欺凌普通百姓的工具。这样，出力的是农民，出钱的是农民，而受害的也是农民，最终受益的则是地主豪绅和代表他们利益的反动政权。

（二）商团

北洋政府时期，在一些工商业较为发达的城镇出现了另一类治安管理辅助组织——商团，它的出现以我国工商业一定程度的发展为前提，既反映了商人维护自身利益的要求，同时反映了北洋政府利用商人的力量、建立特殊武装组织、维护其统治秩序的愿望。1917年3月，中华商会联合会曾经内务、陆军、农商三部批准，公布了《商团组织大纲》，鼓励各地商会“得依地方情形组织商团”。商团由当地商会出面组织，并依《大纲》规定履行一定的程序，成立后受本地县知事监督，本地商会会长指挥。

商团组织按陆军编制，一般设团长1人，团副1人，教练长1人，教练员若干人，总稽查1人，稽查员若干人，下设队、排，各设队长、排长。商团的一般成员称操生。操生须具备三个条件，即年轻、品性纯正、确有商店职业，一般是商店的普通学徒，店主、经理当操生的绝无仅有。操生训练几乎全部依照陆军步军科目，且组织纪律森严。与地方保卫团相比，商团尽管只在少数工商业城镇出现，但其无论在组织、装备、还是战斗力方面都要优于地方保卫团。北洋政府充分发挥商团维护城镇治安的功能，另一方面也策划商团破坏和镇压革命。如1924年10月在广州的商团暴动即给广东革命政府造成严重威胁。

以上是对北洋政府时期普通治安管理体系的介绍。此外，这一时期专业治安管理机构的建设也获得一定发展。除了归属普通治安管理体系的消防、卫生管理机构，中央交通部及各铁路部门领导下的中国铁路警察初具规模、体系。由中央内务部领导，地方行政官署管辖、维持水上治安的水上警察队伍也开始建设。随着采矿业的发展，维护矿区治安、保护矿商利益的矿业警察亦开始出现，归各省警务处和实业厅领导。

## 第四节 北洋政府的治安管理措施

为充分发挥警察机关的功能，以强化社会治安，从而维护其军事独裁统治，袁世凯为首的北洋政府极为重视立法环节，在已颁行的为数不多的警察法规中，绝大部分与治安管理有关。有关内容如下：

### 一、开展户籍编查，加强人口管理

北洋政府出于征粮、征税、抓兵拉夫、严密控制百姓的目的，于1915年进行了全国范围的户口调查与编查，并颁布《警察厅户口调查规则》和《县治户口编查规则》。调查主要针对京师及各省会、商埠设有警察厅的地方，即城市地区。调查以现住户口为准，分清查、复查两个环节。调查事项主要有：姓名、性别、婚否、有无子女、年龄、籍贯、住所及年限、职业、宗教、教育程度、是否盲哑疯癫及其他残疾、户内人口对于户主之称谓关系等。北洋政府效法清代，对户内有“曾受徒刑以上刑事处分者”，“素行不正或形迹可疑者”，一户内有“多数非家属人杂居者”，另行登记。清查户时，一般居民按户主编号，编定门牌，而船户户口、寺庙僧道、公署、监狱、学校、工厂及其他公共处所则另行编号。调查结束，由调查长督同调查员分别造具本区户口清册两份，一份逐级上报，一份由该区保存。造具户口清册时，应统计本调查区下列各款事项，并将结果附记册后：户数、男女口数、年满6周岁至13岁之学童、年届20岁至40岁之壮丁、本籍及客籍、职业之有无、现住及它住、残疾、宗教种类、户内有曾受徒刑以上之刑事处分者、户内有素行不正或形迹可疑者、一户内有多数非家属人杂居者，调查结束后，如遇迁徙、生死、婚嫁等事项，户主须在5日内向该管警区署长报告。该警署每届年终编制户口变动表册，呈送上级官署转报内务部。

编查主要针对县以下的广大农村，编查以现住户为准，其主要特点是在编查区域划定后，就区内住户分编牌甲。即以10户为1牌，10牌为1甲，各依牌甲号数，按户钉立门牌。门牌号数一般称某县第几区第几甲第几牌第几户。“其10户之外，有零数在6户以上者，得自成1牌，5户以下，并入邻牌，10牌之外有零数时，亦同。”每编查区置编查长1人，受县知事指挥，负责编查本区户口；每甲设甲长1人，受编查长指挥，每牌置牌长1人，受甲长指挥。各区编查长的人选依不同情况由县知事确定。设有警察的地方，以警区区长或区员充任；设有保卫团的地方，以保卫团团总或保董充任；未设警察及保卫团的地方，由县知事选择曾充任本地方图董、村正等职务者，或曾办过公益事务之公正绅士充任。甲长、牌长由编查长推举，但须具备如下条件：连续居住本地3年以上，年满25岁；品行端正；拥有财产（含动产、不动产）1000元以上或有正当职业，“略识文义”。编查的其他内容与调查基本相同。

通过对城镇和农村居民户口的调查与编查，北洋政府不但牢牢控制了普通民众，且在某种程度上强化了社会治安，尽管这种强化并未持久。

### 二、设置慈善收容机构

对于鳏寡孤独、废疾、贫民进行一定程度的救济，使其生活有着，对流民及轻罪犯人给予必要的收容教养，令其改过自新，并掌握谋生技能，为历代统治者所“关心”。因为此类事项并非单纯的救济、慈善问题，更关涉社会治安的稳定。北洋政府亦不例外。它吸收清代经验，在各地举办了一批济良所、贫民所、教养院、习艺所等慈善收容机构。其中较为典型的为游民习艺所。

1915年12月公布的《游民习艺所章程》第一条规定：“本所直隶于内务部，专司幼年游民之教养及不良少年之感化等事项，以获得有普通知识、谋生技能为宗旨”，体现了北洋政府当局对幼年游民及犯有轻罪少年这一治安因素的重视。其所收游民年龄为8岁以上、16岁以下，“其不合于此项年龄及有疯癫残疾者，概不收入，以清界限”。游民入所后或者接受普通文化教育，或者学习工艺技术。“游民习艺者不兼就学，就学者不兼习艺，以期专一。但于晚间另设补习一班，择其习艺年长者授以修身、习字、珠算三种，俾出所后便于经商”。学习工艺者以 3 年为限。接受普通教育者，初等小学以 4 年为限，高等小学以 3 年为标准，“其因特别事故，中途请愿出所或已届限满，仍愿留所者，听之。”

初等小学课目如下：国文、修身、读经、习字、算术（珠算、笔算两种）、图画、风琴唱歌、体操。高等小学除开设初等小学课目外，另加历史、地理、英文、商业、工业等课程。习艺所章程第七条还规定，普通教育除小学课程外，“加设南十番音乐一种，冀以陶冶心性，养成美感”。习艺所内“凡年龄较长及不堪就学者，分别发令习艺”，即学习与日用品的加工制造有关的工艺技术，如染织、打带、印刷、刻字、毡物、铁器、木工、石工、缝纫、制帽、制鞋等。

为切实促进游民“自新”，《章程》第二十八条规定，游民与家属通信，“须令自书”。第三十条规定，“凡关于游民自身上一切杂物，如理发、入浴、厨房操作、病室看护之类；统饬游民自行充作，冀以养成劳动习惯”。为保证游民能重新回归社会，《章程》允许游民亲属“得随时来所探视”，而社会各界人士亦可以于每日办公时间内，参观习艺所内部情况。另外，为保障游民顺利“习艺”，《章程》还对游民的衣食住行、教育管理、卫生保健防病等作了细致的规定。这其中蕴含了北洋当局的一番“苦心”。

### 三、强化交通安全管理

交通安全管理是治安管理的一项重要内容。北洋政府时期，我国的交通设施、交通工具有了一定的发展。出于管理的需要，北洋政府及一些地方政府陆续颁布了一批交通管理法规。这些法规侧重于对各种车辆及车辆驾驶人的管理；汽车、马车、人力车都要接受警察机关的检验；行车牌号须安装在指定的位置；车辆要装备铃号和车灯；各种车辆一律靠马路左侧行驶，两车不得并行。于繁华街道、交叉路口和拐弯之处减速缓行；各种车辆均须听从守望警和巡逻的指挥；汽车司机要经警察机关考试，考试合格、熟记行车各项规则后，方得发给驾驶执照；各种车辆驾驶人发现雇车人形迹可疑或带有危险物品，要随时报告巡警，违者予以处罚。

## 四、开展特种行业管理

特种行业是指工商服务行业中因所经营的业务内容性质特殊，容易被坏人利用进行违法犯罪活动、发生治安灾害事故，依据国家法律，由治安管理部门实施治安管理的特定行业的总称。北洋政府时期，关于特种行业管理的法律很多，涉及银行、银号、金店及旅店、旧货、印刷等多种行业，可概述如下：凡店铺开业、停业或歇业，均须向警察机关申请、登记。一般店铺开业要取具有相等资本的铺保，银行、银号、金店以及旅店业、旧货业需有三家连环铺保始能批准营业。北洋当局尤其重视对旅店业和旧货业的管理。旅客住店须逐项填写登记簿栏目，登记簿不得撕页、空行，写错涂改不但店家盖章，警察官署稽查员也要盖章。登记簿应逐一检核，簿册填满由警察官署保存备查。旅店发现投宿人带有军械和违禁物，言行可疑，或入店后行李渐次增多，及察觉系未被发现之匪人或逃犯，必须立即报告该管警察官署，否则将依《违警罚法》对旅店有关人员罚金、拘留直至令其停止营业。旧货业（估衣铺、古玩铺等）应备有经警察官署审定盖章的循环簿，所有买卖货物逐一登记，巡警可随时检查，月终送警察官统一查验。凡衙署印信、军衣、枪刀、子弹及其他官用物品均不得收买，有人出卖时须即刻报告巡警。各铺收到警察官署抄发的被窃失单，如遇货物与失单所载物品相同，应将卖方扣留并立即报告该管辖警察机关。违背上述规定的，将依《违警罚法》科罚。

药品的生产、经营、使用涉及民众的健康乃至生命，北洋政府将其列入警察机关的职权范围，根据1915年10月颁行的《管理药商章程》，凡为药商（药店、卖药行商和制药商）者，都要开具姓名、年龄、住址和营业地址，呈报当地警察机关注册，发给执照后才能经营。制药者炮制的各种药品，需呈送该管警察机关查验，剧毒药品要按月上报生产数量，在配制丸、散、膏、丹、药饼、药胶和药水时，如非按照成方，制药商要将药品连同药方呈报警察机关查验批准，然后才能销售。

凡经营中药的药店，所用店夥须熟悉药性；经营西药的药店，每店至少要有一名药剂士，只有在国内外药学校或医学校毕业领有文凭的，或者有药学经验，呈经官厅考试及格发给证明书的，或者曾在医院管理配药三年以上的，或者曾在药店练习配药五年以上的，才有资格成为药剂士，由警察机关核发证书。药品经查验，认为有碍卫生、有伤风俗或掺假时，将违禁药品销毁，药商购置和贮存剧毒药品时，要将药品数量详载簿册，以备警察机关查验。药品的使用也有严格规定。药店在接受医方配药时，对药品、分量及病人姓名、年龄、住址、医生姓名均应注意，遇有疑问或处方不当时，要问明开方医生。所开中药如有缺少，须请医生另易他药，店夥或药剂士不得任意省略或更易。剧毒药品售卖，须根据医生署名盖章的处方，该处方应保存十年，以备专核。

印刷也是北洋政府严格控制的行业。1919年颁行的《管理印刷营业原则》将印刷业确定为“凡以机械或印板及其他化学材料印刷中外文书、图画为营业者”。经营印刷业，无论专业兼营，均应先行呈报，得该管警察官署许可，给予执照后方准营业。已受警察官署许可的印刷业主，如果其呈报情状有所变更，应随时另行呈请许可。印刷业主于受委托印刷物时，应随时开具印刷目录，呈送该管警察官署。警察官署接到前期目录后，如认为有违反出版法禁止出版之情形时，得调取其印刷物或原稿检查之。检查后，如确有违反出版法之禁印物，应禁止其印刷。如印刷业主违反有关规定，将被处以罚金，并得禁止其营业，或者依出版法有关条款处置。

**五、对危险物品进行管理**

枪支、弹药、易燃、易爆、易腐蚀等类物品的失控与流失，极易给社会治安带来隐患。北洋政府时期尽管没有明令禁绝团体或个人收藏枪支、弹药，但控制很严。1913 年 9 月颁行的《管理收藏枪支规则》规定：收藏枪支必须以“公共防卫或自卫财产为目的”。只有经官厅核准成立的地方团体、商会，有正当职业的住户和纳五等捐以上的店铺，才可收藏枪支。上述店铺、住户，除呈报有关人员的情况外，须把枪支呈缴警察官厅检验，并注明子弹数目，取具五等捐以上铺保三家；地方团体或商会则以总董事会、商务总会的正式公文担保。警察官厅检验后，于枪支上烙盖火印、发给执照。违反上列规定而收藏枪支者，将依律处罚。

经营易燃易爆物品（干草、煤油、烟花、火柴等）的行业，开业前须呈请警察机关许可，且必须设置防燃、防爆器械。干草业置备储水太平桶和水枪。而且干草只能堆放在空旷处所；煤油业的库房不准设于繁华街市，库房内要有存油地窖，并各置激筒、水龙和青灰沙土；烟花业除设置存货地窖和防火器具外，其购买火药、硝磺等原料，得先报请警察机关核准，储存数量要按季报告；火柴业的储磷房要经常锁闭，不见日光，制造场所应选择四邻无居民之地，且须备有防火用具。违章制造、贩运、收藏易燃易爆物品，将遭到警察官署的严厉取缔。

## 六、关于消防管理的若干措施

北洋政府时期，除在刑法、违警罚法等法律中对放火、失火、火灾做过否定性规定外，并未颁布全国性的消防条例，但各地的消防工作大同小异，一般仿照京师地区的做法。

根据1914年8月颁行的《京师警察厅官制》，京师警察厅设消防处管理消防事宜，包括："一、关于消防员弁之配置及进退、赏罚事项；二、关于消防区域及机关之设置、废止事项；三、关于器械之管理事项。"处内设两科，一科主管文牍、庶务和会计，二科主管卫生、军需和器械；处下设6个消防分队，分管京师6个消防区域。消防区域依附于巡警区域，每个消防区域包含3～6个巡警区域；一旦发生火警，二者相互策应。

北洋政府时期，京师地区消防警察（初期称消防队兵）通过招考募集。凡年在18岁以上，25岁以下身长5.5尺以上，6尺以下，目能视远，身无暗疾，粗通文理，未受过刑事制裁的均可报考。报考时应具荐举书和志愿书。荐举书旨在证明报考者具有充当消防警察的资格，志愿书即个人保证书，保证被录用后遵守京师警察厅关于"消防职务上之规则"。被录取者实行军事化管理。京师警察厅消防处处长对各消防分队和分遣所，随时巡视，消防处各科科长和科员每日必须巡视两次以上，检查各分队长执行勤务状况，火警出场准备，同时进行管区内地理、水利调查等。遇有火警，他们要赴火场巡视，并会同分队长及该管警区填写报告。消防分队长对该管段和分遣所每日必须巡视六次以上，检查消防器材，告诫消防注意事项。这种组织上的严格管理和责任的层层落实，可以有效保障消防警察队伍的战斗力。

京师警察厅设望火台，内置大钟，依规定信号及时报告火警。如火警在距望火台半里以内，则发"近火信号"（乱点）：各消防区遇有大火，须各消防分队一齐出动时，则发"总出信号"（三点），此外还有"非常信号"、"火熄信号"等，这种原始报警方式，随着电话的推广，才逐渐发生改变。在火灾现场，消防警察可以启用一切水源。在使用井水时，如果井亭、井台、铁木栅栏成为障碍，可以酌量拆除。另外，京师警察厅还针对行业的不同特点公布了一些消防条规，如：《焚化冥器及各项纸扎规则》、《管理堆积干草营业规则》等。这些条款对京师内城的防火工作，亦起到有效的促进使用。

除京师外，山西省会太原的消防工作也值得注意。太原消防的机构设置、组织管理与京师大致相同。消防队员平时要接受训练、操习水机，维修和添置消防器材，熟记管区内街道和水井的位置，并在钟楼上昼夜值守，一旦发现火情，消防队长要立即带队驰救，同时急报警察厅长。消防队到达火场后，如果屋内有误遗儿童和残疾人，须抢先救出。如系官署局所失火，应先抢救案卷文件及其他重要物品。在实践中，太原消防形成的一套维护火场秩序的作法亦颇具特点。维护火场秩序的任务由省会警察厅及其各区署承担。厅署闻知火警后，立即召集巡官长警携带灭火器材驰赴火场，协助消防队灭火。其协助方法有三：一是防卫，即在距火场四十丈以外的地方设置防火线，在防火线内巡逻，严禁行人车马入内，以保证灭火不受干扰，得以有秩序地进行。火线以外的岗警则禁止行人车马在消防队及其他援救者的必经之路上通行。二为扑救，即用器械扑灭火灾或拆断火路，如需拆除邻近房屋应经长官同意。三是保护，即援救被难人并搬运其财产脱离火场。

### 七、对政治自由权的强控制

自清末兴起的宪政改革，顺应了中国历史发展的趋势。北洋政府当然不敢公开逆潮流而动，何况靠“宪政改革”这个幌子，它还可以笼络一部分民心。因此在北洋政府统治的短短十几年时间里，尽管战乱频频，却有三部宪法性文件出台，其中有两部正式颁布实施：即1914年公布的《中华民国约法》、1913年拟定的《天坛宪法草案》和1913年公布的《中华民国宪法》。此三部宪法性文件确认中华民国为民主共和政体，且赋予国民广泛的民主自由，其中较重要的内容为言论、出版、集会、结社的自由。《中华民国约法》第五条第四款规定："人民于法律范围内，有言论、著作、刊行及集会结社之自由"。第十条、十一条也有类似规定。但北洋政府赋予人民自由是假，借以掩盖军事独裁目的为真，因而北洋政府不仅在这些赋予自由的条款内加上"于法律范围内"或"非依法律不受限制"的内容，更通过制定所谓的治安法规来直接限制剥夺人民在宪法上应有的自由。这些治安法规较具代表性的是《出版法》、《报纸条例》、《预戒条例》和《治安警察条例》等，均在1914年出台。这些法规不仅暴露了北洋政府的反动本质，也使北洋政府颁行的其他治安法规蒙上扭曲的阴影。

1914年3月，袁世凯以教令第三十号颁布《预戒条例》，明确规定对"无一定职业，常有狂暴之言论行为者"，"不知检束，常有破坏社会道德或阻挠地方公益之言论行为者"，警政官署可以行使"预戒"命令："命其于一定期限内从事合法之职业"；命其时加检束，不得蔑弃道德或阻挠公益。并将受预戒人之姓名、年龄、籍贯、职业、住所，实行预戒的原因、预戒命令的内容和所受处罚，在该管界内公之于众，以示警戒。根据预戒条例第九条的规定，受预戒命令之人，三年内若移居他处，须于未移居前24小时内报告于原住之该管警察官署，并于已移居后24小时内报告于新住居地之该管警察官署，由该官署转报于原行命令之官署……而留宿受预戒命令之人，或与其同居者须"于24小时内用书状或以言词向该管地方警察官署"报告。所谓"狂暴"言论主要指对北洋政府表示不满，传播民主自由等进步思想的言论。因而受到预戒命令之人，往往为革命或民主人士。由此可见，北洋政府对人民言论、行动的防范与控制是相当严密的，根本不考虑宪法赋予人民的言论行动自由。1914 年 4 月，袁世凯以教令第四十三号发布的《报纸条例》是对人民言论、出版自由的又一次剥夺。此条例将报纸定义为“用机械或印版及其他化学材料印刷之文字、图画，以一定名称继续发行者。”它明确要求，发行报纸应由发行人开具所办报纸各款事项后，“呈请该管警察官署认可”，警察官署认可后给予执照。根据本《条例》，国内无住所或居所者，剥夺公权尚未复权者，海陆军军人，行政、司法官吏，学校学生及精神病人不得充当报纸发行人、编辑人和印刷人。报纸发行前二十日内，发行人应向警察官署缴纳相当数量的保押费，“在京师及其他都会、商埠地方发行者，加倍缴纳保押费”，报纸发行后，须定期递送该管警察官署存查。《条例》第十条规定：“下列各款，报纸不得登载：一、淆乱政体者；二、妨害治安者；三、败坏风俗者；四、外交、军事秘密及其他政务、经该管官署禁止登载者。八、攻讦个人隐私、损害其名誉者。”在这里所谓“淆乱政体”、“妨害治安”、“败坏风俗”并无具体含意，而由北洋政府根据控制社会的需要任意解释，以此加强对报纸印行的监督。《条例》第十五条至第三十二条规定了对违反《条例》行为的处罚，主要以罚金、注销执照等行政处罚为主；但报纸登载第十条所列各款内容者将引致刑事责任。从表面看，条例限制了报纸发行人、编辑人和印刷人的办报自由，实质上它是对广大公民言论自由的控制与防范。

1914 年 12 月公布的《出版法》，再次加强了警察官署的出版控制权。它规定出版之文书、图画须于发行前禀报该管警察、官署，未设警察机构的地方禀报县知事。“将出版物一份送该官署，一份经由该官署送内务部备案”。已经备案出版物于再版时，如有修改增减或添加注释、插图，应重新禀报备案。如果警察机关认为出版物有所谓“妨害治安”“淆乱政体”的内容，“得没收其印本及其印版”。并可以将有关人员（著作人、发行人、印刷人）交付司法官署，追究其刑事责任。通过对出版自由的践踏，北洋政府再次阻塞了广大人民的言路。

1914 年 3 月施行的《治安警察条例》（同年 8 月改称《治安警察法》）侧重于对人民结社、集会自由的控制。因其统治基础脆弱，北洋政府对结社、集会活动极为敏感。此《条例》将结社、集会分为两类，即政治性结社、集会和公共事务性结社、集会。政治结社须于该社组织之日起 3 日内由组织人出面将本社名称、规约、事务所等事项向所在地该管警察官署呈报；政治集会须于集会 12 小时前由发起人出面，将集会场所，时间呈报于会场所在地之该管警察官署，未按时开会者，其呈报无效。公共事务性结社、集会与政治无关，但警政官署为维持安宁秩序计，可以命令组织者、发起人依规定程序呈报。出于控制目的，《条例》规定“褫夺公权尚未复权者；未成年人；女子；陆海军军人；警察官吏；僧道及其他宗教师；小学校教员；学校学生”不得加入政治结社或集会。警政官署认为结社宗旨或集会有“扰乱安宁秩序”、“妨害善良风俗”或有其他导致治安混乱可能者，可以令其解散。

为防止人民群众团结或受到“不良”煽动，北洋政府甚至连群众室外集合，公众运动游戏，于公共场所粘贴文书、图画或朗读都不放过。根据《治安警察条例》，这类活动须事先呈报于该管警察官署，而且，警察官署认为其人有“扰乱安宁秩序之虞”或“妨害善良风俗之虞”时，可予以解散或禁止。而“安宁秩序”、“善良风俗”可以由警政官署本着当局的意图任意解释。可见北洋政府给予人民的结社、集会等项自由，不过是自欺欺人的空话。

北洋政府时期治安法规的数量很大，涉及社会方方面面，因为治安管理本身就是一项综合性极强的工程。以上仅是从某些方面，选择了个别较为典型的措施对北洋时期的治安管理进行概括性介绍，难免疏漏。但是，仅仅透过这些典型法规，我们便可以从总体上把握北洋政府的治安管理的本质了。

首先，北洋政府制定治安法规的目的在于缓和社会矛盾，稳定社会秩序，进而维护和巩固其军事独裁统治。从本质上说，其出台的治安法规是反动的，尤其是那些直接剥夺人民群众宪法权利的法规。其次，我们也应该看到，北洋政府出台的这些治安法规借鉴了历史上、尤其是清末以来的立法经验，同时也吸收西方国家的一些成果，因而其治安法规带有一定的科学成分。此种科学性首先体现于有关交通、消防、危险物品管理等一批技术性规范中，又在有关户籍、慈善收容机构、特种行业管理等一批非技术性法规内有所体现。如果仅从维护社会治安的角度分析，北洋政府的立法指导思想中，也有值得我们思索、研究，并加以借鉴的东西。

总之，到北洋政府时期，治安管理已形成体系，有关法规亦日见成熟。这套法规及由此而形成的治安管理体系经过改头换面，又为南京国民党政府所沿用。

# 第十四章

# 国民政府：近代治安制度的全面确立

蒋介石于1927年发动“四·一二”事变，窃取北伐革命的成果，在南京成立了国民政府，从而建立起国民党对全国的统治，直至退出大陆为止。历史上就把1927—1949这段时期称做“国民政府时期”。此时，正处于中国共产党领导的新民主主义革命运动不断高涨和半封建半殖民地社会制度最后崩溃的年代，因此，蒋介石的统治就不再是一般买办阶级的专政，而是以四大家族为首的官僚垄断资产阶级的专政；其政体不再是军阀独裁专制，而是代表大地主、大资产阶级的封建买办法西斯独裁制度。在这个制度下，蒋介石逐渐建立了规模庞大、组织严密的警察系统，我国近代治安管理制度也就从初步发展而走向全面确立。

## 第一节　国民政府的治安管理机构

从19世纪末到20世纪初，以戊戌变法为起点，清政府逐步建立起近代警察机构，其后经临时政府的资产阶级民主改造以及北洋政府的全面整顿，中国近代警察制度已经成型，到国民政府时期，国家治安管理机构得到全面确立，各种强化治安的制度、措施、手段，也都一一出台。其时，警察机关中的治安管理机构，包括中央警察机关的治安管理机构、首都警察机关的治安管理机构和地方警察系统的治安管理机构，更受到极端重视。

## 一、中央警察机关的治安管理机构

1927年，蒋介石定都南京，即改原北洋政府内务部为内政部，由内政部的警政司统管全国的警察事务。

1928年4月内政部成立，直属于国民政府（当时的国民政府受国民党中央执行委员会的指挥和监督），国民政府下设17个部、院、局、委员会等。其中，内政部居于各部院局委之首。内政部内设四司，即民政司、警政司、土地司、卫生司，其中警政司掌管治安警察、民团、出版物、礼制、宗教以及保护名胜古迹、禁烟等事项，这些事项基本属于治安管理方面的内容。

1928年10月3日《国民政府组织法》公布，国民政府机构改行“五院制”，行政院为全国行政最高机关，内政部为行政院的首席部。同年12月8日，内政部组织法修正公布，规定内政部有指示监督各地方最高行政长官执行警察事务的职责。各地方最高行政长官行使有关警察事务的职权，所作出的命令或处分，内政部认为有违背法令或逾越权限的，有权提请行政院长向国务会议提请议决后停止或予以撤销。在内政部内部，则改设为总务司、统计司、民政司、土地司、警政司、礼俗司等六个司。其警政司掌管行政警察、外事警察、户籍、登记、民团、警察教育、图书版权的登记保障及出版物的检查、社会团体立案、禁烟等项，基本属于“治安管理”方面的事项。

1931年4月4日，内政部组织法再次修正。内政部设置一署六司，即卫生署和总务司、民政司、统计司、土地司、警政司、礼俗司等，并设置内政部直辖的首都警察厅和警官高等学校。抗日战争爆发以后，内政部又成立了直属的警察总队。

1946年6月19日，《内政部警察总署组织法》公布，于同年8月15日，内政部警察总署正式成立，接管了前警政司各单位的全部业务。至此，中央警察机关系统设置为：内政部内设警察总署，并直辖首都警察厅和中央警官学校（由前警官高等学校改称)。

警察总署的成立，是国民党时期警政改革的主要标志，是多年来“统一警政”思想的结果，曾被称为“警察史上划时代之改制。”① 蒋介石曾说过：“警察在国家的地位，比军队更重要，军队只是对外，在国防上保护国家；警察是对内，要在国内维持秩序，保护百姓的生命。”② 中央警官学校教育长李士珍在其《建警意见》中提出：“目前警察系统组织混乱不一，以致警察本身业务每为其他机关代庖，而警察所作之工作，又多为警察不相干之业务。……故今日之建警，当先从确立系统着手。”③ 警察总署的成立，首先，加强了中央警察行政机构；其次，以相对独立的中央警察机构统一督导全国警察机构的设置与完善。与前警政司相比，警察总署地位要比警政司高一级，根据国民政府其他部、署发展情况看，一般是按照这种规律发展：司扩充改为署，署进为部，因此，署是高于司而低于部的机构；警察总署在行使职权方面与警政司相比，又具有较强的独立性，对各级警察机关以及遵照部令转饬事项、督率进行事项、呈部核准事项等均可以直接发布署令，而且警察总署办事细则可以由总署自行拟定报部核准。警察总署的机构设置的规模自然也大于警政司。

根据《内政部警察总署组织法》规定，警察总署的主要职能机构是六个业务处，第一处负责行政，第二处负责警察教育，第三处负责保安，第四处负责刑事警察和出版检查，第五处负责外事，第六处负责总务，另设有警察总队，即原由内政部管辖的警察总队转归警察总署管辖。其中，涉及治安管理方面的内容，主

---

① 张其昀《中华民国开国五十年史论集》第 1 册，第 193 页。转引自韩延龙主编《中国近代警察制度》。中国人民公安大学出版社，1993 年 9 月第 1 版，第 545 页。

② 张其昀《中华民国开国五十年史论集》第 1 册，第 189 页。

③ 《中央警官学校十周年纪念特刊 · 建警概况》。中国第二历史档案馆藏。

要由第三、第四、第五等三个处负责，如第三处的保安管理，对地方治安行政的督导考核，对自卫枪支的管理以及对户口调查的督导等事项；第四处对刑事警察和出版物的检查，违警处理的考核，集会、结社的保护，出版物的登记及著作权注册等事项；第五处对外事的管理，对外侨出入国境的签证、调查、登记及其保护，外国使、领馆人员的保护等事项，都在其治安管理业务范围之内。

## 二、首都警察机关的治安管理机构

史料记载，首都警察机关自清末以来，历来都很重视，国民党统治时期也不例外。1927 年，国民党定都南京后，多次更改南京警察机关的名称。1929 年 3 月，国民政府曾下令："国都首善之区，警政关系治安，至为重要。查各国通例，首都警察多系特设机关。体察现在情形，南京特别市原有之公安局应改为首都公安局，归内政部直辖，以策进行而资督率。"[①] 同年 10 月 23 日，《首都警察厅组织法》由内政部公布，又改首都公安局为首都警察厅，并于同年 11 月 1 日正式组织成立，直属于国民政府内政部，不受地方管辖。

首都警察厅成立伊始，内设机构为 3 科 2 处，即总务科、保安科、司法科、督察处、训练处，科、处下设股。其中，涉及治安管理方面的内容分设在以下几个部门：第一，保安科下设四个股，第一股负责管理集会结社、危险物品、出版物及公共场所检查，戒严等；第二股负责户口调查、登记、统计，监护假释人员，保护、监视外国人，管理各种营业等；第三股负责交通设备的管理，交通物体的检查，名胜古迹、公有物的保护等；第四股

① 韩延龙主编《中国近代警察制度》。中国人民公安大学出版社，1993 年 9 月第 1 版，第 549 页。

负责消防管理、感化等。第二，司法科下设四个股，其中的第一股负责违警处分、禁烟等。第三，督察处负责内外勤务，含各城门稽查，临时命令检查，监护，取缔等事项。

1937年3月3日，内政部公布了新修改的《首都警察厅组织暂行条例》，该条例对其内设机构及职权进行了调整，将原来的3科2处改为3科1处，撤销了保安科、训练处，名称也有所不同，即总务科、行政科、司法科和督察处，原保安科的权限基本上归于行政科。涉及治安管理方面的内容分设于：行政科负责警区设置及变更，户口调查，保安正俗，交通，消防，救灾，市容整理，营业，以及其他行政警察事项等；司法科负责违警处分；督察处负责内外勤务，稽查，警卫，戒备，临时命令派遣等。

1937年12月，日寇南下，南京陷落，蒋介石国民政府迁往重庆，重庆警察局在抗日战争时期被赋予特殊地位；而南京的首都警察厅则被“维新政府”和汪伪的国民政府所控制。

国民政府将原重庆商埠升级为市，于1929年3月，成立重庆市政府。市警察局隶属于市政府，设3科1处，即警务科、司法科、卫生科和督察处，后来警察局缩编降格，隶属于警备司令部。抗战时国民政府迁往重庆后，重庆成为战时首都，重庆市警察局遂具有“战时首都警察厅”的职能，直至抗战结束。

1938年12月，国民政府公布了《重庆市政府组织规则》，重新规定重庆市警察局直属于市政府，负责公安、消防、户口调查及人事登记等事项。警察局内设三科一处，即总务科、行政科、司法科和督察处。警察局外部组织为依管辖区域设立的若干警察分局，分局下又设若干分驻所；水上区域设立了水巡队；警察局的局管机构还有侦缉队、警察大队和警察训练所等。

1940年，国民政府决定将重庆市升格为“院辖市”，后来明令定为中华民国的陪都，与此相应，重庆市警察局的规模也随之扩大。其内部机构是：局内设有5科1处4室，即行政科、司法科、户政科、保甲科、军事科；督察处；秘书室、人事室、会计室、统计室。行政科内有外事、治安、交通、管制四股，与户政科的三股一起，共同承担维护重庆社会秩序的治安管理的任务。其外部机构划分为若干层次。一是划区设分局，并设市警察局直属的各种警察总队。重庆全市划分为17个陆上区和一个水上区，共18个区，每区设一个分局；直属于市局的警察总队有保安警察总队、消防警察总队、侦缉总队、义勇警察总队等。二是各分局下划管区，设分驻所、派出所。三是为加强对户籍业务的管理，各分局又增设了户籍室，专设户籍警长、户籍生，办理相关业务。

1945年8月，日本帝国主义宣布无条件投降，国民政府恢复了南京的首都地位，并逐步恢复和重建首都警察厅。至1946年6月19日，国民政府公布了新的《首都警察厅组织法》，对抗战前的首都警察厅的内外机构作了较大规模的调整。内部机构包括4处1室，即，行政警察处、刑事警察处、督察处、总务处和外事警察室。其中，涉及治安方面的保安、调查户口、营业、交通以及其他有关行政警察的事项等，由行政警察处负责；涉及治安方面的危险物品管理、消防管理等事项由督察处负责。

根据1946年6月颁布的《首都警察厅组织法》，首都警察厅的外部机构可以分为两类：第一类是各种警察总队、警士教练所和警察医院。警察总队包括保安警察总队、消防总队、刑事警察总队（原侦缉队）、清洁总队、特别装备队和警卫组织。涉及治安管理方面的业务主要有保安总队管理。第二类是按照管辖区域设置的各个警察局和巡逻队。首都警察厅仍然按辖区内的人口、面积、社区情况划分区域，设立警察局，警察局派出机构是警察所（原分驻所）。抗战胜利一周年时，首都警察厅的外部机构已基本恢复，共设立十二个警察局，分别为东区局、西区局、南区局、北区局、中区局、下关局、浦口局、东郊局、西郊局、南郊局、北郊局、水上局。各辖区的治安管理由各区局及其警察所管辖。

### 三、地方警察系统的治安管理机构

国民政府时相期，地方警察系统主要包括省级警察机关，院辖市、省会市和一般市的市警察机关，县级警察机关，区、乡、镇警察机关以及管区等。这些警察机关中都设有相应的治安管理机构和专职治安管理人员。

#### （一）省级警察机关

南京国民政府成立之初，即撤销了原北洋政府时期设置的省警察主管机关——省警务处，将各省警察事务划归省民政厅管辖，民政厅直属于省政府，是省政府下设的行政主管机构之一，下设若干科，科下设若干股，由某科或某股负责警察事务。但由于各省的警察机构的具体组织差别颇大，民政厅管辖的事务又很庞杂，因此，各省警政管理不力，内政部欲重新设置省级警政机关。其后，依据省级警政机关组织法，省级警政机关的设立变化颇多。省级警政机关组织法先后有 1929 年 6 月 27 日国民政府公布的《省警务处组织法》，1929 年 8 月 9 日内政部公布的《省警务处长任用规程》，1937 年 11 月 4 日修正的《省警务处组织法》，1947 年 5 月 26 日国民政府公布的新制定的《省警保处组织法》和 1948 年 1 月 23 日国民政府行政院公布的《省保安司令部组织规程》等。

根据 1929 年 6 月 27 日国民政府公布的《省警务处组织法》，省级警政机关设定为警务处，隶属于民政厅，但是当时军阀割据、混战，各省并没有统一设置警务处。根据 1937 年 11 月 4 日修正的《省警务处组织法》，省级警政机关仍设定为警务处，但不再隶属于民政厅，而直属于省政府，警务处级别、地位提高，职权扩大，但有些省份并未依法设立警务处，其警察事务仍由民政厅管理。

根据1947年5月26日国民政府公布的新制定的《省警保处组织法》，各省设置警保处，是将各省原有的保安司令部（保安处）和警务处合并而成的一个“警保合一”的机构，警保处隶属于省政府，职权扩大为统管全省警察及保安事务。警保处内部机构增加到6科3室，六科按序号排列，三室包括会计室、统计室和人事室。其中，涉及治安管理内容分别由不同的科负责，交通、消防、风俗、禁烟等警察事项由第一科负责；管理治安、监督治安行政、公私武器管理、户口调查等事项由第三科负责；处理违禁出版物由第五科负责。

随着形势的发展，国民党为极力对抗中国共产党，强化其统治，于1948年1月23日，由国民政府行政院制定、公布《省保安司令部组织规程》。依据该组织规程规定，在各省设置保安司令部，直属于国民政府行政院。保安司令部是一个集军队、警察于一身的军警合一的武装力量指挥部，其性质更接近于军事性。首先，从省保安司令部机构的领导人员的配备来看，司令由省主席兼任，副司令、参谋长由国防部委派，足见其军事性质的强化；其次，从省保安司令部组织机构的设置看，设有参谋处、警保处、新闻处，秘书科、总务科，会计室、军法室、人事室等，只有警保处属于警察系统，其他各处、科、室均属于军队系统。警保处下设四科，第二科负责治安行政和出版检查工作，第三科负责“民众自卫队”的组织训练。这些工作基本属于治安管理的内容。

（二）院辖市、省会和市的警察机关

南京国民政府成立后，认识到维护城市治安的重要性，曾先后对城市警察机关体制进行过多次调整。总的来讲，根据南京国民政府的法律规定，城市在行政上分为四种：一是首都，如前所述；二是院辖市，指直属于中央（行政院）的市；三是省会城市；四是省辖市。

(1) 院辖市警察机关　院辖市曾经被称为特别市，1930 年 9 月以后改称院辖市，院辖市的地位较高，与省级相同。院辖市警察局（公安局），直属于院辖市市政府，地位也较其他市警察局高。警察局机构分内部机构和外部机构，内部机构设若干科室，外部机构按管辖区域设立若干分局或区署，以及各种警察队等。

以当时的北平市公安局为例，局机构先后有所变化，最后确定内部机构为 5 科 1 室 1 处。五科即第一科、第二科、第三科、第四科和政训科；一室即秘书室；一处即勤务督察处。涉及治安管理内容的消防股设在第一科；治安股、交通股、调查股和户籍股设在第二科；内勤外勤设在勤务督察处。外部机构设有 15 个区署，分为内城的 6 个区署、外城的 5 个区署和郊区的 4 个区署，各区署下设有派出所，内城区署和外城区署的派出所下设分驻所，郊区区署的派出所下设驻在所；设有 5 个保安队，侦缉队，消防队，警车队；设有自行车队，特务警察队，乐队，警士教练所，公安感化所，收发娼妓执照所，检验牲畜事务所等。派出所包括分驻所、驻在所；保安队、消防队以及收发娼妓执照所等，分头承担着治安管理的相应职责。

(2) 省会警察机关　省会警察机关称省会警察局（公安局），直属于各该省警察主管机关民政厅或警务处或后来的警保处。省会警察局内设机构有科、处、室，如：总务科、行政科、司法科、督察处、秘书室等，其中，行政科负责调查户口，保安正俗，交通卫生，消防救灾等治安管理事项；外部机构也是依照管辖区域依次设置分局、派出所和分驻所，各种专业警察队等，如保安警察队、刑事警察队、消防警察队、拘留所、济良所等，维护省会城市的社会治安。

(3) 省辖市警察机关　省辖市是一般的普通城市，省辖市警察机关隶属于该市政府，其规模较省会城市小。省辖市警察局

（公安局）机构较少，内设机构一般有若干科，科下设股，外部机构设有分局和保安队、消防队等各种专业队，分局下设分署、派出所（分驻所）等基层单位，其所负责的治安管理的业务划分也较具体，比如公安、消防、公共卫生、医院、菜市、屠宰场及公共娱乐场所的设置或取缔等事项。

（三）县级警察机关和区、乡、镇警察机关

县级警察机关隶属于县政府，国民政府颁布的《各级警察机关编制纲要》设定了两种县级警察机关体制。一是设置县级警察局，局内机构设若干科；外部机构设警察所、派出所、分驻所，以及各种专业警察队等，负责所辖县的治安事务。二是设置警佐室，警佐室设在县政府，对外以县政府名义，类似于县政府的一个科，负责全县的警察事务，如户口调查、保安、正俗、消防、交通、违警处理等，同时可在重要地区设置分驻所，由警佐对其指挥和监督。

区、乡、镇警察机关是县警察机关的分支，一般设立警察所，负责所辖区、乡、镇的社会治安管理。

（四）警管区（警勤区）

南京国民政府统治时期在基层设置的警察机构，从城市到乡村，发挥作用最大的莫过于“警管区”的设置。警管区不像其他历来有之的各级警察机关，它是在1936年8月1日颁布的《各级警察机关编制纲要》里正式规定下来的。所谓警管区，即一警一区，根据一个警察的能力划定区域，一个警察在该区域内统管各种警察事务，维护区域内的社会治安。1948年8月改称警察勤务区，简称警勤区。

警管区的设立，是中国基层警察体制和警察勤务制度上的一项重要改革。设立之初，主要是考虑到中国广大农村长期没有警察维护社会秩序，而警管区适合于任何地方，少则一人独立统管社会治安事务，多则多个警管区联为一体，集体行动，合而为类似于分驻所的作用，警管区的设立加强了警察对社会面的控制，是治安管理的最基层的机构。

## 第二节　国民政府的治安法规

南京国民政府统治时期整个警察立法得到空前发展，治安方面的立法也不例外。在这个时期，国民政府首先大量吸收清末、北洋政府的警察法规，表现为对清末、北洋政府的法规的直接继承，许多法规都是在对清末、北洋政府的法规稍作修改的基础上颁布的；其次，当时许多法学专家注重引进世界上其他国家的警察理论和立法制度，直接影响到这个时期各种治安法规的制定，使其内容得到丰富和提高；同时，有许多法规与本国情况并不相适应，不免变更频繁，因而法规的连续性差。

这个时期的治安法规多达几十种，主要分为三大类：

第一，规范治安管理机构的法规。如 1928 年 10 月颁布的《内政部警政专门委员会条例》，为改进全国警政，特设警政专门委员会，为此制定该《条例》；1929 年 10 月颁布的《首都警察厅组织法》和 1937 年 11 月修正的《修正首都警察厅组织法》，明确规定对首都的保安正俗、维持交通秩序、消防、违警案件的处分等事项的负责机关；1929 年 6 月颁布的《省警务处组织法》和 1937 年修正的《修正省警务处组织法》，规定省警务处掌理全省的水陆警察事务；还有《省会警察局组织暂行规程》、《市警察局组织暂行规程》以及《县警察机关组织暂行规程》、《拘留所规则》，以及前述的《内政部警察总署组织法》等。

第二，规范治安管理业务的法规。凡关于交管、户政、戒严、违警等治安业务方面的立法均属此类。如规范交通管理的《陆上交通管理规则》，由内政部公布于 1934 年 12 月 21 日，凡地方陆路交通事宜依照本规则处理；规范户口管理的《户口调查统计报告规则》、《清查户口暂行办法》、《人事登记暂行条例》、《户籍法》以及《户籍法实施细则》等；规范戒严特殊时期的治安管理的法规，如先后两次颁布的《戒严法》；对违警案件处理的《违警罚法》；对被假释人员的管束的法规，如《假释管束规则》、《保护管束规则》；维持特殊时期治安的办法，如《维持治安紧急办法》、《非常时期维持治安紧急办法》，这两部法规具有鲜明的法西斯特点。

第三，有警察参与管理的其他政府部门的法规。如《国籍法》、《护照条例》、《团体协约法》、《农会法》、《渔会法》、《药师法》、《建筑法》、《出版法》、《古物保存法》等行业管理法规中有关公共安全和社会秩序方面的规定，警察机关都有参与实施的责任。

以下对几个具有代表性的法规加以简要介绍：

### 一、关于《违警罚法》

南京国民政府的警察制度是在间接继承清末和直接继承北洋政府警察制度的基础上建立和发展起来的。就其本质而言，这三者一脉相承，并没有什么根本的不同。但由于时势变迁，该时期与以往的两个时期相比，有不同的时代格局。不能不给此时的警察体制打下新的烙印：宪兵和特务属于警察的组成部分，甚至渗透、攫取警察职权；警察与军队密切联系；警察与保甲相辅相成；其警察设置及其活动以反共、反民主为主要目标，其法规的修定也在逐步强化这一特征。

民国十七年（1928年），修改后的《中华民国刑法》公布，条文内容较前大为充实，此时《违警罚法》与该刑法便有诸多抵触之处，同年5月即从事整理修改，7月21日公布施行，名称仍为《违警罚法》,[①] 其体例和条文数目也与北洋时期的《违警罚法》完全一致，仅将与刑法有抵触的地方及违反“国民党党义”的地方予以修改，计九章，五十三条。在总则中，①将责任年龄提高一岁，规定“未满十三岁人违警者不处罚”；②处罚等级制，改用“几分之几”为处罚加减标准，如“得减本罚四分之一”之类。其《分则》中的各类具体违警行为名称、排列次序均未变动，内容上稍加增列细化，如“妨害秩序之违警罚”一章中，第三十五条第四项增加规定“于学校、博物馆、图书馆及一切展览会场，或其他供人居住之处所，聚众喧哗，不听禁止者”；“妨害风俗之违警罚”一章中，第四十四条第三项增加规定“当众骂詈嘲弄人者”等内容。

民国二十四年（1935 年），《中华民国刑法》又一次修改并公布施行，刑法的修改参考了多个国家最新的立法内容及其学说理论，从结构到内容进步甚多，《违警罚法》与其密切，受其影响，当然须要修改。内政部于民国二十五年（1936 年）春着手草拟修正草案，于民国二十六年（1937 年）春完成初稿。因抗日战争爆发，暂行搁置。民国三十年春（1941 年），重理原案，于民国三十二年（1943 年）9 月由国民政府公布，同年 10 月 1 日施行，名称仍为《违警罚法》。1946 年 6 月 19 日和 1947 年 7 月 16 日，国民党政府又两次修正，多属词句的增改修订。

1947 年 7 月 16 日修改后的《违警罚法》在体例结构上分为总则、分则两编，各编划分章节条和项，单独排序。较之以前变化甚大，立法技巧也有了一定的提高。参与其事的钱定宇说：“其立法精神乃系以客观事实为根据，一般法理为准绳，就旧行违警罚法加以整个之修订；弃其糟粕，补其罅隙，输入时代精神，增大运用力量，俾以建立完整之警察法典，增强警察之社会

---

① 戴鸿映《旧中国治安法规选编》。群众出版社，1985 年 3 月版，第 342 页。

效能。顾损益既多，面目已非，虽云修正，实已不啻重新创新矣。”

第一编总则，包括五章，计53条，各章分别是：第一章法例；第二章违警责任；第三章违警罚；第四章违警罚之加减；第五章处罚程序。总则方面内容有以下特点：

（一）违警罚法的性质

早在1915年北洋政府拟定违警的罚法时，就认识到违警行为与犯罪的区别，将“违警律”改称为“违警法”，并不以“违警行为”为“犯罪”，但法规的体例、结构、内容却与《违警律》没有多大的差异，并没有体现出违警罚法的特点来。这一次新修订的《违警罚法》，其“总则”规定了详细、单独的处罚程序，“分则”将违警行为名称分立于刑法之外，使整部法典集实体法与程序法于一法之中，可见其脱离刑法规范而与世界各国独立的行政法典相匹配，从而属于行政法的范畴。

（二）违警罚法的基本原则

总则规定了对整个违警罚法具有最普遍意义的基本原则，如：行为与处罚的法定原则。该《违警罚法》开宗明义第一条即规定行为与处罚法定原则。凡违警行为的处罚，“以行为时之法令有明文规定者为限”；除此之外，根据行为与处罚法定原则，又派生出一项原则，即“不溯及既往”的原则。总则规定，“违警行为后，法令有变更者，适用裁决时之法令。”

（三）违警罚法的适用

违警罚法在空间上的适用效力采属地原则。规定，“在中华民国领域内违警者，不问国籍，均适用本法。”领域包括领土、领空和领海外，位于其他任何地点的中华民国船舰或航空器，“以在中华民国领域内违警论”。

（四）追究时效缩短

违警行为的追究时效缩短为三个月，其实质对违警行为加重了处罚，规定“逾三个月者，不得告诉、告发，并不得侦讯。”同时规定，违警处罚，自裁决之日起，三个月未执行的，免予执行。这就从法理上明确了违警处罚逾期不能执行的法律后果，解决了这种不明确的法律状态，有利于社会秩序的稳定。

（五）关于违警责任

（1）违警责任的基础以“客观兼顾主观”为原则，规定：不问出于故意或过失，只要客观上对社会造成危害，均应处罚。但主观恶性小，如出于过失者，减轻处罚；自首者，减轻或免除处罚；违警之情节可悯恕者，减轻或免除处罚。主观恶性大，具有一定人身危险性的，加重处罚，如经违警处罚后，三个月内在同一管辖区域内再有违警行为者，加重处罚；因游荡或懒惰而有违警行为之习惯者，加重处罚。

（2）承担违警责任的主体资格的法定年龄调整为14岁以上，并且规定14岁以上未满18岁者、满70岁者以及精神耗弱或喑哑人，减轻处罚。对于未满14岁、心神丧失人违警不处罚的，14岁以上未满18岁者、满70岁者以及精神耗弱或喑哑人减轻处罚的，规定“管束”制度；无人管束的，送交相当处所施以监护或疗养。这就体现了违警处罚的惩治和预防相结合的目的。

（3）主观方面必须存在罪过（故意或过失），如上述，由于不可抗力而致违警的，不罚，规定“凡为人力或天然力所迫，无力抗拒致违警者，不罚。”

（4）排除社会危害性行为的规定，认为违警行为的成立还必须具备“违法性”条件，具有社会危害性，属于正当防卫和紧急避险的，不应受到处罚。其中：①正当防卫。该《违警罚法》第十二条规定，“对于现在不法之侵害，而出于防卫自己或他人权利之行为致违警者，不罚；但其行为过当者，得减轻或免除其处罚。”正当防卫必须具备的条件是：对自己或他人的侵害是非法的；这种非法侵害是现实存在的；防卫必须与侵害相对称，防卫过当的，应受处罚。②紧急避险。该《违警罚法》第十三条规定，“因避免自己或他人之紧急危难，而出于不得已之行为，致违警者，不罚；但其行为过当者，得减轻或免除其处罚。”紧急避险必须具备的条件是：必须存在现实的紧急危险；这种危险对自己或他人将要造成严重损害；避险行为必须是迫不得已的；避险造成的损害必须同危险相对称，避险过当的，应受处罚。

（六）违警形态

主要是指违警的共同形态，二人以上共同实施违警行为者，分别处罚。其中，帮助违警的，可减轻处罚；教唆违警的，依其教唆的行为处罚。

违警行为不存在未完成形态，违警罚法规定，“未遂者，不罚”。

（七）违警罚

该《违警罚法》的违警罚，已形成体系。在总则中用了两章的内容规定违警罚及其适用。违警罚体系主要由三部分组成：主罚、从罚和保安处分。

(1) 主罚种类：①拘留。拘留是对人身的自由罚，是短期内剥夺人身自由的一种违警罚。拘留的期限为“四小时以上，七日以下。遇有依法加重时，合计不得逾十四日”。修订者认为，违警处罚与刑罚不同，属于行政罚的范畴，对人身自由的处罚不宜过于严苛，为防止滥用职权及侵犯人权，将自由罚降低，由以往《违警罚法》中的拘留“1日以上15日以下”，减为“4小时以上，7日以下”。②罚锾。罚锾是一种财产罚，该《违警罚法》的修订，借鉴各国有关行政罚的处罚以财产罚为主的理论，增加了处罚幅度“一元以上，五十元以下”，将罚金改称罚锾，以区别于刑法的罚金，同时，由于当时经济形势变化，货币不断贬值，在实际操作过程中，罚锾曾增至原定数额的五十倍。罚锾可易处拘留，罚锾应于裁决后三日内缴纳完毕，逾期不缴纳的，以十元易处拘留一日；在罚锾缴纳期内，经被处罚人请求易处拘留的，可及时执行。③罚役。罚役制度是该《违警罚法》的创设，是对违警行为人强制实施劳役的处罚，规定罚役期限为“2 小时以上，8 小时以下”，并且规定罚役可以易处拘留，即如违抗或怠惰者，以四小时易处拘留一日。④申诫。该《违警罚法》将原设的训诫改为申诫，并扩大适用范围，以区别于《刑法》的训诫。

（2）从罚种类：①没入。没入的范围包括供违警所用之物和因违警所得之物，除违禁物外，以属于违警行为人本人所有为限。没入在裁决时宣告。②勒令歇业。是一种营业罚，即勒令永久关闭营业，不准其再经营。勒令歇业单独宣告。警察宣告勒令歇业，受权限的限制，实际的营业登记撤销则属其他行政机关的权限，因此，在实际操作中问题较多。③停止营业。对违警行为人在一定的期间内，剥夺其营业权利的处罚。停止营业也是一种营业罚，期间为 10 日以下。

在具体的处罚中，从罚多系附加于主罚，并视具体违警情况而宣告，没有轻重之分。

（3）保安处分：保安处分究其实质不是一种违警罚，是辅助违警罚实现其处罚目的的一种辅助措施。该《违警罚法》规定的保安处分，根据其针对不同对象使用的不同措施，可分为三种：

第一，未满 14 岁人及 14 岁以上未满 18 岁人的保安处分。该《违警罚法》第十条和第十一条规定，对未满 14 岁人不处罚，对 14 岁以上未满 18 岁人，可减轻处罚，同时辅以保安处分，有两种措施：①管束：由其法定代理人或其相当之人加以管教约束。对未满 14 岁人不处罚的，可直接实施管束；对 14 岁以上未满 18 岁人予以减轻处罚，执行完毕后，进行管束。②教育：对未满 14 岁人不处罚的，如果无人管束或不能管束时，送交收养儿童处所予以教育。

第二，心神丧失人及精神耗弱或喑哑人的保安处分。该《违警罚法》第十条和第十一条规定，对心神丧失人不处罚，对精神耗弱或喑哑人，可减轻处罚，同时辅以保安处分。有两种措施：①管束：由其监护人加以管教、约束。②监护或疗养：如果无人管束或不能管束时，送交相当处所予以监护或疗养。

第三，因游荡或懒惰而有违警行为之习惯者的保安处分。该《违警罚法》第二十八条规定，对因游荡或懒惰而有违警行为之习惯者，加重处罚，同时辅以保安处分，有两种措施：①矫正：送交相当处所，矫正其游荡懒惰的恶习；②强制学习生活技能：送交相当处所，在矫正的同时，强制其学习生活技能，使其获得生活能力。

### （八）违警罚的处罚程序

该《违警罚法》与以往各种违警法规相区别、更体现其行政法性质的最大的特点，即注重程序规范，专章设定处罚程序，列为总则的第五章，计四节，22条。而以往违警罚法在程序方面的规定，过于简略，远远不能满足于实践运用。程序的注重也反映了当时的立法者认识到处罚程序的重要性和吸纳世界法律规则的趋势。当然，程序化本身并不能解决实体权利与义务的公正问题，但是它可以用于权利与义务公正的保障。

处罚程序分四节，共22条。

第一节　管辖

明确规定各级警察机关的管辖权限，规定违警事件管辖权为警察局及其分局（未设警察局的地方，由地方政府行使违警处罚权）、区警察所；涉及违警案件和刑事案件相牵连的，首先移送法院审查，如属于不起诉、免诉不受理或无罪判决的，其行为违警又未逾三个月的，依违警处罚。

第二节　侦讯

侦讯权由警察官于警察官署内行之，必要时，于违警地为之。传唤。对嫌疑人可使用传唤，方式有两种：一是传唤通知单，二是对发现的现行的违警，可直接传唤。对事实清楚，无调查必要的违警案件，可不经侦讯，直接裁决，处罚种类以罚锾或申诫为限，即当场处罚。对证人的传唤，只能使用传唤通知单。

第三节　裁决

对违警行为裁决后，应制作裁决书，并予宣告；宣告后当场交付违警行为人。不必侦讯当场裁决的违警行为，应将裁决书于24小时内送达于违警人。对有必要继续调查不能及时裁决的违警嫌疑人，可不限制人身自由，令其提供"取保人"，听候裁决，如地址明确，无逃亡可能的，还可免予取保。但地址不明，又不能提供取保人的，应暂予留置，但不得超过24小时。不服裁决的，规定了法律救济，可提起诉愿（申诉）。

第四节　执行

违警处罚，除法律有特别规定外，应于交付裁决书后即时执行。罚役的执行，以参与公共利益的劳动为限。

该罚法的第二编为分则，包括七章，共计25条，各章中，又分条和项。分别是：

第一章　妨害安宁秩序之违警，计六条，规定五十种违警行为；

第二章　妨害交通之违警，计四条，规定二十一种违警行为；

第三章　妨害风俗之违警，计四条，规定二十一种违警行为；

第四章　妨害卫生之违警，计四条，规定二十二种违警行为；

第五章　妨害公务之违警，计二条，规定四种违警行为；

第六章　诬告伪证或湮灭证据之违警，计二条，规定四种违警行为；

第七章　妨害他人身体财产之违警，计三条，规定三种侵犯人身违警行为和十一种侵犯财产违警行为。

该《违警罚法》分则并没有囊括所有在违警罚领域应受处罚的行为，因为那些行为已由其他行政法规加以规定；由其他行政法规所明确规定的违警行为，在该《违警罚法》中便没有反映。

分则的内容，主要是将国家观念和社会发展的一些新概念融入具体条文中，如增加规定："非故意亵渎国徽国旗或国父遗像"，"升降国旗，闻唱国歌，经指示而不静（起）立致敬者"的违警行为等；章节编排上进一步突出强调违警罚是处罚违反社会秩序的行为，将以前的妨害安宁之违警罚和妨害秩序之违警罚合为一章"妨害安宁秩序之违警罚"，将妨害交通、妨害风俗、妨害卫生的违警罚提前至妨害公务之违警罚。

该《违警罚法》是我国近代警察史上一部比较成熟的违警罚法规，对后来影响颇大。1949 年 10 月 1 日中华人民共和国成立，国民党政府在台湾仍沿用该版本的《违警罚法》，直至 1991 年重新整理修改为《社会秩序维护法》。

### 二、关于《陆上交通管理规则》

《陆上交通管理规则》是 1934 年 12 月由内政部公布的。

在规模上，该规则系章、节、条三级结构，共计十一章 103 条。

在体例上，总则为一章，从第二章到第十一章具体规定陆上交通管理事宜。

在内容上，第一章"总则"，规定该《规则》的适用的范围，"凡地方陆路交通事宜，除法令另有规定外，悉依照本规定处理之"；第二章"车辆"，车辆是指行驶之车辆，除儿童坐卧游戏车及火车外，包括汽车、电车、人力车、脚踏车及机器脚踏车、马车及其他车辆等。规定各种车辆均须先向警察机关或其他主管机关登记，经检验合格发给号牌及行车执照后，方准行驶；对车辆宽度、旧车换新车、车辆的装载等也都作了具体规定；第三章“车辆驾驶人”，车辆驾驶人排除下列人的资格：患有妨碍作业之疾病者、年在 50 岁以上或未满 18 岁者、精神失常者；第四章“行车”，行车时应注意一切交通标志，服从岗警指挥；第五章“停车”，车辆停放应在指定地点或停车场；第六章“车辆载重”，各车载重不得超过本车应有之限度，亦不得超过行经各车道路桥梁任重之限度；第七章“车辆肇事”，车辆肇事，应即停驶，并速报附近岗警；途中发生事变，任何车辆均应听警察指挥，不得抗拒；第八章“道路”，凡通行车辆之马路、街巷，均称为道路。道路区分甚为明显，禁止马车、人力车等冲入汽车道；毁损道路、桥梁标志，或有其他危害行人、车辆安全之行为者，均应加以处罚；第九章“道路标志”，应视情形于适宜地点设置道标，以为整理交通之补助；第十章“牲畜”，规定了牲畜的牵引时间、牵引牲畜的方法等；第十一章“附则”，有关该法规的详细内容，见以下章节。

### 三、关于《维持治安紧急办法》和《非常时期维持治安紧急办法》

这是“国统区”最具法西斯独裁统治性质的两项法规。兹简介如下：

（一）《维持治安紧急办法》

《维持治安紧急办法》于 1936 年 2 月 20 日由国民政府公布。《维持治安紧急办法》共 7 条，规定得十分原则，但涉及的范围很广，凡是“遇有扰乱秩序、鼓煽暴动、破坏交通，以及其他危害国家之事变发生时，负有公安责任之军警，得以武力或其他有效方法制止。”并规定可“当场逮捕”，“分别情形，依照危害民国紧急治罪法或其他刑事法规办理”，由此看出，该法具有以下特点：

第一，维持治安的主体是“军警”。军队对内维持治安时，和警察具有同等的强制权力。

第二，维持治安的方法和权力无限。该法规定可以用“武力或其他有效方法”作为维护治安的主要手段，并且对“其他有效方法”没有限制性规定。

第三，限制公民人身自由的强制措施，可不按正当法律程序，如该法规定：“遇有以文字、图画、演说或其他方法，而为前项犯罪之宣传者，得当场逮捕，并得于必要时，以武力或其他有效方法排除其抵拒。”

第四，对所逮捕者的处理，以刑事特别法定罪。如该法规定：“所逮捕之人犯，应立即解送较近之宪兵队长官、公安局长、县长或检察官讯问后，分别情形，依照危害民国紧急治罪法或其他刑事法规办理。”

（二）《非常时期维持治安紧急办法》

《非常时期维持治安紧急办法》于1940年7月24日由国民政府公布。《非常时期维持治安紧急办法》共10条，是国民党南京国民政府针对抗日战争时期的特殊社会形势而制定的一项治安特别法规。《非常时期维持治安紧急办法》的适用范围，在该法第一条明确规定：“非常时期肃清奸宄，维持治安及保卫公共秩序，适用本法之规定。”对下列犯罪，施以“侦察逮捕，于必要时，并得以武力或其他有效方法制止之。”

第一，惩治汉奸条例第二条各款之罪（各类汉奸）；

第二，危害民国紧急治罪法第一条第一项各款之罪（以危害民国为目的而从事的各种犯罪）；

第三，战时军律第七条之罪（如“意图妨害抗战、扰乱后方者”）；

第四，陆海空军刑法第十七条、第二十七条、第七十九条及

第八十二条之罪（如“意图叛乱，聚众掠夺兵器、弹药、舰船、飞机及其他军用物品或其制造厂者”、“私招盗匪致扰乱地方安宁者”等）；

第五，惩治盗匪暂行办法第三条及第四条各款之罪（如各种抢劫、强奸、放火、掳人等犯罪行为）。

第六，本法未规定之条款，而在其他法令上为犯罪，并有扰乱治安之虞者，准用本办法处理。

《非常时期维持治安紧急办法》与《维持治安紧急办法》有很多相似之处：维持治安的主体同是“军警”，维持治安的方法和权力无限，限制公民人身自由的强制措施，可不按正当法律程序等的规定，几乎是完全相同的。有所改变的是，明确规定该法只适用于“非常时期”；军警行使职权有所限制，如规定：“军警为本办法之处理时，应立即报告该管上级长官，逮捕之人犯或扣押之物品，应立即解送较近之宪兵队、保安队长官、警察局长、县长或检察官讯问后，分别情形依法办理。”

## 第三节　国民政府的户口管理

民国初创时期，百废待兴，无暇顾及百姓户籍管理，后曾拟有户籍法案和户籍条例，但终究未予颁行。国民党南京国民政府成立后，开始重视户口的日常管理，颁布户口管理法规、设立户口管理机构、制定户口管理制度和措施等。现分述之。

### 一、户口管理机构

国民党南京国民政府认识到，户籍和人事登记关系到国家对其公民的管理和控制，因此，在 1946 年 1 月修订的《户籍法》中明确规定，“户籍行政之主管机关，在中央为内政部，在省为省政府，在县为县政府。”

（1）掌管户籍事务的机构和人员　以乡镇为管辖区域，执行户籍及人事登记事务的人员为户籍主任和户籍员。乡镇长兼任户籍主任，设户籍干事若干人，由乡镇长指定所属自治人员兼任之。

户籍主任和户籍员掌管《户籍法》所规定的一切户籍事务。申请义务人向所在乡镇公所申请后，户籍主任或户籍员根据申请事项和《户籍法》的规定，分别进行籍别登记。除了平时的本籍登记外，还包括设籍登记和除籍登记。其中，身份登记包括出生登记、认领登记、收养登记、结婚登记、离婚登记、死亡或死亡宣告登记、监护登记、继承登记等；迁徙登记包括迁出登记、迁入登记和流动人口登记；另有登记的变更、更正和撤销等。

（2）登记之申请　以书面提出，但有正当理由时，可由申请人向户籍登记机关以言词（口头）提出，户籍主任和户籍员对“正当理由”有认定的权力。同时，户籍主任和户籍员如有违法或不当行为，将承担民事责任、行政责任或刑事责任。

（3）户籍主任和户籍员办理户籍事务的处所　必须在乡镇公所或坊公所办理。在未成立乡镇公所或坊公所的地方，以警管区办理，未设警管区的地方，由监督官署按照地方情形酌量划区办理之。流动人口的登记，由保办公处为之。

（4）户籍和人事登记的监督　户籍主任和户籍员在办理户籍事务过程中，难免会发生违法不当、侵越职权的行为，因此，1934年的《户籍法》规定，户籍及人事登记事务，以乡镇公所或坊公所所属之县、市政府，为直接监督官署；1946年的《户籍法》规定，人民对户籍机关之处分，认为不当或违法者，得依法诉愿（申诉）。

户口调查的机关是警察局，以警管区办理，未设警管区的地方，由该管地方官署就保卫团区或原有习惯划分之。

## 二、户口管理法规

南京国民政府统治时期，加强了户口管理，先后制定多部法律、条例、规则，包括户籍登记、人事登记以及户口调查等内容，主要有：

1928 年 7 月内政部公布施行的《户口调查统计报告规则》，该规则规定户口调查、统计的具体方法，并且规定“户口统计每年造报一次，户口变动每月造报一次。”

1929 年 1 月内政部公布施行的《人事登记暂行条例》，是在户籍法未颁布以前，暂时进行“人事登记”而适用的法规，后被《户籍法》所代替。

1929 年 11 月内政部公布施行的《清查户口暂行办法》，该办法依据《清乡条例》制定，规定清查户口造册备考，按户填发门牌、悬挂，以便随时考查；户口清查完毕，按“邻”取具连坐切结，被查之户，如有“为匪”、“通匪”、“窝匪”或私藏枪械及其他危险情事，同邻住户应受连坐之处分。

1931 年 12 月国民政府公布《户籍法》，后于 1934 年 3 月修订，同年 7 月 1 日施行，同时，《户籍法施行细则》也予公布施行；抗战结束后，至 1946 年 1 月，《户籍法》再次被修订公布施行。

1946 年 1 月修订的《户籍法》是关于户籍登记的内容、籍别登记、身份登记、迁徙登记、登记的变更及撤销、登记的程序以及违反户籍登记所应当受到的处罚等的一部法规。该法规定：①户籍行政之主管机关，在中央为内政部，在省为省政府，在县为县政府；②规定户口的查记，得为户之编造，凡在同一处所同一主管人之下共同生活或营共同事业者为一户，以家长或主管人为户长；③规定户籍登记以乡镇为管辖区域，办理户籍登记，得先办户口调查；④籍别登记规定了本籍登记、设籍登记以及除籍登记的各种情形，本籍登记中还规定一人不得有两个本籍；⑤身份登记包括出生登记、认领登记、收养登记、结婚登记、离婚登记、死亡或死亡宣告登记以及监护和继承登记；⑥迁徙登记包括迁出登记、迁入登记和流动人口登记。各项登记以一个月为限；⑦规定登记之变更、更正、撤销及事由：户籍登记事项有变更时，为变更之登记，户籍登记事项有错误或脱漏时，为更正之登记，户籍登记事项消灭，为撤销之登记；⑧登记的申请由申请义务人向所在之乡镇公所为之；⑨在罚则中规定，无正当理由不于法定时间内登记申请的，或者申请人有不实呈报的，将受到罚锾的行政处罚，即罚金或拘役，甚至是有期徒刑的惩罚。

配合《户籍法》的实施，一些城市分别颁行了户籍的申请、调查及登记规则，如北平市于1948年6月颁行了《北平市户籍登记申请规则》（按：原文作"声请"），同时制定《重要户口调查日报表》等各种户口调查报表。

### 三、户口管理制度和措施

户口管理包括户籍调查、户籍登录、户籍管理和人口调查、人事登记、人口管理、人群控制等多项内容。

#### （一）户籍登记制度和措施

户籍登记分为本籍登记和寄籍登记。本籍是指在一县或一市区内有住所三年以上，而在他县、市内无本籍的，以该县或市为本籍；寄籍是指已有本籍，而在他县、市有住所或居所满6个月者；或无本籍或本籍不明，而在一县或市内有住所或居所未满6个月的，以该县或市为其寄籍。

户籍登记一户一页，在册保存、备查。根据户籍登记的内容不同，户籍登记簿也不一样，分为本籍登记簿和寄籍登记簿，另有除籍登记簿，格式由内政部规定。每种登记簿各有正副本，正本由经办户籍的公所保存，副本送交监督官署保存。其中，除籍登记簿的存在是以上述两种登记簿的存在为前提的，即因家长变更或其他事由，一户的户籍全部注销时，须将其注销的户籍从前述户籍登记簿中抽出，另行制定户籍簿，该户籍簿即为除籍登记簿，建立除籍登记簿，便于在册户籍和不在册户籍的区分，同时也反映户籍的变化，利于查阅。户籍登记簿永久保存，除因避免天灾事变外，不得携出保存处所。

居住在国内人的户籍登记申请，应向申请人本籍或寄籍所在地的乡镇公所提出，侨居外国的中国人，应向中国使馆或领事馆申请，可书面申请，也可言词（口头）申请。每一种户籍登记申请不一：转籍（即一户将本籍由一县市移转他县市）登记申请，可向本籍地或新移地户籍主任提交书面申请书两份；迁徙（即在同一县市内，由本籍所在地的乡镇公所，迁往其他乡镇公所）登记申请向本籍乡镇公所户籍主任提出；设籍（即具有中华民国国籍的人，因意外事由而致无本籍，提出确定其本籍）登记申请可向户籍监督官署提出，并由监督官署审查许可；除籍登记申请可向户籍监督官署提出，并由监督官署审查许可；创立新户登记申请，向本籍地户籍主任提出。

户籍登记，自户籍主任收到户籍登记申请和其他材料后，以本籍和寄籍分开进行登记。户籍登记的变更须先经户籍监督官署许可，方可提出申请；户籍登记的更正，在发现户籍登记有错误时，经户籍监督官署许可后申请。

（二）人事登记制度和措施

人事登记是记载出生、死亡等关于人事变更事项的，包括出生、认领、收养、结婚、离婚、监护、死亡、死亡宣告、继承等。

人事登记程序适用户籍登记的一般程序，在户籍主任收到关于人事登记的各种申请后，以本籍或寄籍分别登记在相应的登记簿中。

人事登记的变更须先经户籍监督官署许可，方可提出申请；

人事登记的更正，在发现人事登记有错误时，经户籍监督官署许可后申请。

（三）户口调查制度和措施

户口的调查登记，以户为单位进行编制，凡在同一处所同一主管人之下共同生活或经营共同事业者为1户，以家长或主管人为户长。

具体各市户口调查办法，由各市警察局颁行。如北平市政府警察局颁行的户口调查办法规定，户口调查分为四种：一般调查、抽查、特查和总查。一般调查即普遍调查，由各分局户政局员逐日督导各段户籍警士轮流持册到管界内挨户详查，并随时注意各户之人或物，其调查之结果及统计数字逐日呈报备查。抽查即考核复查，各分局长随时对管界内户口加以抽查，并由各该分局主管局员随时考核各段户警工作，每月分上、中、下三旬报局备查。特查即特定目标之检查，本局发现可疑户口或特种目标以及遇有特别事故，认为有检查之必要时，由主管科处会同各该分局实施检查，并会同其他有关治安机关共同编组特种检查队适时实施，检查结果随时报局备查。总查即户口总检查，为确保本市治安而实施的总检查。

国民党统治时期，对流动人口的控制也较重视，如北平市颁布了《北平市警察局流动人口控制办法》，该办法规定，各户对于住宿或临时过夜，均应事先向该管警察派出所申报流动人口，各警察派出所接到申报后，应详加审查，认为可疑时，应亲往调查；如若得密报时，应亲往盘查。各警察派出所应将当日各流动人口作有系统的考核，以便分析，并将管区流动人口情形表报送分局汇总。

## 四、保甲制度

南京国民政府时期，进一步加强了保甲制度。它先后颁布了多个加强保甲制度的法规，如国民政府于1929年7月13日公布施行，又于1931年4月11日修正的《县保卫团法》，1929年10月30日内政部呈行政院施行的《邻右连坐暂行办法》，1932年8月由豫鄂皖剿匪总司令部公布的《剿匪区内各县编查保甲户口条例》，《修正保甲条例》，1940年1月10日行政院与军事委员会会同公布的《警察保甲及国民兵联系办法》，1940年8月6日行政院通过的《各县保甲整编办法》等。

保甲法的具体内容如下：

(1) 保甲编组。规定：保甲之编组，以户为单位，甲应挨户编组，保应挨甲编组；户设户长，10户为甲，甲设甲长，10甲为保，保设保长；人口稠密的自然单位不可分离时，可联保，其中一保长为首席保长，统管联保；

(2) 取具连坐切结。按邻取具连坐切结，连坐切结由闾长按邻取具正、副二份，送交乡镇长转送区长，以正结存县，副结存区备查；出具连坐切结，由户主亲自签名、画押或盖章；

(3) 保甲编组的目的在于清查户口，稽查居民，实行连保连坐。同具连坐切结的本邻住户，如有为匪、通匪、窝匪等情，其余各户应速密报邻长，如有瞻徇隐匿，以包庇、纵容论罪。

必须指出：这一切强化治安的管理措施，其矛头都是指向人民革命的。

## 第四节　国民政府的公共场所治安管理

国民政府统治时期曾把公共娱乐场所、旅店、旧货、典当、印铸刻字、无线电器材等与社会治安和公共秩序有密切关系的行业都作为“特种营业”，由警察机关控制和管理，管理的范围比较宽，管理措施总的有这样几点：第一，开业审核，对批准营业的，发放《许可证》，无证的不得营业；第二，控制场所容量限额，规定营业时间，公共娱乐场所晚上营业不得超过12时，冬防时间不得超过11时；第三，检查卫生和消防设备，注意安全；第四，制定管理规则和管理办法；第五，日常检查和定期不定期的临检相结合，公开检查这些场所的经营和治安情况。①

下面我们以当时的北平市警察机关颁布的管理规则为据，来研究其公共场所的管理情况。其中有《北平特别市公安局管理剧场规则》、《北平特别市公署警察局舞场取缔规则》（1942年8月）、《北平市政府警察局管理公共娱乐场所规则》（1946年3月），以及《北平市警察局管理舞厅规则》等。下面分别阐述。

## 一、《北平特别市公安局管理剧场规则》的主要内容

该《规则》共十九条，主要内容有：①剧场开演戏的呈报。《规则》规定，剧场演戏时，应先期呈报公安局其每日所演之戏目及角色姓名，并须登记循环薄，于期前呈局查核。凡有借用剧场开演各种杂剧，须由承办人及剧场经理人先期呈报，俟核准后方准开演。②对剧场演戏时的治安管理。剧场演戏时由公安局及该管区署酌派长警分班弹压；剧场内须特设军警官长临时弹压座位以资震慑；剧场内设定座位应即按座售票不得随意加票加凳；剧场开演各戏不得演出猥亵形状。③违反本规则的处理。违背本规则者，均依照《违警罚法》处罚，在六个月内各犯3次以上者，得令停业若干日或勒令歇业。

① 毛瑞康主编《公共场所特种行业治安管理》。中国人民公安大学出版社，1990年2月第1版，第3~4页。

## 二、《北平特别市公署警察局舞场取缔规则》、《北平市警察局管理舞厅规则》的主要内容

《北平特别市公署警察局舞场取缔规则》共二十八条，《北平市警察局管理舞厅规则》共二十三条。《规则》规定的舞场，系指设置舞蹈场及舞女、收一定之舞票而行舞蹈之营业场所。

(1) 对开设舞场的管理　凡开设舞场的，应经主管官署许可，应将开设舞场的①营业地点名称；②经营者之国籍、住址、姓名、年龄；③资金；④舞女数目；⑤营业房屋略图及附近略图等事项，呈报社会、警察两局并转呈市公署备案。舞厅应有卫生、消防及安全等项设备；不得装设临街窗户，并有隔音设置，不得使声响达于户外；营业时间，夏季不得超过夜间 12 时，冬季不得超过夜间 11 时，星期六和星期日可延长至翌日 2 时。

(2) 对营业者的管理　营业者不得擅卖其权利或将名义转借他人；营业者如设置管理人时，须开具其原籍住址、姓名、年龄、履历等呈报社会、警察两局许可；舞场营业者于其业务上对于家族或雇佣人之行为应负责任。

(3) 对舞女管理　欲为舞女者，应申具以下事项，并由雇主连署呈由该管分局转呈警察局许可。无许可的，不得从业：①原籍、住址、姓名、年龄；②艺名或别名；③履历；④最近照片两张；⑤医师健康证明书。舞女于呈经许可之舞场以外，不得在其他处所从事营业；不得奇装异服或扮演丑态；不得有送迎客人或随徙外出及其他紊乱风纪等行为；警察局如认为舞女有伤害公共安全与风俗之虞时，得停止其营业或取消其许可。

(4) 对舞场的管理　社会、警察局对舞场管理中，认为舞场于卫生风俗上为必要时，得命令其改筑或迁移；营业所之区划与出入口不准分离，不得兼营咖啡或饭馆等营业；认为营业者有危害公共安全风俗之虞，或有将名义转借他人之事实时，得停止其营业，或取消其许可；营业者应于适当处所设置消火器及其他必

要之防火设备。对出入舞场人员的要求：泥醉者、有传染性疾病者或有危害他人之虞者，不得令其入场；未成年者、学生，不得令其入场；场内不得有猥亵之言动或为有伤风化之跳舞；不得附设摇彩及其他类似赌博情事。

（5）对违反舞场管理规则的处罚 违反、教唆或帮助他人违反本规则的，处一百元以下罚金或拘留。《北平市警察局管理舞厅规则》还规定，舞厅如违反本规则各条之规定者，除《违警罚法》内有规定者依照处罚外，其无规定者，得处以一千元以下之罚金或七日以下之拘留，累犯加重。

### 三、《北平市政府警察局管理公共娱乐场所规则》的主要内容

1946年3月，北平市政府警察局“为巩固公共安宁秩序，维护善良风俗，推行新生活”，制定了该“管理娱乐场所规则”。《规则》规定娱乐场所为：戏院、电影院、书场、杂耍场及其他以营业为目的供人娱乐之场所。

（1）公共娱乐场所的开业审批 公共娱乐场所开业前，应将下列各项呈报本局核准，发给许可执照，方准营业：①名称及营业种类；②地址及门牌号数；③经理人姓名、性别、年龄、籍贯、住址；④房屋图，如系租用，须写明房东姓名、住址；⑤街巷出入及四邻之平面略图；⑥观客座位等次及数目；⑦灯火种类数目及装置地位；⑧技艺之种类及演员之姓名、性别、年龄、籍贯、住址；⑨开业日期。

（2）公共娱乐场所的安全管理 公共娱乐场所安全所必备的设备，须储备适量砂、水；适量灭火器具；灯火与可燃物接近处，须以铁片隔开；场内须有适当窗户。出入门须向外开，其宽度为6尺以下者，应设置两扇；太平门应设有不同方向两处，并标明“太平门”字样，楼上的太平门应有直达地面之太平梯，宽

度不得小于四市尺以下。

(3) 公共娱乐场所的日常营业管理　公共娱乐场所营业应遵守一定的规则，每日营业时间不得超过夜间十二时，必要时，警察局有权得令提前停止；有口角争执、酗酒滋事，患病或精神病妨碍秩序者，形迹可疑者等及时报告警察处理。

(4) 违反公共娱乐场所规则的处罚　违反公共娱乐场所的规则之规定者，依《违警罚法》及行政执行法处理。

## 第五节　国民政府的道路交通管理

国民政府时期，对交通管理较为重视，从机构上，设有执行机关和监督机关，并颁布交通管理法规。其内政部曾于 1934 年 12 月 21 日公布实施《陆上交通管理规则》，该规则对车辆、车辆驾驶人、行车、停车、车辆肇事、道路、道路标志、牲畜及各项处罚等均作了规定，规则共计一百零三条。其后，地方城市公安局分别颁行了诸如“道路交通管理实施办法”之类的实施措施等，以维护本市的道路交通管理。通过对交通警察机构和有关交通管理规则和实施办法内容的阐述，我们可以大体了解国民党统治时期的交通管理情况。

### 一、交通警察机构

交通警察机构指执掌交通警察的官署，一为执行机关，一为监督机关。

(一) 执行机关

国民党统治时期，交通警察执行机关组织有两种情况：一是统一制，即专务组织，交通警察与一般警察事务分离，成为专门任务组织，又包括两种情况：一个都市，只有一个专任的交通警察组织，或一个都市分为数个区域，每一个区域有一个专务的交通警察组织；二是分散制，即混合组织，将交通警察混合于一般警察事务中，由一般警察负其责而没有特殊组织。

（二）监督机关

交通警察在外表现为交通管理的执行，在中央本部，则须有监督指挥之机关，以统一联络，故设交通警察的监督机关。监督机关的任务大体为：

（1）对一般的或各个事件的应付，行必要之指挥；

（2）对交通实况、交通设施、交通事故以及关于交通警察问题上的调查权；

（3）交通整理的计划；

（4）关于交通警察事项之立法；

（5）对于交通警察执行人员之训练；

（6）为求得缓和交通混杂和防止交通事故，对外联络与交涉；

（7）对车辆的检查及驾驶人员的试验和准许。

## 二、交通管理法规

国民政府颁布的《陆上交通管理规则》详细规定了道路交通管理的各个方面。

（一）关于《陆上交通管理规则》的管理内容

（1）关于车辆　如前所述，《规则》第三条规定：凡行驶之车辆，除儿童坐卧游戏车及火车外，统称为车辆；第五条规定：各种车辆均须先向警察机关或其他主管机关登记，经检验合格发给号牌及行车执照后，方准行驶，违者按车辆种类分别处罚；并规定，各车号牌不得互换。车辆包括汽车、电车、人力车、脚踏车及机器脚踏车，各种车辆的行驶均有规定，如：汽车通过路口，应在50公尺以外表示行进方向，以便指挥；汽车行驶时，不得泄放常发巨响或含有烟雾恶臭之气体；人力车须靠道路左边行走，不得在人行道通过；脚踏车不准一车坐两人等。

(2) 关于车辆驾驶人　《规则》第三十七条规定，车辆驾驶人包括汽车、电车司机人，马车驾驶人，推车人，拉车人，或用其他方法行驶车辆者。对于车辆驾驶人的资格有严格规定，《规则》第三十八条规定，有下列情形之一者，不得驾驶或推拉车辆：①患有妨碍作业之疾病者；②年龄在50岁以上或未满18岁者；③精神失常者。第三十九条规定，汽车司机人均应登记，经考验合格发给司机执照后，方取得司机资格；如查明无照者，应予处罚。

(3) 关于行车、停车　《规则》第四十四条规定，行车时应注意一切交通标志，并服从岗警指挥。《规则》对车辆转弯，车辆行近桥梁、下坡、交叉路、狭窄街路、繁盛处所均应减低速度，必要时应暂时停止行驶；《规则》还对车辆相对行驶、掉头、缓行、喇叭、警铃的使用作了规定，停车应在指定地点或停车场，转弯处或狭窄之街道均不得停放；车辆停放地点的限制、行驶途中出现障碍时的处置等均有规定。

(4) 关于车辆载重　《规则》第六十八条规定：各车载重不得超过本车应有之限度，亦不得超过行经各处道路桥梁任重之限度；第七十条规定：车辆载客不得超过限定之数额。对货物的包裹、覆盖、载货高度等亦均有规定。

(5) 关于车辆肇事　《规则》第七十六条规定：车辆肇事，应即停驶，并赶速报告附近岗警，不得隐匿，非得许可不得开行。对于途中发生事变、撞毁他人物件、伤害他人身体等情，规定应服从警察指挥。

(6) 关于道路、道路标志　《规则》第八十二条、八十三条规定：凡铺筑道路两旁之便道专供行人往来，及其他街巷其宽度不容车辆之通行者，均称为人行路；凡可通行车辆之马路、街巷，均称为道路。《规则》第八十四条规定，道路应为明显区分，禁止马车、人力车等冲入汽车道，以防危险。《规则》规定，修筑道路应设禁止通行牌，夜间应设红灯；道路应视情形于适宜地点设置道标，道标分牌道标、线道标、灯道标三种。牌道标，有禁止标志、警告标志、指示标志；线道标，分停止线、停车线、分道线、慢车线、横过步道线；灯道标，以绿色示进、红色示止。

(7) 关于牲畜　《规则》规定，牵引牲畜之人，应在牲畜之右侧。对于牲畜的拴系、疾驰、疾病等管理均有规定。

根据《规则》规定，各项处罚及各种实施办法，由各地警察机关或其他主管机关制定后，呈内政部查核备案。

(二) 地方城市颁行的道路交通管理规则或实施办法

以当时的北平市为例，曾先后颁行《北平市政府警察局陆上交通管理实施办法》(1934 年)、《北平特别市公署警察局修正管理交通规则》(1939 年 3 月)，另外，还颁行了《行人车马行走马路规则》、《水陆交通沿线治安维护条例》和实施“交通安全周”活动等。

(1) 关于《陆上交通管理实施办法》的内容　该《办法》是为实施陆上交通管理，依内政部 1934 年 12 月颁布的《陆上交通管理规则》而制定，共计九章七十条。

第一章　总则。其中规定：各种车辆均须靠右单行，顺序行进，不得两车并行，有快慢线的高速、低速车辆分别快线、慢线行驶；车辆行经交叉路口应减速；车辆夜间行驶必须燃点灯；车辆必须安置车铃；停止在指定地点或警察临时指定地点；有优先权的车辆在单行路线可逆行，其他车辆一律不准；车辆经过有交通岗警之处，应遵照岗警指挥手势行车；凡路口设有指挥灯者，以灯号指挥；车辆在交叉道口行进的迂回方式，按规则执行。

第二章　关于汽车、脚踏汽车的管理规定。汽车通过交叉道口应在 50 公尺以外，用方向标表示行进方向；汽车缓行、停车、左右转、让后车超越、倒车应使用行车手势；汽车行驶如欲在路之左侧停止，须先鸣声号并以手势知会其他车辆及行人，但在交通有碍时，不得横过；载重汽车装运货物离地面最高不得过4公尺，其左右伸出不得超过3公寸3公分（即1市尺），向前及向后均不得伸出3公尺；还有诸如载重汽车的速度、驾驶人应具备驾驶资格等均有明文规定。

第三章　关于电车之管理。规定：电车行驶速率须在八字与四字之间；电车行驶途中出现的各种情形如何处置等也都有相应规定。

第四章　关于人力车及三轮人力车之管理。规定：车夫酒醉或盹睡，岗警应随时注意取缔；车夫载运物品、形迹可疑或载运物品无人跟随，岗警须随时注意盘查；人力车、三轮人力车载运货物，左右不得超过3公寸3公分（即1市尺），前后不得超过2公尺。

第五章　关于脚踏车之管理。规定：脚踏车载物左右不得超过3公寸3公分（即1市尺），前后不得超过1公尺；脚踏车不得攀附汽车电车行驶，夜间行驶车灯安置在车头指定部位等。

第六章　关于马车、大车及其他车辆之管理。马车及推力大车于停放时，车夫不得远离；铁轮大车及链轮排子车禁止通行油路、水泥路及在城内行驶；大车、排子车装载货物，自车箱起高不得超过2公尺，左右伸出不得超过3公寸3公分（即1市尺），前后伸出不得超过6公寸6公分（即2公尺）等。

第七章　关于行人应注意事项。规定：行人须一律在人行道行走，无人行道地方应靠路边走；行人横过马路须循横断步道通过，无横断步道地方须注意避让车辆；各路口禁止横断区域内行人不得擅行通过；对残、弱、老、妇行走也作了规定。

第八章　罚则。规定：各种车辆及行人违反本办法各条规定者，除法令另有规定外，均依行政执行法处罚。

(2) 关于《修正管理交通规则》的内容 该《规则》内容对交通管理进行了补充，主要有以下几个方面：

其一，增加了对汽车的停车距离的规定。第七条规定：车辆停放地点①距离人行道侧不得过十分之一公尺；②距离交叉口转角不得在50公尺以内；③距离火警机关消防龙头等不得在3公尺以内；④距离电车站不得在20公尺以内。第八条规定：任何车辆不得久停于大商店公共场所门前及交叉口或繁盛街市（除设有停车处的）。

其二，《规则》加强了交通警察的管理方法。如交通警察指挥交通的手势；第二十一条规定，警察对汽车行驶在繁盛处所，应指挥往来车马行人速为避让、在道路有阻碍处所应优先疏通，在街巷曲折或狭窄处所，应指挥往来车马行人速避其过于狭小地方；第二十五条规定，交通警察欲令汽车缓行或停止，应于距离50公尺外时速即示知，以便易于收束。对电车、人力车、脚踏车和机器脚踏车及行人都分别有规定。

其三，详细规定了处罚幅度。《规则》第六十八条规定，各种车辆及行人违反本规则的交通管理规定，除另有规定外，均以妨害交通论，处以5元以下之罚金或五日以下之拘留。

## 第六节 国民政府的消防管理

国民政府的消防法制、消防机构、消防管理等，很不健全，政府对关系到广大人民群众安危的消防工作漠然视之，消防队伍发展缓慢，消防警力长期不足。现将当时仅有的消防管理，予以阐述。

### 一、消防机构

国民政府承袭北洋政府的作法，消防警察作为警察的一部分，均归当地警察厅、局管辖，内政部内警察总署虽然掌管全国警察事务，但一直没有专门的消防管理机构。

1929 年 3 月，国民政府内政部提出："消防制度关系民生利害至为重大，我国各都市消防之组织与设备多未十分完备……扩充消防组织应认为当务之急……"同时提出，消防组织"以提倡（地方）自治办理为原则"。同年 4 月，内政部公布了《扩充消防组织大纲》。该《大纲》规定："各市县为消弭防止水火等灾起见，均应设置——消防组"；"原有消防警察之各市县，均仍其旧，但名称一律改为'消防组'，直辖于该管市县公安局"；"未设消防警察之各市县，得由公安局酌量地方情形于必要区域内分别设置"；"水灾消防组或火灾消防组应置组长、副组长及防手等职；防火人数应依地方情形及任务简繁酌定之"；等等。该《大纲》并未明确规定各地消防机构与队伍的设置原则和人员配备标准，消防由地方"自治办理"，实际上则各行其是。

随着铁路运输有了发展，铁路消防安全已经成为一个重要问题。1932 年 11 月，国民政府铁道部公布了《铁路警察消防大纲》。《大纲》要求："各路为防护火险，应于铁路主要处所设置消防队，隶属各该路警察署"，消防队员"概以各段站厂所驻在的警察分期轮流训练作为主体，并挑选该段站厂工役同受训练，以资辅助"，消防队长由铁路警官兼任。铁路"消防队对于所在地附近之地方警察消防队或义务消防队，应切实联络，以期互助"。

至抗战胜利后，各地消防警力普遍不足，扑救火灾很不得力。1947 年 8 月，国民政府内政部重新制定了《各级消防组织设置办法》，该《办法》规定："为消弭防止水火灾害起见，首都及各县市均应设置消防队，首都直辖于首都警察厅，县市直辖于县市警察局；前项消防队得视当地事实需要，设置总队，下辖区队及分队或队及分队；""原已有消防机构之各县市，均仍其旧，惟名称须一律改称消防队，并尽量充实其设备”，“未设消防机构之各县市，得由警察局酌量地方情形，于必要区域内，分别设置”。

尽管国民政府先后公布了《扩充消防组织大纲》和《各级消防组织设置办法》，各地消防队伍实力仍很薄弱，到1949年，全国尚有许多县迄未设立消防队，一些城市的消防队也为数很少。

## 二、消防管理法规

由于国民政府对消防工作没有足够的重视，所以，自始就没有专门的消防管理法规，而是在《中华民国刑法》、《违警罚法》中规定了有关违反消防处罚的条文。

1928年3月公布施行的《中华民国刑法》分则第十一章“公共安全罪”中，自第187条至191条规定了一些消防的条款，如第187条规定：“放火烧毁现供人使用之住宅或现人所在之建筑物、矿坑、火车、电车或其他行驶水陆空之舟车者，处无期徒刑或七年以下有期徒刑；失火烧毁前项所记之物者处一年以下有期徒刑、拘役或三百元以下罚金……”第190条规定：“故意或过失以火药、蒸气、电气或其他炸裂物炸裂者准用放火、失火之规定。”等等。

1928年7月国民政府公布的《违警罚法》也包括了一些消防处罚办法。“分则”第二章“妨害安宁之违警罚”第32条规定：有下列各款行为之一者处15日以下拘留或十五元以下之罚金：

1．未经公署准许制造或贩卖烟火者；

2．于人烟稠密处燃放烟火及一切火器者；

3．发现火药及一切炸裂之物不告之公安局者；

……

6．于人家近旁或山林田野滥行焚火者；

7．当水火及一切灾变之际经公署令其防护救助抗不遵行者。

1943年9月，国民政府经修订重新公布了《违警罚法》对违反消防规定的处罚有了修改，分则第一章“妨害安宁秩序之违警”的第54条、55条、56条、58条都作了规定。

第54条规定：有下列各款行为之一者，处7日以下拘留或50元以下罚款：于人烟稠密处，或不遵禁令，燃放烟火及其他火器者；当水火或其他灾变之际，经官署令其防护救助抗不遵行者；于房屋近旁或山林田野无故焚火者……

第55条还规定：对不注意燃料物品之堆置使用，或在燃料物品附近携用或放置易起火警之物不听禁止者，处5日以下拘留或30元以下罚款。

另外，也制定了一些有关消防组织、防火管理及火灾统计等全国性或地方性的规章制度。如：1934年国民政府内政部公布的《警政统计查报表式》规定，各地每发生一起火灾，均应填写《火警登记册》，并按月填报《火灾统计报告表》，每半年汇总报部。但是，这一火灾统计报告制度并未贯彻落实，因而，当时的火灾统计资料很不完整。

总的来看，此时的消防法制是残缺不全的，不少方面“无章可循”，已有的消防法规也往往不能付诸实施。

# 第十五章

# 新民主主义革命时期的人民治安

中国共产党是以马克思列宁主义为理论基础的、以共产主义为奋斗目标的、统一的工人阶级的政党。中国共产党是在半封建半殖民地的旧中国诞生的。它从诞生之日起，就肩负起领导中国人民反帝反封建的民主革命任务。但是，中国共产党自登上中国的政治舞台起，就遭到旧中国反动统治阶级的疯狂破坏和镇压。在激烈的阶级斗争中，为了党的安全，为了新民主主义革命的顺利进行，党的保卫组织便诞生了。在党的领导下，1927 年以后，中国土地上诞生了工农红色政权，以工农大众为主体的人民治安随之诞生，揭开了中国治安史的历史新篇。在土地革命、抗日战争和解放战争时期，人民治安不断发展，成为建立革命新秩序、保障反帝反封建斗争的胜利的重要力量，也为新中国的治安管理准备了可贵的经验，打下了深厚的基础。

中国共产党领导的新民主主义革命时期的人民治安事业，与国民党统治区的为官僚买办资产阶级独裁统治服务的治安制度，形成了鲜明的历史对照。

## 第一节 党的保卫工作和工农民主政权的治安管理

（1921—1937 年）

中国共产党建党初期，为了防范国民党右派的破坏，曾组织“特别保卫大队”，保卫共产党人和国民党左派的安全。

### 一、党的保卫工作

工农运动的兴起，遭到反动统治阶级的仇视、破坏和镇压，我们党为着保卫工农民主政权，在工农革命运动中产生了惩办工贼、镇压土豪劣绅、维护治安秩序、防止反革命破坏、保卫工农运动深入发展的保卫工作。

1924 年爆发“五卅”运动和省港大罢工，建立了严密的罢工组织。罢工委员会建立工人纠察队，下设总队、大队、支队、小队和班，法制局，会审处等。法制局、会审处系权力机构，法制局专门起草各种规章条令，由罢工工人代表大会通过后公布实施，颁布的法规有《会审处组织法》、《办案条例》、《纠察队组织法》等；会审处是收押、审讯人犯的机构。工人纠察队是一支类似武装警察的队伍，根据《纠察队组织法》规定，它的任务是：①维持秩序；②截留粮食；③严拿走狗；④拘捕工贼；⑤查缉私货；⑥封锁香港、澳门及沙面的交通。另设有水陆侦察队，负责侦察一切不利于罢工的事情。

此时，工人运动中的保卫工作主要有四个方面：一是维持秩序。由工人纠察队站岗、巡逻、维持罢工斗争中的治安秩序，防止破坏。工人纠察队分成若干小队，四处巡逻、设岗守望，或巡行于市，甚至排解纷争，行警察职权，此外，还担负禁运、缉私等任务。二是了解敌情。了解敌情，防范破坏，在纠察队下设立调查处、侦察队等，调查一切不利于罢工的事情。三是警卫安全。主要是保卫罢工领导人、工人领袖的安全和重要部位的安全。四是惩戒坏人。主要是同混在工人队伍中的工贼作斗争，建立了秘密的工人纠察队，逮捕了一批破坏罢工的反动分子。

农民运动也在中国共产党的领导和国民党左派的支持下，以湖北、湖南等省为中心，出现了高潮。建立了农民协会，组织农民自卫军（自卫队、梭镖队）等，农民自卫军取代地主团防武装，维持农村治安，禁止鸦片烟毒、聚众赌博，惩办土豪劣绅、贪官污吏。许多农会通过了“惩办土豪劣绅、贪官污吏的决议案(草案)”。

中国共产党的保卫组织，是在大革命失败，共产党人和革命人民遭到血腥镇压的情况下，开始建立的。1927 年 5 月，中共中央自上海迁到武汉后，建立了中央军委（中央军事部）特务工作处，主要任务是了解反动派的活动动向，保卫中央领导人的安全，惩办叛徒、内奸等。8 月，中共中央决定迁回上海，特务工作处暂告一段落，在此过程中，中央着手建立党的保卫组织——中央特科。从 1927 年 11 月到 1928 年 10 月，中央特科下设四科，即总务科，主要负责保卫中共中央领导人的安全；警报科，主要负责了解敌情，防范敌特破坏；行动科，主要负责对付叛徒、内奸；交通科，主要负责建立无线电通讯联络。1928 年 11 月 14 日，中共中央常委会决定，建立中央特别工作委员会，简称中央特委，中央特科是中央特委的下属机关。中央特科的任务主要是：一是保卫中共中央机关和重要活动的安全；二是掌握敌情动态，防范敌特破坏；三是建立秘密的通讯联络；四是营救被敌人逮捕的领导人；五是惩办叛徒、内奸。中央特科在中央特委主要是周恩来的领导下，进行了艰巨复杂的斗争，为保卫中共中央的安全做出了重要贡献。由于形势紧张，1935 年 10 月，再一次遭到敌人破坏后，没有再恢复。

大革命失败后，中国共产党确定了土地革命和武装反抗国民党反动派的总方针。中国共产党领导了南昌起义、秋收起义、广州起义和全国各地的武装起义，建立了革命根据地，伴随着革命根据地的创建，革命政权肃反机关的肃反委员会产生了。肃反委员会是革命政权的组成部分，兼有公安、司法两个方面的职能。委员会下设若干工作人员和武装力量，武装力量称政治保卫队，是“政权机关内的一种武装组织”，主要任务是“肃清反动派，巩固政权”。包括以下几个方面：一是镇压土豪劣绅、反革命分子的反抗和破坏；二是捉拿混入苏区的敌探、奸细；三是清查混入革命队伍内部的反革命分子；四是调查了解敌情动向；五是打击盗匪和经济犯罪；六是担负领导人、领导机关以及监所的警卫、警戒任务；七是护秋护粮，保卫群众利益；八是禁烟禁毒；九是维护社会秩序；十是为革命政权筹款。肃反委员会执行的政策、法令主要是各地工农代表大会通过的一些法令，如《杀尽反动派案》、《惩治反革命条例》、《赣东北特区暂行刑律》、《土地法暂行条例》等。

### 二、人民公安机关的诞生

随着革命根据地的扩大和巩固，中华苏维埃共和国中央临时政府于1931年11月在江西瑞金成立，中央临时政府设立了内务部民警管理局和国家政治保卫局，标志着中国共产党领导下的人民公安机关的正式成立。

国家政治保卫局是中央临时政府的一个职能部门，内设侦察部（含侦察、检查）、执行部（含执行、审讯、看守）和政治保卫队（特务队、警卫队），以后又增设红军工作部和白区工作部。在各省、市、县设立分局，在区设特派员。此后，革命根据地的各级肃反委员会，一般都改为国家政治保卫局的分局、政治保卫处，有的仍保留肃反委员会。

内务部下设民警管理局和刑事侦探局。根据1931年11月《地方苏维埃政府暂行组织条例》规定，省属内务部之下，设立民警厅、市政厅、刑事侦探局；后制定的《地方苏维埃组织法(草案)》规定，省内务部所在地设省民警分局，直属于内务部民警管理局。其下，在大城市设民警厅、小城市设民警所，成为垂直的组织系统；1932年6月，《内务部暂行组织纲要》再规定，城市苏维埃设行政科，管理民警厅兼管刑事侦探工作，大城市设市政科、行政科，管理市政民警及刑事侦探事项。民警的主要任务：一是调查户口，登记生死和婚姻；二是维持市面治安；三是禁止烟赌；四是设置街灯、管理街道卫生。在治安管理方面，许多根据地党组织和苏维埃政府发动群众，扫除吸鸦片、卖淫、赌博等丑恶现象，反对、取缔封建迷信活动，发动群众订立不吸鸦片、不聚赌、不宿娼、不偷摸的民约，有的颁布《禁烟禁毒条例》等。

由于当时的革命根据地主要在农村，受客观条件限制，民警厅、局机构不十分健全，许多地方的缉捕盗匪、清查户口等工作，实际上是由政治保卫局负责的。

## 第二节　抗日民主政权的治安管理

### （1937—1945年）

1937年7月7日，日本侵略军发动“卢沟桥事变”，8月13日，进攻上海，中国驻军奋起抵抗，全国性抗日战争开始。经过中国共产党的积极倡导和努力，国共两党第二次合作，抗日民族统一战线形成。此时，日本侵略者成为中国人民的主要敌人，民族矛盾成为主要矛盾，国内的阶级矛盾降到了次要地位。

## 一、抗日根据地的治安管理

中国共产党领导的人民公安工作（锄奸保卫工作）面临的基本任务是“锄奸保国”：日本帝国主义是主要的敌人，严厉镇压日本特务和汉奸；同时，打击国民党特务的反共破坏活动，巩固抗日根据地的民主政权，巩固抗日民族统一战线，战胜日本帝国主义侵略，保家卫国。

初时，锄奸保卫工作主要是部队的锄奸部门管理，称保卫委员会。在日寇猖狂进攻下，国民党军节节败退，军政官员纷纷逃走，地方政府陷于瘫痪，日伪汉奸乘机活动，社会秩序十分混乱。保卫委员会的任务就是镇压汉奸、特务的破坏活动，维护社会秩序，保卫人民安全，以建立抗日民主政权。

随着抗日民主政权的建立，各个抗日根据地也相继建立起各类群众性的锄奸保卫组织，有锄奸小组、锄奸团、自卫队等；有的对旧政权改造，建立起公安局或公安大队；在山东抗日根据地，中共山东省委决定，建立政治保卫局，此后，山东各地相继建立政治保卫局。

中共中央针对当时的抗日斗争形势，提出：要提高政治警惕，重视锄奸斗争。中央成立了保卫委员会，后又建立保卫部；1939 年 2 月 18 日，中共中央作出了《关于成立社会部的决定》，同时，建立了中央社会部——中央保卫组织。各抗日根据地均加强了保卫组织的建立和领导，分别建立公安总局、公安局、公安处、司法科（保安科）、保安处等。中共中央社会部于 1940 年制定《公安局组织纲要》。《纲要》规定公安局的性质：公安局是抗日民主政权维持治安的机关，……是各级政权机构中的一个组成部分。公安局的任务：在保卫抗日政权，保障一切公民的民主权利，与保障各抗日党派的合法自由的原则下，坚决镇压敌探汉奸与少数的阴谋破坏分子，以达到维持社会安宁，巩固抗日根据地之目的。公安局的组织：从边区政府起，直到区一级止，边区政府下设总公安局，行政公署下设行署公安局，专署设公安督察专员，县设县公安局，区设治安员。公安局内部设社会（侦查、情报、社会调查）、司法（预审、看守、起诉）、教育（管理干部、对群众进行锄奸教育）、秘书部门；边区、行署、县三级公安局分别设立警卫大队、中队、区队，执行武装警械、看押犯人及其他保卫任务。县以上公安局有侦察、检查、逮捕、审讯、维持治安、动员民众锄奸等职权。同时，中共中央社会部经过修改转发了晋察冀边区的《公安局警务公约》，要求：警务人员，抗日当先，拥护政府，保障民权。巩固边区，维护政权，镇压敌探，肃清汉奸。缉匪捕盗，勇敢向前，保护人民，维护治安。……许多抗日根据地根据实际，相继颁布了《公安局暂行条例》、《公安局组织纲要》、《边区公安局组织条例》等，促进了各级抗日政权的公安组织建设。

## 二、抗日民主政权的法制建设

随着抗日民主政权的建设发展，中共中央加强了锄奸工作的法制建设。主要有：各抗日根据地普遍制定了保障人权条例；进一步健全了锄奸保卫机关的规章、条例，如：《陕甘宁边区保卫处组织规程》、《晋察冀公安局组织条例》等；陕甘宁边区起草了《刑法总分则草案》、《盗毁空室清野财物治罪条例》、《拐卖人口治罪条例》等。

至1943年以后，抗战进入全面反攻阶段，接管和收复了新解放的地区。新解放地区锄奸保卫工作：一是迅速恢复和建立锄奸保卫组织；二是发动群众，捕捉汉奸、特务，对罪大恶极的分子，实行镇压；三是对各类敌伪人员进行登记、清查，分别处置；四是剿灭土匪，打击会道门的反动活动；五是开展侦察工作，打击暗藏敌人包括国民党特务的破坏活动；六是维护治安，稳定社会秩序，保障人民的正常生活。

## 第三节 解放区人民民主政权的治安管理

### （1945年8月—1949年9月）

1945年8月15日，日本帝国主义宣布无条件投降，经过八年浴血奋战的中国人民迎来了抗日战争的最后胜利。但是，国民党政府完全不顾全国人民的愿望，坚持独裁、内战的反动方针，妄图独霸抗战的胜利果实，挑起内战。中共中央确定了针锋相对的斗争策略，一方面争取和平，另一方面，保持高度警惕，进行自卫战争的准备。

### 一、解放区的治安形势与任务

随着形势的发展，公安工作的任务也发生了变化，主要是：教育和发动群众，认清形势，揭露国民党特务机关的阴谋，防范和打击特务分子的破坏活动。

在新老解放区，针对国民党特务进行的爆炸、投毒、暗杀、煽动暴乱、策反等活动，加强了安全保卫工作，发动群众，强化解放区的治安管理。治安管理方面的主要措施：一是建立路卡、路哨，实行夜间巡逻和路条制度。站岗放哨，盘查过往行人；路条由公安机关或村、区、县的行政负责人签发，按照不同的行政级别，逐级签发。二是建立户口管理制度。在中小城市，建立户口登记、迁居、转移等制度，并经常清查；对于流动人口，以店房清查为主，对于身份不明的过往人员予以审查。三是对公共场所，如交通要道、车站、码头及其他公共场所，实施重点控制。四是消除解放区内的不安定因素。以各村、区的公安助理员为主，改造乡村中的游民、懒汉、二流子，帮助他们解决实际困难，动员他们参加生产；发动妇女、儿童禁烟、禁毒等，基本上消灭了乞丐、偷盗、吸毒、赌博等现象。

**二、公安保卫工作的新发展**

随着解放区的不断扩大，公安保卫工作的组织建设有了新的发展。东北、华东、西北、华北等分别逐级建立了公安机关。1946年5月，晋察冀边区太行区公安局发布了《革命警察之性质、任务、条件、守则》，将警察分为户籍、治安、消防卫生和外事四种，规定了各自的任务，提出新民主主义社会里的警察是民主政权和各民主党派合法权利的保卫者，也是保障广大人民的自由民主权利以及一切利益的有力组织，完全是为人民服务的。1946年9月，第四次东北行政委员会通过了《东北各级公安机关组织暂行条例》，规定了东北地区公安机关的机构设置，特别突出和明确了各级公安机关的任务与职权，“各公安机关为锄奸治安之执法机关，不是一般之警察行政机关”，其任务：一是彻底清除日寇法西斯侵略残余势力、汉奸、特务、土匪，以防止日本侵略势力及其合作者再度侵入中国；二是防止与镇压实行阴谋破坏、暗杀恐怖、组织叛乱、破坏民主的反革命分子，以保护东北人民之民主权利；三是动员和领导东北人民，进行反奸、翻身运动，教育提高群众防特防匪工作；四是维护社会治安，保护市政交通，巩固民主秩序，保障人民生命财产之安全。

随着中国共产党领导的反对帝国主义、官僚资本主义、封建主义的革命斗争走向胜利，以农村包围城市，最后夺取城市，革命重心开始由农村向城市转移，公安保卫工作也由农村转向城市，建立了城市公安工作，各大解放区党委相继成立社会部，各地人民政府也都建立公安机关。

城市人民公安机关的建立，主要是在接管国民党警察机构的基础上，进行改造、重新调配而组建的新的各级公安机构，对旧警察人员予以安置、处理和教育，区别对待。

城市人民公安机关建立后，即面临着同残余的反革命势力的破坏活动作斗争和维护社会治安、建立革命秩序的艰巨任务。当时，解放区内国民党残余的反动势力从公开转入隐蔽，从集中转为分散，疯狂地进行各种破坏活动，组建反革命地下武装，袭击基层政权组织，破坏有关国计民生的重要设施和重要部位，制造、散布反革命谣言，散发恐吓信，进行恐怖活动，扰乱治安秩序等；另一方面，由于国民党政府的反动统治和长期战乱，使城市经济崩溃，民不聊生，匪盗四起，淫毒泛滥，散兵游勇、流氓乞丐，强讨强要，偷盗扒窃，市容破败，交通阻塞等。在这种形势下，公安机关要尽快建立革命秩序，任重道远。其维护社会秩序的主要工作是：

（1）搜捕潜伏的敌特分子。对敌特分子的及时搜捕和处理，粉碎了国民党潜伏特务的破坏阴谋，为社会秩序的稳定奠定了基础。

（2）收缴散存民间的枪支，打击盗匪活动。城市解放后，散存在民间的枪支主要是国民党军队溃败时留下的散兵游勇所持有的，他们昼伏夜出，抢劫、盗窃、绑票、造谣破坏，进行各种犯罪活动，因此，必须将散存在他们手中的枪支予以收缴、管理，消除危害社会秩序的隐患。

（3）收容、改造、安置游民，消除混乱现象。游民、乞丐、吸毒者是旧的社会制度的产物，他们或结成团伙、帮派，强索恶要，偷摸抢夺，或露宿街头，串巷乞讨，危害社会，造成了社会秩序混乱。

（4）清查户口，建立新的户口管理制度。城市解放后，国民党警察局原来的户口管理档案，一部分保留了下来，另一部分国民党警察局在覆灭前进行了破坏，销毁了所存的户口档案，给接管的人民公安机关实施户口管理带来了极大的困难。“户口工作是管理城市的重要环节，是建立革命秩序、掌握社会动向、了解阶级关系、限制坏人活动的工作基础，是公安工作不可缺少的工作。”要管好城市，必须建立户口管理制度，加强户口管理工作。同时，军事管制委员会、公安局对于经商、贸易、旅行而前往外埠的居民和外国侨民实行了通行证制度，制定和颁布了《外侨户口登记暂行办法》及《实施细则》，将外侨的户口管理纳入当地公安派出所的管理范围。

1948年6月，东北公安总处发布《关于户口暂行管理办法》，就户口管理的目的、范围、方法等作了明确的规定，建立了户籍管理制度和居民证制度，尤其值得一提的是，设立嫌疑住户登记册，对具有反革命嫌疑及有违法行为、破坏治安之嫌疑住户，进行重点控制和管理，逐步形成了一套对重点人口的管理办法。

(5) 整顿交通秩序。城市解放初期，机动车、畜力车、人力车混杂行驶，交通秩序，混乱不堪。人民公安机关针对这种状况，发布通令、布告、颁行交通管理暂行规则，进行整顿：

一是统一行车规则。要求机动车、马车、人力车一律由左侧改为右侧行驶；较大城市限制机动车在白天的行车时速和载重量，市内每小时不得超过二十五公里，郊外不得超过三十五公里；停车场、夜间行车、单行线、人力车行车时招揽顾客，亦作了相应规定等。

二是进行汽车登记。北平市公布了《汽车登记暂行办法》和《交通管理暂行办法》。军车向本市警备司令部进行登记，领取军用汽车通行证，其他汽车向本市公安局进行登记，领取普通汽车通行证。

三是清理摊贩，修建交通设施。上海市颁布了《上海市公安局管理摊贩暂行办法》，规定，凡重要干路、交叉路口、军政机关驻在地、人行道、公共场所以及学校附近，禁止罗列摊贩、艺伎表演、练习乘车、堆置杂物及其他有碍交通等情事；凡属未请领工务局执照许可，而擅自在马路边沿建棚造屋、摆设摊贩者，公安干警有责任加以制止及清除。

许多城市的政府拨出专款，培训交通警察，修建、更换交通路标、交通岗台、岗伞及其他设施，对内河的航行运输，也加强了航运、泊位、航行方向、行驶速度的管理，水上运输管理也日趋正常。

（6）加强特种行业管理。在当时的社会环境下，列入特种行业的有：旅店业、铸刻字和印刷业、娱乐业、照相业、寄卖业、电料行及无线电修理业、妓院等。对于旅店业，规定有开业、歇业的申请报告制度，住宿旅客的登记制度，禁止在旅店内进行赌博、吸毒、嫖妓等不法活动；对于铸刻、印刷业，规定凡承揽铸造机关团体的各种钢印、火印、徽章，刻制机关团体的官印、关防、公章，印刷机关团体的布告、文件以及各种委任状、护照、证券、警政机关的名片等业务，必须办理审批手续，并将底样及成品样本随时呈送公安局备案等制度；对于娱乐行业，公安机关负责登记开业，审查艺员来历等，禁止这些场所内酗酒闹事；对于妓院，解放区包括解放较早的中小城市，已经封闭。解放战争后期接管的大城市，由于情况复杂，考虑到这一畸形阶层及其外围的生活出路问题，一度采取“寓禁于限”的方针，颁布暂行的管理规则，登记妓院主、妓女，核发有关证照，使其逐步被消灭。

解放战争中后期，为夺取全国的最后胜利，也为胜利后建立全国统一的人民公安机关准备条件，公安工作日益加强，比较突出的是建立了法规性质的治安管理工作制度。如：《农村治安工作条例（草案）》（1948 年 8 月 20 日）、《关于外侨在解放区旅行居住就业暂行办法》（1948 年 9 月）、《枪支管理暂行办法》及附件《携带枪支暂行规则》（1948 年 11 月 18 日）、《华北区战时边境出入办法》（1948 年 12 月 1 日）、《关于取缔封建会道门的布告》(1949 年 1 月)、《关于禁止赌博的指示》(1949 年 7 月)以及户口管理、交通管理和消防管理等方面的治安法规。

# 结　束　语

今天的中国是从昨天的中国走过来的，不了解昨天，就不能真切而深入地透视今天，也就不能准确地把握明天。对于中华民族走过的漫长历史，对于我们的传统文化，包括行政管理文化、制度文化在内，我们都应该好好地下一番功夫去研究。我们的先人为我们留下了无比丰富的、可资利用的思想资料。我们应能多花一点功夫，探讨一下华夏五千年稳定发展的社会安全机制，探讨一下几千年国家警治安全管理的历史经验，探讨一下百年近代史上我们落后挨打的惨痛教训，找准民族文化久远存在并必将辉煌发展的内在基因，弘扬我们的东方文明，包括社会管理文明、制度文明在内，增进我们的制度理念。这是一份很有意义的事业。

检查我们的工作，回顾我们对治安史的研究，应该交待一下。我们的资料来源。我国几千年来关于历代治安的记载从未中断过。历朝历代的治安制度与治安状况，在浩如烟海的历代典籍中有翔实的记录，有些情况在丰富的历代文物遗迹中还能获得实物证明。我们便是从下述资料中了解历代治安的基本情况的：

一、通史类：二十五史及晚清与民国以来的历代史志中，治安史料最丰富，尤以史书中的礼乐志、刑法志、职官志、兵志、食货志等最为集中，各史的名吏传记中又记载了丰富的实践经验。

二、专史类：关于历代政刑典章的《通典》、《通志》、《通考》、《会要》、《政书》之类的著作，辑存了历代治安的制度、机构、法规、条令，有丰富的资料可供应用。

三、政法类：历代政治家、法学家、社会活动家的著作中，有很多关于治安方略、治安法理的研究资料，如管仲、孔子、墨子、商鞅、荀卿、韩非、贾谊、郑玄、杜预、张斐、魏征、白居易、苏轼、王安石、朱熹、王阳明、李贽、黄宗羲、顾炎武、沈家本、梁启超、孙中山等人的有关论著，十分可贵。

四、律令狱案类：如周代的《吕刑》，春秋的《齐律十三章》，秦代的《封诊式》，汉代的《汉旧仪》，北齐的《北齐律》，唐代的《唐律疏议》、《甲乙判》，宋代的《洗冤录》、《折狱龟鉴》，元代的《吏学指南》，清代的《大清刑律》、《提牢琐记》，近代的《违警律》、《违警罚法》、《历代刑法考》和民国法典之类，提供了历代治安法理法规、治安举措方面的文献资料，足供考索。

五、笔记、野史类：这方面的书中，提供了丰富而具体的历代户口、交通、城市生活秩序等治安管理业务的实例和具体经验，如《西京杂记》、《世说新语》、《大唐新语》、《宋人轶事汇编》、《太平御览》、《辍耕录》、《万历野获编》、《明季北略》、《东华录》、《日知录》、《明夷待访录》之类，资料往往很丰富、很生动。

六、关于中国近代治安史，中外都保存着极为丰富的实物资料和文献档案，比如中国第一、第二历史档案馆馆藏档案就十分珍贵，只要勤于搜集查找，并慎重择别，就能给我们巨大的帮助。其中，《清代档案史料丛编》、《中国近代史料丛刊》、《光绪朝东华录》、《大清法规大全》、《湖南保卫局章程》、《京师警察法令汇纂》、《中华民国史档案资料汇编》、《中央警官学校十周年纪念特刊》、《中华民国法规大全》及《现行警察例规》、《中国违警罚法总论》等文献书刊中，都有比较重要的治安管理资料可资利用。我们做的还很不够。

七、现当代中国学者（包括台港澳学者）和国外华人学者在中国文化史、社会史、政治制度史、军事史、民政史、法制史，特别是中国警察史、西方警察史的研究领域中，不断取得新的成果，为我们的治安学、治安史研究提供了最好的参照和直接帮助。我们在《前言》中列举的韩延龙、朱绍侯等人的著作就属此类。今后还将深入研究。

总之，在掌握上述几大方面的文献资料之后，结合历代实物遗存，用马克思主义的基本原理来照亮它，我们认为，“中国治安史”的学科建设就会水到渠成——但目前我们自己还远远没有做好它，我们寄希望于所有关心它、研究它的人们。

可喜的是，当今社会科学、自然科学的各门学科，都有自己的发展史，借鉴其学科建设的经验，吸收其交叉互补的学科知识，对于“中国警察学”、“中国治安史”的学科建设，肯定会有莫大的助益。而且，在这世纪之交，已有不少学者、特别是中青年学人在对古今中外的治安史进行全方位的研究，并已取得了相当的成果，本书的写作就从中获得不少教益。可以预期，“中国治安史”的研究必将日见深入而走向成熟。

我们盼望着“中国治安史”研究上的新突破，期待着新的研究成果的涌现。

愿中国治安史的教学与科研能跟上当代公安改革的前进步伐。

编著者

2002年4月